LE

PEINTRE-GRAVEUR

PAR

J. D. PASSAVANT.

Julius H del.

Fr. Sichling sc.

J. D. PASSAVANT.

Leipzig, Rud. Weigel

LE
PEINTRE-GRAVEUR

PAR

J. D. PASSAVANT.

CONTENANT

L'HISTOIRE DE LA GRAVURE SUR BOIS, SUR MÉTAL ET AU BURIN
JUSQUE VERS LA FIN DU XVI. SIÈCLE.

L'HISTOIRE DU NIELLE AVEC COMPLÉMENT DE LA PARTIE
DESCRIPTIVE DE L'ESSAI SUR LES NIELLES
DE DUCHESNE AINÉ.

ET

UN CATALOGUE SUPPLÉMENTAIRE AUX ESTAMPES DU XV. ET XVI.
SIÈCLE DU PEINTRE-GRAVEUR
DE ADAM BARTSCH.

TOME PREMIER.

AVEC LE PORTRAIT DE L'AUTEUR.

LEIPSIC,
RUDOLPH WEIGEL.
1860.

AVANT-PROPOS.

Dans les nombreux voyages qui nous ont fait parcourir l'Europe presque entière, nous nous sommes occupé, avec un intérêt toujours croissant, de l'étude des gravures anciennes de l'Allemagne et de l'Italie pour arriver ainsi à une connaissance plus générale, plus approfondie de l'histoire de l'art, mais peu à peu les renseignemens acquis et les divers matériaux réunis dans le domaine purement historique de l'art de la gravure, se sont tellement accumulés qu'ils ont bientôt surpassé ce que l'on avait jusqu'ici de plus complet en ce genre et qui se trouvait contenu dans le „Peintre graveur" de Adam Bartsch.

Les notices puisées dans cet excellent ouvrage, mais aussi la considération des lacunes nombreuses qui le déparaient, nous firent enfin concevoir la résolution de diriger nos études vers un but unique, celui de continuer le travail de Bartsch et, autant que possible, de le compléter surtout en ce qui avait trait aux deux divisions mentionnées déjà, celles des écoles italienne et allemande. Nous y ajoutâmes ensuite la partie des nielles et celle de la gravure française du XVI.e siècle, en prenant, pour base de ce complément à notre ouvrage, l' „Essai sur les Nielles" de Duchesne aîné et le „Peintre-graveur français" de Robert Dumesnil, deux publications qui traitent amplement cette matière et qui doivent, par conséquent, se trouver entre les mains de tous les amateurs de gravures.

Afin de donner à notre entreprise les chances les plus favorables de succès, nous avons visité, à plusieurs reprises, les grandes collections publiques de l'Europe et les cabinets particuliers de plusieurs amateurs distingués et bien connus. Nous mentionnerons parmi les premières celle de la bibliothèque impériale et l'Albertine de Vienne, les cabinets de Berlin, Dresde, Munich, Brunswick; les collections de Paris, Londres, Oxford et Amsterdam, en y ajoutant celles de Francfort sur le Mein, de Stuttgart, Nuremberg, Gotha, Cobourg, Bamberg, Aschaffenbourg, Cologne, Dusseldorf, Bruxelles, Liége, Bâle, Copenhague et Stockholm qui toutes offrent à l'investigateur l'occasion de faire une riche moisson. Au nombre des derniers nous nous contenterons de citer le cabinet du prince de Wolfegg au château de ce nom, ceux du comte Schönborn à Mahingen, du Dr. Henry Wellesley à Oxford, du conseiller intime Sotz-mann à Berlin, du consul Claus à Leipsic, du directeur Hauser à Munich, de l'avocat don Juan José Bueno à Séville, de Messrs. Weber à Bonn, Butsch à Augsbourg et en particulier celle de Mr. T. Oswald Weigel à Leipsic *) et, à ce propos, nous ajouterons que nous devons à la complaisance de Mr. Rudolphe Weigel, de la même ville, la connaissance d'un grand nombre de gravures rares ainsi que la communication des notices manuscrites ajoutées par Duchesne à son ouvrage sur les nielles. En Italie nous n'avons pu réussir à connaître, un peu plus en détail, que les collections du prince Corsini à Rome, du marquis Durazzo à Gênes et de Mr. A. Zanetti à Venise, car nos visites dans ce beau pays eurent lieu à une époque où nous ne nous occupions qu'incidentellement de ce qui est relatif à la gravure. Les lacunes qui pourraient en résulter dans notre catalogue des gravures italiennes ne sauraient néanmoins être d'une grande importance, car on sait que, depuis cinquante ans, la plus grande partie des trésors en ce genre que possédait le pays ont passé les Alpes pour se retrouver principalement en Angleterre, où nous avons eu mainte occasion de les contempler et d'en prendre note.

Mais si les recherches dans cette direction nous ont fourni beaucoup de matériaux pour la partie historique de cet ouvrage, nous ne devons

---

*) Mr. T. O. Weigel à Leipsic qui est connu comme le possesseur d'une des plus riches et des plus importantes collections pour l'histoire de la gravure sur bois qui ait jamais existé et qui se compose des plus anciennes gravures sur métal et sur bois, de cartes à jouer, de livres xylographiques, d'impressions sur étoffes et en pâte etc., a l'intention d'en publier un catalogue raisonné, accompagné de fac-simile des pièces les plus remarquables. L'exécution de celles-ci a été confiée à Mr. Loedel, le fils, à Leipsic, ainsi qu'à plusieurs autres graveurs sur bois distingués, et elles formeront un recueil de plus de 100 planches in-folio contenant environ 130 facsimile. Cet ouvrage, un des plus complets et des plus instructifs du genre, for-mera la meilleure illustration que nous puissions désirer pour notre ouvrage.

pas oublier que nous avons dû les renseignemens les plus importans dans cette branche à nos découvertes dans les archives d'Augsbourg, Ulm, Strasbourg et Colmar et nous sentons ici le besoin d'exprimer toute notre reconnaissance à ceux qui ont la garde de ces trésors, MM. les archivistes Herberger, Hassler et Hugot, ainsi qu'au bibliothécaire feu M. Schneegans, pour l'aide bienveillante qu'ils ont bien voulu nous donner à cette occasion. Nous sommes également redevable d'un grand nombre d'éclaircissemens concernant les divers monogrammes au manuscrit intitulé:

„Verzeichniss allerley Kunst von alten Niederlendischen, Teutschen, Italienischen, Franzosischen vnnd andern gueten Meistern, in Kupfer vnnd holtz an tag gegeben, collegirt vnnd zusammengebracht durch Paulus Behaim juniorem 1618. 9. Decembris."

Cet intéressant catalogue, avec l'addition des monogrammes, rédigé par l'ancien inspecteur des poids et mesures de la ville de Nuremberg, né en 1592 et mort en 1637, se conserve actuellement dans la collection royale de Berlin.

Les différens ouvrages qui ont été publiés sur les anciens graveurs sur bois et au burin et sur leurs œuvres depuis que Bartsch a fait paraître son Peintre-graveur, contiennent aussi plusieurs notices importantes et nous aurons souvent occasion dans le cours de cet ouvrage d'en faire une mention honorable. Mais comme leurs auteurs ont dû se limiter à la description de ce qui se trouvait dans leur voisinage immédiat, en empruntant les autres détails principalement à l'ouvrage de feu l'abbé Zani: „l'Enciclopedia" etc., il est évident qu'ils ne peuvent donner rien de bien nouveau, tandis que, d'un autre côté, celles de leurs opinions qui n'ont point en leur faveur l'appui des documens, manquent de ce degré d'authenticité indispensable pour inspirer quelque confiance. Quoique nous soyons bien éloigné de maintenir qu'ils n'aient pas rempli, dans la mesure de leurs forces, le but qu'ils s'étaient proposé dans leurs différens ouvrages, nous n'avons pas cru néanmoins retarder plus longtemps à communiquer au public les fruits de nos longues recherches, favorisées comme elles l'ont été par des circonstances exceptionnelles, et à remplir, d'une manière satisfaisante nous l'espérons, un vide qui s'est fait depuis longtemps sentir aux amateurs de l'art.

La dissertation historique qui précède le catalogue de l'œuvre des maîtres se partage, comme l'indique le titre de la première partie de cet ouvrage, en deux divisions distinctes. La première contient l'histoire de la gravure sur bois et sur métal depuis son origine jusque vers la fin du XVIe. siècle, pour tous les pays de l'Europe. Cette partie est traitée avec quelque développement, mais ne doit cependant être considérée que comme un aperçu général, puisqu'il serait nécessaire, pour rendre justice à cette branche de l'art dans son développement dans les Pays-Bas, en France, en Angleterre et en Espagne, de se livrer à des recherches qui fourniraient la matière d'un ouvrage spécial.

La seconde embrasse, au point de vue général, l'histoire de la gravure au burin. Il devenait ici nécessaire de fixer un point controversé, en recherchant l'origine de cet art, et de partager ensuite, en divers groupes ou écoles, les maîtres du XVe. et du XVIe. siècle aussi bien en Italie qu'en Allemagne, dans les Pays-Bas et en France, en indiquant les différences ainsi que les analogies caractéristiques qui permettent de les classer. Des découvertes récentes du plus haut intérêt pour l'histoire de l'art, nous ont permis de trancher d'une manière décisive le point contesté en faveur de l'Allemagne. Il était naturel que certains détails sur les nielles trouvassent leur place dans cette division, mais nous avons jugé convenable de faire précéder le catalogue que nous donnons de ces ouvrages d'art de la dissertation historique qui les concerne et d'en faire ainsi une division particulière de notre premier volume. La collection du Musée Britannique à Londres nous a fourni le plus riche butin dans cette branche de l'art et c'est pour nous une satisfaction et un devoir de reconnaître ici publiquement la gracieuse courtoisie avec laquelle le conservateur des estampes, Mr. Carpenter, nous a prêté son aide en mainte circonstance.

Le Catalogue des gravures des maîtres allemands et néerlandais du XVe. et XVIe. siècle suit immédiatement celui des Nielles et comprend également la liste de toutes les pièces anonymes appartenant aux différentes écoles de cette époque, ainsi que la description des gravures sur bois exécutées par ou d'après les bons maîtres de la même période. L'œuvre de chaque artiste est précédé des détails biographiques qui le concernent et pour lesquels nous nous sommes appuyés exclusivement sur des documens dont l'authenticité ne puisse laisser aucun doute. Une autre division du catalogue embrasse l'école italienne avec les gravures depuis le XVe. siècle jusque bien avant dans le XVIe. et comprend les gravures sur bois et en clair-obscur de cette période de l'art en Italie. La dernière enfin renferme le catalogue de l'œuvre des graveurs français du XVIe. siècle, formant un supplément à l'ouvrage de Mr. Robert Dumesnil, intitulé le „Peintre-graveur français".

Comme nous nous sommes toujours réglé sur la méthode suivie par Bartsch dans son Peintre-graveur, relativement au Catalogue des œuvres des maîtres allemands, italiens et néerlandais, nous en avons fait de même en ce qui a trait aux notices sur les différens artistes, et nos additions ne doivent être considérées que comme le complément ou la rectification de ce qu'il nous a donné lui-même sur cette matière. C'est pour la même raison qu'en suivant scrupuleusement l'ordre indiqué par notre prédécesseur, nous avons dû ajouter les remarques nécessaires pour éclaircir, corriger ou compléter ses observations et continuer ensuite la série commencée par lui, en partant du dernier chiffre pour les pièces qui lui sont restées inconnues. Mais si nous avons suivi en général la méthode de Bartsch, nous avons dû nous en écarter en ceci, qu'il nous a paru convenable de distribuer les graveurs ainsi que leurs œuvres par écoles, afin d'établir ainsi cet enchaînement historique qui nous paraît indispensable dans les ouvrages de ce genre. Dans le but de favoriser les recherches, quand il s'agit des gravures du XVe. siècle qui ne portent aucune marque distinctive, nous en avons donné une liste distribuée par sujets à la fin de notre catalogue avec indication de l'endroit où l'on doit les chercher. Comme il arrive souvent que le monogramme du graveur se trouve accompagné de celui du dessinateur dans les gravures sur bois et que, bien des fois encore, on y voit seulement celui de l'un des deux, ce qui peut occasionner un doute sur l'exactitude de l'attribution, nous avons suivi l'exemple de Bartsch en admettant dans nos catalogues les œuvres de plusieurs graveurs sur bois, rejetant cependant à la fin de l'ouvrage, et sous une rubrique spéciale, ceux d'entre eux qui appartiennent à une époque postérieure. Il serait reservé à un ouvrage complet sur cette matière de traiter, d'une manière plus étendue, des graveurs sur bois qui se sont distingués dans leur art, depuis son origine jusqu'au XVIIe. siècle, non seulement en Allemagne, mais dans les autres parties de l'Europe, et de donner un catalogue complet de leurs œuvres.

Nous avons également suivi, avec de rares exceptions dont nous donnons les motifs, la règle établie par Bartsch de n'admettre dans notre propre catalogue que les gravures que nous avons vues nous-même et nous espérons ainsi nous être affranchi de toute accusation d'attribution arbitraire.

Si nous considérons la grande rareté de la plupart des gravures indiquées dans notre catalogue, il semblera qu'il doit être assez intéressant pour l'amateur de connaître les collections où elles se trouvent, c'est ce qui nous a induit à ajouter à chaque gravure l'indication du lieu où elle est conservée.

La difficulté de compléter les catalogues que nous donnons dans cet ouvrage, d'après des recherches, souvent interrompues, dans des endroits la plupart éloignés les uns des autres et pendant une suite de quinze années, a été diminuée autant que possible par la complaisance avec laquelle les différens directeurs ou conservateurs des collections ont bien voulu aider nos travaux. Nous voudrions pouvoir ici faire accepter à chacun d'eux, et cela nominativement, l'expression de notre sincère reconnaissance, mais nous sommes forcé de nous limiter à faire mention plus spécialement de ceux que la mort a ravis durant cette longue période, MM. Rechberger de Vienne, Brulliot de Munich, Frenzel de Dresde, W. Schorn de Berlin, Duchesne aîné de Paris, Smith de Londres, avec le regret que ce témoignage de souvenir et de gratitude ne puisse désormais parvenir jusqu'à eux.

Francfort s. M., Août 1859.

AVERTISSEMENT.

On a suivi, dans la table, la classification des monogrammes adoptée par Brulliot, mais en réunissant, en une seule, les trois divisions de son système qui consiste en ce que les monogrammes proprement dits, ou lettres entrelacées, se trouvent classés d'après la lettre qu'ils contiennent et qui se trouve être la première dans l'ordre alphabétique quand même elle serait la dernière dans le composé. Si nous prenons pour exemple le monogramme de Hans Baldung Grün ⟨GB⟩ formé des lettres H G B il faudra chercher dans la table ce monogramme sous la lettre B, puisque celle-ci se trouve être la première dans l'ordre alphabétique. Dans les initiales ou marques composées de plusieurs lettres placées à la suite les unes des autres, c'est toujours la première qui indique la place que la marque entière occupe dans la table. Les marques figurées se trouvent rejetées à la fin de la rubrique „Maîtres".

L'indication de droite et de gauche, dans la description des gravures, se rapporte toujours aux côtés correspondants du spectateur. Les dimensions en pouces et lignes sont prises sur l'ancienne mesure française.

Les abbréviations que nous avons employées quelquefois pour indiquer la collection où se trouvent quelques-unes des gravures rares décrites par nous, sont faciles à comprendre; nous remarquerons seulement que par collection Albertine nous entendons la collection de ce nom à Vienne, par Oxford celle qui est adjointe à la bibliothèque Bodléienne et par Liège, les manuscrits de la bibliothèque de cette ville.

L'ouvrage entier se composera de six volumes et sera divisé comme suit:

I. Histoire de la gravure sur bois et sur métal et de la gravure au burin, jusque vers la fin du XVIe. siècle. Histoire et catalogue des nielles.

II. Catalogue des gravures allemandes et néerlandaises du XVe. siècle.

III. Catalogue des gravures allemandes et néerlandaises du XVIe. siècle jusqu'à Lucas Cranach.

IV. Suite du Catalogue des gravures allemandes du XVIe. siècle depuis Lucas Cranach.

V. Catalogue des plus anciennes gravures italiennes jusqu'à Marc-Antoine.

VI. Catalogue des gravures italiennes depuis Marc-Antoine jusque vers la fin du XVIe. siècle, des gravures sur bois italiennes et des gravures au burin françaises du XVIe. siècle.

CONTENU DU TOME PREMIER.

I.

Histoire de la gravure sur bois et sur métal jusque vers la fin du XVIe. siècle.

II.

Histoire de la gravure au burin jusque vers la fin du XVIe. siècle.

III.

Nielles.

I.

HISTOIRE

DE LA

GRAVURE SUR BOIS ET SUR MÉTAL,

JUSQUE VERS LA FIN DU XVIᵉ. SIÈCLE.

———

Sur l'origine et le progrès de la gravure sur bois et sur métal.[1])

L'art de graver sur des planches de bois ou de métal, de manière à ce qu'en découpant les vides, le dessin reste à la surface et puisse être imprimé sur des feuilles de papier ou de parchemin, com-

---

1) Le mode d'opération est le même pour la gravure sur métal que pour la gravure sur bois; il n'y a de différence que dans la matière. Pour les deux genres de gravure le dessin reste à la surface et l'on creuse les parties qui doivent rester blanches dans l'impression. D'après des planches de métal du XVIe. siècle, trouvées à Bâle et dans les archives de Mr. de Rotenhan, on voit que l'on se servait du cuivre à cet effet. Les plus anciens ouvrages de ce genre ont dû être d'abord gravés sur potin, genre de métal qui devint en usage durant le XIIe. siècle en Allemagne et qui se laisse travailler au burin plus aisément que le cuivre. Les épreuves des gravures sur métal diffèrent si peu de celles sur bois, surtout dans les plus anciens échantillons de ce genre qui nous sont parvenus, qu'il devient très-difficile de les distinguer les unes des autres. Mais comme la planche de métal reçoit l'encre plus inégalement que celle en bois, il en advient que l'impression est moins rendue, pour ainsi dire plus grumelée et moins uniforme de ton, ce qui peut néanmoins arriver aussi avec les gravures sur bois quand l'encre n'a pas été bien distribuée ou que le papier n'a pas été suffisamment mouillé. L'indice le moins trompeur, quand il s'agit de trancher une semblable difficulté, nous est fourni par le fait que le burin trace fort aisément sur le métal des courbes parfaites d'un très-petit diamètre, dans les boucles de cheveux, par exemple, dans l'extrémité des doigts etc., ce qui devient impossible avec le couteau du graveur sur bois; dans ce dernier cas les courbes sont formées par une réunion de lignes droites se brisant à angles fort rapprochés et formant une quantité de petites facettes. Les fentes qui se produisent dans les planches en bois, les trous de vers sont des signes encore moins équivoques quand il s'agit de connaître la matière de la planche qui a fourni l'impression.

mença à être en usage en Europe et surtout en Allemagne vers la fin
du XIIᵉ. siècle. Cet art était inconnu aux anciens qui savaient néanmoins se servir d'estampilles pour obtenir des impressions sur l'argile,
notamment sur les briques, cela surtout chez les Romains. Cependant nous trouvons chez les Chinois, si nous nous en rapportons aux
recherches de Robert Morrison sur l'histoire de la civilisation de ce
peuple ainsi que des habitans du Japon, le premier emploi de la gravure sur bois pour la reproduction de l'écriture et des objets figurés.
D'après cet écrivain, déjà dans le Xᵉ. siècle de l'ère chrétienne, Fung-
Taou chercha à obtenir, au moyen de caractères gravés sur pierre, des
impressions qui ressortaient en blanc sur un fond noir; de là il pro-
céda, au moyen de caractères gravés en relief sur bois, à produire le
même résultat en noir sur du papier blanc. On chercha plus tard à
reproduire les objets figurés de la même manière.

Ce ne fut que deux siècles plus tard que l'on songea à appliquer
les procédés de la gravure sur bois à la production des cartes à jouer
et nous trouvons dans le dictionnaire Ching-tsze-tung, compilé par
Eul-Koung et publié pour la première fois en 1678, l'indication précise que les cartes à jouer, actuellement en usage en Chine, ont été
inventées en 1120 sous le règne de Seun-ho et devinrent d'un usage
général sous Kaou-tsung qui succéda au trône en 1131.[2])

Si nous voyons ainsi d'un côté les procédés de la gravure sur bois
déjà connus en Orient[3]) avant qu'ils ne le fussent à l'Occident, il n'existe,
de l'autre, aucune trace que ces procédés nous aient été transmis pendant le moyen-âge; ce qui est facile à comprendre si l'on réfléchit au système exclusif adopté en Chine et au manque absolu de

---

2) N. A. Chatto, Facts etc. on the origin etc. of playing cards. London 1848.
p. 55.

3) Eméric David croit même que la gravure sur bois a été appliquée très-an-
ciennement à la production de leurs étoffes imprimées, mais ce que les écrivains
de l'antiquité nous apprennent à ce sujet, ne se rapporte qu'aux étoffes richement
ornées de couleurs peintes, ce qui aurait pu à la rigueur les amener à imprimer en couleur, mais il n'en est fait nulle part mention. Vouloir faire remonter
l'impression avec des formes en bois au tems d'Alexandre le Grand, comme le prétend Eméric David dans son „Histoire de la gravure en taille douce et de la gravure en bois", nous parait d'autant plus hasardé que même, beaucoup plus tard,
les Romains avec tout leur penchant pour le luxe, ne connaissaient pas l'usage de
telles étoffes et que, venant il est vrai de l'Inde, elles ne furent connues en Europe
qu'à une époque comparativement récente, ayant conservé parmi nous le nom d'In-
diennes.

communications directes entre cet empire et l'Europe. Il est vrai qu'en 1250 les deux Vénitiens Niccolò et Maffeo Polo, qui plus tard en 1272 s'adjoignirent le célèbre Marco Polo, fils de Niccolò, parcoururent l'Orient, la Perse, la Tartarie et une partie de la Chine[4]); dans l'intéressante relation de ce dernier voyageur on ne trouve aucune mention soit des cartes à jouer soit de la gravure sur bois; il parle seulement d'une espèce de papier monnaie, fabriqué avec du papier d'écorce de mûrier et qui porte sur un fond noir des impressions en cinabre faites au moyen d'estampilles.[5])

L'indication de Papillon[6]), relative aux deux jumeaux, Alexandre Alberic et Isabelle Cunio, qui auraient déjà en 1285 peint et gravé sur bois les gestes d'Alexandre le Grand, repose sur des données incertaines, comme Zani l'a déjà prouvé d'une façon très-évidente dans ses Materiali page 222.

---

4) Tiraboschi, Storia della litteratura italiana. Modena 1788. IV. p. 91.

5) Navigazioni e viaggi raccolti dal Ramusio II. f. 29. Sotzmann (Hist. Taschenbuch p. 481) remarque cependant que le texte de Ramusio le plus récent et le plus complet est aussi le plus falsifié de tous. Dans l'édition originale italienne (Venezia, Sessa, 1496) et dans la traduction latine postérieure il n'est fait aucune mention, à propos de la monnaie du „Gran Can di Cembalu", de cette fabrication des formules de légalisation et encore moins des estampilles. Ne pouvant vérifier, vu la rareté de l'édition de 1496, la justesse de cette assertion, nous croyons devoir rapporter ici le texte de Marco Polo y relatif tel que nous le lisons dans l'édition „Delle navigazioni e Viaggi, secondo' volume raccolto da M. Gio. Battista Ramusio," donnée à Venise par les Giunti en 1583. fol. Chap. 18. p. 29.

„In questa città di Cambalu è la zecca del gran Can il quale veramente ha l'alchimia, però che fa fare la moneta in questo modo. Egli fa pigliare scorze degli arbori mori, le foglie de' quali mangiano i vermicelli che producano la seta e tolgono quelle scorze sottili che sono tra la scorza grossa e il fusto dell' arbore e le tritano e pestano et poi con colla le riducono in forma di carta bambagina e tutte son nere e quando son fatte, le fa tagliare in parti grandi et picciole e sono forme di monete quadra e più longhe che larghe..... e tutte queste carte ovvero monete sono fatte con tanta autorità e solennità come s'elle fossero d'oro o d'argento puro, perche esisu ciascuna moneta molti officiali che a questo sono deputati, vi scrivono il loro nome ponendovi ciascuno il suo segno et quando del tutto è fatta com'ella dee essere, il capo di quelli per il Signor deputato, imbratta di cinaprio la bolla concessagli e l'impronta sopra la moneta sì, che la forma della bolla tinta nel cinaprio vi rimane impressa et allhora quella moneta è auttentica. E se alcuno la falsificasse sarebbe punito dell' ultimo supplicio..... e ogni volta ch'alcuno haverà di queste carte che si guastino per la troppa vecchiezza, le portano alla zecca e gliene son date altre tante nuove perdendo solamente tre per cento."

6) Papillon, Traité historique et pratique de la gravure sur bois. Paris 1766. pp. 83 et 93.

On a supposé que la première application de la gravure sur bois en
Europe a été faite à la fabrication des cartes à jouer. Il serait mieux
de dire que l'on a cru que cette fabrication a donné lieu à l'invention
de la gravure sur bois, puisqu'il est à présumer que l'usage des cartes passa bientôt des palais à la cabane du pauvre et qu'au lieu de
jeux magnifiquement peints et ornés, l'on dut se contenter de cartes
fabriquées à bon marché au moyen de patrons découpés à jour, ou
de la gravure sur bois ou sur métal. Nous avons donc à nous occuper spécialement de la première apparition des cartes à jouer en Europe
et à diriger nos recherches, d'une manière particulière, sur leur fabrication moyennant la gravure sur bois. [7]

---

7) Voici une liste des principaux ouvrages qui ont traité à fond de cette matière.

C. G. VON MURR, Journal pour l'histoire de l'art (Journal zur Kunstgeschichte). 1775.

JOH. GOTTL. BREITKOPF, Recherches sur l'origine des cartes etc. (Versuch den
   Ursprung der Karten etc. zu erforschen). Leipzig 1784.

J. HELLER, Histoire de la gravure sur bois (Geschichte der Holzschneidekunst).
   Bamberg 1823.

v. HEINECKEN, Nouvelles recherches (Neue Nachrichten). Dresden 1786.

Id. Idée générale d'une collection d'estampes. Leipsic 1771.

J. B. THIERS, Traité des jeux. Paris 1686.

L'ABBÉ RIVE, Étrennes aux joueurs, ou éclaircissemens historiques et critiques sur
   l'invention des cartes. Paris 1780.

(HENRI JANSEN), Essai sur l'origine de la gravure en bois etc. Paris 1808.

GAB. PEIGNOT, Recherches historiques et littéraires sur la danse des morts et sur
   l'origine des cartes à jouer. Dijon 1826.

P. L. JACOB (PAUL LACROIX), Origine des cartes à jouer. Paris 1835.

DUCHESNE AÎNÉ, Observations sur les cartes à jouer. Voyez ce mémoire, pp. 172
   —213 de l'annuaire historique pour l'année 1837, publié par la société de l'hist.
   de France.

(DUCHESNE AÎNÉ), Jeux de cartes tarots et de cartes numérales du XIVe. au XVIIIe.
   siècle, représentés en 100 planches d'après les originaux etc. publiés par la
   Société des Bibliophiles français. Paris 1844.

C. LEBER, Études historiques sur les cartes à jouer etc. où l'on examine quelques
   opinions publiées en France à ce sujet. Voyez cette dissertation au Tome VIe.
   pp. 256—384 de la nouvelle série de mémoires etc. publiées par une société
   d'Antiquaires de France. Paris 1842.

ZANI, Matériaux pour servir à l'histoire de l'origine et des progrès de la gravure
   sur cuivre et sur bois etc. (Materiali per servire alla storia etc. dell' incisione
   in rame, in legno etc.) Parme 1802.

CICOGNARA, Mémoires relatifs à l'histoire de la chalcographie. (Memorie spettanti
   alla storia della calcografia. Prato 1831.

S. W. SINGER, Recherches sur l'histoire des cartes à jouer avec des illustrations

Il paraitrait d'après les recherches les plus exactes sur la première apparition des cartes à jouer en Europe qu'elles nous furent
apportées par les Arabes. Le nom même qu'elles portaient originairement en Italie, N a i b i, et qu'elles retiennent encore en Espagne (Naipes)
indique clairement leur origine arabe. On ignore à quelle date précise
cette importation eut lieu; mais Cicognara se trompe quand il veut
dans ses M e m o r i e p. 49 que les cartes à jouer fussent déjà introduites
en Espagne par les Arabes habitant la Sicile depuis 710; en 731 en
Languedoc et en 842 en Italie. — Ces dates se rapportent simplement aux invasions successives des Sarrasins dans ces différentes contrées. Il ne s'ensuit nullement que les Arabes aient importé les cartes
à jouer à ces différentes occasions ou qu'elles fussent même en
usage parmi eux aux époques indiquées.

On ne fait mention nulle part de la manière dont les Arabes parvinrent à la connaissance des cartes à jouer; leurs cartes ne pouvaient avoir
de figures humaines comme en Europe, puisque la reproduction de ces
figures leur est interdite par le Coran, et cependant les premiers jeux
connus en Europe représentent non seulement des figures humaines,
mais des objets qui appartiennent au cercle des idées et des croyances
d'alors, à celui des légendes (Sagen) surtout et en particulier à celles
qui avaient cours en Italie vers le XIVe. siècle. S'il nous faut admettre
que le jeu des n a i b i ou des cartes nous vient des Arabes, il est de
rigueur que ce jeu a dû recevoir tout d'abord une modification complète,
non seulement dans les règles qui le gouvernent, mais aussi dans son
apparence extérieure. Ce ne fut qu'à l'occasion de l'introduction postérieure du jeu en France qu'on lui appliqua les règles du jeu des
échecs. Celui-ci, comme on le sait, nous vient de l'Orient et formait
l'amusement favori des Maures et des Espagnols.[8])

---

sur l'origine de l'imprimerie et de la gravure sur bois. (Researches into the
history of Playing-cards with illustrations of the origin of printing and of engraving on Wood.) Londres 1816.

Depping, Notice sur l'histoire des cartes à l'occasion des recherches de Singer.
Paris 1819.

W. A. Chatto, Origine et histoire des cartes à jouer. (Origin and history of
Playing-cards.) Londres 1848.

Paul Lacroix, Cartes à jouer, dans l'ouvrage intitulé „Le moyen-âge et la renaissance etc. par P. Lacroix et Ferd. Seré. Paris 1849. Vol. II.

8) On trouve dans la bibliothèque de l'Escurial un manuscrit de l'an 1321,
composé par l'ordre de D. Alphonse le sage sur les règles du jeu d'échecs et de

Selon Tiraboschi[9]), le jeu de cartes était déjà en usage en Italie au XIIIe. siècle et il appuie son opinion sur le passage suivant trouvé
dans un manuscrit intitulé „Trattato del Governo della famiglia“ écrit,
en 1299, par Sandro di Pipozzo di Sandro: „Se giucherai di danari,
o cosi, o alle carte, gli apparecchierai la via etc.“; mais Duchesne
pense que le manuscrit en question appartient au XVe. siècle et que le
passage est une interpolation.

Il faut en dire autant du Roman „Rainart le contrefait“ composé
originairement en 1341, où le jeu de cartes est représenté comme quelque chose de très-désagréable à Dieu. Dans les plus anciens manuscrits du roman, ce passage ne se trouve pas.

Il est certain que Pétrarque qui dans son ouvrage „De remediis
utriusque fortunae“ nous fait connaître les noms de presque tous les
jeux usités en Italie de son tems, ne fait aucune mention du jeu de
cartes; il n'y était donc pas connu alors. L'opinion de L'abbé Rive
que le jeu de cartes était déjà introduit en Espagne vers 1332 puisque le roi de Castille, Alphonse, l'avait défendu dans les statuts de l'ordre
militaire de la Banda, n'est guère plus tenable; les plus anciennes éditions des Lettres dorées de Guevara, où il est fait mention de ce
document, ne parlent point du jeu de cartes et on le trouve nommé pour
la première fois dans la traduction française de Gutery qui parut à Lyon en
1558. La déduction que l'abbé Rive tire de ce fait relativement à la
transmission des cartes d'Espagne en Italie manque, par conséquent,
de son point d'appui principal. Ce ne fut qu'en 1387 que Jean I. de
Castille défendit à ses chevaliers de jouer aux cartes. [10])

Le plus ancien témoignage relatif à l'introduction des cartes en
Italie, et le plus positif en ce qu'il nous les montre apportées à Viterbo
en 1379, se trouve dans la chronique de Niccolò de Coveluzzo da
Viterbo, qui vivait en 1400 et dans laquelle se trouve notamment le
passage suivant: „Anno 1379, fu recato in Viterbo il giuoco delle carte
che venne di Saracina e chiamasi fra loro Naïb.“ Le mot arabe
Naïb signifie chef ou devin.

On trouve encore ce nom donné aux cartes dans la chronique

---

dés et qui contient beaucoup de figures; mais il n'y est pas encore question des
cartes à jouer. Voyez l'Art chrétien en Espagne (Die christliche Kunst in Spanien)
de J. D. Passavant. Leipsic 1853.

9) Tiraboschi, Storia della litteratura italiana. Modena 1788. VI. p. 194.

10) Chatto, Playing-cards etc. p. 66.

écrite à Florence en 1393, par Giovanni Morelli, dans laquelle il conseille à un jeune homme de ne point jouer aux dés, mais bien à ces jeux de cartes ..... qui forment l'amusement des enfans (non giuocare a zara nè ad altro giuoco di dadi, ma fa de' giuochi che usano i fanciulli, agli aliossi, alla trottola, a' ferri, a' Naibi, a coderone e simili). Ce passage est d'autant plus remarquable qu'il nous apprend qu'alors les cartes servaient de passe-tems aux enfans, probablement afin qu'ils eussent à tirer quelque instruction des figures ou autres représentations qu'elles contenaient.

On ne voit pas que les cartes aient été connues en France à une époque plus reculée qu'en Italie; on a même lieu de croire qu'elles y ont été en usage bien plus tard que dans ce dernier pays. Dans une ordonnance de Charles V, datée de 1369, qui, après l'énumération de tous les jeux connus, défend ceux qui n'avaient point pour but l'exercice des armes ou la défense de l'état, on ne parle nullement des cartes. Ce ne fut que plus tard, en 1397, que le préfet de Paris défend aux ouvriers le jeu de cartes en même tems que les autres jeux et le synode de Langres, en 1404, en fait la prohibition aux ecclésiastiques. [11])

La première indication qui nous soit connue de l'existence des cartes en France nous est fournie par le livre des dépenses du trésorier Poupart où se trouve, sous la date de 1392, l'appoint suivant: „Donné à Jacquemin Gringonneur, peintre, pour trois jeux de cartes d'or et diverses couleurs, ornées de plusieurs devises, pour porter devers le seigneur roi (Charles VI) pour son esbattement, cinquante sols parisis." [12]) On croit avoir encore au Cabinet des estampes à Paris dix-sept de ces cartes de tarots enluminées et, en effet, elles correspondent de toutes façons au style artistique de cette époque et sont traitées avec un grand luxe de dorures et de couleurs. [13])

Cicognara dans ses Memorie p. 63 fait mention de cartes en relief exécutées en or et en couleurs, d'un travail plus grossier, mais qui sous le rapport du style artistique se rapprochent de celles dont nous venons de parler; il en donne même une reproduction dans la planche XIe. On les croit également de fabrique française. On en

11) Chatto, Playing-cards etc. p. 80.
12) Bibliothèque curieuse et instructive du P. Menetrier. 1714. II. p. 161.
13) On trouve des facsimile de ces tarots dans l'ouvrage intitulé „Cartes tarots et cartes numérales" Paris. 1844 déjà cité.

trouve quelques-unes dans la bibliothèque du **Roi** à Turin, les autres sont en possession du Marquis Durazzo à Gènes. Le Comte Cicognara en conservait lui-même vingt-trois.

On n'a aucun exemple de cartes imprimées, ou exécutées au moyen de patrons, de cette époque. Il est vrai que l'on a trouvé en France, collées sur la couverture d'un livre, deux feuilles petit-in-folio, où se voient imprimées les figures d'un jeu de cartes que l'on croit, avec raison, appartenir à la première moitié du XVe. siècle. Ce sont des cartes numérotées, de l'espèce de celles qui étaient en usage en France sous Charles VII (mort en 1461) et qui se retrouvent encore dans quelques parties du pays. L'impression semble exécutée au moyen de la gravure sur métal pour les contours et de patrons pour les couleurs. Le Cabinet des estampes de Paris possède une de ces feuilles, l'autre appartient à Mr. d'Henneville. [14])

Si l'on osait ajouter foi à l'assertion du dominicain Ingold relative au jeu de cartes, quand il nous dit dans son ouvrage „Das güldin spil“ imprimé chez Gunther Zainer, en 1472, à Augsbourg: „Or ce jeu est perfide, et comme je l'ai lu quelque part, a été introduit pour la première fois en Allemagne l'année après la naissance du Christ 1300“ [15]); cette année serait la première époque connue pour ce qui regarde l'introduction des cartes en Europe. Cependant on ne peut guère admettre qu'elles aient été connues en Allemagne avant de l'être en Italie; elles nous vinrent de ce dernier pays en passant les Alpes, comme leur nom (Karten) provenant du mot italien c a r t e l'indique suffisamment, et nous avons vu que la première notice positive qui nous soit connue sur le jeu de cartes en Italie ne date que de l'an 1379.

On fait mention vers la même époque du jeu de cartes en Allemagne et cela à l'occasion des prohibitions dont il est l'objet. C'est ainsi que nous en lisons la défense dans le Livre des règlemens (Pflichtbuch) de Nuremberg, des années 1380 et 1384. [16]) Une ordonnance du conseil de la ville d'Ulm, datée de l'an 1397, pose des limites au jeu de cartes. Cette ordonnance est renouvelée en 1400 et devient

---

14) Le moyen-âge et la renaissance etc. par P. Lacroix. Paris 1849. Vol. II., et sa note à la dissertation historique sur les cartes à jouer de M. Merlin dans la „Revue universelle des Arts. Paris 1857. Vol. V. p. 108.

15) C. G. von Murr, Journal etc. II. p. 89.

16) C. G. von Murr, Journal etc. II. p. 98.

encore plus précise en 1406, quand elle défend de jouer aux cartes ailleurs que dans les lieux de réunion des métiers (Zunftstuben). [17] Le peu de résultats qu'eurent ces différentes défenses nous est démontré par le fait qu'en 1452 St. Jean de Capistrano, disciple de St. Bernardin de Sienne, se vit obligé de prêcher contre le luxe et les jeux et à cette occasion plus de 40,000 dés et un nombre infini de jeux de cartes furent brûlés sur la place du marché à Nuremberg. Déjà, en 1428, Thomas Conneche avait prêché contre ce jeu en Flandre et avec le même effet. [18]

Dans les régistres de la ville d'Ulm, nous trouvons inscrit pour la première fois, en 1402, le nom d'un peintre de cartes [19]); dans le livre de bourgeoisie d'Augsbourg, en 1418, celui d'un fabricant de cartes et dans le régistre des impots à Nuremberg, sous la date de 1433 et 1435, l'indication d'une certaine Elisabeth aussi fabricante de cartes.

Deux documens de la même époque nous démontrent toute l'étendue du commerce de cartes que l'Allemagne faisait alors avec l'Italie; l'un de ces documens est la déclaration bien connue des fabricans de cartes à Venise au Sénat de cette ville, datée du 11 Octobre 1441, où ils se plaignent de la prépondérance du commerce étranger dans les „carte da zugar e figure depinte stampide fuor di Venezia" et qui avait eu pour résultat de faire déchoir cette branche d'industrie nationale. Le Sénat publia à ce sujet une ordonnance portant défense de vendre des tableaux, des figures imprimées (gravures sur bois) et cartes provenant de l'étranger (d'Allemagne), sous peine de la saisie et d'une amende de 30 lire, dodici soldi, sei danari piccoli. [20]

L'autre document nous est fourni par la Chronique manuscrite de la ville d'Ulm, de George Hylin, terminée en 1474 et découverte par Heinecken, où se trouve le passage suivant:

„Commerce des jeux de Cartes. — Les Cartes à jouer sont empaquetées dans des petits barils, (legenweiss, du latin *lagena*) et envoyées en Italie, en Sicile et même au-delà de la mer, en échange

---

17) J. Heller, Histoire etc. p. 306.

18) De Vigny, sur l'origine de l'imprimerie p. 116.

19) Jäger, Kunstblatt de 1833. p. 420. L'auteur a trouvé encore indiqué, sous la date de 1398, un certain Ulrich graveur sur bois (Formschneider), mais il est douteux qu'il ait préparé des bois pour les cartes.

20) Voyez la lettre de H. Temanza à Fr. Algarotti dans les „Lettere pittoriche" de Bottari V. p. 321 et 484. Elle est datée du 22 Octobre 1760.

d'épiceries et d'autres marchandises; ce qui peut expliquer le nombre
de fabricans de cartes qui sont établis ici."

Le moine prédicateur, Felix Fabri, en dit à-peu-près autant
dans sa „Description de la Souabe" (Descriptio Sueviae). „Sic et fac-
tores et pictores chartarum tot sunt in Ulmâ ut in vasis chartas
mittant in Italiam, Siciliam et in extremas insulas maris et in omnem
plagam."

Nous ne trouvons point de cartes à jouer du XIVᵉ. siècle imprimées au moyen de la gravure sur bois ou fabriquées avec des patrons, qui soient parvenues jusqu'à nous. Les plus anciennes cartes
allemandes que nous connaissions appartiennent à la première moitié
du XVᵉ. siècle et sont exécutées au moyen de patrons. Elles se retrouvent sur deux feuilles, folio oblong, qui contiennent chacune huit cartes de 4 pouces 10 lignes en hauteur sur 2 pouces 9—10 lignes en
largeur; elles ont cinq couleurs, Aigle, Épée (spade), Kreuzer (danari),
Flacon (coppe), Eteignoir (bastoni?).

Chaque couleur parait être composée soit de roi, dame et un valet, soit de roi et deux valets que nous avons désignés sous le nom
de 1ᵉʳ. valet ou mieux valet supérieur (Ober) ayant le signe de la couleur à la partie supérieure de la carte, et 2ᵈ. valet ou sous-valet
(Unter) avec le signe à la partie inférieure. Une conséquence de cette
position des signes a été peut-être celle d'amener une différence caractéristique dans la position des valets et qui servait à les faire distinguer davantage par les joueurs; le premier valet (Ober) est ordinairement renversé en arrière, le sous-valet (Unter) courbé en avant. Dans le
cas où la dame (comme dans la couleur Kreuzer) parait remplacer le second valet, elle prend la position caractéristique de celui-ci et le signe
de la couleur est placé au bas de la carte. Le reste du jeu est composé de dix cartes de chaque couleur, numérotées de 1 à 10.

Dans l'unique exemplaire que nous connaissons et qui appartient
à Mr. Butsch d'Augsbourg il n'y a de ces cartes numérotées que l'As
de la couleur Aigle. Nous en donnons ici une description et à raison
de leur rareté et parcequ'elles n'ont pas été décrites jusqu'ici.

AIGLE.

Roi. Il est assis, vu de face, et tient de la main droite un
globe impérial.

Premier Valet (Ober). Il est vêtu d'une robe longue, le corps
renversé en arrière et tient un bouclier.

Sous-Valet (Unter). Il est debout, courbé en avant, et appuie un bouclier sur le sol.

As. Sur un grand écu on voit un aigle héraldique à une seule tête, à la partie supérieure et inférieure de l'écu des ornemens.

ÉPÉE.

Roi. Il est jeune, vêtu d'une robe découpée à guise de feuilles; il est tourné vers la gauche et tient une épée droite, la pointe en haut.

Premier Valet (Ober). Un jeune homme en justaucorps, très-courbé en arrière, tient une épée au-dessus de sa tête.

Sous-Valet (Unter). Un homme, vêtu d'une souquenille à larges manches, se courbe pour soulever une épée.

DÉNIERS (Kreuzer).

Roi. Il est assis tourné à droite, tenant de la main droite le sceptre et de la gauche une pièce de monnaie.

Dame. Elle se tient un peu courbée et porte la main vers le Kreuzer qui est en bas à droite.

Premier Valet (Ober). Un jeune homme qui se dirige à gauche et tient élévée une pièce de monnaie.

FLACON (Coupe).

Roi. Il est jeune et se voit assis tourné à gauche, dans la main gauche le sceptre et élevant de la droite un flacon.

Premier Valet (Ober). Un jeune homme debout, fortement renversé en arrière, vide un flacon.

Sous-Valet (Unter). Un homme debout en justaucorps, vis à vis d'un flacon, en bas à droite.

ÉTEIGNOIR.

Roi. Il est assis un peu tourné vers la gauche et tient un long bâton surmonté d'un éteignoir.

Dame. Elle est nue, se dirige vers la droite et tient de la gauche l'éteignoir.

Premier Valet (Ober). Un jeune homme se dirige à droite et tient l'éteignoir sur l'épaule.

On doit assigner à-peu-près à la même époque l'épreuve d'une carte à jouer représentant le roi S. Wenzel. Il porte un bonnet ducal, une courte tunique serrée par une ceinture, avec un manteau jeté

par-dessus, et se voit tourné vers la droite tenant un livre sur lequel
est juché un coq. Cette carte a ceci de singulier que les plantes du
terrain reproduisent les quatre couleurs du jeu, c'est à dire le gland,
le trèfle, le lierre (grün) et le champignon (clochette). Cette particularité semble indiquer que cette figure est la principale du jeu et qu'elle
commande toutes les couleurs. L'épreuve d'un noir très-foncé parait
provenir d'une gravure sur métal et dans l'exemplaire que possède
Mr. T. O. Weigel, à Leipsic, il s'en trouve deux impressions sur une
seule feuille de papier avec un troisième exemplaire, anciennement
collées dans un manuscrit trouvé à Munich, où l'artiste parait avoir
vécu. Chaque carte mesure H. 7 p. 1 l. L. 4 p. 9 l.

Il parait aussi que l'on avait, durant le XVe. siècle, l'habitude de
préparer des jeux de cartes spéciaux pour les ecclésiastiques et qui
représentaient des figures de Saints. Nous connaissons en ce genre
un S. Jean Baptiste tenant l'Agneau divin sur le bras gauche, colorié
sur fond de minium avec des mouchetures d'or disposées quatre à
quatre de manière à former le chiffre VIII. Cette pièce mesure
H. 5 p. 3 l. L. 2 p. 8 l.

Si nous en devons juger par leurs dimensions (H. 5 p. 1 l. L. 2 p. 8 l.)
d'autres figures de Saints, gravées sur métal, paraissent devoir appartenir à des jeux de cartes. Nous citerons entre autres une Sainte
Apollonie de la première moitié du XVe. siècle. Le vêtement de la Sainte
est colorié en laque rouge et le manteau en vert, sur fond bleu. L'auréole
et les tenailles dont elle tient la dent, sont d'une teinte dorée.

Toutes ces cartes, ainsi que plusieurs autres très-anciennes que
possède Mr. T. O. Weigel, sont de manufacture allemande. Cependant,
cet amateur conserve encore partie d'un jeu qui parait provenir de
gravures françaises sur métal de la seconde moitié du XVe. siècle.
Ce sont des épreuves, sur une feuille de papier, de neuf cartes qui
appartiennent aux couleurs Danari et Coppe.

Danari, As. Un ange debout sur le croissant, tient un disque sur lequel sont représentées les trois fleurs de lys.

Danari II. Deux médaillons avec des armoiries et un lion entre deux.

Danari III. Écussons d'armoiries entre lesquels on distingue
celui de Milan. Ils sont liés entr'eux par des guirlandes de feuillage.

Danari VI. Au milieu des emblèmes de la couleur on voit deux
chiens.

Danari VII. Avec ornemens de feuillage.

Danari VIII. En bas une femme nue, en haut un chat.

Coppe II. Au milieu un taureau.

Coppe IX. Au milieu un chien couché.

Coppe (As?) Une jeune femme tenant devant elle une rose est assise dans une baignoire qui a la forme d'une coupe. La taille, assez maigre, est au simple contour et décèle un travail purement mécanique. Chaque pièce mesure H. 3 p. 4 l. L. 1 p. 9 l.

De la collection B. D**, Catalogue Paris 29 Mars 1852. N° 581.

On trouve aussi dans la bibliothèque royale de Berlin 31 Cartes à jouer allemandes qui appartiennent encore au XVᵉ. siècle. Elles sont gravées sur bois d'une manière assez grossière au simple contour avec des figures coloriées en rouge et vert. Le jeu parait avoir consisté de 48 cartes avec quatre couleurs: cœur, cloche, feuille et gland, de 12 cartes chacune. Le roi assis, les deux valets debout, et le reste des cartes numérotées de II à X; l'as manque, mais le II a un écu sur lequel sont placés en sautoir un pic et un marteau. Sur le deux de gland se trouve une licorne dont la corne est taillée à guise de scie; on ne sait trop quelle signification attacher à la présence de cet animal, autrefois symbole de la chasteté. Le pic et le marteau se rapportent aux travaux des mines et ces cartes grossières pourraient bien avoir été destinées à l'amusement des mineurs. L'exemplaire de Berlin vient de la bibliothèque de Hoffmann-Fallersleben, et les cartes sont la plupart en assez mauvais état. Celle qui est la moins rognée mesure encore 2 pouces 8 lignes en hauteur sur 1 pouce 9 lignes de largeur. Le Dr. Stuckeley possédait, en 1763 à Londres, 40 cartes semblables que Chatto,[21]) qui en donne des facsimile, tenait pour d'anciennes cartes vénitiennes, mais elles ne sont que des copies de celles de Berlin et d'un travail très-inférieur.

En traitant des jeux de cartes du XVᵉ. siècle nous croyons devoir faire mention ici des cartes gravées sur bois et peintes qui sont conservées dans la Collection Ambrasienne de Vienne. Elles sont d'un beau dessin et peintes avec un grand luxe de couleurs, d'or et d'argent. Le jeu est composé de quatre couleurs ayant chacune douze cartes qui représentent des personnages d'une cour princière. Si nous en jugeons par le style artistique elles appartiennent à la seconde moi-

---

21) Chatto, Playing-cards etc. p. 88. Voyez aussi S. W. Singer, Researches into the history of playing-cards etc. p. 172 où l'on en trouvera des facsimile, H. 2 p. 9 l. L. 1 p. 10 l.; mais il les considère à bon droit comme étant de fabrique allemande. Ces cartes se trouvent actuellement dans le Musée britannique.

tié du XVe. siècle et se rapportent à l'école du maître Ⅽ Ꙃ qui florissait vers 1466. Chaque division ou couleur consiste en roi, dame et dix figures distinguées par des armoiries particulières. La première par une aigle simple, sable sur champ or; la seconde par le lion de Bohème; la troisième par les armes de Hongrie, burelé de gueules et d'argent; la quatrième par les trois fleurs de lys de France. Les dix figures quatre fois répétées sont numérotées de 1 à 10 et chaque carte porte 5 pouces 2 lignes de haut sur 3 pouces 8 lignes de large. [22])

On trouve un très-grand nombre de cartes gravées sur bois du XVIe. siècle, mais comme elles ne peuvent jeter aucune lumière sur des recherches qui ont pour but l'origine et la dissémination des cartes à jouer, nous ne croyons pas devoir en faire l'objet d'une considération particulière.

En addition à ce que nous avons déjà dit relativement aux anciens jeux de cartes allemands nous ajouterons qu'ils servent encore dans les cantons primitifs de la Suisse pour certaines parties spéciales. Un jeu de ce genre nommé „cartes allemandes" et gravées sur bois consiste de 36 cartes divisées en quatre couleurs, Écu, clochette, gland et rose, de manière à ce que chacune de ces couleurs ait neuf cartes.

Nous prendrons pour exemple la couleur gland composée de

l'A s. Deux glands s'élèvent d'un ornement au milieu; il compte   11 points.

La bannière. Ce drapeau flottant est marqué d'un gland. (Dans un certain jeu cette carte porte le nom de „Kaiser" (Empereur) et on le nomme le „Kaiserspiel"). Cette carte compte . 10 points.

Le roi compte . . . . 4 points.

Le premier valet (on distingue celui-ci en ce que l'indication de la couleur est au haut de la carte); il compte . . . . 3 points.

Le s o u s - v a l e t (l'indication de la couleur est au bas); 2 points.

Les autres cartes IX, VIII, VII et VI ne comptent pas comme points et les inférieures manquent.

L'exemplaire que nous décrivons mesure H. 4 p. 9 l. L. 2 p. 9 l.

Nous avons ainsi empiété, jusqu'à un certain point, sur ce qui

---

22) On trouve encore dans la collection Ambrasienne un très-beau jeu de cartes peintes qui appartiennent à la moitié du XVe. siècle. Elles sont entièrement dans le style artistique de l'école des Van Eyck et le jeu est composé de 56 cartes en quatre couleurs marquées comme suit: Faucon, héron, chien et aile. Chaque couleur a Roi, Dame, premier et second valet, tous à cheval; le reste des cartes sont numérotées de I. à X. H. 4 p. 10 l. L. 3 p. 6 l.

formé l'objet principal de notre dissertation, l'introduction de la gravure
sur bois et sur métal et la manière dont cet art s'est répandu dans
l'origine. Nous l'avons fait pour ne point interrompre la liaison des faits
qui se rapportent aux cartes à jouer et pour connaître, en même tems,
dans quelle mesure ces dernières ont pu influer sur les premières productions de la gravure sur bois, ou si l'on peut être autorisé à croire
qu'elles aient pu donner lieu à cette invention.

C'est ce qui formera la matière de nos recherches dans la partie
suivante.

Il résulte donc de ce que nous avons dit que le jeu de cartes
a pris naissance en Orient et à ce qu'il parait en Chine, qu'il a été
introduit en Europe par les Arabes et que sa première apparition a
eu lieu en Italie vers 1350. De là il s'est répandu dans toutes les
directions et passa bien vite en Allemagne où il devint l'objet d'un
commerce très-considérable, mais cela n'eut guère lieu, à en juger
par les documens qui nous restent, avant la fin du XIVe. siècle.

Estampilles ou sceaux gravés sur bois ou sur métal.

S'il était prouvé que les signatures, à guise de monogrammes, des
Carlovingiens eussent été exécutées avec des estampilles en bois et non
au moyen de patrons découpés, comme Mabillon[23]) semble le croire,
ou bien dessinées à la plume, comme il nous parait plus probable,
nous pourrions faire remonter l'art de produire des impressions à
l'aide de la gravure sur bois ou sur métal jusqu'au VIIIe. siècle et cela
par des artistes allemands. Mais nous pouvons seulement admettre
avec certitude que de semblables impressions, au moyen d'estampilles,
aient été en usage plus tard[24]) pour les signatures princières, comme

---

23) Dipl. lib. II. chap. 10. Mabillon s'appuie sur un passage de la vie de Char-
lemagne par Eginhard „Ut scilicet imperitiam hanc (scribendi) honesto ritu supple-
ret, monogrammatis usum, loco proprii signi, invexit." — Le musée germanique de
Nuremberg possède certaines figures exécutées à l'aide de patrons qui ressortent en
blanc sur un fond très-obscur et qui, à en juger par leur style, appartiennent au
XIIe. siècle. Elles représentent en partie des combats, des animaux et des ornemens sur une feuille de parchemin. On conserve au même musée une couple de
patrons découpés en parchemin, dont un monogramme, qui paraissent appartenir
au XVe. siècle.

24) Jackson, A treatise etc. p. 18. Il dit que des estampilles de ce genre
paraissent avoir été en usage chez quelques-uns des rois Anglo-saxons et que

elles l'étaient chez les notaires en Italie et en Allemagne, du XIIIe. au XVIe. siècle. [25])

Ce qui est d'un plus grand intérêt pour les recherches qui nous occupent, c'est la découverte que l'on se servait déjà au XIIe. siècle d'estampilles pour produire les initiales qui se trouvent dans les manuscrits de l'époque. Mr. le Dr. de Liebenau écrit à ce sujet à Mr. le Dr. F. Boehmer comme suit:

„J'ai découvert dans la continuation du nécrologe d'Einsiedlen (Cod. No. 305) que Frowin, dans le tems qu'il y écrivait, avait établi la première imprimerie connue, je veux dire par là qu'il y exécutait les initiales au moyen d'estampilles. Je ne puis affirmer si le fait est connu que l'on employait déjà cet art dans le XIIe. siècle, je l'avais déjà soupçonné par l'inspection d'un grand nombre de manuscrits d'Engelberg où toutes les initiales se ressemblent jusque dans les plus petits détails et où elles se trouvent hors de toutes proportions avec le reste de l'écriture; un F, par exemple, trop gros pour les autres lettres."

Nous ajouterons à l'appui de ce que nous venons de dire qu'il arrive bien souvent de voir sur des documens du XVe. siècle, au lieu du sceau en cire, des impressions de cachets gravés sur bois. Nous citerons entre autres celui de Jean Plebani, Curé de St. Maurice d'Augsbourg en 1407, que nous a fait connaître pour la première fois C. G. de Murr dans son Journal II. p. 107. Cet auteur est, il est vrai, d'avis que le sceau était gravé sur métal, ce qui, pour notre objet, a moins d'importance que le fait d'en avoir tiré en noir des impressions dont Mr. Aretin a rencontré plusieurs exemplaires dans les couvents bavarois à Rottenbuch. [26])

Guillaume le Conquérant s'en était servi lui-même, quand il n'était encore que Duc de Normandie. Philippe III de France et plus tard les souverains d'Espagne en firent aussi usage.

25) Gatterer, Elementa artis diplomaticae. Göttingen 1795. p. 166. — Il donne même des reproductions de ces estampilles. Le plus ancien monogramme qu'il rapporte est celui d'un notaire italien, Nicolaus Ferenterius, qui vivait vers 1236. Suit immédiatement celui du notaire allemand, Jacobus Arnaldus, de l'an 1345 et ensuite ceux de Johannes Meynersen de 1435 et de Johannes Galvis de 1521.

26) Voyez „Beiträge zur Geschichte und Literatur", Munich 1801, livraison d'Avril, où l'on en trouve un facsimile qui a aussi été donné par Heller dans son Hist. de la Gravure sur bois p. 36.

Plaques sépulcrales de métal avec figures gravées.

Nous devons encore mentionner ici les plaques de métal sur les tombeaux offrant pour la plupart le portrait du défunt et qui se rapprochent de la gravure sur bois pour le mode d'exécution. Nous les retrouvons dans les églises des Pays-Bas, d'Angleterre, de France et d'Allemagne depuis le XIVe. siècle, mais surtout durant l'époque qui suivit immédiatement quand leur exécution atteignit à un très-haut point de perfection dans les Pays-Bas et qu'elles devinrent fort recherchées en Angleterre et dans l'Allemagne du Nord. [27])

Les figures sont ordinairement de niveau avec la surface et le fond creusé comme dans la gravure sur bois; quelquefois les creux sont remplis d'une composition noirâtre, ce qui, a-t-on dit, aurait pu faire naître l'idée d'en faire des impressions sur papier et que par là on fut parvenu à l'art de la gravure sur bois. Mais il ne parait pas en avoir été ainsi, et il n'y a point d'exemple que l'on ait cherché à se procurer des impressions au moyen de ces plaques, si l'on en excepte pourtant quelques-unes en manière criblée de la seconde moitié du XVe. siècle dont les épreuves sur papier ont des inscriptions à rebours, mais dont la date d'impression reste incertaine. Nous citerons en ce genre une lettre d'indulgences avec la messe de St. Grégoire, dans la collection de Mr. T. O. Weigel à Leipsic, et deux pièces, avec des apôtres placés deux à deux sous des voûtes supportées par des colonnes, dans le cabinet de Dresde. Nous n'avons point cru cependant devoir passer sous silence cette branche de l'art, ne serait-ce que pour donner occasion à de nouvelles recherches sur cette matière.

Dans les deux divisions suivantes qui traitent des plus anciennes productions de la gravure sur bois et sur métal et du développement successif de cet art jusqu'au XVIe. siècle inclusivement, nous avons essayé de grouper ces productions selon les différens pays qui les ont vu naître et cela pour pouvoir embrasser avec plus de clarté et d'un seul coup d'œil leur ensemble.

---

27) On trouve des représentations de ces plaques dans les ouvrages suivans: Ch. Boutell, Bronzes et plaques monumentales (Monumental Brasses and Slabs etc). Londres 1847.

Manuel pour l'histoire des bronzes servant aux monumens (A Manual for the history of monumental brasses). Oxford 1848.

Willemin, Monuments français. Paris 1806.

Kugler, Écrits divers (Kleine Schriften). p. 786. et autres.

Gravure sur bois et sur métal en Allemagne.

On ne peut guère douter que l'art de graver sur bois et sur métal
en Europe n'ait été d'abord exercé en Allemagne. Ce n'est pas seulement dans ce pays que l'on trouve les premières indications sur les
graveurs sur bois (formschneider), mais aussi, et en nombre très-considérable, les plus anciennes productions de ce genre. C'est aussi en Allemagne que cet art fut cultivé avec plus d'étendue et acquit une supériorité,
et dans le dessin et dans la partie mécanique de la gravure, qui n'a jamais
été atteinte par aucune autre nation.

Nous avons déjà indiqué le commencement de la gravure sur bois ou
sur métal au XIIe. siècle, à Einsiedlen, dans l'application des estampilles
à l'impression des initiales. Nous possédons néanmoins une composition
à figures de la même époque, ou à-peu-près, dans une gravure sur métal,
imprimée sur parchemin et coloriée, qui a été trouvée dans la haute
Allemagne, collée dans un creux du plat de la réliure d'un ancien manuscrit. Elle représente le Christ en croix, ayant à gauche la Vierge
debout et soutenant de la main droite son bras gauche sur lequel elle
appuie le menton. A droite St. Jean, également debout, tient un livre.
En haut, des deux côtés de la croix, on voit, selon l'usage ancien dans
deux disques, les demi-figures du soleil et de la lune qui pleurent avec
un mouchoir aux yeux. Le bas de l'estampe est occupé par un ornement horisontal dessiné en rouge[28]) et le fond, dans la partie supérieure
au-dessus de la traverse de la croix, est colorié d'un bleu foncé. Le
tout est entouré d'une bordure mesurant 1 p. 2 l. de largeur, portant
aux quatre coins les symboles des quatre évangelistes et au milieu, à
égale distance de ces derniers sur un fond de cinabre, ce qui parait être
les demi-figures d'autant de prophètes. Des huit intervalles entre les
médaillons, six sont remplis par un ornement à guise de feuillage, les
deux autres par un ornement à losanges.

Le style du dessin se rapporte parfaitement à celui de la fin du
XIIe. ou du commencement du XIIIe. siècle. Nous y retrouvons les
figures allongées, la pose tranquille et l'expression des compositions du

---

28) Cet ornement particulier se trouve reproduit, dans tous ses détails, sur une
gravure sur bois de la haute Allemagne du commencement du XVe. siècle et qui représente la même composition. Les mêmes teintes de bleu, vert, rouge-cinabre,
brun et de tons de chair se retrouvent dans le coloris, ainsi que les mêmes ornemens en
or et peut-être provient-elle du même cloître. H. 7 p. 2 l. L. 5 p. Cabinet de Berlin.

XII°. siècle. Les bras du Christ, dont la tête est un peu inclinée vers la gauche, ne sont pas raidis horisontalement, les pieds sont tournés un peu en dehors et au-dessous se voit un calice. Une draperie rouge qui lui entoure la ceinture, tombe en plis très-simples, et celles des autres figures sont bien jetées sans avoir rien de conventionnel ou qui ressemble aux allures du style byzantin ou aux draperies plus mouvementées de la fin du XIII°. siècle. La gravure est d'une taille fine et vive, et enluminée avec soin; les parties de chair ont chacune leur teinte analogue; le manteau de la Vierge est rouge et la tunique, auparavant bleue, parait presque verte aujourd'hui. Celle de St. Jean est d'un ton jaune brun et les ornemens jaunes sur fond brun. H. 9 p. 1 l. L. 7 p.

Cette gravure, insérée dans un creux du plat de la couverture préparé à cet effet, parait avoir été destinée à remplacer les reliefs en ivoire qui ornaient la réliure plus précieuse des livres d'église. Elle semble également avoir été imprimée déjà sur place, après avoir rempli le creux de colle, au moyen de la plaque probablement chauffée à cet effet, puisque la colle adhère encore, au revers du parchemin, sur les contours en relief formés par la taille, tandis qu'elle s'est détachée du reste de la surface; le côté du parchemin qui porte la gravure est au contraire très-lisse.

Cette pièce, de la plus haute importance par son ancienneté et pour l'histoire des compositions à figures gravées sur métal, parait unique dans son genre et doit appartenir à quelque religieux des cloîtres de la haute Allemagne. Elle se trouve actuellement en possession de Mr. T. O. Weigel à Leipsic.

C'est aussi un cloître qui nous fournit le document le plus ancien sur l'existence d'un graveur sur bois. Beischlag a découvert dans le nécrologe du couvent des franciscains à Noerdlingen [29]), qui termine au commencement du XV°. siècle, l'entrée suivante „VII. Id. Augusti, obiit Frater h. Luger, laycus, optimus incisor lignorum". Un moine qui s'occupait de la gravure sur bois, ne pouvait, à en juger par son état, produire autre chose que des gravures religieuses. Nous voyons ainsi, pour la première fois, l'art de graver sur bois cultivé dans les

---

29) Heller, Histoire de la Gravure sur bois p. 25. Il remarque à ce sujet que les franciscains de Noerdlingen indiquaient toujours la sculpture des images par le mot latin s c u l p e r e, de manière qu'il ne peut y avoir aucun doute que „incisor lignorum" n'indique un graveur sur bois.

cloîtres et l'on ne s'en étonnera pas si l'on réfléchit qu'au commencement du moyen-âge, et même plus tard, les monastères se trouvaient
être le refuge non seulement des beaux arts mais de la plupart des
sciences.

Si nous recherchons quelques-unes de leurs productions dans l'art
de graver sur bois, à des époques reculées, nous trouvons, il est vrai,
plusieurs estampes qui ont dû être exécutées pour un monastère, ou
dans le monastère même, mais aucune dont l'on puisse dire, avec
certitude, qu'elle appartient à cette dernière catégorie. On ne prit que
plus tard l'habitude d'indiquer sur les gravures l'endroit où elles avaient
été exécutées, le nom de l'artiste ou, plus simplement encore, la date.

Les plus anciennes gravures dont nous puissions référer l'origine
à un cloître, appartiennent à la première moitié du XVe. siècle et portent les armoiries de deux monastères.   La première, celles de Kais-
heim (Kaisersheim) près de Donauwerth, représente St. Bénédict, leur patron, agenouillé aux pieds de Jésus crucifié qui
s'incline vers lui. Cette feuille parait être une gravure sur métal
et l'impression a été produite à l'aide du frotton; petit-in-folio.   Elle
se trouve dans la collection de Mr. T. O. Weigel à Leipsic.

Le même amateur possède encore une autre gravure sur bois
provenant du même cloître et qui représente également le Christ en
croix qui s'incline vers St. Bénédict agenouillé vers la gauche.   En
haut, parmi les nuages, deux demi-figures d'anges et un troisième à droite
qui tient la mitre épiscopale; tout-à-fait au bas les armoiries de Kaisersheim. Cette gravure, d'ailleurs peu importante, est au simple contour
et mal coloriée. H. 6 p. L. 4 p. 5 l.

D'autres gravures proviennent du monastère de Tegernsée en Bavière dont elles portent aussi les armoiries.   Ce sont les trois suivantes:

Le Christ en croix.   Il incline la tête à gauche.
Aux côtés les armoiries de Tegernsée; in fol. obl., dans le Cabinet de Munich.

Un moine instruisant un laïque agenouillé
devant lui. Les différens points de son instruction sont figurés dans 22
médaillons accompagnés d'inscriptions. On lit à côté des 10 premiers:
„Ci les dix commandemens pour les gens ignorans." (Das
fein die zehen bott für die ungelerte leut).   Sur les cinq suivans:
„Ci les cinq sens" (das fein die funf fyn). Sur les sept inférieures:
„Ci les sept péchés mortels" (das fein die fiben todfund).

Ces derniers sont représentés par des animaux. L'Orgueil (𝔥offart) par un cheval; l'Avarice (𝔊ei̯tigkeit) par un loup; la Gourmandise (𝔉ra̯heit) par un pourceau; la Colère (𝔷orn) par un lion; l'Envie (𝔑eid) par deux chiens qui se disputent un os; la Luxure (𝔘nkeu̯ch) par un coq, la Paresse (𝔗ragheit) par un âne; au bas, à droite, les armoiries avec l'inscription 𝔗egernfee. H. 8 p. 4 l. L. 6 p. 2 l. Cette gravure intéressante se trouve dans le Cabinet de Paris.

St. Quirinus. Il est assis, tourné à gauche, sur un siège, la couronne en tête, le globe impérial dans la main. Au bas, à droite, les armoiries de Tegernsée. Cette gravure in-8° se trouve dans le Cabinet de Munich et appartient à la fin du XVe. siècle. Le jet des draperies est très-angulaire et le caractère du dessin s'éloigne beaucoup de celui des deux autres gravures que nous avons mentionnées, appartenant au même monastère, mais comme ces dernières, la gravure est coloriée d'un rouge laque très-luisant.

On trouve encore dans le Cabinet de Munich beaucoup de gravures provenant de Tegernsée et qui appartiennent partie au XIVe. siècle et partie à la première moitié du XVe. Mais comme elles ne portent aucune marque et qu'il est incertain si elles ont été exécutées dans le monastère ou ailleurs, nous ne pouvons les placer parmi celles que nous avons énumerées jusqu'ici.

Enfin nous ferons mention d'une autre gravure sur bois provenant du cloître des bénédictins de Mondsée, près d'Ischl en Autriche, et qui représente leur patron St. Bénédict. Il est debout, tourné vers la gauche et tient de son bras gauche la crosse épiscopale, tandis qu'il bénit de la droite un calice d'où s'élèvent quatre vipères entrelacées. A côté de la tête du Saint se lit l'inscription Sanctus Bene, et en bas, au-dessous d'un corbeau, le mot MANSEE. Cette gravure a fort peu de traits d'ombre, est assez mal imprimée et, à tout prendre, un ouvrage peu important de la dernière période du XVe. siècle. H. 3 p. 11 l. L. 2 p. 6 l. Elle se trouve dans la collection de Mr. T. O. Weigel à Leipsic.

Les anciennes gravures sur bois que nous venons de citer ainsi que d'autres que nous avons rencontrées et qui appartiennent à la première période de l'art, se distinguent aisément de celles exécutées plus tard par leur style archaïque, la lourdeur du contour et le jet des draperies à plis arrondis, différant en ceci des cassures angulaires qui, sous l'influence de l'école de Van-Eyck, devinrent communes en Allemagne vers la moitié du XVe. siècle. Ces anciennes gravures sur bois n'offrent encore aucune trace d'ombre à l'aide de hachures et sont, pour la plupart, coloriées afin de mieux satisfaire le goût du peuple.

On était autrefois d'opinion que l'encre d'impression employée pour le tirage des anciennes gravures sur bois et sur métal était très-pâle ou d'une teinte brunâtre et préparée au moyen de l'eau seule, par conséquent la paleur de l'impression était considérée comme l'indice d'une haute antiquité. Mais des recherches postérieures ont prouvé que non seulement de très-anciennes gravures sur bois ont été imprimées de ce ton grisâtre, mais aussi des échantillons postérieurs qui datent du dernier quart du XVe siècle, surtout à Ulm, tandis que plusieurs gravures sur bois de la fin du XIVe. ou du commencement du XVe. siècle ont été imprimées avec une encre très-noire préparée à l'huile. A ces dernières appartient un Christ sous le pressoir et un St. Christophe d'une apparence encore plus archaïque que la célèbre estampe avec la date de 1423 et dont l'encre d'impression a été tellement chargée d'huile que celle-ci s'est répandue vers les contours, ce dont on s'aperçoit encore facilement aujourd'hui. Ces deux pièces se trouvent dans la collection de Mr. T. O. Weigel à Leipsic.

Les couleurs employées pour les gravures varient suivant le tems et le lieu de leur exécution. Nous trouvons souvent dans les plus anciennes un v i o l e t p u r p u r i n qui se marie très-harmonieusement à un v e r t c l a i r.

On trouve ces couleurs employées principalement pour les gravures sur bois de la haute Allemagne comme on le voit dans deux figures de St. Wolfgang, évêque de Ratisbonne, dont le cloître est situé près d'Ischl. Les couleurs dont on a fait ici l'application consistent en p o u r p r e - v i o l a c é, v e r t, j a u n e, g r i s et quelques teintes de c h a i r. La plus ancienne de ces deux pièces parait appartenir à la fin du XIVe. siècle; la mitre du Saint est encore très-basse de forme, le jet des draperies moins flottant et le vêtement très-élargi vers le bas. La seconde, avec une église dans le fond dont les tours ont quelque ressemblance avec celles de Notre Dame de Munich, est d'une époque postérieure, vers le milieu du XVe. siècle, mais le coloris en est identique avec celui de la précédente.

Il en est de même d'un S a i n t A u g u s t i n et de son pendant un S a i n t C o r b i n i a n u s dans l'auréole duquel on lit l'épithète „freisingensis". La couleur pourpre dans ces deux dernières gravures tire cependant davantage sur la laque rouge. Toutes ces gravures remarquables appartiennent à Mr. T. O. Weigel. Un Christ en croix, entre la Vierge et Saint Jean, du commencement du XVe. siècle, également colorié de pourpre-violacé, de vert etc. et une Ste. Dorothée de la même époque et avec les mêmes teintes, entourée d'une large bordure ayant dans les coins les diverses armoiries de Bavière, se trouvent dans la riche collection de Berlin. L'encre d'impression de cette dernière gravure est très-noire.

L'édition originale du livre xylographique de l'Apocalypse, dans la Bibliothèque de Paris, est aussi coloriée de pourpre-violacé et de vert clair. On la range ordinairement parmi les livres xylographiques des Pays-Bas, mais comme le style artistique de cet ouvrage se rapporte beaucoup plus à celui de la haute Allemagne que de ces provinces et que nous le trouvons, dans deux circonstances au moins, accompagné d'un texte manuscrit dans le dialecte de la première de ces contrées, nous sommes justifiés à le considérer comme d'origine allemande, opinion que nous nous efforcerons de corroborer par des considérations ultérieures.

Dans la gravure de la petite Vierge d'Einsiedlen du maître de 1466 les draperies sont coloriées en bleu-cobalt, cinabre et vert de glaïeul, et les parties de chair sont rougeâtres et les joues roses. Cette pièce se trouve dans le cabinet de Berlin.

Nous trouvons un arrangement de couleurs d'un effet très-harmonieux dans les teintes lilas, bleues, vertes et couleur de chair, employées dans une très-belle gravure sur bois représentant une Sainte Marie Madeleine qui, à en juger d'après le style idéal du dessin et le jet archaïque des draperies qui s'élargissent par le bas, doit appartenir au XIVe. siècle. Au même maître doit aussi être attribuée la gravure sur bois du martyre de St. Jean l'Évangeliste qui est d'une telle beauté que les connaisseurs les plus experts n'avaient pas hésité à la considérer comme d'origine italienne, jusqu' à ce que la découverte de l'inscription en dialecte de la haute Allemagne leur eut prouvé le contraire. Ces deux gravures sont entourées d'une bordure particulière, formée d'un ornement à guise de palmettes, que l'on retrouve dans les majuscules initiales des impressions de Gutenberg, mais qui avaient déjà été employé pour le même objet par Siegmund Krafft, d' Ulm, dans un manuscrit du XVe. siècle qui reproduit une partie du Livre des Rois, et, plus tard, par Jean Baemler d'Augsbourg dans son édition du livre xylographique des „Sept péchés capitaux" (die sieben Todtsünden) en 1474. Mais comme toutes les gravures sur bois provenant d'Ulm qui nous sont connues, sont coloriées d'une façon entièrement différente, nous n'hésitons pas à attribuer ces deux pièces, les plus belles de toutes les anciennes gravures sur bois de l'Allemagne, à l'école d'Augsbourg, ville où elles se trouvaient antérieurement et où Mr. T. O. Weigel les a acquises.

L'usage d'une laque de garance qui, mêlée avec de la colle d'esturgeon ou avec du blanc d'œuf en forte proportion, conserve encore tout son éclat, est aussi très-ancien dans toute l'Allemagne supérieure; nous en avons déjà donné des exemples à l'occasion de quelques gravures sur bois de Tegernsée qui se trouvent dans le cabinet de Munich et qui appartiennent au milieu du XVe. siècle environ.   La même laque luisante de garance a été employée pour colorier les quatorze gravures sur bois qui ornent le Salve Regina publié, vers la même époque, par Lienhart de Ratisbonne, ainsi que les nombreuses gravures sur bois qui parurent vers 1480 dans cette dernière ville et à Ulm.   Celles-ci ont de plus les teintes de vert, jaune, gris et de chair. Nous décrirons plus tard, avec les détails voulus, plusieurs de ces pièces avec les noms des artistes de ces deux villes et les dates de 1478 à 1485, qui se trouvent en la possession de Mr. T. O. Weigel.

Nous retrouvons également cette couleur sur des gravures en manière criblée du haut Rhin vers la fin du XVe. siècle.

Les gravures sur bois de la dernière période du XVe. siècle, coloriées assez grossièrement avec du cinabre et quelques autres teintes, proviennent pour la plupart de Nuremberg.

Dans l'Allemagne inférieure et surtout dans les Pays-Bas on se servait le plus souvent, pour colorier les estampes, d'un rose tendre accompagné d'un jaune brunâtre.

Des couleurs plus grossières, appliquées négligemment à l'aide de patrons découpés, caractérisent les gravures sur bois et sur métal d'une époque plus récente.

Les plus anciennes gravures sur bois sont imprimées au moyen du frotton, la presse pour imprimer n'étant pas encore connue.

Nous trouvons encore cette sorte d'exécution dans la plus ancienne gravure sur bois avec une date, celle bien connue du St. Christophe de l'année 1423, qui se voyait autrefois dans la bibliothèque de la Chartreuse de Buxheim, près de Memmingen, où elle était collée sur le couvercle d'un manuscrit de 1417. Heinecken en donna le premier une description et, plus tard, Mr. de Murr une reproduction dans son journal de l'année 1776. Elle a passé depuis, avec plusieurs autres, dans la bibliothèque de Lord Spencer à Althorp. [30])

---

30) Sotzmann considère la date de 1423 comme suspecte, parceque nous ne connaissons, dit-il, aucune autre gravure sur bois de date aussi ancienne et que celles que l'on a trouvées jusqu'ici sont postérieures à la moitié du XVe. siècle.

Nous donnons ici une description des plus anciennes gravures sur bois sans date qui soient parvenues à notre connaissance.

Au nombre des premières productions de cet art nous devons compter deux grandes feuilles qui appartiennent au XIVe. siècle, découvertes par le Chev. Adolphe de Wolfskron dans la Bibliothèque de l'Église

---

Mais le millésime de 1423 s'y lit très-clairement et d'ailleurs nous trouvons déjà, en 1398, un graveur sur bois, le „formschneider" Ulrich, inscrit sur les régistres de la ville d'Ulm. Aussi le style du dessin dans le Saint Christophe repond-il entièrement à celui du premier quart du XVe. siècle. Les traits du visage sont fortement prononcés et les plis des draperies ne sont point à cassures angulaires comme cela se pratiquait au milieu du XVe. siècle, mais restent encore arrondis. Mr. Sotzmann rapporte l'inscription:

> „Cristofori faciem die quacumque tueris
> Illa nempe die morte mala non morieris.
> Millesimo cccc° xx° tercio."

que l'on trouve au bas du St. Christophe à quelque événement qui aurait eu lieu en 1423, quand certain dévot, en regardant l'image du Saint, aurait été préservé ce jour-là d'une mort subite. Mais cette croyance était généralement répandue dans le moyen-âge et même plus tard, puisqu'en 1584 le peintre Mateo Perez de Alesio exécuta à fresque un Saint Christophe de 30 pieds de hauteur près de l'entrée principale de la Cathédrale de Seville, afin que tous ceux qui entraient pussent, en le regardant avec dévotion, être préservés ce jour-là d'une mort subite.

On a encore objecté, contre l'ancienneté du St. Christophe de Buxheim, que cette gravure était imprimée avec une encre très-noire et au moyen de la presse et qu'il en existait plusieurs exemplaires. Nous repondrons à cela, d'abord que des gravures sur bois plus anciennes encore que celle-ci sont également imprimées avec une encre très-noire, ainsi que nous l'avons déjà indiqué plus haut et, de plus, que rien n'autorise à croire qu'elle ait été imprimée avec la presse. Nous ajouterons que l'exemplaire de Buxheim est jusqu'ici le seul original connu et que celui du cabinet de Paris que l'on a retiré de l'exposition, ainsi que celui à Bâle et un autre provenant de la collection de feu Mr. de Birckenstock de Vienne et qui se trouve actuellement dans celle de sa fille, Mme. Veuve Brentano à Francfort s/M., ne sont autre chose que des épreuves, sur vieux papier, du facsimile qu'en fit faire Mr. de Murr et dont il a été lui même la dupe. En comparant ces copies avec le facsimile publié par Ottley dans son „Inquiry", on trouvera que le dessin de l'original est mieux entendu, surtout celui de la tête du Saint, avec les cheveux disposés en belles masses et que la taille est plus nourrie, plus moelleuse qu'on ne la trouve dans les contours maigres de la copie. Il existe en outre des différences sensibles entre les deux. Dans l'original les espaces entre les feuilles de l'arbre, en haut à gauche, sont noirs, la première feuille du palmier touche la ligne d'encadrement et la maison du moulin en bas à gauche porte un trait perpendiculaire, à côté de la première fénêtre, pour indiquer le coin de la maison. Dans la copie, les espaces entre les feuilles de l'arbre sont restés en blanc, la première feuille du palmier n'arrive pas au bord supérieur de l'estampe et la ligne perpendiculaire de la maison manque.

de St. Jacques à Bruenn, en Moravie, en 1845, collées à l'intérieur de
la couverture d'un Missale Olmucense manuscrit. Ce missel est
un legs de Nicholas Jean de Brunner, diacre de cette église, mort en
1435. La réliure parait être originale, mais les trois gravures sur
bois, qui étaient collées sur le côté intérieur des couvertures, semblent
être d'une date plus ancienne et avoir appartenu au fonds du rélieur,
car elles ne sont point coloriées et, bien que d'un style très-différent,
paraissent avoir été tirées sur des bois très-usés. Le St. Wolfgang
et la Ste. Vierge sont imprimés sur la même feuille. Celle qui offre
caractère le plus ancien est

1. La Sainte Trinité. Dieu le père est assis sur un trône
gothique et soutient, devant lui, le Christ en croix de moindres proportions; entre les deux têtes plane le St. Esprit. La tête du Père éternel
est trop grosse de proportion et le dessin est très-grossier; les plis des
draperies sont arrondis. Malgré cela l'ensemble a quelque chose
de grandiose qui rappelle l'école bohémienne de Théodore de Prague.
gr.-in-fol.

2. St. Wolfgang. Le saint évêque est assis, tenant de la main
droite un livre et, dans la main gauche, une petite église dans la toi-
ture de laquelle se voit enfoncée une hache. Le dessin et la gravure
de cette estampe sont d'un style beaucoup plus artistique que la précédente, la figure est élancée et de belles porportions, les draperies souples et d'un beau jet, tout-à-fait dans la manière allemande de la fin
du XIVe. siècle. fol. [31])

3. Le Christ pleuré par la Vierge. La mère de Dieu tient
sur ses genoux le corps de son fils. Ce groupe offre un caractère
de beauté grandiose dans le style du XIVe. siècle et les têtes sont
pleines de noblesse, les contours très-forts et l'impression est d'un
ton brunâtre obtenue au moyen du frotton. — H. 6 p. 6 l. L. 8 p. 4 l.
Dans la collection du prince d'Oettingen-Wallerstein à Mahingen.

On voit dans le Cabinet de Berlin plusieurs gravures sur bois qui

---

31) La troisième gravure de l'église de St. Jacques est la suivante:
La Vierge avec l'enfant Jésus est assise sur un trône sous un riche
baldaquin; elle offre ces formes souples et pleines que l'on rencontre dans ses
images de ce tems en Allemagne, surtout dans les environs du Rhin et à Nuremberg, vers la première moitié du XVe. siècle. — fol.
On trouvera une description étendue de ces trois gravures sur bois, avec d'assez bons facsimile, dans l'ouvrage intitulé „Quellen und Forschungen zur vaterlän-
dischen Geschichte, Literatur und Kunst. Wien 1849."

paraissent encore appartenir au XIVe. siècle dont nous décrivons ici les plus remarquables:

4. Ste. Véronique; d'un style très-archaïque, mais non sans noblesse. Elle est debout, la tête un peu tournée vers la gauche, et tient devant elle le voile avec les traits du sauveur, la vera ikon, qui la cache presque entièrement; cette dernière tête, d'un style qui se rapproche du byzantin, est traitée avec moins d'adresse que celle de la Sainte. La bordure est composée de trois lignes. H. 10 p. 7 l. L. 7 p. Une Ste. Véronique semblable, mais avec une bordure de deux lignes (H. 10 p. 9 l. L. 6 p. 9 l.), se trouve au Cabinet de Paris.

5. St. Christophe, qui a un aspect encore plus archaïque que celui de Buxheim de l'an 1423, que nous avons déjà cité. Il traverse le fleuve, se dirigeant vers la gauche, un tronc d'arbre garni de ses feuilles à la main. L'enfant Jésus, assis sur l'épaule gauche du Saint, élève la main droite dans l'action de bénir et pose la gauche sur la tête de St. Christophe. Près du fleuve quelques indications de rochers; à gauche l'hermite avec sa lanterne. H. 9 p. 11 l. L. 7 p. 1 l.

6. St. Jérôme. Il est assis, vu de face, et arrache l'épine au lion accroupi à droite devant lui. Dans le fond, à gauche, un pupitre auquel on voit suspendue une lanterne. A droite des rochers à pic sur la pointe la plus élévée desquels est perché un aigle. La figure est longue de proportions, dans le style du XIVe. siècle. La gravure sur bois est coloriée de brun pourpre, de vert et d'un peu de cinabre. — fol.

On a trouvé cette pièce collée sur la couverture d'un manuscrit du XIVe. siècle contenant les „Sermones Magistri Conradi", en même tems que deux dissertations théologiques de l'an 1432. Ce manuscrit appartenait au cloître d'Oliva, de l'ordre de Citeaux, près de Dantzic.

7. Ste. Barbe et Ste. Catherine. La première tient du bras droit une tour; la seconde passe l'épée à travers la roue qu'elle soutient de la main gauche. La pose de Ste. Barbe est dans le style du XIVe. siècle; les draperies des deux figures sont élargies vers le bas. Cette pièce était anciennement coloriée. H. 7 p. 1 l. L. 4 p. 6 l.

Nous mentionnerons encore parmi les plus anciennes gravures sur bois de la riche collection de Munich, les pièces suivantes:

8. St. Georges à cheval enfonce sa lance dans la gueule du dragon étendu sur le sol. Au-dessus de sa cotte de mailles il porte une fraise selon la mode du XIVe. siècle; les formes de l'épée, du bouclier et de la bride du cheval ont un aspect très-ancien. Au milieu du

paysage rocailleux, orné de trois arbres, est agenouillée la princesse avec de longs cheveux épars. Les contours ainsi que la taille sont très-grossiers. — fol. obl.

9. **Jésus crucifié.** La croix est formée de troncs d'arbre dont les branches sont coupées. La Vierge et St. Jean se tiennent de chaque côté; au pied de la croix, un crâne. Une large bordure noire, ornée d'un ruban ondé et de feuilles papillonées, entoure le tout. — folio. Quoique le mode d'exécution et le style conventionnel de la chevelure du St. Jean appartiennent au XIVe. siècle, la forme particulière de la croix nous semble devoir faire placer l'exécution de cette gravure dans la première moitié du XVe. siècle.

10. **l'Annonciation**, et la **Naissance du Christ**, cette dernière gravure est imprimée au-dessous de la première sur la même feuille, in folio. Les figures très-allongées se rapportent au style du XIVe. siècle tel qu'on le pratiquait alors dans les environs du Rhin. Un autre exemplaire de cette gravure se voit, sauf erreur, dans le Musée germanique de Nuremberg.

11. Un autre **Christ en croix** est traité absolument dans le même style; à gauche la Vierge dans l'attitude de la prière; à droite St. Jean dans celui de l'étonnement et tenant un livre à la main. Fond noir; petit-in-fol.

Les trois estampes suivantes gravées sur bois dans la même manière et avec le même goût artistique sont coloriées avec la laque luisante de l'Allemagne supérieure.

12. **La mort de la Vierge.** Elle est de plus fortes proportions que les autres figures et se voit étendue sur un lit. Le Christ, qui est debout derrière elle, tient la figure de l'âme de sa mère entre les bras; les apôtres sont distribués alentour et la Madeleine, lisant dans un livre, est agenouillée à droite. — fol. obl.

13. **Le couronnement de la Vierge.** Elle est agenouillée, tournée vers la gauche, entre Dieu le père et le Christ; le St. Esprit plane au-dessus de sa tête. Dans la partie supérieure et de chaque côté, deux anges avec des instrumens de musique. — fol. oblong.

14. **Jésus au jardin des Oliviers**, — fol. **Le Christ en croix.** De plus grandes proportions que la Vierge et St. Jean qui se trouvent à ses côtés, ses pieds touchent le bord inférieur de la gravure. 12'. Ces deux gravures sont sur fond noir.

A cette série appartiennent encore une

15. **Ste. Dorothée;**

16. Quatre Saints placés les uns à côté des autres, savoir St. Jean Baptiste, St. Jean l'évangeliste, St. Sébastien et St. Antoine, ainsi que plusieurs autres gravures sur bois qui appartiennent à une époque postérieure, c'est-à-dire à la moitié du XVᵉ. siècle. Elles proviennent toutes du monastère de Tegernsée.

Nous indiquerons ici quelques-unes des plus anciennes gravures en bois de la précieuse collection de Mr. T. O. Weigel à Leipsic.

17. Le Christ en croix. A gauche se tient la Vierge, les mains élévées vers le ciel selon l'ancien usage de l'église, et à droite St. Jean les yeux éléves, les mains sur les joues. Les cheveux de celui-ci sont de style conventionnel mais très-ancien, le jet des draperies arrondi, la taille maladroite. Une bordure feuillée à guise d'éventail entoure le tout et rappelle le style bysantin des ouvrages du XIIᵉ. siècle; peut-être un tableau de cette époque aura-t-il servi d'original à la gravure; petit-in-fol.

18. L'annonciation. La Vierge, à gauche, est assise devant un prie Dieu, les mains croisées sur la poitrine; à droite l'Ange Gabriel tient à la main une bande de parchemin sans inscription; le St. Esprit plane entre les deux au-dessus d'un vase avec des lys. À en juger par le style, cette gravure appartient au commencement du XVᵉ. siècle. Les contours sont forts et l'impression est très-noire. H. 6 p. 8 l. L. 10 p.

Sur la feuille à droite on trouve écrit avec de l'encre: „Diss buoch gehert in die gemain Teutsch Librerey yn dz Gotzhauss."

Une copie de cette gravure à été faite en Franconie. Une autre annonciation dans la même collection, in folio, moins ancienne mais qui appartient encore à la première moitié du XVᵉ. siècle, ressemblant beaucoup à celle qui de la Chartreuse de Buxheim, est passée dans la bibliothèque de Lord Spencer et Jackson en donne un facsimile en moindre proportion. L'exemplaire de la collection Weigel est mieux conservé puisque la partie supérieure montre la figure de Dieu le père qui manque à l'exemplaire de Lord Spencer; aussi est-il colorié avec la laque de garance, le vert, le jaune et le gris de l'école d'Ulm. H. 10 p. 1 l. L. 7 p. 2 l.

19. St. Georges à cheval qui perce de sa lance le dragon étendu à droite. La manière dont cette gravure est traitée, surtout en ce qui regarde les arbres, est tellement semblable à celle du St. Christophe de 1423 de Buxheim, que l'on pourrait croire qu'elle est du même graveur sur bois. Elle consiste d'un simple contour imprimé

d'un noir très-foncé et la pièce est légèrement coloriée au cinabre.
H. 6 p. 6 l. L. 9 p. 5 l.

20. Le Christ sous le pressoir. Il est debout dans le pressoir
dont il soutient la traverse sur les épaules, tandis que le fluide s'échappe
de la cuve dans un calice. La draperie qui entoure les reins de la
figure est traitée dans la manière du XIVᵉ. siècle et légèrement coloriée. Le noir d'impression est très-foncé. H. 9 p. 9 l. L. 6 p. 7 l.

Cette gravure sur bois provient d'Augsbourg où nous avons souvent trouvé la même composition reproduite surtout dans des gravures
au burin du XVᵉ. siècle.

Si nous avons dû décrire ici ces vingt pièces qui, dans leur ensemble, se présentent avec une taille plus ou moins grossière et n'ont
aucun titre pour être considérées comme belles, nous pouvons cependant en indiquer quelques-unes qui appartiennent à la fin du
XIVᵉ. siècle d'une grande beauté et même d'une grace tout particulière. De ce nombre est une Sainte Apolline, une Marie Madeleine
et le martyre de l'Évangeliste St. Jean, que nous avons déjà cités, p. 25,
pour la belle manière dont ils sont coloriés.

21. Ste. Marie Madeleine. Elle est debout, vue de face, et tourne
sa gracieuse tête, finement dessinée, vers la gauche, tandis qu'elle tient
devant elle le vase à parfums. Son vêtement, sans aucune trace
d'ombre, tombe en plis arrondis et s'élargit vers le bas selon le style
usuel allemand de la fin du XIVᵉ. siècle. Une riche bordure, ornée
selon le goût de ce tems et de 11 l. de largeur, entoure la gravure
qui est soigneusement coloriée, comme nous l'avons déjà dit, en lilas,
bleu, vert et teintes de chair. H. 7 p. 2 l. L. 4 p. 9 l.

22. Le martyre de l'évangeliste St. Jean. Il est debout dans
une cuve devant laquelle on fait bouillir de l'huile dans une marmite
où un bourreau puise de la liqueur bouillante pour la verser sur le Saint.
Un autre bourreau remue le contenu de la marmite. A gauche on voit
un homme debout portant un chapeau entouré d'une couronne, à droite
un juge tenant une épée et qui indique ce dernier de la main. Une bordure de 14 l., absolument semblable à celle de la Madeleine, entoure cette
pièce qui, à en juger d'après la taille et d'après le dessin d'une beauté peu
commune, parait appartenir au même maître que cette dernière. Cette
gravure est également coloriée comme la précédente. Au-dessous on lit
l'inscription suivante: Johannes euangelist. in Asya und in epheso
mit siner lere gewesen ist. H. 10 p. L. 7 p. 6 l.

Nous avons déjà donné plus haut les raisons qui nous font considérer ces gravures sur bois comme appartenant à l'école d'Augsbourg, en ajoutant que, sous le rapport de la beauté idéale, elles ne sont pas inférieures aux productions de l'Italie de la même époque. La pièce suivante, quoiqu'elle ne soit pas d'une égale excellence, mérite néanmoins d'être mentionnée pour la grâce et le soin avec lesquels elle est exécutée.

23. La Vierge, demi-figure. Elle est assise, tournée vers la gauche, et tient couché devant elle l'enfant Jésus; celui-ci caresse le menton de sa mère de la main gauche et tient de la droite sa main dont les doigts sont ornés d'anneaux. Le jet arrondi des draperies et les formes pleines du nu, ainsi que les simples contours, sans indication d'ombre, démontrent que cette gravure appartient aux premières années du XVe. siècle. La pièce est soigneusement coloriée, le manteau rougeâtre est doublé de bleu, l'auréole et la couronne en or et les encoignures ornées de la bordure rouge sont argentées. H. 12 p. 4 l. L. 6 p. 3 l. Il en existe une petite copie en sens inverse.

24. Très-intéressante pour l'histoire de l'art à Nuremberg est une série de gravures sur bois collée sur une espèce de tabernacle d'autel en plusieurs divisions. Cet ornement fut transporté en 1811 de l'église de Ste. Catherine au Château et se trouve actuellement dans la Collection de la ville. On manque de données sur l'origine de cet ornement qui parait cependant remonter au XVe. siècle. Les gravures sur bois appartiennent toutefois à des époques différentes, quelques-unes sont de date très-ancienne, et nous considérons comme étant du XIVe. siècle 8 gravures de la vie de la Vierge et 17 autres plus petites parmi lesquelles se trouvent les douze apôtres avec des inscriptions tirées du credo, et qui sont toutes traitées d'une façon très-grossière; elles se font surtout remarquer par la grosseur disproportionnée des têtes qui donnent à l'ensemble quelque chose de barbare. Par contre, trois autres feuilles et cinq figures isolées de Saints sont d'une meilleure taille et de proportions plus justes. Les 50 gravures sur bois qui se trouvent à l'intérieur et qui représentent des faits de l'ancien et du nouveau testament, ainsi que les apôtres et autres Saints isolés appartiennent au milieu du XVe. siècle.

Dans le nombre des anciennes gravures sur bois très-remarquables du Cabinet des estampes à Paris nous en choisirons deux qui sont d'origine allemande pour en faire mention ici; elles appartiennent toutes deux à une époque très-reculée.

3

25. Un Saint évêque martyr. Il est debout tourné vers la gauche, embrassant une crosse du bras gauche et tenant élevées les deux mains dont chaque doigt est percé d'une alêne. Gravé d'une manière très-large; le manteau est colorié en pourpre. H. 10 p. L. 4 p. 6 l.

26. St. Augustin. Il est debout à côté d'un enfant qui est occupé à déverser le fleuve dans un trou de la rive. La draperie est jetée d'une manière fort légère et la taille est très-fine. Le manteau colorié avec une laque très-luisante. H. 7 p. 6 l. L. 3 p. 4 l.

De toutes les gravures sur bois que nous avons indiquées jusqu'ici il n'y en a aucune, excepté le St. Christophe de Buxheim de 1423, qui porte une date, et cette dernière gravure est toujours la plus ancienne de ce genre.[32]) Celle de Bruxelles qui montre la prétendue date de 1418 appartient à l'année 1468 comme nous le prouverons en décrivant les gravures sur métal et sur bois des Pays-Bas. La plus ancienne date après celle du St. Christophe de Buxheim se trouve sur une gravure en bois représentant le

27. Martyre de St. Sébastien avec une double prière à Dieu et au Saint. Elle porte la date de 1437 et fut trouvée en 1779 au Monastère de St. Blaise dans la forêt noire.[33]) On la voit à présent dans la bibliothèque impériale de Vienne.[34])

---

32) Comme Hèller dans son histoire de la gravure sur bois p. 28—44 a claire-ment démontré l'erreur où l'on est tombé relativement à certaines gravures consi-dérées comme très-anciennes, nous croyons devoir, d'après nos observations person-nelles, appuyer son opinion surtout relativement au portrait avec l'inscription PETER SCHLOTING WUNDARZT IN NURNB. 1384. Le costume du personnage repré-senté appartient à la moitié du XVIe. siècle. L'exemplaire dans le musée de l'Institut de Staedel à Francfort s. M. n'est point entièrement terminé, l'ornement à gauche n'étant gravé qu'en partie. Il semblerait que le bois ne fut point em-ployé et qu'il ne servit que plus tard à la reproduction de la gravure. Le Ca-lendrier compilé par Jean de Gamundia en 1439 ne fut gravé sur bois que plus tard comme le prouvent les figures des 12 mois dont la manière appartient à la moitié du XVe. siècle. Voyez à ce sujet Falkenstein, histoire de l'Imprimerie. 1840 Une édition postérieure porte même la date de 1468. V. Sotzmann p. 541.

33) C. G. v. Murr, Journal XIV. p. 124 et Heller p. 40.

34) F. v. Bartsch, Collection des gravures de la bibliothèque impériale et royale de la Cour à Vienne, Vienne 1854. (Die Kupferstichsammlung der k. k. Hofbibliothek in Wien.) Il croit cependant que cette gravure appartient aux 20 dernières années du XVe. siècle et que la date de 1437 se réfère à une concession d'indulgences bien qu'il ne s'agisse dans la prière que d'une intercession contre l'épidémie et la mort

La gravure sur bois à trois compartimens décrite par Heller p. 43 avec le **portement de croix**, **Ste. Dorothée et St. Alexis** a la date de **anno dm. 1.Ω.Ω.3.** mais simplement écrite, le style répond cependant tout-à-fait à cette époque. L'impression en étant inégale on pourrait croire que c'est une gravure sur métal. Elle est d'un bon dessin et coloriée avec du pourpre violet, du vert et du brun. Elle appartient actuellement à Mr. T. O. Weigel. La date à l'encre de 1440 qui se trouve sur une gravure sur bois représentant **St. Nicolas de Tolentino**, conservée dans la bibliothèque impériale de Vienne et dont le Kunstblatt de 1832 a donné un facsimile, est encore plus incertaine, puisqu'elle se rapporte également à l'année de la canonisation du Saint. Cette feuille a, de plus, toute l'apparence d'une gravure italienne sur métal.

Dans un style analogue et de la même époque est une gravure appartenant à Lord Spencer représentant une **Ste. Brigitte** avec l'inscription **obrigitta bit got fir vns**; au bas à gauche se trouve l'inscription **m idjil**. Ottley p. 86 en fournit un facsimile, mais se trompe quand il la donne comme très-ancienne et comme étant de l'école néerlandaise; à la première opinion s'oppose la cassure angulaire des plis, à la seconde le dialecte allemand de l'inscription. [35])

Ces gravures sur bois sont les seules que l'on ait trouvées jusqu'ici avec des dates antérieures à la seconde moitié du XVe. siècle. Elles représentent exclusivement des sujets sacrés et c'est pour cela que parmi le peuple elles portaient le nom vulgaire de **Helge** ou **Helglein** (Saints ou petits Saints). Celles avec des sujets profanes paraissent ne venir que depuis la seconde moitié du XVe. siècle, et les gravures sur bois du **fol amoureux** et du **Chat avec la souris** dont

subite et qu'il n'y soit fait aucunement mention d'une indulgence. L'on ne pourrait décider la question autrement que par le style de la gravure et la manière dont les personnages sont traités et sur cela nous sommes hors d'état de porter un jugement, n'ayant point eu l'occasion de voir la gravure qui n'a été acquise pour la bibliothèque qu'en 1849.

35) Mr. T. O. Weigel possède une gravure sur bois tout-à-fait du même genre. En haut à gauche, au-dessus du pupitre, planent les toutes petites figures du Christ et de la Vierge sur des nuages. En bas à gauche se voit un écusson chargé d'un lion à côté d'un autre écartelé, au premier et au quatrième, d'un lion rampant; au second et au troisième, fuselé de Bavière. On lit en haut **S. birgitta ain wittib von dem Reich zu Schwede**. Son vêtement est colorié en noir. D'après les écussons l'on doit croire cette pièce d'origine bavaroise, elle parait appartenir au dernier quart du XVe. siècle.

on voit des impressions dans la Collection Derschau [36]), sont d'une période plus récente et n'appartiennent certainement pas, comme on a voulu le croire, à l'époque la plus ancienne de la gravure sur bois en Allemagne.

Un sujet que l'on traitait de préférence vers le milieu du XVᵉ. siècle et principalement à l'aide de la gravure sur bois et sur métal, est celui d'un Christ enfant assis sur un coussin ou sur une fleur, entouré d'objets plus ou moins précieux et avec une inscription indiquant les souhaits de bonne année; „ein sälig Jar" (une heureuse année), „fil gut jar" (beaucoup de bonnes années) ou „ein goot felig jor" (une bonne et heureuse année). Sur une des plus anciennes feuilles de ce genre l'enfant Jésus avec des ornemens de corail caresse un perroquet vert. On voit à sa gauche une boule sur laquelle est représentée une ville avec des moulins à vent surmontés d'une croix avec une girouette; vis à vis sur une cassette, marquée du signe ihs et contenant plusieurs billets de souhaits de bonne année, est assis un oiseau avec un billet sur lequel est écrit „fil. god. jar." (beaucoup de bonnes années) et en haut à gauche plane un autre oiseau avec l'inscription „vit dage leben" (et de jours à vivre). Dans les collections de Berlin et de Mr. T. O. Weigel à Leipsic. La gravure la plus récente de ce genre nous montre l'enfant Jésus donnant sa bénédiction et tenant un livre. Au-dessus le souhait „Ein güt jar" (une bonne année), sur le revers une tablette avec la date „gedruckt zu Basel 1505" avec deux griffons tenant un écu d'armoiries qui se trouve rogné dans l'exemplaire du Cabinet de Paris.

Une autre gravure sur bois de nouvelle année très-ancienne représente une charité chrétienne assise sur un vaisseau, porté sur une mer agitée et dont l'enfant Jésus tient le gouvernail en indiquant une banderole avec l'inscription: Such uff den fegel, wir find am land und bringen gud jar manger hand (calez [?] la voile, nous sommes au port et nous apportons de bonnes années pour divers mains). Un petit ange souffle dans une trompette, un autre hisse la bannière avec la croix. Dans la coque du vaisseau l'on apperçoit des marchandises et à la marge inférieure l'inscription: „Von allexandria kom ich hargefarn und bringe vil güter ior die wil ich nit fparn — ich wil fie gebē umb kleines gelt rechtū und got liep hā ich damit wol ūgelt." (d'Alexandrie j'arrive ici en droiture et j'apporte beaucoup de bonnes années dont je ne serai pas

---

36) Holzschnitte alter deutscher Meister in den Originalplatten gesammelt von Hans Albrecht von Derschau etc. Herausgegeben von R. Z. Becker. Gotha 1808. 3 vol. gr. in fol.

avare, je les donnerai pour peu d'argent: agir juste, aimer dieu, voilà ce que je récompense.) — Petit-in-folio.

On ne trouve sur aucune des gravures sur bois, du XIVe. au milieu du XVe. siècle, connues jusqu' à présent le nom du graveur, bien qu'une grande partie de ces gravures n'appartiennent point aux cloîtres et aient été exécutées par les maîtres des corporations, comme il est constaté par les régistres publics des villes d'Ulm, Nuremberg, Augsbourg et Noerdlingen et par le fait que cet art fut incorporé de très-bonne heure et donna lieu à une branche considérable d'industrie. C'est ainsi que nous trouvons mentionné dès 1398 dans les régistres d'Ulm[37]), un certain Ulrich, graveur sur bois (formschneider); en 1441, Heinrich Peter von Erolzheim, Joerg et un autre Henri; en 1442 Ulrich et Lienhart; en 1447, Claus (Nicolas), Stoffel (Christophe) et Johann et plus tard plusieurs autres[38]) que nous pouvons d'autant mieux passer sous silence que nous nous trouvons hors d'état d'indiquer aucune de leurs gravures sur bois et que nous voulons seulement fixer, par des documens, la première apparition des graveurs sur bois appartenant aux corporations.

Dans le livre des impôts de Noerdlingen nous trouvons en 1428 un certain Wilhalm imprimeur de feuilles volantes (brieftrücker); comme on le voit dans les régistres suivans, son nom de famille était Kegeler. Il paya son dernier impôt en 1452. L'année suivante sa femme s'acquitta comme „l'ancienne imprimeur de feuilles volantes (Alt brieftrückerin) et en 1461 son frère Wilhelm est enrégistré pour la même industrie.[39]) Il faut remarquer à ce sujet que l'on a voulu[40]) comprendre encore les cartes sous le nom de feuilles volantes (briefe), mais deux passages des régistres de Noerdlingen[41]) nous apprennent que, dans cette ville au moins, tel n'était pas le cas. Dans les comptes de la Chambre de la ville entre les dates „S. Georgi 1523—1524," elle paie „à l'imprimeur d'Augsbourg pour avoir imprimé la lettre (Brief)

---

37) Weyermann dans le Kunstblatt de 1830. Cet écrivain très-inexact mentionne déjà sous l'année 1394 un Martin Schoen, peintre et graveur sur bois (formschneider), tandis que dans le régistre il est indiqué simplement comme Martin, peintre.

38) Jaeger, Kunstblatt 1833 p. 420.

39) Heller, Hist. de la grav. s. b. p. 26.

40) Breitkopf, Recherches sur l'origine des cartes (Versuch über den Ursprung etc.) II. 175.

41) Heller p. 308.

de défense contre le blasphème et l'ivrognerie" IIII. Gl. 11 Ort. et
dans le protocole du Conseil de 1539, 26 Septembre, „Franz Boeg-
lin (fabricant de cartes) présente une supplique aux fins qu'il soit inhibé
à Franz Scharpfen (peintre de cartes et imprimeur de livres) de
vendre des cartes publiquement dans sa boutique avec des livres et
des feuilles volantes (Briefe)." On lui répond qu'il n'y a point lieu de faire
droit à sa demande puisqu'il lui est libre, s'il le veut, d'ouvrir boutique et d'y vendre son travail. D'après ces deux passages il est clair,
en premier lieu, que les feuillets imprimés d'un seul côté s'appelaient
„Briefe"; en second lieu, que l'on faisait une différence entre les cartes
et les „Briefe" et que l'on comprenait dans cette dernière dénomination
les feuilles volantes avec des gravures sur bois. En Souabe, ces gravures sur bois, qui ne contenaient à l'origine que des images de Saints,
étaient appelées vulgairement par le peuple Halgen, comme Breitkopf
nous l'apprend dans son „Origine des cartes à jouer" (Ursprung der
Spielkarten) II. p. 175.

A Nuremberg, en 1449, Hans, graveur sur bois (formschneider),
prête son serment de bourgeoisie et, de 1472 à 1490, son fils Jung-
hans est indiqué comme exerçant le même métier. On croit que le
graveur sur bois George Glockendon, le vieux, naquit en 1432;
il est certain toutefois qu'il mourut à Nuremberg en 1474. Une seule
gravure de lui, marquée de son nom, nous donne une idée de son
habileté. Elle se trouve parmi les impressions des bois appartenant
à la collection Derschau et représente la Vierge, en pied, entre deux
Saintes femmes de chaque côté. Elle est d'une taille assez grossière
qui n'est pas entièrement terminée, mais d'un bon dessin et appartient
à la seconde moitié du XVe. siècle. Ce Glockendon, l'ancien, eut un
fils, ainsi qu'un petit-fils qui portait son nom, et tous deux de la
même profession.

Dans le même ouvrage des bois de Derschau se trouve une gravure en bois de Wolfgangk Hamer, de Nuremberg, représentant
St. Minus tel qu'il est invoqué par ceux qui sont attaqués de la ma-
ladie vénérienne. Cette gravure, signée de son nom en entier, dénote
une grande habileté de main d'œuvre. Quelques-unes de ses gravures
ne portent que le nom de Wolfgang et Brulliot[42]) en décrit trois,
savoir: la tentation de St. Antoine, St. Jérôme, et la famille de
Ste. Anne. Nous tenons comme étant du même maître une gravure

42) BRULLIOT, Dictionnaire des Monogrammes etc. III. No. 1228.

dù Cabinet des estampes à Paris qui représente Jésus prenant congé
de sa mère. Ils se donnent les mains, une Sainte femme est agenouillée
à droite tandis que l'on voit, au fond à gauche, trois apôtres et Judas
Iscariote qui s'éloigne; sur une légende on lit: „𝕺 lieber son
kan ich dich nummer sehn. — ihs sprach lannd nech minn Mut-
ter emfolen sin. (Marie dit: O cher fils, ne puis-je jamais plus te voir?
Jésus dit: que ma mère vous soit recommandée.) Au-dessous, sur le
terrain se trouve la marque W ɦ. Petite feuille en 8°. Le style de
cette gravure indique la fin du XVᵉ. siècle.

On trouve ordinairement le nom des graveurs sur bois, ainsi que
l'indication des villes où ils ont vécu, pour la première fois vers la
dernière moitié du XVᵉ. siècle. Il est vrai que F. de Bartsch, dans
son ouvrage sur la collection des gravures de la bibliothèque impériale
de Vienne p. 263, mentionne une gravure sur bois in fol. représentant
St. Bernard à genoux qui reçoit dans ses bras le Christ qui, de la
croix, se penche vers lui et qui est signée: jerg haspel ze Bibrach.
Il croit cette gravure très-ancienne et il est appuyé dans cette
opinion par Nagler qui, dans son dictionnaire, dit que ce graveur
est mort entre 1430 et 1440, mais comme il n'apporte aucun document pour preuve de ce fait, il nous est impossible de juger si son
opinion est justifiée.

Certaines gravures sur bois de l'école d'Ulm et de Munich sont,
sous plusieurs rapports, du plus haut intérêt pour nos recherches,
non seulement parcequ'elles portent les noms des graveurs, leur patrie ou l'année de leur exécution, mais aussi parcequ'elles présentent
un certain genre de coloris qui fait aisément reconnaître, comme appartenant à ces écoles, celles qui ne portent aucune autre marque
distinctive; nous en avons déjà parlé à propos des diverses manières
de colorier les gravures sur bois allemandes. Il est à remarquer que
la plupart de ces gravures sur bois du dernier quart du XVᵉ. siècle
sont imprimées d'une teinte grisâtre, et comme elles sont destinées à
être coloriées, elles ne consistent souvent qu'en contours très-accusés
avec fort peu d'indications d'ombre et que sous ce rapport elles sont
traitées absolument dans la manière des plus anciennes gravures sur
bois. Nous mentionnerons ici quelques-unes de ce genre que nous
avons rencontrées dans la riche collection de Mr. T. O. Weigel à
Leipsic.

l'Adoration des Mages. Ils sont représentés, sans leur suite,
en adoration devant l'enfant Jésus. En bas, à droite, se trouve l'inscrip-

tion 𝔥𝔞𝔫𝔰 𝔖𝔠𝔥𝔩ä𝔣𝔣𝔢𝔯 𝔳𝔬𝔫 𝔳𝔩𝔪. Le coloris un peu rude montre une jaque rouge vive, du gris, du bleu ou vert, du jaune et des teintes de chair. H. 9 p. 3 l. L. 13 p. 5 l.

Le miroir de pénitence avec l'inscription: „𝔥𝔦𝔢 𝔦𝔰𝔱 𝔳𝔢𝔯𝔪𝔢𝔯𝔨𝔢𝔱 𝔴𝔦𝔢 𝔰𝔦𝔠𝔥 𝔡𝔢𝔯 𝔤𝔢𝔪𝔞𝔶𝔫 𝔪𝔢𝔫𝔰𝔠𝔥 𝔟𝔢𝔶𝔠𝔥𝔱𝔢𝔫 𝔰𝔬𝔩.“ Une autre inscription plus longue contient le même sujet plus en détail. Entre autres une légende indique comment on doit se confesser à un prêtre; de plus on voit une femme et un homme accompagnés de l'indication: „𝔡𝔞𝔰 𝔭𝔲𝔢𝔰𝔷𝔴𝔞𝔯𝔱𝔦𝔤 𝔳𝔬𝔩𝔠𝔨.“ On trouve ensuite le Christ, St. Paul, St. Matthieu et la Madeleine et plus loin Zachée sur l'arbre, le bon larron sur la croix et quatre figures de gens du peuple. En bas à gauche on lit: 𝔥𝔞𝔫𝔲𝔰 𝔰𝔠𝔥𝔞𝔴𝔯. A la partie inférieure de la gravure se trouvent encore les dix commandemens, la liste des sept péchés mortels et une longue formule de confession, en allemand, qui termine avec le millésime 1 Ƨ 81. L'exécution, l'impression et le coloris sont absolument semblables à ceux de la gravure précédente. H. 15 p. L. 10 p. 6 l. [43])

Le rosaire. Au milieu d'une grosse guirlande, entourée de dix médaillons, est assise la Vierge, de grandes proportions, tenant l'enfant Jésus nu. Deux petits anges supportent des chapelets autour de sa tête et un pape, à gauche, et un empereur avec sa suite, à droite, lui présentent également des rosaires. Au milieu du haut se trouve le Christ en croix entre la Vierge et St. Jean et, dans les coins, les symboles des quatre évangelistes. Une légende de 19 lignes se trouve au bas de l'estampe; elle commence „𝔚𝔢𝔯 𝔞𝔦𝔫 𝔞𝔫𝔡ä𝔠𝔥𝔱𝔦𝔤𝔢𝔫 𝔯𝔬𝔰𝔲𝔨𝔯𝔞𝔫𝔫𝔷 𝔴𝔦𝔩 𝔭𝔢𝔱𝔱𝔢𝔫 𝔷𝔲 𝔩𝔬𝔟 𝔳𝔫𝔡 𝔠𝔷𝔴 𝔢𝔯𝔢 𝔳𝔫𝔫𝔰𝔢𝔯 𝔩𝔦𝔢𝔟𝔢𝔫 𝔣𝔯𝔞𝔴𝔢𝔫 etc. et à la fin 𝔥𝔞𝔫𝔲𝔰 𝔰𝔠𝔥𝔞𝔴𝔯. Le style du dessin indique la fin du XVe. siècle; l'impression et les couleurs sont semblables à celles de la gravure précédente. H. 14 p. 4 l. L. 10 p. 3 l.

Un rosaire, absolument semblable à une lettre d'indulgence, dans le dialecte de la haute Allemagne, contient 21 lignes et termine par les armoiries de la ville d'Ulm et le millésime 1485. L'impression et les couleurs sont identiques à celles de la précédente. Il semblerait donc que cette gravure sur bois appartient également à Hans Schawr qui, à cette époque, résidait à Ulm.

---

43) On trouve une description détaillée de cette gravure dans l'ouvrage de Joh. Geffcken intitulé: Der Bildercatechismus des 15. Jahrhunderts etc. I. Die zehn gebote. Leipzig 1855. pp. 42 et 119. D'après Sotzmann Hans Schawr était un peintre de feuilles volantes (Briefmaler) à Munich.

La messe de St. Grégoire avec indulgences. Le pape est à genoux devant l'autel sur lequel apparait la figure du Christ, à gauche un ange qui balance un encensoir. En bas l'indication des indulgences commençant ainsi: 𝔇𝔢𝔯 𝔡𝔦𝔰𝔢 𝔣𝔦𝔤𝔲𝔯 𝔢𝔯𝔢𝔱 𝔪𝔦𝔱 𝔣𝔲𝔫𝔣 𝔭̄ 𝔫̄ 𝔡. 𝔥𝔞𝔱 𝔵𝔯𝔯𝔯 𝔄𝔩 𝔦𝔞𝔯 𝔞𝔭𝔩𝔞𝔰 etc. 𝔡𝔢𝔫 𝔞𝔭𝔩𝔞𝔰 𝔥𝔞𝔱 𝔟𝔢𝔰𝔱𝔢𝔱𝔦𝔤𝔢𝔱 𝔟𝔞𝔭𝔰𝔱 𝔠𝔩𝔢𝔪𝔢𝔫𝔠. En bas à droite le nom du graveur sur bois 𝔟𝔞𝔰𝔱𝔦𝔬𝔫 𝔳𝔩𝔪𝔢𝔯. Cette pièce peu importante est coloriée avec de la laque de garance, du vert et du gris. H. 6 p. 11 l. L. 4 p. 9 l.

D'une exécution et de couleurs analogues sont les deux gravures sur bois suivantes: la première contenant la manière de trouver la lettre dominicale et le nombre d'or; deux figures se voient, à côté d'une table, accompagnées de la date 1478; la seconde les degrés, au nombre de dix, des différens âges depuis l'enfance jusqu'à cent ans où, à côté des animaux symboliques et des inscriptions allemandes, on trouve le millésime de 1482. — in fol. oblong.

Le voile de la Véronique avec la sainte face. Le voile est tenu par les apôtres St. Pierre et St. Paul. Au-dessus des deux Saints, sur le croissant la demi-figure de la Vierge tenant l'enfant Jésus sur le bras droit; au haut l'inscription: 𝔒 𝔦𝔳𝔫𝔠𝔨𝔣𝔯𝔬𝔴 𝔪𝔞𝔯𝔦𝔞 𝔭𝔦𝔱 𝔤𝔬𝔱 𝔣𝔬𝔯 𝔳𝔫𝔰. Aux extrémités inférieures du voile se trouvent, à gauche, les armoiries de Bavière, à droite celles de la ville de Munich, un moine tenant en l'air un cruchon de bière. Cette gravure sur bois très-médiocre, d'une impression pâle, est néanmoins richement coloriée de laque rouge, vert, bleu, jaune, brun, teintes de chair et réhaussée d'or et d'argent. H. 7 p. 2 l. L. 5 p. 1 l.

L'enfant Jésus avec les souhaits de bonne année. Il est assis sur un coussin et tient un oiseau des deux mains. Aux deux côtés se trouvent des banderoles avec les inscriptions: 𝔍𝔠𝔥 𝔥𝔞𝔦𝔰 𝔦𝔥𝔰 𝔡𝔞𝔰 𝔦𝔰𝔱 𝔴𝔞𝔯. 𝔙𝔫̄ 𝔤𝔦𝔟 𝔪𝔦𝔠𝔥 𝔲̊𝔠𝔥 𝔷𝔲̊ 𝔞𝔦𝔪 𝔤𝔲̊𝔱𝔢 𝔍𝔞𝔯.; à droite: 𝔙𝔫𝔡 𝔴𝔢𝔯 𝔪𝔦𝔠𝔥 𝔦𝔪 𝔥𝔢𝔯𝔷𝔢𝔫 𝔩𝔦𝔢𝔟 𝔥𝔞𝔫𝔱, 𝔡𝔢𝔪 𝔤𝔦𝔟 𝔦𝔠𝔥 𝔪𝔦𝔠𝔥 𝔞𝔫 𝔰𝔦𝔫ˢ 𝔩𝔢𝔰𝔱𝔢 𝔫𝔞𝔱. Au bas à droite le nom du graveur 𝔐𝔦𝔠𝔥𝔢𝔩. H. 13 p. 7 l. L. 9 p. 5 l. Cette gravure sur bois se trouve dans la Mariabibliothek de Halle.

La Vierge. Demi-figure avec l'enfant Jésus habillé. Ce sujet est executé d'après un tableau bysantin et colorié avec laque rouge luisante. A l'entour se trouve cette inscription: 𝔇𝔞𝔰 𝔦𝔰𝔱 𝔡𝔦𝔢 𝔟𝔦𝔩𝔡𝔫𝔲𝔰 𝔡 𝔞𝔩𝔩' 𝔰𝔞̈𝔩𝔦𝔤𝔰𝔱𝔢 𝔍𝔲𝔫𝔨𝔣𝔯𝔬𝔴𝔢̄ 𝔪𝔞̄𝔦𝔢 𝔱̄ 𝔡𝔢̄ 𝔨𝔩𝔞𝔦𝔡𝔲̄ 𝔳𝔫̄ 𝔬𝔯𝔫𝔞𝔱𝔢̄ 𝔪𝔦𝔱 𝔴𝔢𝔩𝔠𝔥𝔢̄ 𝔰𝔦𝔠 𝔤𝔢𝔥𝔷𝔦𝔢𝔯𝔱 𝔴𝔷 𝔞𝔫 𝔡𝔢̄ 𝔥𝔬𝔠𝔥𝔷𝔶𝔱𝔩𝔦𝔠𝔥𝔢̄ 𝔳𝔢𝔰𝔱𝔢 𝔰𝔬 𝔰𝔯̄ 𝔥𝔞𝔱𝔰𝔲𝔠𝔥𝔱 𝔡𝔢̄ 𝔱𝔢̄𝔭𝔢𝔩 𝔷𝔲̊ 𝔍𝔢𝔯𝔲𝔰𝔞𝔩𝔢 𝔞𝔩𝔰 𝔴𝔦𝔢 𝔰𝔠𝔥𝔯𝔶𝔟𝔱 𝔡' 𝔴𝔦𝔯𝔡𝔦𝔤 𝔟𝔢𝔡𝔞 𝔱̄ 𝔞𝔦𝔫 𝔬𝔪𝔢𝔩𝔶 𝔞𝔩𝔰𝔬 𝔥𝔞𝔱 𝔰𝔶 𝔞𝔟𝔤𝔢𝔪𝔞̈𝔩𝔱 𝔏𝔲𝔠𝔞𝔰 𝔡' 𝔢𝔳𝔞𝔫𝔤𝔢𝔩𝔦𝔰𝔱 etc. Au bas se trouve une lettre d'indulgences

de XI mille ans par le pape Sixte IV et qui termine avec cette indication: 𝕸𝖎𝖈𝖍𝖊𝖑 𝕾𝖈𝖍𝖔𝖗𝖕𝖕 𝖒𝖆𝖑𝖊𝖗 𝖟𝖚 𝕬𝖑𝖒 1496. (Il paraît être le même
maître de la feuille précédente.) L'inscription finie par une prière.
H. 9 p. 9 l. L. 6 p. 6 l. — Coll. de Paris.

       Le Christ en croix. Aux côtés la Vierge et Saint Jean; la
Madeleine à genoux embrasse le pied de la croix. En haut deux
demi-figures d'anges avec des calices, et au-dessus le soleil et
la lune. Au-dessous de la Vierge le mot 𝖈𝖑𝖆𝖚𝖘 (Nicolaus)
près d'un écusson d'armoiries avec six collines superposées.
H. 15 p. 6 l. L. 10 p. Pièce médiocre et raide de la fin du XVe. siècle
dont le Cabinet de Berlin possède une épreuve récente.

       Deux petites filles attachées l'une à l'autre, de 1512.
Elles ont deux têtes, quatre bras, un seul corps et deux jambes. En
haut à gauche 𝕰𝖑𝖋𝖇𝖊𝖙𝖍, à droite 𝕰𝖑𝖎𝖋𝖆𝖇𝖊𝖙𝖍𝖊𝖚. Aux côtés se trouvent
deux écussons d'armoiries, celui de gauche avec un gonfalon, celui de
droite semblable à celles du cloître de Kaisershaim. Sur ces deux
écussons on voit écrit à la plume 𝕬𝖙𝖎𝖓𝖊𝖙 et 𝕿𝖊𝖌𝖊𝖗𝖓𝖘𝖊𝖊, mais à tort
pour ce dernier, puisque les armoiries de ce cloître sont tout-à-fait différentes. Au-dessous du sujet on trouve sur dix lignes l'inscription: 𝕬𝖓𝖓𝖔 𝖉𝖒̃ 𝖒 𝖈𝖈𝖈𝖈° 𝖛𝖓𝖉 𝖇𝖑𝖑 (1512) 𝖚𝖋𝖋 𝖉𝖊𝖓 𝖇𝖇 𝖙𝖆𝖌 𝖉𝖊𝖘̃
𝖍𝖊𝖒𝖔𝖓 𝖊𝖘𝖙 𝖎𝖘𝖙 𝖉𝖎𝖘̃ 𝖜𝖚𝖓𝖉𝖊𝖗𝖇𝖆𝖗𝖑𝖎𝖈𝖍 𝖌𝖊𝖇𝖚𝖗𝖙 𝖌𝖊𝖇𝖔𝖗𝖊𝖓. 𝕴𝖓 𝖆𝖎𝖓𝖊𝖒 𝖉𝖔𝖗𝖋𝖋
𝖌𝖊𝖓𝖆𝖓𝖙 𝖊𝖗𝖙𝖎𝖓𝖌𝖊𝖓 𝖇𝖞 𝖗𝖚𝖉𝖑𝖎𝖓𝖌𝖊𝖓 𝖆𝖓 𝖉𝖊𝖗 𝖙𝖍𝖔𝖓𝖔𝖜 𝖌𝖊𝖑𝖊𝖌𝖊𝖓 etc. 𝖎𝖏 𝖋𝖈𝖍𝖊𝖓-
𝖐𝖊𝖑𝖓 𝖓𝖎𝖙 𝖒𝖊 𝖉𝖆𝖓 𝖏 𝖆𝖗𝖘̃ 𝖛𝖓𝖉 𝖋𝖊𝖘̃𝖑𝖎𝖓.   𝕸. 𝕾𝖎𝖌𝖑𝖎𝖓.
Cette gravure sur bois est au simple contour et légèrement coloriée.
H. 9 p. 6 l. L. 6 p. 7 l. Cabinet de Berlin.

       Nous ajoutons ici quelques-unes des feuilles volantes avec gravures
sur bois du XVe. siècle, mais qui ne portent aucune indication soit de
lieu soit d'artiste.

       La tour de la Sagesse. Cet édifice, très-massif, est placé sur
une base de pierres équarries sur lesquels on lit les noms des vertus.
Sept degrés de bonnes oeuvres conduisent à la porte de l'obéissance.
Chaque pierre de la grosse tour porte le nom d'une vertu. En bas
on lit: 𝕿𝖚𝖗𝖗𝖎𝖘 𝖋𝖆𝖕𝖎𝖊𝖓𝖈𝖎𝖊 𝖑𝖊𝖌𝖆𝖙𝖚𝖗 𝖆𝖇 𝖎𝖓𝖋𝖊𝖗𝖎𝖔𝖗𝖎 𝖆𝖋𝖈𝖊𝖉𝖊𝖓𝖉𝖔 𝖕 𝖘𝖊𝖗𝖎𝖊𝖒
𝖑𝖎𝖆𝖗𝖚𝖒 (literarum?), 𝖆𝖑𝖕𝖍𝖆𝖇𝖊𝖙𝖎. L'impression est d'un brun clair et
la gravure n'est point coloriée. Mr. T. O. Weigel en possède une épreuve
originale; il s'en trouve une contrefaçon récente de nature à tromper
les amateurs.

       L'enfant Simon de la ville de Trente. Il est étendu sur
une table percé et martyrisé par huit juifs armés de couteaux; à gauche

une vieille juive. Le nom est à côté de chaque personnage et à côté de l'enfant BEATVS SIMON. Au bas 𝔷𝔲 𝔗𝔯𝔦𝔢𝔫𝔱 1 ⅩΛ4 (1475). Cette gravure coloriée parait être de la même année de l'événement. H. 10 p. 1 l. L. 14 p. 4 l. Collection de Mr. T. O. Weigel.

Un calendrier. Un fragment ou plutôt la partie inférieure de cette gravure sur bois se trouve dans la même collection; elle est remarquable surtout en ce que les éclipses du soleil et de la lune dans l'année se trouvent indiquées sur deux colonnes. A gauche on lit près de la lune éclipsée: „𝔍𝔪 𝔥𝔬𝔯𝔫𝔲𝔫𝔤 𝔞𝔫 𝔪𝔦𝔱𝔴𝔬𝔠𝔥 𝔫𝔬𝔠𝔥 𝔳𝔫𝔣𝔢𝔯 𝔉𝔯𝔬𝔴𝔢𝔫 𝔱𝔞𝔤 𝔡𝔢𝔯 𝔩𝔦𝔢𝔠𝔥𝔱𝔪𝔢𝔰 𝔳𝔢𝔯𝔩𝔬𝔯𝔢𝔱 𝔡𝔦 𝔪ō 𝔧𝔯𝔢𝔫 𝔣𝔠𝔥𝔦𝔫 etc. Dans l'espace entre les deux colonnes on lit, à côté du soleil en partie éclipsé: „𝔍𝔪 𝔥𝔢𝔴𝔪ō𝔠𝔱 𝔞𝔫 𝔣𝔯𝔦𝔱𝔞𝔤 𝔳𝔬𝔯 𝔣𝔞𝔫𝔱 𝔐𝔞𝔯𝔦𝔞 𝔪𝔞𝔡𝔞𝔩𝔢𝔫𝔞 𝔱𝔞𝔤 𝔴𝔦𝔯𝔱 𝔡𝔢𝔯 𝔖𝔲𝔫 𝔢𝔦𝔫 𝔱𝔢𝔦𝔩 𝔳𝔬𝔪 𝔪𝔬𝔫 𝔟𝔢𝔡𝔢𝔠𝔨𝔱 𝔞𝔩𝔰 𝔦𝔫 𝔡𝔢𝔯 𝔣𝔦𝔤𝔲𝔯 𝔟𝔢𝔷𝔢𝔦𝔠𝔥𝔫𝔢𝔱 𝔦𝔰𝔱 etc. Ces détails indiquent l'année 1478 selon une annotation manuscrite ou même l'année 1487. Au bas l'enfant Jésus avec un autre saint enfant, à droite, tiennent une banderole où on lit: 𝔈𝔦𝔫. 𝔤𝔲𝔱. 𝔣𝔢𝔩𝔦𝔤. 𝔦𝔬𝔯.

Ars moriendi ou Tentationes morientium, l'Art de bien mourir. Cette gravure sur bois, composée de sujets et de texte sur deux feuilles qui se complètent réciproquement, contient en abrégé la même idée qui a présidé à l'origine des ouvrages xylographiques connus, c'est-à-dire les cinq tentations du moment de la mort par le démon et les cinq consolations ou exhortations correspondantes de l'ange. Au milieu (la première feuille contient trois compartimens) on voit les cinq anges au-dessus du lit du mourant, les cinq démons au-dessous. Chacune des figures est accompagnée d'une des lettres de l'Alphabet. A gauche près du moribond, une garde-malade (𝔄) tient de l'eau bénite et à côté d'elle on lit: 𝔭𝔦𝔰 𝔲𝔢𝔣𝔱 𝔣𝔢𝔩𝔦𝔤𝔢𝔯 𝔪𝔢𝔫𝔣𝔠𝔥 ī 𝔫𝔬𝔱 | 𝔲𝔪 𝔠𝔯𝔦𝔰𝔱𝔶 𝔩𝔢𝔦𝔡𝔢𝔫 𝔣𝔢𝔦𝔫 𝔭𝔦𝔱𝔱𝔢𝔯𝔫 𝔡𝔬𝔱. A droite est agenouillé un prêtre (𝔅) avec la devise: 𝔖𝔦𝔢𝔥 𝔡𝔞𝔰 𝔠𝔯𝔢𝔲𝔱𝔷 𝔞𝔫 𝔭𝔦𝔰 𝔴𝔬𝔩 𝔤𝔢𝔱𝔯ö𝔰𝔱 | 𝔴𝔞𝔫𝔫 𝔡𝔲 𝔡𝔞𝔯 𝔡𝔲𝔯𝔠𝔥 𝔭𝔦𝔰𝔱 𝔢𝔯𝔩ö𝔰𝔱. Le mourant dans son lit (𝔆) s'écrie: 𝔒 𝔰𝔲𝔣𝔣𝔢𝔯 𝔦𝔥𝔢𝔣𝔲𝔰 𝔡𝔲𝔯𝔠𝔥 𝔡𝔢𝔦𝔫 𝔤𝔫𝔞𝔡𝔢𝔫 | 𝔩𝔞𝔰 𝔪𝔦𝔯 𝔡𝔢𝔦𝔫 𝔩𝔢𝔦𝔡𝔢𝔫 𝔷𝔲 𝔨𝔬𝔪𝔢 𝔷𝔲 𝔰𝔱𝔞𝔡ē.

Au bas les cinq démons avec leurs paroles d'accusations 𝔙𝔢𝔯𝔳𝔢𝔯-𝔩𝔦𝔠𝔥𝔞𝔦𝔱 (Muthlosigkeit, découragement), 𝔡ö𝔯𝔥𝔞𝔦𝔱𝔱, 𝔬𝔫𝔤𝔩𝔞𝔲𝔟𝔢𝔫, 𝔴𝔞𝔫𝔥𝔬𝔣-𝔣𝔢𝔫, 𝔳𝔢𝔯𝔴𝔢𝔤𝔢𝔫𝔥𝔞𝔦𝔱; à l'encontre desquelles les cinq anges présentent les consolations correspondantes 𝔩𝔯𝔬𝔰𝔱𝔩𝔦𝔠𝔥𝔨𝔢𝔦𝔱, 𝔴𝔢𝔦𝔰𝔥𝔞𝔦𝔱, 𝔴𝔞𝔯𝔥𝔢𝔦𝔱, 𝔭𝔞𝔯𝔪𝔥𝔷𝔦𝔠𝔨𝔞𝔦𝔱, 𝔬𝔱𝔪𝔲𝔱𝔱𝔦𝔤𝔨𝔢𝔦𝔱. Sur la seconde feuille est assis Jésus Christ sur l'arc-en-ciel entre deux anges qui tiennent, l'un l'épée, l'autre la branche de lys avec des inscriptions analogues. Au-dessous, à la

droite du Christ, une âme pardonnée (sous la figure d'un homme
enveloppé dans un suaire) qui dit en priant: „Sterbū wil ich gar
geringlichen wan | ich pin geweist zu dem hīmelreiche. Vis à vis,
à gauche du Christ, un homme éploré s'avance vers une porte obscure
en s'écriant: O got mein trawēn das ist groß | ich pin geweist zu
der helschūgenoß. Au milieu une Sainte femme (représentant peut-
être l'Église) avec la devise: Ju diesem puch geistlich zu leren | hör
das gestet mit unsīn hren. Devant elle, un homme couvert d'une
étole avec la réponse: Ich hoff ich hab got gedient sthan | Das ich
genad sal enpfahen. Dans un compartiment, au-dessous, on voit
l'archange St. Michel qui pèse une âme, et au-dessus, dans une ban-
derole: „Mir dut vnser hēe grose gnaden | die sele ist aller
ir sund entladū". A gauche un autre ange tient l'inscription:
„Feint wz dustu da zu sten | Ich hoff, die sele sal mit mir geen.
Le diable vis à vis tient un billet inscrit: „Mag im recht geschchen
die sele sal mir nit entgenn."

Cette gravure sur bois, au simple contour, est bien exécutée et peut
avoir son origine vers l'an 1460. Chaque feuille mesure H. 9 p. 8 l. L. 7 p.
Cette pièce, très-intéressante pour la littérature de l'Ars moriendi,
appartient à Mr. T. O. Weigel.

Nous avons déjà eu l'occasion de mentionner deux lettres d'indulgences, avec sujets, de l'école d'Ulm. Nous en trouvons, de plus,
un grand nombre exécutées dans la seconde moitié du XVe. siècle, de
divers genres. Nous en mentionnerons ici quelques-unes et, entre
autres, la plus considérable conservée dans la bibliothèque de Wolfenbuttel.

La Messe de St. Grégoire. Le pape est agenouillé à droite
devant un cardinal qui tient la tiare, à gauche un autre cardinal indique Saint Grégoire. L'homme de douleur, entouré des instrumens
de la passion parait sur l'autel. Au-dessous on lit en lettres de forme:
„Wer dise figur knient erct mit einem pater noster | vnd aue maria
der hat von der erscheinung dy saūt | gregorien erschain zu Rom
vom meyner kirchen dy haist | porta crux den applas derselben
kirchen des ist xxxm | tausent iar applas vnd von xlv pischoffen
von ydlich | em xl tag applas vnd von xxx pebsten von yedlich | em
zwayhundert tag aplas dy hat bestetigt pabst | clemens selig sū
alle dy es pas verkunden dy haben | xxm tausent iar applas
des helff vns got. Amen.

Cette lettre d'indulgence parait avoir été imprimée vers le milieu
du XVe. siècle. H. 13 p. 9 l. L. 9 p. 6 l.

Dans la collection de Mr. T. O. Weigel se trouvent pareillement quelques lettres d'indulgences avec des sujets semblables ou analogues, entre autres une

Messe de St. Grégoire. Le pape est agenouillé à gauche devant un cardinal, un ange à droite balance un encensoir. Dans le fond, sur l'autel, la demi-figure du Christ derrière lequel deux anges tiennent un tapis. La lettre d'indulgence commence par l'avis que le pape Grégoire dans la joie qui lui à été causée par l'apparition de J. C. sur l'autel de Santa Croce in Gerusalemme à Rome a accordé à tous ceux qui, agenouillés dévotement devant cette figure, réciteraient un pater noster et ave maria toutes les indulgences que cette même église possède, c'est-à-dire, ... vierzehin dusint Jare vñd von seheß vñd vierzigk Gebißlin, der gab iglichir seheß Jare ablas vñd von vierzigk Bischoffin von iglichim vierzigk Dage den ablas vñd die groffe gnade beftedigite der heilig Bapift fanctus Clemens Ame." H. 10 p. L. 6 p. 10 l.

La Vierge dans une guirlande ou chapelet de roses. Elle est assise tenant devant elle l'enfant Jésus. A ses côtés sont agenouillés une femme et un homme, ce dernier présente à l'enfant un chapelet de roses. Au bas l'inscription: „Als offt ains ainen rofenkrantz maric vñd irem kind ihefw zw lob vñd ere peten ift. nemlich zum erften einen glauben vñd darnach. v pater nofter vnnd nach yedem pr nr zehen aue maria So offt empfacht er virzig tag vñd on iede vnfer frauentag zw iar ablas dotlicher funden durch pabft Sixten geben." H. 6 p. 11 l. L. 4 p. 6 l.

L'homme de douleurs. Il est placé devant la croix, entouré des instrumens de la passion et laisse couler dans un calice le sang de la plaie de son côté. En bas, sur le sarcophage, on lit ﬡ. Jchil, mots que l'on n'a pu expliquer jusqu'ici et qui se trouvent également sur la Ste. Brigitte de Lord Spencer, décrite à p. 35. En bas on trouve l'assurance que celui qui récitera la prière autant de fois que ihs xps a de plaies, recevra ou gagnera autant de jours d'indulgence.

On conserve à la bibliothèque royale des estampes à Stockholm une lettre d'indulgence très-remarquable de dix mille années pour des péchés mortels et de vingt mille années pour des péchés véniels, et signée au bas du nom du graveur sur bois Caspar. Le sujet est celui: Ste. Anne et la Vierge avec l'enfant Jésus sur les genoux. Le texte de l'indulgence est comme suit: „Ein andechtiges gepet zu der heyligen Frawen sant Anna unser lieben Frawen muter fur die pestilentz etc. Pabst Alexander der yetz ein babst ist hat allen cristglaubigen menschen geben dye vor dem pild sannt Anne das obgeschrieben gepete dreymal sprechen Zehentausend iar ablass totlicher sund und zweinzige tausend lesslicher sund. Vnnd ist an dem nechsten vergangen ostertag aussgangen von seynem Bebstlichen stul vnd selbs mit seynen henden angeschlagen an all Kirchthur die zu Rom seind. Vnd also von seyner heyligkeit bestetiget. In dem jar als man zalt nach cristi gepurt unsers lieben herren A° cccc vnd jm xciiij. (1494.)

En terminant nos observations sur les feuilles volantes avec gravures sur bois du XV\e. siècle, nous croyons devoir faire remarquer qu'il ne se trouve point parmi les impressions récentes des planches en bois de la collection Derschau, autrefois à Nuremberg, aucune dont l'exécution remonte à une époque très-ancienne, c'est-à-dire au commencement du XV\e. siècle. Néanmoins la plus ancienne, un Christ en croix, fragment d'un crucifiement (Vol. I. A 7) doit être placée vers l'an 1440 et c'est un travail des plus rudes.

L'adoration des Mages à fond noir (Planche A 3) et le Christ en croix (A 4) montrent déjà, dans les plis des draperies, ces cassures angulaires qui étaient en usage vers la moitié du XV\e. siècle; le costume du Couple amoureux (Planche A 2) indique la même époque, ainsi que les lettres employées dans la gravure du Christ (A 1). Les deux gravures du second volume avec le sujet de St. Jérôme pénitent, et dont le No. 20 est l'original du No. 19, paraissent être encore d'une date postérieure aux autres.

Livres à images (xylographies) allemands. [44]

Jusqu'ici les hollandais ont revendiqué pour leur patrie la priorité dans les éditions des livres à images connues sous le nom de xylographies sans pourtant donner, à l'appui de cette prétention, aucun document satisfaisant et malgré que leurs premières assertions, au sujet de gravures sur bois exécutées par Laurent Coster de Harlem, aient été prouvées erronées comme nous aurons occasion de le démontrer en parlant des xylographies néerlandaises. Il est également erroné de considérer le plus ancien

---

44) Nous entendons par là ceux où le texte, ou les inscriptions explicatives sont gravés sur les bois des sujets ou sur des planches en bois separées, jointes aux gravures, mais non ceux où le texte et les inscriptions sont imprimés au moyen de caractères mobiles.

livre reconnu de ces gravures sur bois, l'Apocalypse, comme d'origine
hollandaise, puisqu'il appartient incontestablement à la haute Allemagne.
On peut le prouver par le style artistique et par les proportions très-courtes des figures qui ne s'harmonisent nullement avec le style et la manière
de Van Eyck et de son école qui régnaient exclusivement à cette époque dans
tous les Pays-Bas, mais qui est exactement conforme au style artistique du
tems dans la haute Allemagne, et bien plus encore par le coloris des
plus anciennes éditions de l'ouvrage exécuté avec un certain pourpre violet
et vert clair qui, ainsi que nous l'avons déjà fait remarquer, est une particularité distinctive des écoles de la haute Allemagne et qui n'a jamais été
retrouvée dans celles des Pays-Bas.   Il faut ajouter à cela un autre indice
remarquable, c'est que le texte manuscrit qui accompagne plusieurs exemplaires de l'Apocalypse est toujours dans le dialecte de la haute Allemagne, mais jamais dans celui des Pays-Bas. [45])

Tout en renvoyant sur ce point, et relativement aux six éditions
de l'Apocalypse, aux ouvrages de Heinecken, Falkenstein et Sotheby, nous
ajouterons ici quelques remarques, exclusivement au point de vue artistique.

I. L'apocalypse, ou „Historia Sancti Johannis Evangelistæ ejus-
que visiones apocalypticæ." en Allemand: „Das buch der haymlichen
offenbarungen Sanct Johans.“

On en trouve six éditions différentes avec des sujets qui offrent
quelques variantes entre eux et qui montent à 48 ou 50 représentations toujours, disposées deux à deux sur chaque feuille et imprimées
d'un seul côté au moyen du frotton. La première édition que possède Lord Spencer n'ayant, d'après Sotheby, aucune signature, est d'une
impression très-claire. Elle est coloriée en pourpre violet, cinabre,

---

45) Des exemplaires, intercalés ainsi d'un texte haut allemand, se conservent
dans les bibliothèques de Vienne, de Munich, de la reine d'Angleterre et du négociant Bertram de Ratisbonne (ce dernier fut vendu en 1855 avec la Bibliothèque
Bearzi à Paris sous le Nr. 1577). A une seconde édition, à ce qu'il semble, de
l'Apocalypse que Heinecken jugeait être la première et qui se trouve dans la bibliothèque du duc d'Aremberg à Bruxelles, est joint un manuscrit de 1455 qui paraît
être encore dans sa reliure originale.
L'exemplaire de feu Mr. Meyer à Hildburghausen était, d'après les renseignemens que nous devons à l'obligeance de Mr. T. O. Weigel, relié avec un manuscrit
en haut allemand qui contenait la série chronologique des papes, des empereurs etc.
terminant avec le pape Paul II. qui prit possession en 1464 du siége papal, avec
Frédéric III, Dyther (Archévêque de Mayence déposé en 1463 mais rétabli peu de
tems après), Sigismund, duc de Saxe (évêque d'Augsbourg) etc. de manière à ce
que l'on puisse en conclure que le manuscrit est de 1465 environ.

brun jaune et brun. La bibliothèque de Paris possède également un
fort bel exemplaire de la première édition qui est colorié en pourpre
violet et en vert. Les contours, sans indication d'ombres, sont très-
accusés, mais avec un grand sentiment des formes et du dessin. La
composition est simple et expressive. Les éditions postérieures sont
d'une taille moins belle et un de ces exemplaires, à Berlin dans la
bibliothèque royale, est colorié d'une laque pourpre tirant sur le brun,
de cinabre, vert et jaune trouble et les draperies blanches ombrées à
l'encre de Chine, comme nous en trouvons souvent des exemples
dans les gravures sur bois de la haute Allemagne dans la seconde
moitié du XVe. siècle.

II. Ars memorandi. Nous trouvons, coloriées exactement de la
même manière, les gravures sur bois de l'ars memorandi notabilis per figu-
ras evangelistarum et qui représentent les figures symboliques des quatre
Évangélistes. La gravure sur bois, assez rude, a déjà quelques indications d'ombre et les plis des draperies sont à cassures angulaires, ce
qui semblerait ne lui pouvoir faire assigner une plus grande ancienneté
que celle de la moitié du XVe. siècle.

III. Le Salve regina. Ce livre à images est d'autant plus intéressant qu'il pòrte le nom du graveur sur bois Lienhart à Ratisbonne.

Mr. R. Weigel est le premier qui en a donné une description dans
son „Kunstlager-Catalog" sous le No. 19081. Il fait observer que l'ouvrage complet contient 16 feuilles mais dont les deux premières de la
signature a manquent dans le seul exemplaire connu et qui se trouve
apresent dans la possession de Mr. T. O. Weigel. Tout en renvoyant
à ce qu'en a dit l'éditeur du catalogue mentionné ci-dessus, nous y
ajouterons ici quelques détails de plus.

Les 14 sujets gravés sur bois qui nous restent ont trait à la puissance du Salve Regina comme intercession de la part de Marie auprès
de Jésus Christ et chacun de ces sujets a un texte à la partie supérieure. Nous en donnerons ici deux exemples.

3. La Sainte Vierge, vêtue d'une robe blanche et suivie de cinq
jeunes filles et d'un évêque, s'avance vers la droite sous une voûte.
A gauche une femme guérit, au moyen d'un de ses pendants d'oreille,
un aveugle. Inscription: „Die jungen das Salve das vor auf er-
den nie gehort was, vnd vnser fraw herauß auf ain septen. Die
ander wider ein. wehet die krancken mit dem crink. die woden
gesundt."

4. La Vierge vient de la droite, avec d'autres jeunes filles et un évêque, et parle à un jeune homme qui se trouve devant elle. Inscription: „**Hie erſchain vnſer fraw mit junckfrauen vnd geſang des Salue. Als vor ainē kranckenn iunger. vnd ſi ſprach. Er ſolt das Salue meniclich lernen.**"

5. Le jeune homme enseigne le Salve à des nonnes.

6. Les nonnes chantent le Salve devant une image de la Vierge.

7. Une femme pieuse désire apprendre le Salve. Un oiseau vient à elle en volant et le lui apporte.

8. Cette femme apprend aux prêtres à chanter le Salve à la louange de Marie.

9. Les prêtres et les moines chantent le Salve devant une image de la Vierge dans tous les besoins et les dangers.

10. Un chanoine mourant est consolé dans ses angoisses par un prêtre. La Sainte Vierge lui apparait, fait chanter le Salve et reçoit son âme (sous la forme d'un petit enfant).

11. Plusieurs personnages pieux chantent le Salve devant un autel. La Ste. Vierge leur apparait avec l'enfant Jésus.

12. Un grand pécheur est agenouillé devant un autel et prie la Vierge d'intercéder pour la rémission de ses péchés. Elle parle avec l'enfant Jésus, mais celui-ci se détourne du suppliant.

13. Même sujet avec quelques différences.

14. Le pécheur agenouillé s'adresse pour la troisième fois à la Vierge. Elle prend l'enfant Jésus et le place sur l'autel.

15. La Vierge s'agenouille devant l'autel à côté du pécheur et prie l'enfant Jésus. Celui-ci pardonne alors au pécheur. On lit au bas ∴ **lienhart. czu. regenſpurck** ⋅∶⋅

16. St. Grégoire est agenouillé à gauche; la Ste. Vierge est debout devant lui et lui fait des reproches de n'avoir pas écrit et chanté ses louanges; le pape repond „**heylige vnd vnuermaligte iunckfrawſchaft. was lob ich dir ſag wais ich nicht. waū den die himel nit haben mugen begreiffen. haſtu in deinem laib beſchloſſen.**"

Chacune de ces gravures sur bois mesure, y compris le trait de bordure, H. 8 p. 7 l. L. 6 p. 3 l. Les contours sont accompagnés de très-peu de hachures d'ombres, le dessin est assez bien compris et souvent caractéristique sans pourtant révéler un artiste distingué. Parmi les couleurs qui ont servi à l'enluminure on trouve la laque rouge luisante. Le style de l'ouvrage parait indiquer qu'il appartient à la moitié du XVe. siècle.

· IV. L'histoire de la Sainte croix. (Historia sanctae crucis.) Nous ne connaissons de cet ouvrage xylographique que le fragment d'une feuille avec la signature g dans la collection de Mr. T. O. Weigel
à Leipsic. Elle est divisée en 6 parties ou compartimens, qui ont

toutes des inscriptions latines, de la manière suivante

I	III	V
II	IV	VI

:

1. La reine de Saba visite le roi Salomon; ils ont tous deux une
suite nombreuse; dans le fond la ville de Jérusalem. Inscription: „Hic
regina arguit salomonē etc.

2. Descente de croix. — „Hic venerūt ꞏjoseph et nycodemus
deponētes | corpus χρι a cruce ē crux mansit ibi stans.

3. L'invention de la Sainte croix. — Hic gerūt salomō etc.

4. Trois apôtres dont le premier tient la croix de la main gauche —
A droite cinq figures à genoux dont une femme avec une auréole; —
„Hic apostoli predicauer.... puli cū | cruce et multi iudei er.... runt."

5. Conservation de la croix dans une chapelle. — Hic fecit salomon illud lignū ordinare est.

6. Trois croix sont élevées. Aux côtés de celle du milieu sont
agenouillés en adoration des hommes et des femmes; deux de ces
dernières, une de chaque côté, portent une auréole. Dans les airs, au-
dessus de la croix du milieu, planent des petits démons; — „Mul-
tus populus liberatur a demone et | ab alijs infermitatibij cum crucē
benedictā."

L'impression, en encre pâle, très-peu réussie, ne parait être
qu'une épreuve et la planche a glissé, ce qui rend le texte à peine
lisible. A en juger par le style de la composition, cette gravure sur
bois, assez fine, semble appartenir au bas Rhin et peut être placée vers
l'an 1460. La filigrane montre une ancre simple terminée par une
baguette. H. 9 p. 6 l. L. 14 p. 4 l.?

Dibdin dans sa „Bibliotheca Spenceriana III. 348—378 décrit en
détail une édition hollandaise sous le titre de „Geschiedenis von het hey-
lighe Cruys" Culenborch, Jan Veldener, 1483; petit-in-4°. Elle contient,
sur 33 feuilles, 64 gravures sur bois accompagnée chacune de quatre
vers en langue hollandaise. Dibdin en donne sept facsimile. Il est
facile de voir, de prime abord, que ni les gravures ni les inscriptions
ne peuvent être une imitation de l'édition originale; les premières
sont très-rudes et pourraient avoir été exécutées par Veldener
lui-même.

V. Les dix commandemens pour les gens ignorans (les

Laïques). Die zehn Bott für die ungelernte leut.   Dix feuilles de 7 p. 10—11 lignes de hauteur sur 5 p. 7—8 l. de largeur. Elles se trouvent reliées avec un cahier manuscrit dans la bibliothèque de Heidelberg sous le No. 438.   Elles sont gravées au simple contour sans aucune indication d'ombres et, bien qu'elles ne viennent pas d'un grand maître, sont très-caractéristiques en ce qui a trait au dessin.   Le style de la draperie sans cassures angulaires et le costume en reportent l'origine vers la moitié du XVe. siècle.   Chaque gravure, entourée d'une double bordure linéaire porte trois inscriptions: la première à la partie supérieure contient les commandemens de Moïse en latin; la seconde leur traduction en allemand sur une banderole portée ordinairement par un Ange; la troisième la tentation du diable sur une autre banderole sortant de la bouche de ce dernier.   Nous donnons ici la description de la première feuille:

Inscription supérieure. **Non habebis Deos alienos.**   Exodi XX. A droite, dans une losange arrondie, le Sauveur est assis, la main droite dans l'action de bénir et le globe du monde dans la gauche, à gauche un homme agenouillé en prières, derrière lui se tient un ange et au-dessus de celui-ci le commandement **Du solt anbeten eynen got — Als her dir geboten hot** (tu adoreras un seul dieu, comme il te l'a commandé). A l'encontre, devant lui le diable avec sa tentation. **Was hoftu goman tzu schaffen — Cos beten monche vnd pfaffen.** (Qu'as-tu, compère, à faire avec cela, laisse prier les moines et les prêtres.) [46]

---

46) Dans l'énumération qui va suivre nous avons tenu compte seulement des recueils xylographiques d'origine allemande.   Ceux qui appartiennent aux Pays-Bas trouveront naturellement leur place en traitant de la gravure néerlandaise sur bois et sur métal, comme la bible des pauvres, le Speculum salvationis etc.

Pour l'étude spéciale des ouvrages xylographiques dont il n'entre dans notre cadre que de donner un aperçu général, les ouvrages suivans meritent principalement d'être consultés.

K. H. v. HEINECKEN, Recherches sur les artistes etc. (Nachrichten von Künstlern etc.) Leipsic 1769. et Idée générale d'une collection d'estampes etc. Leipsic 1771.

C. G. von MURR Journal etc.

JOSEPH HELLER, Histoire de la gravure sur bois. Bamberg 1823.

Dr. KARL FALKENSTEIN, Histoire de l'imprimerie. (Geschichte der Buchdruckerkunst. Leipzig 1840.)

v. RAUMER, Manuel historique (Historisches Taschenbuch 1837) p. 440.

MASSMANN dans le Serapeum 1841.

4 *

Des facsimile exacts des dix gravures se trouvent dans un ouvrage très-instructif pour la matière que nous traitons, celui du Dr. Joh. Geffcken, le Catéchisme figuré du XVe. siècle (Der Bildercatechismus des 15. Jahrhunderts). Leipsic T. O. Weigel 1855. 4°.

VI. La Passion de Jésus Christ en 16 feuilles de 3 p. 1 l. de hauteur sur 2 p. 3 l. de largeur, imprimées seulement d'un côté. Ce livre xylographique passa de la Collection de M. W. Liel à Berlin dans celle de Mr. T. O. Weigel à Leipsic.

Les compositions se suivent dans l'ordre ci-dessous:

1. J. C. lave les pieds à St. Pierre.
2. Jésus sur le mont des Oliviers.
3. La trahison de Judas.
4. Le reniement de St. Pierre.

Dr. F. SOTZMANN dans le Kunstblatt 1836 No. 30, et dans le Serapeum 1842
DIBDIN Th. F., Bibliomania etc. Londres 1811.
-     Bibliotheca Spenceriana   -   1814.
-     Aedes Althorpianæ   -   1822.
-     A descriptive catalogue of the books printed in the 15 Cent. (of the Duke di Cassano Serra) Londres 1823.
-     The bibliographical Decameron etc. Londres 1817.
-     A bibliographical tour in France and Germany. Londres 1821. Id.... (Seconde édit. revue augmentée. Lond. 1829.)
-     Reminiscences of a litterary life. Lond. 1836.
-     A bibliographical tour in the northern Counties of England and Scotland. Londres 1838.
W. YOUNG OTTLEY, An inquiry into the origin of engraving upon copper and wood. London 1816.
JOHN JACKSON, a Treatise on Wood engraving. London 1839.
PIETRO ZANI, Materiali per servire alla Storia dell' origine e de' progressi dell' incisione in rame etc. ed in legno. Parma 1802.
G. RATHGEBER, Annalen der Niederländischen Malerei, Formschneide- und Kupfer-stichkunst. Gotha 1842.
JOH. GEFFCKEN, Der Bildercatechismus des 15. Jahrh. Leipzig 1855. 4°.
T. O. WEIGEL, Die Xylographischen Bücher des XV. Jahrhunderts. Leipzig 1856. 8°.
J. M. HERMANN HAMMANN, Des arts graphiques etc. Génève et Paris 1857.
S. SOTHEBY, Principia Typographiæ. The Block-Books etc. a work contemplated by the late Samuel Sotheby and carried out by his Son Samuel Leigh Sotheby. London 1858. 3 vol. in fol.
Ce livre du plus haut intérêt a été publié seulement a 250 exemplaires et contient une description détaillée des ouvrages xylographiques qui existent en Angle-terre en même tems que des copies bien faites d'anciennes gravures sur bois, et le 3e volume un grand nombre d'anciennes filigranes.

5. Jésus devant le grand prêtre.
6. Jésus devant Pilate.
7. Jésus devant Hérode.
8. La flagellation.
9. Le couronnement d'épines.
10. Pilate se lave les mains.
11. Le portement de croix.
12. Le Christ est dépouillé de ses habits.
13. Jésus attaché à la croix.
14. Le Christ en croix, la Vierge et St. Jean à ses côtés.
15. La descente de croix.
16. Le Christ pleuré par les siens.

Les 16 pages de texte correspondantes sont aussi gravées sur bois ou sur métal et commencent par l'explication du lavement des pieds: „𝔥er als du durd̉ lieb ha𝔣t gewa𝔣d̉en etc. La taille est très-grossière, les draperies à plis angulaires dans le style du milieu du XVe. siècle. [47])

VII. l'Antechrist. Cette légende, en 26 feuilles pet.-in-folio, se trouve ordinairement accompagnée des 12 gravures intitulées: „les quinze Signes du jugement dernier" qui sont décrites par Heinecken et autres comme formant, avec le premier, un seul ouvrage. Les 26 premières gravures ont cependant quelque chose de plus archaïque que les secondes dont la première édition, d'après ce que nous en savons, a été imprimée en 1472 par Junghanns, peintre de lettres (prif̉maler) à Nuremberg. [48])

VIII. Le symbole des Apôtres (Symbolum apostolicum) petit-in-4°. On ne connait qu'un exemplaire de cet ouvrage de sept feuilles, imprimées seulement d'un côté avec le frotton et collées ensemble, et contenant douze gravures sur bois avec des inscriptions allemandes

---

47) Falkenstein dans son histoire de l'imprimerie p. 57, mentionne une „passion" composée de 17 feuilles xylographiques avec des explications imprimées qui se trouve dans la bibliothèque de Heidelberg reliée avec le manuscrit sous le No. CCCXXXVII. p. 141—151. Il reste à voir si cette xylographie est identique avec celle que nous venons de décrire.

48) G. Rathgeber, Description du musée ducal de Gotha (Beschreibung des Herz. Museums zu Gotha). Gotha 1835 p. 84. Il fait mention en même tems d'un manuscrit de l'Antechrist, de 1455, orné de peintures. Mr. T. O. Weigel en possède un autre manuscrit avec des dessins à la plume coloriés et qui parait être plus ancien encore, car il est précédé d'un calendrier qui finit avec le pape Boniface IX, mort en 1404.

au bas. Ce livre xylographique se conserve dans la bibliothèque de
Munich et provient de Tegernsée. Le dessin annonce un artiste de talent et qui a cherché, ce qui est rare pour ce tems, à produire des
raccourcis difficiles. Nous ne pouvons, pour cette raison, placer ce travail
avant la moitié du XVe. siècle. Voyez-en le facsimile chez Dibdin
dans son „Bibliogr. antiq. and pict. Tour etc." vol. III. p. 284, reproduit dans l'ouvrage de Falkenstein p. 42.

IX. La légende de St. Meinrad. On trouve dans les 48 feuilles
xylographiques de ce recueil in 8'. les mêmes costumes que dans un
jeu de cartes d'un des contemporains ou des élèves du maître 𝕰 𝕾
de 1466 et c'est vers le même tems que l'ouvrage en question à dû
paraître. Comme la légende de ce Saint, qui est le fondateur du pélerinage d'Engelweihe à Einsiedlen, ou mieux, de la chapelle de la Vierge
aux anachorètes, se trouve avoir un rapport direct avec ce lieu Saint,
nous devons croire que les deux gravures sur cuivre exécutées par ce
même maître en 1466, peut-être à la demande du clergé pour ce
lieu de pélerinage, ont été imprimées en Allemagne. Le seul exemplaire connu de ce recueil xylographique se trouve dans la bibliothèque de Munich. Falkenstein en donne un facsimile.

X. Les huit friponneries. (Die acht Schalkheiten.) On ne connait qu'un seul exemplaire de ce recueil xylographique en 8° qui appartient à la haute Allemagne; il se trouve dans la Collection de Mr. T. O.
Weigel à Leipsic. Le dessin des figures est très-faible, les têtes grosses hors de proportion, les jambes très-courtes, comme on peut le voir
dans le facsimile donné par Falkenstein. Le costume se rapporte à
celui en usage peu après le commencement de la seconde moitié du XVe.
siècle. Les inscriptions qui sont toutes intitulées „𝕴𝖈𝖍 𝖇𝖎𝖓 𝖆𝖎𝖓 𝖘𝖈𝖍𝖆𝖑𝖐"
correspondent au dialecte d'Ulm. Probablement ce petit livre était dans
l'origine composé de plus de huit feuilles et le seul exemplaire connu
jusqu'ici devrait être, par conséquent, considéré comme un fragment.
Le titre donné par Falkenstein pourrait donc devenir susceptible d'une
rectification ultérieure.

XI. La Fable du Lion malade. Ce recueil xylographique que
l'on conserve dans la bibliothèque de Heidelberg sous le No. 438 et
qui se compose de 12 feuilles in fol. contient neuf gravures sur bois de
la grandeur des pages. Les compositions appartiennent au cycle fabu-
leux du roman du Renard. La taille en est plus fine et le dessin
meilleur que dans l'ouvrage précédent. L'absence des banderoles pour
les paroles attribuées aux animaux et le fait que le reste du texte est

écrit, indiquent pour cet ouvrage une époque antérieure, voisine de la moitié du XVe. siècle. On trouve dans Falkenstein un facsimile de la première feuille.

XII. Le livre des Rois ou la vie de David (Liber regum seu Vita Davidis) composé de 20 feuilles in-fol. avec texte latin et deux sujets sur chaque feuille imprimée, comme pour tous les anciens ouvrages xylographiques, d'un seul côté. Ce recueil se trouve dans la bibliothèque impériale de Vienne. La forme des armures que l'on y rencontre, le mouvement animé des figures, l'emploi des ombres, bien que d'une façon très-légère, semblent concourir à faire placer cet ouvrage vers le milieu du XVe. siècle; Falkenstein donne, d'après Dibdin, le facsimile d'un des sujets représentant la mort d'Absalon.

XIII. La danse des morts (ou danse macabre) avec figures, plaintes et réponses de presque tous les états du monde. („Der Doten Dantz mit figuren, Clage vnd Antwort schon von allen Staten der Welt.") On a fait, depuis la première moitié du XVe. siècle jusque bien avant dans le XVIe., plusieurs ouvrages xylographiques sur ce sujet très en faveur durant le moyen âge. [49]) Deux des plus anciens recueils se trouvent dans les bibliothèques de Munich et de Heidelberg, mais ce dernier seul est complet et Massmann en donne un facsimile comme appendice à son ouvrage „Basler Todtentänze in getreuen abbildungen etc. Stuttgart 1847." Le style de la gravure, l'absence d'ombres, le costume et les plis des draperies appartiennent au milieu du XVe. siècle. Les xylographies de Munich sont collées sur un texte écrit et diffèrent en beaucoup de points de celles de Heidelberg, comme on peut le voir plus en détail dans Falkenstein p. 44. Cependant le facsimile de la planche de Heidelberg où la mort emmène un enfant est inexact et, pour en juger correctement, il est nécessaire, à défaut de l'original, de voir le facsimile donné par Massmann. Mr. T. O. Weigel à Leipsic possède un ouvrage typographique d'un sujet tout-à-fait analogue. Il consiste en 22 feuilles, petit-in-folio, avec une gravure sur bois imprimée de chaque côté, ce qui porte le nombre des composi-

---

49) On a émis l'opinion que l'origine des danses des morts date de l'an 1439, lorsque la peste régnait en Europe; mais c'est déjà au XIVe. siècle que ces sortes de représentations étaient en usage. Nous ne citerons que la danse macabre peinte en 1312 dans le cloître des nonnes de Klingenthal à Petit-Bâle où on voyait, au-dessus de la figure du Comte enlevé par la mort, cette inscription: Anno domini dufsent jor dri hundert vnd ru.

tions à 42. La taille est très-bonne et l'expression des têtes fort caractéristique. La première planche, marquée I, représente un mort dans son cercueil tandis que six squelettes dansent autour de lui. A gauche un ossuaire. L'inscription au-dessus porte: **Der Doten dantz mit figuren. Clage vnd ‖ Antwort schon von allen staten der welt.** H. 6 p. 9 l. L. 5 p.

I b. Au-dessous d'un banc, recouvert d'une draperie, sont assis trois squelettes dont deux font de la musique tandis que le troisième bat la mesure. Sur le devant on voit, à moitié, trois autres squelettes qui dansent. Au haut l'inscription: **Wolan wolan jr herren vnd knecht spryngt her by võ allē geschlecht** etc.

2 a. La même composition avec l'inscription: **alle menschen denken an mich** etc.

2 b. **Der dot — Der Pabst,** au-dessus de la composition avec l'inscription: **herr babst** etc.

Et ainsi de suite pour toutes les conditions, avec la Mort toujours à gauche et le personnage entrainé par elle à droite; le fond est blanc.

La dernière feuille représente un cimetière où l'on voit, à droite, un ossuaire et cinq squelettes qui sortent d'autant de tombes. H. 7 p. 11 l. L. 5 p. 6 l.[50])

Nous terminons ici ce que nous avions à redire des plus anciens ouvrages xylographiques de l'Allemagne en faisant remarquer pour les ouvrages suivans que, tout en ne contenant aucune indication de graveur, d'éditeur ou de date, ils appartiennent à la seconde moitié du XVe. siècle comme le prouve clairement le style de la gravure.

XIV. L'Art de Chiromancie (Die Kunst Ciromantia) du Dr. Jean Hartlieb, médecin ordinaire du Duc Albert de Bavière, et qui écrivit cet ouvrage en 1448. Le titre où l'auteur dédie son ouvrage à la princesse Anne, est, si l'on considère les masses d'ombre et le style

---

50) Nous mentionnerons encore ici, dans la collection de Mr. T. O. Weigel, la danse macabre de Lubeck, livre imprimé avec des caractères mobiles et des gravures sur bois dans le texte, de 3 p. de hauteur, sur 2 p. 2 l. de largeur. Il est composé de 64 chapitres; les gravures sur bois sont d'un très-bon dessin et représentent toujours un squelette dessiné de diverses manières, avec une bêche, une faux, une flèche et enfin monté sur un lion, avec la personne entrainée par la mort. Le titre porte en haut l'inscription: **Des dodes dantz,** au-dessous la mort tournée vers la gauche et à terre, ayant près d'elle une bêche; en bas cette autre inscription: **O mynsche dencke wor du bist herghekomē vñ wattu nu byst vñ wat du schalt werden in korter vryst.** A la fin du volume: **Ghedichtet vñ gheschat in der keyserlichen stad lubeck na der bord ihesu crifti mcccclxxxix** (1489).

des draperies bouffantes, très-approchant de la manière de Hans Burgkmair. (Voyez Falkenstein p. 38.)

XV. Le Miroir de Confession (Der Beichtspiegel, ou Confessionale) composé de 8 gravures, petit-in-4°, qui ont, il est vrai, une apparence plus ancienne que celles de l'ouvrage précédent, mais l'espèce de tapisserie qui sert de fond appartient aux dernières 25 années du XVᵉ. siècle auxquelles il faut rapporter cet ouvrage xylographique. (V. Falkenstein p. 42.)

XVI. La clochette du tems. (Das Zeitglöcklein) Falkenstein p. 49, et

XVII. Rome sacrée et profane. (Das geistlich und weltlich Rom) Falkenstein p. 46. Ces deux ouvrages sont de moindre importance, comme travaux xylographiques. Ils sont imprimés des deux côtés de la page et appartiennent tous deux à la fin du XVᵉ. siècle.

Nous pourrions ajouter à cette liste quelques autres ouvrages du même genre, mais sans pouvoir, puisque nous ne les avons point vus, porter aucun jugement sur leur valeur artistique, et pour cette raison nous avons jugé à propos de les passer sous silence.

Nous sommes parvenus enfin aux xylographies allemandes qui appartiennent à une époque plus récente du XVᵉ. siècle et qui sont marquées du nom de leur auteur ainsi que d'une date. Le prof. Hassler[51]) cite Louis Hohenwang d'Elchingen, à Ulm, comme le plus ancien imprimeur dans cette dernière ville et qui, graveur et peintre en même tems, parait avoir été de plus un homme très-instruit.

Le même auteur indique comme son premier ouvrage l'Ars moriendi, copie sur bois, un peu raide, de l'original qui est de la plus grande beauté. Il s'est signé sur une des feuilles „Ludwig ze ulm", mais on ne trouve aucune indication de date dans le reste de l'ouvrage. Cependant Falkenstein lui donne celle de 1473. Les gravures sur bois d'un autre ouvrage imprimé par lui „De fide concubinarum in sacerdotes", pièce satyrique qui, par sa nature, se réfère aux dernières 25 années au XVᵉ. siècle, sont beaucoup mieux traitées. Le prof. Hassler croit que cet imprimeur et graveur est le même que celui qui se trouve mentionné dans des documens d'Ulm, de 1449 à 1489, comme Ludwig le peintre, opinion qui pourrait devenir l'objet de recherches ultérieures.

---

51) Hassler, Histoire de l'imprimerie à Ulm (Buchdrucker-Geschichte Ulms). Ulm 1840. On y trouve encore un facsimile d'une gravure de l'Ars moriendi et deux du Fides etc.

Albrecht Pfister de Bamberg, peintre de feuilles volantes (Brief-maler), né vers 1420, mort vers 1470.

Il doit être originaire de Nuremberg et parait avoir fondé une imprimerie à Bamberg.[52]) Il a publié plusieurs livres avec des figures xylographiques et entre autres le premier qui soit marqué d'une date: c'est l'Edelstein de Boner ou livre de fables, en vers allemands, de 1461. Il se compose de 88 feuillets contenant 80 fables et, à chacune d'elles, une gravure sur bois qui se rapporte au sujet. La gravure est indiquée par une figure d'homme qui se trouve répétée pour chacune. Ce sont de simples contours sans indication d'ombre, mais les figures ont du mouvement.

On trouve dans l'Histoire de l'Imprimerie de Falkenstein un facsimile de la première page. Ceux qu'on en avait donné d'abord sont traités d'une manière plus grossière.

Le livre des quatre histoires (Das buch der vier historien) c'est-à-dire de Joseph, Daniel, Esther et Judith, de l'an 1462. Il contient 61 gravures sur bois, imprimées sur 58 feuilles, petit-in-fol. Dibdin donne dans sa „Bibliotheca Spenceriana, Vol. I. p. 94, deux facsimile des gravures sur bois qui sont d'un travail raide et grossier.

Les autres ouvrages avec des figures xylographiques de Pfister et qui ne contiennent aucune date sont les suivans:

La „Bible des pauvres" (Armenbibel) avec des inscriptions en allemand; elle contient plus de 170 gravures sur bois dont Dibdin et Falkenstein donnent des facsimile.

La „Biblia pauperum" composée des mêmes gravures sur bois avec des inscriptions latines.

Les plaintes contre la mort (Die Klagen gegen den Tod), 24 feuilles in-fol. avec cinq gravures sur bois. Un facsimile de la dernière est donné par Dibdin, Bibliotheca Spenceriana I. p. 104. On ne doit point confondre avec cet ouvrage le livre suivant.

Le procès de l'homme avec la mort (Der Rechtstreit des Menschen mit dem Tod), en 23 feuillets petit-in-fol., pièce imprimée qui diffère, plus par la forme que par le contenu, de l'ouvrage ci-dessus,

---

52) D'après les recherches les plus récentes, les caractères employés par Pfister, dans ses éditions de Bamberg, sont les mêmes que ceux dont Gutenberg se serait servi avant d'avoir obtenu les matrices plus parfaites gravées par Schoeffer. On aurait donc émis l'opinion que Pfister aurait pu acquérir ces caractères de Gutenberg, vers l'an 1460.

dont il n'est peut-être qu'une seconde édition, mais sans les gravures. (V. Falkenstein p. 138.)

On croit aussi devoir attribuer à Albrecht Pfister les „Sept allégresses de la Vierge (Die sieben Freuden der Maria) ainsi que la „passion de Jésus Christ" (Die leidensgeschichte Jesu); mais comme ces deux ouvrages sont gravés sur métal en manière criblée, nous les décrirons plus particulièrement en traitant des gravures de ce genre.

On veut que son fils Sébastien Pfister ait imprimé, vers 1470, l'ouvrage suivant en 162 feuillets, petit-in-fol. contenant 26 gravures sur bois: **Diß buch ist genant die vier vnd tzwantzig alten oder der guldin tron gesetzet von bruder Otten von passowe.** (Ce livre est appelé les Vingt quatre vieillards ou le trône d'or, composé par frère Othon de Passau.)

Ulrich Han ou Hahn d'Ingolstadt, à Rome; il s'appelait encore Udalricus Gallus. Il imprima en 1467, à Rome, le premier livre d'Italie orné de gravures sur bois ou sur métal. C'est le célèbre ouvrage des méditations de Jean de Torquemada (Johannes de Turrecrematâ) avec 34 gravures. Si, à la vérité, elles sont gravées par ce maître allemand, il en emprunta néanmoins les compositions aux fresques italiennes, en admettant toutefois qu'il ait travaillé à Rome. Nous rendrons compte de cet ouvrage en parlant de la gravure sur bois et sur métal en Italie. L'édition de ce même ouvrage de Jean Numeister de Strasburg, Clericus Moguntinus, en 1479, sans indication de lieu, a été imprimée selon l'opinion de Dibdin non à Fuligno comme on l'a cru, mais à Mayence. Dans le fait on s'est servi, pour cette impression, de papier allemand avec la marque d'eau de la tête de boeuf. Les gravures sont sur métal et non sur bois.

Frédéric Walther, peintre, et Hans Hurning à Noerdlingen en 1470.

D'après le protocole du Conseil qui nous est communiqué par Beischlag, Frédéric Walther, le peintre, naquit à Duenkelsbuchl et vint en 1460 à Noerdlingen où le conseil lui fit peindre un pavois (Bofese); il y acquit le droit de bourgeoisie et pour le don du pavois il fut exempté des impôts pendant cinq ans. Il y souffrit quelques jours de prison pour des mauvais traitemens faits à sa femme et il en fut tellement irrité qu'il passa, en 1472, à Bâle. Il était encore peintre sur verre et on trouve de lui des ouvrages de ce genre dans la cathédrale de Bâle et dans celle de Fribourg.

Il peignit, avec Frédéric Herlin de Noerdlingen, un tableau pour

l'église de Bopfingen: Sur la bannière portée par un homme d'armes
se trouve la marque W. N. 1ꝛ⋀9. Walther est aussi l'éditeur d'une
Bible des pauvres allemande dont il fit les gravures sur bois en société avec Hans Huerning, menuisier de Mutenau et depuis 1461 bour-
geois de Noerdlingen; ce livre est terminé par l'inscription suivante:
„Friederich Walthern Maler zu Noerdlingen vnd Hans Hurning habent dis
buch mit einander gemacht 1470." Les gravures sur bois sont des
copies de l'édition originale néerlandaise en latin. Heinecken mentionne
encore dans son „Idée générale etc." p. 325 une autre édition de ce
même ouvrage qui ne termine point avec l'inscription ci-dessus, mais
porte la même date de 1ꝛ⋁0 accompagné de deux écussons. Mr. T.
O. Weigel en possede un très bel exemplaire.

Dans la même année Walther publia un petit ouvrage xylographique ayant pour titre „Defensorium inviolatæ perpetuæque virginitatis carissimæ Dei genitricis Mariæ." On y trouve
sur la première feuille, les pères de l'église St. Ambroise et St. Augustin, et en bas à droite, la marque f. w. 1ꝛ⋀0. Un bel exemplaire appartenant à Mr. T. O. Weigel à Leipsic contient 59 gravures
sur bois commençant avec les quatre évangélistes. La taille est d'une
certaine finesse avec de nombreuses indications d'ombre.

Hans Sporer, peintre de feuilles volantes à Nurem-
berg. Heller, dans son histoire de la gravure sur bois, p. 66, cherche
à démontrer et rend très-probable que Hans Sporer est le fils du
peintre de même nom qui se trouve inscrit, en 1466, dans les régistres
de Nuremberg et qu'il est le même qui s'appela Junghanns, à Nuremberg de 1472 à 1475; Hans peintre de feuilles volantes ou d'images (briefmaler), à Bamberg de 1487 à 1495; Hans imprimeur à Nuremberg et Hans Sporer à Erfurth, comme on le trouve nommé dans
les éditions de ces villes. D'après ce même écrivain il publia à Bamberg près de 14 ouvrages, la plupart d'histoire allemande et très-riches
de gravures sur bois. Mais ayant imprimé en 1494 une chanson satyrique sur l'échec reçu par le Duc Albert de Saxe, dans ses démarches
pour faire recevoir son fils Frédéric coadjuteur de Wurzbourg, et en
ayant envoyé plusieurs exemplaires à Wurzbourg même, par l'entremise
d'une jeune fille, ces chansons ne furent pas seulement saisies et brulées,
mais on en donna avis à l'évêque Veit (Gui) de Bamberg et on porta
plainte devant l'empereur Maximilien I. Hans Sporer se vit forcé de
fuir de Bamberg et s'établit à Erfurth. Les xylographies que nous
connaissons de lui sont les suivantes:

Der Enndchrist (l'Antechrist) 1472. On lit à la fin du texte de la première feuille: „Der Junghanns priffmaler hat das buch zu Nurenberg (gefertigt) 1 Ⴍ⋀2. (Junghanns peintre d'images a fait ce livre à Nuremberg 1472.)

À ce même ouvrage appartient (il se trouve du moins relié avec l'exemplaire de la bibliothèque de Gotha) celui des „Quinze signes" qui doivent précéder le jugement dernier. Il est composé de quinze gravures sur bois, in 8vo. obl. avec les inscriptions allemandes des „fünf-zehn Zeichen" et se termine par la représentation du jugement dernier. Heinecken dans son Idée générale etc. p. 390; Dibdin, Bibl. Spence-riana I. p. XXX et Falkenstein p. 23 et 25 en donnent une description et des facsimile.

Ars moriendi, 1473, en allemand. À la fin: „Hans Sporer, priffmaler hat diss buch 1 Ⴍ⋀3." Les gravures sur bois sont des copies, souvent avec des différences, de l'original que l'on compte parmi les productions néerlandaises.

Biblia pauperum, 1475, en Allemand. À la fin de ce livre il met seulement un écusson avec sa marque et l'année 1 Ⴍ⋀1. Les gravures sur bois empruntées à l'original néerlandais en diffèrent néan-moins bien souvent. (V. Heinecken, Idée générale etc. p. 326.)

Hans Sporer imprima, en 1487 à Bamberg, un Fisierbuech-lein (petit livre de dessins) avec la signature „Hans briefmaler" et où il indique sa demeure comme se trouvant derrière l'église de St. Martin.

Johannes Eysenhut, 1471. Il était imprimeur et graveur sur bois en même tems. On connait seulement de lui l'ouvrage intitulé: „Defensorium inviolatæ virginitatis b. Mariæ Virginis", composé par le dominicain François de Retza, qui vivait à Vienne au commencement du XVe. siècle, et dans lequel il combat l'opinion des franciscains que la mère de Dieu était exempte de la tache du péché originel, mais où il cherche à prouver en même tems, par des exemples tirés de l'his-toire naturelle et par des raisons mystiques, qu'elle a pu, sans perdre sa virginité, concevoir et mettre au monde le Sauveur. L'édition de Eysenhut est sans indication de lieu mais contient la signature suivante: „Johannes eyſenhůt impreſſor. Anno ab incarnatione dñi M°. quadringentesimo ſeptuagesimo I°. Les 15 gravures sur bois, im-primées avec une encre très-pâle, sont traitées dans la manière de l'école de la haute Allemagne de cette époque et n'ont que de légères indications d'ombre. (V. Heinecken, Idée générale etc. où l'on trouvera quelques facsimile des gravures.)

La plus ancienne bible imprimée à Cologne.

Un des ouvrages les plus intéressants pour la xylographie de l'Allemagne inférieure est la bible en idiome de la basse Allemagne, imprimée vers l'an 1470, et dont l'auteur nous est inconnu. Les gravures sur bois, dans le style de l'époque et de la localité, ne sont point d'une taille très-fine et ont quelque chose qui sent trop le métier. Ainsi qu'il est annoncé dans la préface, on donne à la fin de chaque chapitre un sujet „comme on les trouve encore, d'ancienne date, peintes dans les églises et les cloîtres" (ſoe ſy van oldes ouck noch in velen kerken ende cloeſteren gemaet ſtaen"). On pourrait conclure de ce passage que ces gravures ont été empruntées à des peintures déjà existantes, mais il ne peut signifier autre chose sinon que, de la même manière que l'on trouve de semblables sujets dans les églises et les cloîtres, elles ont été ici ajoutées au texte. Ces gravures ont servi depuis à Koberger, de Nuremberg, pour la bible de 1483 et ont été même employées pour celle qui fut imprimée à Halberstadt en 1523 ce qui a donné lieu à plusieurs opinions erronées à ce sujet.[53]

Les plus anciennes cartes géographiques imprimées, d'origine allemande.

Elles sont gravées sur métal et se trouvent dans la Cosmographie de Ptolemée (Claudii Ptolemæi Cosmographia) que Conrad Sweynheym commença à imprimer et que Arnold Buckinck publia à Rome en 1478 in-fol. Dans la dédicace se trouve le passage suivant à ce sujet: „Magister vero Conradus Sweynheym, germanus, a quo formandorum Romæ librorum ars Romæ primum profecta est .... quemadmodum tabulis æneis imprimantur edocuit, triennioque in hac cura consumpto, diem obiit, in cujus vigiliarum laborumque partem non inferiori ingenio ac studio Arnoldus Buckinck e germania, vir apprime eruditus, ad imperfectum opus succedens" etc. Les 27 cartes géographiques, sans figures, sont d'un bon travail et, comme nous l'avons déjà dit, gravées sur métal.

Les caractères qui s'y trouvent ont été ajoutés au moyen d'estampilles. Buckinck en doit être considéré comme le graveur puisqu'il ajoute à la fin de l'ouvrage, „Arnoldus Buckinck e germaniâ Romæ tabulis

---

53) Voyez H. Lempertz, Marques des plus célèbres imprimeurs etc. (Insignien berühmter Druckereien etc.). Cologne 1839.

æneis in picturis[54]) formatam impressit sempiterno ingenii artificiique monumento." Dibdin donne le facsimile d'une de ces cartes dans sa Bibl. Spenceriana.

Quatre ans plus tard, en 1482, parut chez Léonard Holl à Ulm la Cosmographie de Ptolémée avec 32 cartes gravées sur bois. Ces gravures sont marquées, soit „insculptum per Johannem de Arnszheim", ou „insculptúm est per Schnitzer de Arnszheim." Ce graveur s'appelait donc Jean Schnitzer de Arnsheim.

La relation du voyage de Bernard de Breydenbach en 1486.

Un des plus anciens livres de ce genre et en même tems un des plus remarquables, et qui se trouve richement orné de gravures sur bois, est la relation du voyage de Bernard de Breydenbach, chanoine de Mayence, en terre Sainte. La première édition, in-fol. est écrite en latin et porte le titre suivant: „Sanctarum peregrinationum in montem Syon ad venerandum Christi sepulchrum in Jerusalem etc..... opusculum. In civitate Moguntina impressum per Erhardum Reuwich 1486." Les gravures sur bois représentent, en grande partie, des vues de villes dont les environs sont traités souvent de la même manière que dans les cartes géographiques. La vue de Venise, entre autres, est d'une dimension extraordinaire et mesure, en 4 feuilles in folio oblong, 5 pieds de longeur sur 10 pouces de hauteur. Plusieurs petites feuilles représentent les coutumes des peuples que Breydenbach apprit à connaître, d'autres des figures d'animaux parmi lesquelles celle d'une giraffe. Ces gravures sont d'ordinaire très-simplement executées avec quelques indications d'ombres, mais avec beaucoup de vie et dans la composition et dans le dessin. Le titre est traité d'une manière fort artistique et bien différente du reste, surtout la figure de femme richement vêtue qui tient les armoiries de Bernard de Breydenbach, celles du Comte de Solms, seigneur de Mintzenberg, et celles, placées au dessous, du second compagnon de voyage, Philippe de Bicken; le tout est entouré d'une riche arabesque. Cette gravure est non seulement dessinée de main de maître, mais s'approche du style artistique du commencement du XVIᵉ. siècle. Pour ce qui a trait au faire, nous rencontrons ici, pour la première fois, des hachures croisées dans les ombres et elles sont traitées avec beaucoup d'adresse. Le dessina-

---

54) Les plus anciens auteurs se servent également de cette expression pour indiquer un dessin.

teur et qui en a été aussi probablement le graveur comme nous le
verrons bientôt, Edouard Reuwich d'Utrecht, semble avoir voulu
nous offrir un chef-d'œuvre qui surpassât tout ce que l'on avait vu
jusqu'alors de la gravure sur bois. Bien que la manière dont le titre
est exécuté diffère beaucoup de celle des autres gravures, il faut admettre pourtant qu'elles sont toutes de la même main puisque l'on
trouve, dans l'édition allemande de 1486 avec les mêmes gravures, sous
le titre: „Die heyligen reisen zu Jherusalem" et au commencement
de la relation du second voyage „von Jherusalem zu Sant Katherin",
que les compagnons de voyage y sont nommés et l'on ajoute ensuite
que, „avec ces seigneurs et autres serviteurs à eux, se trouvait le peintre
nommé Erhard Reuwich, d'Utrecht, qui a peint tout ce qui se trouve
dans ce livre et en a mené à bonne fin l'impression dans sa propre
maison." La seconde édition de l'ouvrage allemand, qui parut à Mayence
en 1488, contient les mêmes gravures et se trouve entièrement semblable à la première, sauf que l'on a employé un papier plus ordinaire.

Nous passerons sous silence plusieurs autres éditions de ce livre
pour en indiquer seulement ici la traduction française, du cénobite
Nicole de Huen, qui parut sous le titre suivant: „Des saintes pérégrinations de Jérusalem et des lieux prochains du mont Synaï et de la
glorieuse Caterine." Lyon, Michelet Topie de Pymont et Jacques Heremberck 1488. in fol. — Les vues de villes sont, dans cette édition, gravées au burin et presque de la même grandeur. Ce sont Venise, Parme, Corfou, Modon, Candie, Rhodes et Jérusalem. Les autres figures, au contraire, sont lourdement imitées au moyen de la gravure
sur métal. Les gravures au burin ressemblent aux gravures sur bois originales en grossièreté et, quoiqu'elles soient imitées servilement dans la
plupart des cas, s'en éloignent quelquefois dans les détails. Elles paraissent être la production d'un artiste italien, peut-être de ce Michelet Topie
de Pymont (Piémont), puisque le style de la gravure dans quelques-
unes des parties, comme dans l'eau et le feuillé, rappelle la manière
des graveurs italiens de cette époque. Cette présomption est, du reste,
appuyée par le fait que les français n'ont fait aucun essai de gravure
sur cuivre avant le XVIe. siècle.

Recueils xylographiques de la haute Allemagne pour lesquels des artistes distingués ont fourni des dessins.

Dans le „Miroir de la vie humaine" (Spiegel des Menschen Le-
bens, Augsburg H. Baemler 1479) de Rodericus Zamorensis, on trouve

plusieurs gravures, in-8° oblong, d'un dessin animé dans les contours avec quelques hachures dans les ombres. On distingue, entre autres, la figure d'un armurier, ou lamineur, qui démontre clairement que l'invention en est due à un bon dessinateur ou à un peintre d'Augsbourg même. Le même imprimeur a aussi publié, avec 14 bonnes gravures sur bois représentant les Sept péchés mortels et les Sept vertus, le livre connu sous ce premier titre et qui précède d'ordinaire celui des Sept signes. Voici le titre détaillé de l'ouvrage: „Hienach volget ejn schöne materie võ den siben todsunden uñ von den sybē tugendē darwid' nach aussweysung d' figurē hernach volgendē. Also ist dise materi durch einē hochgelērte man zusamē geseczt uñ geprediget worden." Après un titre latin commence le texte: „Man liset in dem ersten buch der Kuenig in dem achtzehenden capitel dz des Kuenig Saul sandt siben seiner jndersten Scheynpoten etc. (In fine) Gedruckt vnd volēnndt zu Augspurg, von Johannē Baemler an sant Ottmars abēt Anno mcccc im lxxiiii jar (1474)."

Les quatorze femmes chevauchent différents animaux fantastiques et se distinguent par des écussons, celui des armoiries de l'empire étant le premier de la série. Leurs vêtemens sont coloriés d'une laque rouge luisante. Mr. T. O. Weigel possède, outre cet imprimé, un manuscrit du même auteur avec des compositions analogues qui diffèrent des premières dans certaines particularités. Le texte commence ainsi „Man list in dem büch der kunig an den XVIII. capittel Das der kunig Saul sannt vsz haimlich bottē etc. À la fin du manuscrit on trouve écrit plusieurs fois „Sigmund Krafft von Ulm", le nom de l'ancien possesseur du Manuscrit qui appartient à la moitié du XVe siècle.

On trouve aussi plusieurs bois d'après les compositions de Martin Schongauer dans le livre intitulé „Gaistliche usslegung des lebēs Jhesu Christi", sans indication de lieu ni de date. in-fol. Quelquesunes des compositions, comme celles de la naissance, du baptême et de la mise au tombeau, sont de bonnes copies sur bois des gravures au burin bien connues de ce maître. Mais celles du couronnement d'épines et du purgatoire semblent gravées d'après ses dessins. Elles sont toutes coloriées et même avec cette laque rouge luisante dont nous avons déjà fait mention plusieurs fois. Une partie des autres gravures du livre ont été exécutées par des graveurs différents assez médiocres. Dans l'exemplaire de la bibliothèque du Musée germanique, on voit, collée au commencement, une grande gravure sur bois qui représente la face du Christ et qui est finement exécutée dans le style de Martin Schongauer et probablement d'après son propre dessin; nous voyons ainsi notre maître travailler encore pour les ouvrages xylographiques.

Une autre belle gravure sur bois appartient à l'école du maître de Colmar et représente la Vierge qui soutient sur son genou droit la figure en pied du Christ enfant. Au-dessus de la tête de Marie plane un Ange qui la couronne; au bas, de chaque côté, deux écussons vides. H. 5 p. 4 l. L. 3 p. 9 l.

Au revers de l'exemplaire du Musée germanique on trouve un texte allemand qui parait appartenir à une édition de Strasbourg.

Nous sommes enfin arrivés à cette époque du développement de la gravure sur bois où elle atteignit son plus haut point de perfection en passant, des mains des ouvriers graveurs et des imprimeurs, à celles des artistes qui, pour la plupart, dessinaient sur les planches les sujets de leurs compositions, tandis que la partie mécanique était confiée à d'adroits graveurs de profession qui travaillaient ordinairement pour des éditeurs.

A ces derniers, qui étaient aussi pour la plupart imprimeurs, appartient Antoine Koberger de Nuremberg qui, vers ce tems, publia quelques ouvrages riches de gravures dont Michel Wohlgemuth de Nuremberg lui fournit en partie les dessins. Parmi ces ouvrages se trouvent une bible allemande, de 1483, avec 107 gravures sur bois de la Bible de Cologne dont nous avons déjà fait mention plus haut. Le Trésor (Schatzbehalter), de 1491, avec 90 gravures et la Chronique de Hartmann Schedel avec plus de 200 gravures. Ce dernier ouvrage, qui a eu plusieurs éditions, contient des réimpressions des bois préparés pour le Schatzbehalter. On y trouve, à la fin, l'indication suivante „et aussi avec la coopération de Michel Wohlgemuth et de Guillaume Pleydenwurff, peintres et citoyens de cette ville (Nuremberg), qui ont orné cet ouvrage de figures. Terminé le 23 jour du mois de décembre mccccxcij.“

La part que prit Wohlgemuth à cet ouvrage est clairement énoncée par cette apostille qui cependant ne précise pas s'il a seulement fourni les dessins ou s'il a encore exécuté les gravures sur bois, ce qui a donné lieu récemment à plusieurs opinions contradictoires que nous examinerons ici en détail.

Dans l'apostille citée plus haut, Wohlgemuth, aussi bien que Pleydenwurff, ne sont cités que comme peintres, et les dessins exécutés pour le livre de 1491 doivent appartenir au premier, tandis que les compositions ajoutées à l'ouvrage de 1493 seraient de ce peintre Pley-denwurff que l'on ne connait que par cette notice qui ne donne en aucune façon lieu de croire qu'ils aient été en même tems graveurs. Pour ce qui a trait à Michel Wohlgemuth, nous apprenons par les notices sur les Artistes de Nuremberg, écrites en 1546 par Jean Neudoerffer, qu'il était peintre et dessinateur, puisque cet auteur n'en fait mention qu'en sa qualité „de bon peintre et dessinateur (reisser)“ et ajoute „ce qu'il a dessiné dans le tems se trouve dans la grande Chronique de Nuremberg.“ Si à ces qualités Wohlgemuth eut joint encore celle de graveur, Neudoerffer l'aurait certainement dit. Le mot reisser (dessinateur) ne peut impliquer la qualité de graveur puisque notre auteur fait une différence formelle entre les dessinateurs (Reisser) et les graveurs (Formschneider) et que cette différence se faisait généralement à cette époque, comme nous le verrons plus bas en parlant de Dienecker d'Augsbourg.

Si nous considérons à présent les gravures contenues dans le Trésor (Schatzbehalter des Reichthumes des ewigen Heils und Seligkeit) publié par Koberger en 1491 et qui portent l'empreinte décidée de la manière de Wohlgemuth, nous trouvons que la 19e. qui représente la fille de Jephté, est signée d'un grand W sur la bannière d'un des cavaliers et qu'elles conduisent toutes au même résultat que nous allons indiquer. Les gravures sur bois, en ce qui regarde la composition et le dessin, sont toutes d'un seul et même maître, mais l'exécution, ou en d'autres mots, la taille, conduite d'une manière très-différente et souvent très-mécanique, appartient incontestablement à divers graveurs. Il y a fort peu de gravures qui révèlent une main plus artistique, ce sont celles marquées No. 1: Jésus Christ devant Dieu le père; No. 4: Le péché originel; No. 19: La fille de Jephté avec la marque W; No. 29: Le martyre de St. Jean Baptiste et de l'apôtre St. Jacques le mineur; No. 34: Le baptême de Jésus, et No. 31: Les noces de Chanaan. Quoique l'on puisse considérer ces gravures comme les meilleures du livre, elles ne portent pas un tel cachet d'excellence qu'on puisse les attribuer à la main magistrale de Wohlgemuth. Toutes les autres gravures sont très-inférieures à celles que nous venons d'indiquer et sont exécutées pour la plupart très-négligemment et sans effet artistique.

On trouve au Cabinet des estampes à Paris une gravure attribuée à Michel Wolgemuth parcequ'elle appartient au traité d'Anatomie de Richard Hela, docteur de Paris, imprimé en 1493 à Nuremberg. Cette gravure est intitulée „Anatomia ossũ corporis“ et représente un squelette avec les noms des différentes parties qui le composent. En haut à droite se trouve l'inscription: „Presens anathomia p̃ doctissim̃ vir̃ mgr̃ Ricardũ Helam artiũ et medicine doctorem ... salubriter compositũ arte est impressionis Nurmberge feliciter multiplicata Anno 1293. H. 12 p. 10 l. L. 9 p. 2 l. Mais on n'y trouve aucune indication ou marque qui puisse donner lieu de croire que la gravure, ou même le dessin en puisse appartenir à Wohlgemuth. Un autre exemplaire se conserve dans la bibliothèque de Munich et se trouve mentionnée par H. F. Massmann dans le „Serapeum" Leipsic 1841. p. 312. et par Choulant dans les Archives de Naumann, vol. III. p. 324.

Il y aurait ici lieu de rechercher si véritablement les grands peintres du XVIe. siècle ont exécuté eux-mêmes des bois d'après leurs propres dessins. Les documens de l'époque ne confirment point d'une manière décidée l'opinion affirmative qui ne s'est produite que bien plus tard et surtout dans les ouvrages de Van Mander et de Sandrart qui ne citent cependant aucune autorité à l'appui. Nous avons, au contraire, plusieurs témoignages contemporains en faveur de graveurs de profession qui travaillaient d'après les dessins des grands maîtres.

C'est ainsi que Conrad Peutinger écrit en date d'Augsbourg à l'empereur Maximilien [55]) que Stabius a apporté, de Nuremberg à Augsbourg, la plus grande partie des figures du Triomphe (la porte triomphale d'Albert Durer) pour les faire graver pour l'empereur dans cette dernière ville. Dans les „dépenses de moi docteur Peutinger" on lit sous la date de 1510: „J'ai payé à Hans Burkmaier, peintre, au menuisier ainsi qu'aux deux graveurs sur bois (formschneidern) comme il appert du compte au dit peintre, la somme de fl. 113. Kr. 24 pour les 92 figures et autre."

Hans Schaeufelein qui, en 1512, dessina sur les bois les figures du Weisskunig à Augsbourg, les donna à graver à Jos. Dienecker graveur de Antdorff (Anvers), à Augsbourg, comme ce dernier se souscrit dans une lettre à l'empereur Maximilien. [56]) Dans cette lettre de Dienecker, en date du 20 Octobre 1512, on trouve le passage suivant, intéressant pour l'histoire de l'Art:

---

55) Théodore Herberger, Conrad Peutinger dans ses rapports avec l'empereur Maximilien I. (Conrad Peutinger in seinem Verhältnisse zum Kaiser Maximilian I.) Augsbourg 1851 p. 27—32, dont nous avons tiré les notions que nous donnons relativement à Peutinger.

56) Il faut cependant remarquer que dans ses gravures sur bois il se signe généralement Jost de Negker.

„Je suis informé que votre Majesté désire et veut que les ouvrages de gravure que je suis chargé de préparer et de faire avancer mieux et plus vite qu'ils ne l'ont fait jusqu'ici etc.... et que V. M. à écrit au Docteur Bewtinger de faire en sorte qu'il me soit adjoint deux ou trois graveurs sur bois, ce qui m'est d'une grande satisfaction. Or je connais deux graveurs qui savent déjà quelque chose et qui travailleraient volontiers avec moi pour le service de V. M..... Si votre Majesté, par conséquent, le désire et qu'elle soit décidée à m'adjoindre ces deux graveurs, je la prie de vouloir bien ordonner à Baumgartner qu'ils reçoivent, par an, Cent florins chacun, de manière à ce qu'ils puissent rester avec moi et qu'ils aient une provision pour cela. • Je ferai alors en sorte de faire préparer à ces deux graveurs tous les bois que je terminerai et nettoierai de ma propre main, de manière à ce que la gravure paraisse être d'une même main et que personne ne puisse connaître que d'autres y aient travaillé; et puisque V. M. a l'intention que le travail, au lieu d'être retardé soit avancé par l'aide qu'elle me veut donner, je m'oblige à lui fournir tous les mois six ou sept bois ou figures terminées dans toute la perfection de l'art, de manière à ce que Schonsperger, ou tout autre qui pourra en être chargé, puisse commencer à faire imprimer, après que l'on aura accompli tout ce que j'en ai dit plus haut. J'y mettrai, de ma part, toute la diligence que je puis, et que je sais pouvoir employer mieux que tout autre, afin que le travail procède et puisse être terminé au contentement de V. M.... Votre Majesté voudra bien ordonner qu'il nous soit procuré, à nous autres trois graveurs, un local ou une chambre où nous puissions travailler seuls et sans être dérangés par qui que ce soit, car ce genre d'ouvrage exige que nous soyons seuls." Dans cette même lettre, Dienecker se plaint que le dessinateur ou peintre („Reysser oder Maller") Hans Scheyffelein n'ait pas encore été payé pour les dessins qu'il lui a livrés et prie S. M. de vouloir bien en remettre le montant soit au Docteur Beyttinger, à Baumgartner ou à lui-même, par ce que Schonsperger ne lui donne, selon son bon plaisir, que deux florins pour chaque trois figures.

Il résulte, des différens passages de cette correspondance avec l'empereur Maximilien, que Albert Durer, Hans Schaeufelein et Hans Burgkmair n'exécutaient rien autre que les dessins sur les bois que l'on donnait ensuite à graver à Dienecker et aux autres graveurs, comme Bartsch l'a déjà fait remarquer en parlant de ce dernier, et que même sur les bois du Triomphe de l'empereur Maximilien, qui se conservent

encore à Vienne et qui portent la marque de Hans Burgkmair, on trouve
au revers le nom des graveurs. [57]) Il n'est point prouvé cependant
qu'exceptionnellement, ou par occasion, quelques-uns des peintres ne
se soient pas occupés de la gravure sur bois, puisque, dans la correspondance de Peutinger avec l'empereur Maximilien, et dans une lettre
du 9 Juin 1510 à propos des gravures de la généalogie de la maison
impériale, il annonce que le graveur qui s'y trouvait occupé jusqu'alors
était parti en secret, mais qu'il (Peutinger) ferait son possible pour
trouver un graveur capable qui pût les terminer et conclut ainsi: „le
peintre que nous avons ici est tout-à-fait propre à cela". Mais on
ne peut savoir si nous devons entendre, par ce peintre, Hans Burgkmair.
Il ne faut point, d'un autre côté, perdre de vue qu'il ne s'agit ici que
de terminer des bois déjà gravés et que Peutinger annonce que le
peintre est tout-à-fait compétent pour ce genre de travail.

On a souvent considéré comme une invention et un ouvrage manuel de Burgkmair lui-même, le portrait de Baumgartner en clair obscur,
au moyen de trois planches (et non de deux, comme Bartsch l'indique à tort sous le No. 34) et qui est en effet un chef d'œuvre du
genre.

Mais nous voyons, par une lettre de Dienecker du 27 Octobre
1512, qu'il est dû à cet excellent graveur lui-même. [58]) „Je suis informé,
dit-il à l'empereur Maximilien, que l'on a dénoncé à votre Majesté,
qu'à part les travaux que j'exécute pour elle, je suis occupé à d'autres
du même genre; cela ne se vérifiera jamais car, excepté le portrait
de Hans Baumgartner appartenant à Dietrich Stainer [59]) que j'ai gravé
sur trois planches, de la grandeur d'une feuille, comme votre Majesté
pourra le voir, et qui ainsi imprimé n'a pas été fait par personne

---

57) Bartsch, Peintre graveur VII. p. 21, cite les noms de 17 graveurs qui
ont gravé sur bois les dessins de Burgkmair pour le „Triomphe" de l'empereur
Maximilien, parmi lesquels il compte même Hans Schaeufelein, quoiqu'il ait dit déjà,
p. 20, que celui-ci n'avait jamais gravé sur bois et nous avons déjà vu, dans la
correspondance citée, qu'il n'a fait rien autre que préparer les dessins. L'inscription
sur le revers du bois B. No. 13 ne peut donc se référer qu'à cette circonstance.
Dans ces inscriptions on rencontre souvent le mot „putavit", comme p. e. p. 21,
„Jobst putavit 14 Aprilis 1517." On doit comprendre par là terminer ou nettoyer,
comme on le relève de la lettre citée. Heller, dans son Histoire de la gravure sur
bois p. 99—100, croit que ces graveurs sur bois étaient des aides des différens
peintres, ce qui est erroné d'après ce que nous venons de rapporter.
58) Th. Herberger, Conrad Peutinger etc. p. 31. Notes 95 et 101.
59) Le propriétaire du tableau original de la main de H. Burgkmair.

autre que ce soit"; et il ajoute plus bas: „Je connais deux graveurs sur bois qui savent déjà quelque chose et qui travailleraient volontiers chez moi, pour le compte de V. M. impériale, afin d'apprendre la nouvelle manière qui est de mon invention et qu'ils ne peuvent apprendre que de moi, nul autre excepté, bien que Schonsperger se soit vanté à votre Majesté d'avoir trouvé lui-même sa nouvelle manière d'imprimer, quoiqu'il ne la doive qu'à moi et à personne autre."

On connaissait déjà, et comme il parait, dans plusieurs villes d'Allemagne, des clairs obscurs de deux planches. [60]) Les deux premiers exemples nous sont fournis par deux feuilles de Lucas Cranach, l'une représentant un St. Christophe et l'autre une Vénus avec l'Amour qui portent, outre son monogramme, la date de 1506. Les autres sont le repos en Égypte, du même, avec la date de 1509. Les Sorcières de Hans Baldung Gruen, avec celle de 1510, l'Adam et Eve de 1511 et le portrait du Pape Jules II. de Hans Burgkmair, de 1511. On trouve, gravée à trois planches l'estampe représentant une jeune femme qui s'enfuit (Bartsch 40), de 1510, et le portrait déjà cité de Baumgartner, gravé par Jost Dienecker, de 1512. Cette invention appartient donc à l'Allemagne et non à l'Italien Ugo da Carpi qui n'exécuta son premier clair obscur qu'en 1516.

Nous nommerons encore, parmi les graveurs sur bois les plus distingués, Antoine à Francfort s. M. Il exécuta la belle pièce in-fol. représentant l'empereur Maximilien entendant la Messe dans sa chapelle privée et qui est signée „Antony Formschneider zu Frankfordt." On a présumé que le dessin de cette composition est d'Albert Durer, mais il ressemble davantage à la manière de Hans Burgkmair auquel nous croyons pouvoir l'attribuer. Nagler cite encore une autre gravure de ce genre, qui représente le même empereur entouré des princes ses vassaux, et dont il dit également auteurs les deux artistes en question. Elle porte le monogramme d'Albert Durer avec la date de 1501, mais Nagler croit lui-même que cette marque a été ajoutée plus tard. Nous manquons absolument de renseignemens sur cet excellent graveur sur bois.

---

60) Fust et Schoeffer avaient fait déjà usage de deux planches, à différentes couleurs, pour les initiales du Psautier de 1457, et le Ptolémée, imprimé par Jean Scott de Strasbourg, 1513, contient la carte de Lorraine imprimée à trois couleurs. Les montagnes et les forêts sont en vert, les chefs lieux sont en rouge et les villages en noir. Les armoiries qui entourent les cartes sont même imprimées avec leurs différents émaux.

Pour revenir à la question si les grands artistes d'Allemagne, comme Albert Durer, Hans Baldung Gruen, Lucas Cranach, Hans Holbein ont gravé eux-mêmes des bois, on ne peut la décider en admettant comme preuves les témoignages des auteurs modernes qui reposent pour la plupart sur des conjectures très-hasardées, mais bien par les raisons qui nous sont fournies par des témoins contemporains et dont nous avons déjà mis quelques-unes sous les yeux de nos lecteurs, tirées des lettres de Conrad Peutinger et de Jost Dienecker.

Avant de procéder à un examen ultérieur de cette question, il est bon de remarquer en passant qu'il faut conclure de la différence énorme qui existe, tant pour l'art que pour la manière du travail, entre les gravures sur bois d'un seul et même maître, qu'elles ont été exécutées par des graveurs différens et que l'on ne saurait attribuer à ces grands maîtres eux-mêmes que les gravures qui se distinguent par un degré plus qu'ordinaire d'excellence artistique.

Considérons d'abord quelques témoignages en faveur de l'opinion que les grands maîtres ont eux-mêmes exécuté des gravures sur bois. C. G. de Murr[61]) a cru trouver une preuve que Albert Durer a gravé lui-même sur bois, dans l'inscription qui se trouve sur le revers de la planche contenant les armoiries de Michel Beheim (Bartsch No. 159), qu'il a vue lui-même dans les archives de cette famille à Nuremberg. On y voit écrit de la propre main de Durer: „Mon cher Mr. Michel Beheim, Je vous renvoie ces armoiries, j'espère qu'elles vous plairont car personne ne pourrait faire mieux; j'y ai travaillé avec diligence et avec art, comme vous en feront foi les connaisseurs qui les verront. Si on faisait monter les lambrequins sur le heaume ils cacheraient le bourrelet. Votre devoué etc." Si nous voulons examiner attentivement ce passage, on verra qu'il ne s'agit point tant du bois même que du dessin des armoiries, dans lequel les lambrequins du heaume ne se dirigent pas vers le haut, comme d'ordinaire, mais tombent de chaque côté afin de laisser appercevoir le bourrelet, ce que Durer avait fait à dessein (fait avec art) et ce qu'il ne jugeait pas à propos de changer.

On a cru trouver d'autres preuves que Durer avait gravé lui-même sur bois dans les passages de deux écrivains dont l'un était contemporain du maître. Dans la chronique de Franken de Word (Zeitbuch etc. durch Sebastianem Franken von Word etc. Anno 1536),

---

61) Voyez son Journal IX. p. 53.

on trouve au verso de la feuille 278 le passage suivant: „Anno 1528, dans la semaine Sainte, mourut le célèbre artiste etc. Albrecht Tuerer à Nuremberg, homme excellent dans la pratique de l'art et tel que le monde n'a jamais vu son pareil etc. doué d'une telle invention et d'une telle exécution artistique dans le dessin, la peinture, la gravure, s u r b o i s comme sur cuivre, la portraiture, sans couleurs ou avec couleurs, que personne ne l'a égalé et certainement il y avait peu de choses qu'il ne sut parfaitement etc.“

Un autre témoignage que l'on a voulu faire servir au même but se trouve dans la préface de Bernard Jobin, imprimeur et graveur sur bois de Strasbourg, à une édition, publiée en 1573, des portraits des Papes d'après les dessins de Stimmer où il dit: „Celui-ci (Albert Durer) ayant remarqué, un des premiers, le tems considérable que prend la gravure sur cuivre et observant le nombre infini d'inventions (de compositions) qu'il avait en lui même, employa, pour son avantage et pour celui des autres, peu de tems après que l'art de l'imprimerie fut exercé à Strasbourg et à Mayence, en 1458, l'art prompt et gracieux des images et de la gravure sur bois qu'il porta au plus haut point de perfection.“

Les deux auteurs ci-dessus semblent avoir admis dans les passages cités qu'Albert Durer a exécuté des gravures sur bois de sa propre main; ils n'en parlent cependant que par manière d'acquit, le premier en faisant mention des différentes branches de l'art exercées par l'artiste, le second pour remarquer que le maître était si riche en invention, que la reproduction sur cuivre de ses dessins lui paraissait trop longue et calculée à amener une trop grande perte de tems et que, par conséquent, il avait préféré la voie plus expéditive de la gravure sur bois qu'il avait portée au plus haut point de perfection. Ils doivent avoir été induits tous deux à exprimer l'opinion que Durer avait travaillé lui-même à ces gravures, pour les avoir vues marquées de son monogramme, puisqu'ils se trouvaient trop éloignés de la sphère d'action du maître et qu'ils n'avaient pas pour but de faire des recherches sur ce point. Les différences énormes dans la taille des différentes gravures d'Albert Durer ne pouvaient échapper à l'attention d'un graveur sur bois, comme l'était Jobin lui-même, et peut-être n'at-il voulu dire, après tout, rien autre chose sinon que Durer, par la beauté de son dessin, a contribué à porter la gravure sur bois au plus haut point de perfection.

Albert Durer, lui-même, nous fournit la preuve contraire de l'opinion que nous avons examinée jusqu'ici, en nous faisant connaître qu'il a dessiné sur bois les armoiries des deux Roggendorff, à Anvers, afin de les faire graver sur bois.[62])

Il dit aussi, dans une lettre à un certain M. K., qu'il avait fait, sur des planches en bois, des dessins pour l'empereur Maximilien et ajoute, aux fins d'appuyer sa demande relativement au paiement de cent florins, „Item, il faut savoir que, outre les dessins du Triomphe, j'ai fait pour sa Majesté plusieurs autres figures" (dessins).[63])   S'il les avait gravées lui-même sur bois, il n'aurait pas manqué de faire valoir cette circonstance dans sa demande de paiement.   Les amis même du maître, qui vivaient à Nuremberg et à Augsbourg, et qui devaient connaître parfaitement la nature de ses travaux, ne nous parlent, à ce propos, que des graveurs employés à reproduire les dessins du maître, mais ils ne font mention d'aucun bois qu'il ait exécuté lui-même.   C'est ainsi que Jean Neudoerffer de Nuremberg, dans ses notices écrites en 1546 sur les principaux artistes de sa ville natale, dit en parlant de Jérôme (Resch?):

„Quand Jean Stabius fit exécuter, pour l'empereur Maximilien à Nuremberg, la Porte triomphale (die Ehrenpforte), Jérôme était, de tous les autres graveurs sur bois, le premier et le plus adroit non seulement dans ce qui a trait à ce genre d'ouvrage, mais il n'y avait personne qui put, comme lui, tailler des caractères en bois d'une façon aussi nette et aussi précise.... Ce Jérôme demeurait ici dans la Breitengasse et sa maison donnait sur le Frauengaesslein, et c'est lui qui a gravé la plupart des dessins d'Albert Durer.[64]) Quand il travaillait à la Porte triomphale déjà mentionnée, et que sa Majesté se trouvait ici, elle se rendait presque tous les jours en voiture dans le Frauengaesslein pour voir son travail." Dans sa notice sur Albert Durer, Neudoerffer ajoute: „Ainsi, tous ses dessins (exécutés sur

---

62) V. le journal du voyage d'Albert Durer dans les Pays-Bas.

63) C. G. de Murr, Journal IX. p. 4.

64) A. E. Umbreit, dans son ouvrage. „Ueber die Eigenhändigkeit der Malerformschnitte." Leipsic, 1840, page 11, croit trouver dans l'inscription sur le bois du Char triomphal: „Ce char a été inventé, dessiné et imprimé à Nuremberg par Albert Durer," une preuve qu'il a été gravé par lui-même sur bois. Cette opinion est d'autant plus singulière que l'inscription sur cette même gravure porte: „ac per Albertum Durer delineatus est", ce qui est rendu en Allemand par les mots „in das Werk gebracht hat." Cette expression ne signifie donc pas qu'il ait gravé sur bois, comme Umbreit cherche à le prouver malgré le passage si précis de Neudoerffer.

bois) et son œuvre gravée, dont il y a une grande quantité, celui qui les voudrait acheter ne pourrait les avoir à moins de neuf florins."

La „Porte triomphale" fut donc, comme nous l'avons vu plus haut, gravée en grande partie par des artistes d'Augsbourg; nous en trouvons encore une preuve dans le passage d'une lettre de Peutinger, du 9 Juillet 1515, à l'empereur Maximilien:

„Comme Stabius n'a plus qu'un graveur sur bois à Nuremberg, et qu'il m'en a cédé le plus grand nombre, j'ai à présent cinq de ces graveurs avec moi."

Ces témoignages, si clairs, des contemporains et des amis d'Albert, ne laissent plus aucun doute que ce grand artiste ne se soit pas occupé lui-même de la gravure sur bois.   Et il est évident que si Durer avait gravé sur bois, l'empereur Maximilien, qui se trouvait à Nuremberg, aurait exigé qu'il eut travaillé lui-même aux bois de la Porte triomphale.

Nous avons déjà vu, par la correspondance citée de Peutinger et de Dienecker avec l'empereur Maximilien, que Hans Burgkmair, ainsi que Hans Schaeuffelein, ont, il est vrai, dessiné leurs compositions sur les bois, mais qu'ils ne les ont point gravées eux-mêmes.   Il est pareillement acquis que Hans Holbein n'a point lui-même gravé sur bois, comme nous le prouverons amplement, et de la manière la plus évidente, dans la partie qui traite de son œuvre.

Il résulte donc de nos recherches que nous sommes redevables à trois des meilleurs graveurs sur bois de l'Allemagne, Maître Jérôme de Nuremberg [65]), Jobst Dienecker d'Augsbourg et Hans Luetzelburger de Bâle, de ce que nous avons de plus beau en gravures sur bois des grands maîtres.

Quant aux gravures sur bois d'après les dessins de Lucas Cranach, nous n'avons trouvé jusqu'ici aucune preuve qui puisse nous faire croire qu'il ait gravé lui-même sur bois.   Nous n'avons que la seule mention d'une impression, d'un peintre de la cour de Saxe, qui puisse

---

[65) Il s'appela probablement André, puisque ce nom se trouve dans les notices des graveurs sur bois du Triomphe de Maximilien I. de H. Burgkmair. D'après le témoignage de Neudoerffer, auquel se rallie Mr. de Murr dans son Journal II. p. 158, il se nommait proprement Resch. On lisait cependant sur la pierre tumulaire du cimetière de St. Jean 𝕬. 𝕯. 1556. jar den 7 tag 𝔐ay verschid der 𝔈rbar 𝔍eronymus 𝔄ndre 𝔣ormschneider, dem got genad. 𝔄. (L'an du Seigneur 1556 le 7 Mai, trespassa l'honorable Jérôme André, graveur sur bois, que Dieu ait en grâce. Amen.)

avoir quelque rapport à ce sujet. Cette mention se trouve dans un passage d'une lettre de Conrad Peutinger d'Augsbourg, déjà cité, à l'électeur Frédéric de Saxe, en date de 1508 dans laquelle il s'exprime ainsi : „L'an dernier (1507) Mr. Degenhart Pfeffinger, chambellan de Votre Grâce, m'a fait voir un K u e r i s s e r (cuirassier ou cavalier armé de toutes pièces) imprimé en or et en argent par le peintre de Votre Grâce, ce qui m'a déterminé à introduire encore ici ce genre de travail.‟ On pourrait supposer que ce peintre était Lucas Cranach, mais deux autres artistes, Johann et Kunz qui avaient accompagné l'électeur Frédéric III en Palestine, étaient également peintres de la cour de ce prince et le premier se trouve mentionné en 1509 dans le régistre des dépenses.[66])

Nous n'avons aucune donnée sur le genre d'impression en or et argent de ce cavalier (peut-être quelque portrait d'un prince de Saxe), comme nous n'en pouvons tirer aucune conclusion si Lucas Cranach à exécuté lui-même la gravure sur bois ou sur cuivre, ou s'il en a seulement dirigé l'impression moyennant des solutions métalliques. Aucune gravure de ce genre, et de cette époque, n'est parvenue jusqu'à nous; nous connaissons seulement des gravures imprimées en différentes couleurs, sur planches de cuivre, du maître ☺ de l'école de Lucas Cranach.[67])

A défaut de notions précises sur plusieurs excellents peintres des écoles de la haute Allemagne, il restera encore indécis s'ils ont eux-mêmes exécuté des gravures sur bois: mais il y a lieu de croire que A l b e r t A l t d o r f e r a gravé lui-même quelques pièces, entre autres celle, très-belle, de la Ste. Vierge, en clair obscur. Quant à son compatriote M i c h e l O s t e n d o r f e r, nous savons, avec certitude, qu'il n'a fait que les dessins pour les vues de Ratisbonne, puisqu'il n'en reçut qu'à ce titre seul le paiement du Conseil de cette ville.

Nous rencontrons néanmoins plusieurs gravures sur bois, des maîtres allemands de cette époque qui non seulement portent leur nom mais aussi l'addition du f e c i t ou f a c i e b a t, ce qui semblerait indiquer, avec quelque fondement, qu'ils les ont exécutées eux-mêmes. Nous avons,

---

66) Ch. Schuchardt, dans les Archives de Naumann. III. p. 171.

67) Voyez le Kunstblatt de 1825 p. 103, communication du Dir. Frenzel de Dresde, et la noticee de Nagler sur les impressions en or et en argent dans l'Archive de Naumann. Leipsic 1857. vol. III. p. 172. Il serait fort à désirer que l'on put trouver un exemplaire de cette impression en or et en argent qui vint nous fournir quelque décision sur ce genre de travail.

par exemple, deux gravures de Hans Baldung Gruen, représentant des chevaux (Bartsch No. 57 et 58), signées JO. BALDUNG FECIT. 1534 et BALDUNG FECIT 1534., ainsi qu'un clair obscur sur bois du peintre Hans Wechtlin de Strasbourg (connu aussi mais faussement sous le nom de Jean Ulric Pilgrim) et qui représente le portrait de Philippe Melanchthon avec la signature: 1519. JO. WECHTLIN. FACIEBAT. Enfin, nous trouvons sur le portrait du duc Guillaume de Juliers, reproduction sur bois d'une gravure sur cuivre de Henri Aldegrever, la signature HINRICVS ALDEGREVER. SVSATIEN. FACIEBAT. ANNO MDXLI.

Quelque positive que puisse paraître une telle façon de signer comme preuve que les maîtres indiqués ont exécuté eux-mêmes ces gravures, nous en trouvons cependant une qui nous apprend que le mot fecit ne se rapporte qu'au dessinateur de la planche. Celle dont nous voulons parler représente un Christ soutenu par un ange et porte deux signatures distinctes I. M. f. (fecit) et ⟨symbole⟩ ce qui ne laisse aucun doute que le maître aux initiales I. M. n'a exécuté que le dessin. Comme ce fut probablement aussi vers ce tems que les graveurs sur bois voulurent se faire connaître par quelque échantillon de leur art, nous devons présumer que cette pratique devint en usage principalement durant la première moitié du XVIe. siècle, comme nous en voyons un exemple pour Hans Brosamer qui, sur le portrait sur bois du landgrave Philippe de Hesse, se signa „Hans Brosamer, Form-schneider zu Erffordt."

Neudoerffer ne fait mention de Hans Springinklee et de Hans Sebald Beham qu'en qualité de peintres et de dessinateurs (Reisser), mais nullement comme graveurs sur bois (formschneider). On en doit dire autant de Jacob Binck, puisque dans une lettre que lui a-dresse le roi de Danemarc Christian III, en date du 3 Octobre 1549, ce monarque lui donne la commission de dessiner son portrait et ses armes sur la planche qu'il lui envoie afin de les faire ensuite graver sur bois.

Chez les artistes suisses, comme Urse Graff, Nicolas Ma-nuel Deutsch et son fils Hans Rudolph, nous rencontrons cette particularité qu'ils ont fait suivre leur monogramme, le plus souvent, de la représentation d'un petit poignard que l'on pourrait prendre pour un couteau à tailler le bois et en conclure qu'ils furent aussi graveurs sur bois. Mais nous avons des preuves irrécusables que cet

instrument représente réellement un poignard par un dessin de Nicolas Manuel Deutsch de Berne, dans la collection à Bâle, où deux soldats sont représentés combattant avec des poignards tout-à-fait semblables à celui qu'il a ajouté à son monogramme. Et Urse Graff lui-
même a dessiné un petit Amour ayant attaché à sa ceinture cette
sorte de poignard. C'est une arme que portait, dans ce tems-
là, chaque soldat ou Lanzknecht. On pourrait donc supposer que ces
artistes voulaient indiquer, par le poignard, qu'ils avaient fait un service militaire auprès d'un souverain, d'après la coutume suisse con-
tinuée jusqu'à nos jours, et comme nous savons que le peintre de
Berne l'a fait en réalité. Jamais nous ne trouvons, avec leur monogramme, le couteau à tailler le bois, comme Rudolphe Wyssen-
bach et le maître H. H., tous deux Suisses, avaient coutume de l'adjoindre. Nous voyons seulement Urse Graff ajouter au sien, comme désignation plus précise, un rochoir, en sa qualité d'orfèvre et de directeur
des monnaies. Il est donc très-douteux que ces artistes aient gravé
eux mêmes sur bois.

Gravures sur bois hollandaises du XVIe. siècle.

Il n'y a point de doute que Lucas de Leyde, par les excellens
dessins qu'il a fournis pour cette branche de l'art n'ait, contribué
essentiellement à donner à la pratique de la gravure sur bois en Hollande
un degré correspondant de bonne exécution; mais il semble d'autant
moins probable qu'il ait lui-même gravé sur bois que nous voyons
une Tentation de St. Antoine, de Jérôme Bosch, gravée d'une excellente manière et de main de maître, ne paraître qu'en 1522, quatre
ans après sa mort, et que les dessins de Cornelis Teunissen ont
été gravés à Amsterdam par le graveur sur bois Jan Ewontzoon;
ce qui prouve, du moins, qu'au tems où vivait Lucas de Leyde il se
trouvait en Hollande des graveurs sur bois qui purent exécuter ses
dessins d'une manière satisfaisante.

Ces recherches nous ont donc conduit à la conclusion, basée sur
des faits positifs, que même en admettant que durant la période la
plus ancienne de l'art le dessinateur et le graveur sur bois se trouvaient réunis dans la même personne, cette circonstance ne s'est
présentée que fort rarement dans les dernières années du XVe. siècle
et surtout que les grands maîtres du XVIe. siècle, bien qu'ils
aient contribué puissamment à porter l'art de la gravure sur bois de

cette époque à son plus haut point de perfection par leurs excellens dessins, n'ont cependant point exercé cet art eux - mêmes en gravant de leurs propres mains. Après ce court exposé, où nous avons cherché à faire connaître le développement de l'art de la gravure sur bois dans sa plus belle période historique, celle des premières vingt cinq années du XVIᵉ. siècle, nous traiterons de ses progrès ultérieurs durant la période qui suit.

Depuis le commencement du XVIᵉ. siècle la coutume d'orner les livres de gravures sur bois était devenue si générale, que l'on ne pouvait guère s'empêcher de les ajouter aux publications destinées à la généralité du public. Le nombre des graveurs sur bois s'accrut en conséquence, mais comme la plupart des éditeurs avaient en vue plutôt leur propre avantage que la beauté du travail, il s'ensuivit que la gravure sur bois prit bientôt une allure plus mécanique qu'artistique, due, en partie aussi, à la hâte avec laquelle on devait exécuter ces travaux. D'où il advint aussi que, peu de tems après la mort des grands maîtres de l'art, la gravure sur bois tomba dans le maniérisme et perdit, non seulement ce caractère grandiose qui distiguaient les anciennes compositions historiques, mais en même tems ces conceptions naïves et vraies qui caractérisaient les représentations des incidens de la vie usuelle.

C'est ainsi que nous voyons les dessinateurs Virgilius Solis et Jost Amman, à Nuremberg et à Francfort sur le Mein, donner des preuves d'une activité extraordinaire et, associés à un artiste d'un talent supérieur, Tobias Stimmer de Schaffhouse, préparer, pour les éditeurs de cette dernière ville, en même tems que pour ceux de Cologne, de Strasbourg et de Bâle, une quantité considérable de dessins. Antoine de Worms florissait à Cologne, Cranach le jeune à Wittemberg, tandis que Melchior Lorch travaillait à Vienne mais plus souvent dans l'Allemagne septentrionale et en Danemarc, et se rendait célèbre par la représentation des sujets qui lui étaient fournis par ses longs et fréquents voyages. De la même manière Peter van der Borcht était occupé à Bruxelles, principalement pour le graveur sur bois Londerseel.

On ne peut refuser à ces artistes un talent décidé, ni faire moins que de reconnaître à quelques-uns d'entre eux une très-grande adresse dans la taille; mais quelle différence dans la finesse et le mouvement du dessin, si nous comparons leurs travaux avec ceux de leurs prédécesseurs! C'est à peine s'ils peuvent éveiller quelque intérêt pour le costume et les représentations de la vie privée, dans ce qu'elles ont de relatif à l'histoire des coutumes de l'époque.

En leur reconnaissant une grande adresse dans la partie mécanique du travail on doit néanmoins leur reprocher une maigreur de taille qui produit un effet désagréable. Du reste aucun d'entre eux n'a pu s'élever à quelque hauteur dans sa profession.[68]) Car si, d'un côté, l'art avait perdu l'idéal qui avait présidé à son développement, il ne montrait plus, de l'autre, la naïve représentation de la vie ordinaire.

Cependant nous trouvons, sous un rapport, un véritable progrès; c'est dans l'exactitude et la vérité des représentations d'animaux et de plantes qui se trouvent souvent dans les ouvrages scientifiques de l'époque.[69]) Nous en voyons déjà les premiers exemples dans les livres des simples (Kräuterbüchern) qui ont été publiés, d'abord par Otto Brunfels en 1530, à Strasbourg, avec les gravures du peintre et graveur sur bois Hans Weyditz (Guiditius), et ensuite en 1533, à Francfort s. M., par Christian Egenolph avec des gravures qui ne sont, pour la plupart, que des reproductions de celles que nous venons de signaler.

Nous avons même quelque chose de mieux encore dans les gravures sur bois exécutées par Veit Rudolph Speckle, d'après les dessins de Fuellmaurer et Meyer, pour le livre des simples composé par Léonard Fuchs et publié en 1542 par Isengrin à Bâle, et dans celles de David Kandel pour l'ouvrage de Hieronymus Bock (Tragus), qui parut en 1546 à Strasbourg.

Mais nous trouvons quelque chose de fort supérieur à toutes ces gravures, quel que soit d'ailleurs le plus ou moins de vérité dans la représentation artistique des plantes qui s'y trouvent, dans les différens ouvrages d'histoire naturelle publiés par Conrad Gessner, de Zurich, depuis 1551, et pour lesquels il prépara lui-même les dessins ou les fit exécuter par les peintres Johann Thomas et Hans Asper. Ces ouvrages traitent encore de la Zoologie et les dessins d'animaux sont dus la plupart à David Kandel qui les exécuta avec beaucoup de vérité et de vie.

L'ouvrage, cependant, dans lequel nous trouvons le plus haut

---

68) Nous donnerons des détails plus précis sur ces graveurs dans notre catalogue et surtout en parlant de l'œuvre des dessinateurs d'après lesquels ils ont travaillé.

69) Un opuscule qui traite à fond cette matière, relativement aux plantes, a été publié par L. C. Treviranus sous le titre: Die Anwendung des Holzschnittes zur bildlichen Darstellung von Pflanzen. Leipzig 1855. in-8°.

degré de vérité dans la représentation des plantes, savoir dans les 56 gravures qui s'y voient, est l'Hortulus medicus et philosophi-cus, de Joachim Camerarius le jeune, publié par Feyerabend à Francfort s. M. Comme nous l'apprend C. C. Schmidel, les dessins en avaient été exécutés par les artistes Brechtel, Jost Amman et Peterlin, auxquels nous pouvons ajouter Joachim Jungermann, et les gravures sur bois par le graveur Peterlin de Zurich, que nous avons déjà nommé, B. Jobin de Strasbourg et par les Nurem-bergeois G. Hoefler, M. Geiss, et C. Vischer.

Les gravures de Giorgio Liberale, de Venise, et de Wolfgang Mairbek, de Meissen, pour le Commentaire sur Dioscoride publié par Pierre André Matthioli de Sienne en 1554 et 1563 à Venise, ne sont pour la plupart que des copies de celles de Gessner et de beaucoup inférieures pour la taille.

Nous rencontrons plus tard un meilleur genre de gravure dans l'ouvrage de Botanique de Rembert Dodonaeus publié par Chris-tophe Plantin d'Anvers, en 1574, et pour lequel Antoine Bosch (ou Sylvius) a préparé en grande partie les dessins. Dans des édi-tions postérieures quelques-unes des gravures sont marquées d'un G, ce qui parait indiquer que Plantin se serait servi d'un autre graveur.

La gravure allemande sur bois a encore produit dans le XVIᵉ. siècle d'autres ouvrages d'un genre tout particulier. Nous voulons parler des grandes vues de villes, qui se font remarquer par une précision ca-ractéristique d'exécution. Nous ne ferons mention que des suivantes.

La vue perspective de Venise, exécutée en 1500 par Jacob dit de Barbary de Nuremberg, en 6 grandes planches qui se conser-vent encore dans le Musée Correr à Venise; la ville de Cologne en 9 feuilles, d'Antoine de Worms, dont la première édition date de 1531 et la seconde de 1537.

La ville de Ratisbonne avec les monogrammes ℥ et ℋ H. 22 p. 4 l. L. 80 p.; la vue perspective de la ville de Francfort s. M. de l'an 1552, en dix feuilles, et celle de la ville de Lubeck en sept planches. H. 2 p. 7 l. L. 12 p.

On trouve encore dans la Cosmographie de Sébastien Muenster ou Description de tous les pays etc. quelques vues de vil-les sur une échelle plus petite, mais très-bien dessinées. Du reste cet ouvrage est rempli de gravures sur bois de tout genre et l'auteur n'a pas peu contribué à répandre cette branche de l'art dans les provinces du haut Rhin vers la moitié du XVIe. siècle. La première édition parut à Bâle chez Heinrich Petri, en 1544, et fut suivie de plusieurs autres, tant en latin qu'en allemand, successivement augmentées de plusieurs nouvelles gravures. Entre toutes celles-ci la plus soignée est celle de 1550[70]) en latin. Nous parlerons dans notre catalogue de plusieurs des artistes qui furent employés à cet ouvrage.

On employa, surtout dans le XVIe. siècle, en Allemagne, la gravure sur bois à divers usages et elle servit à exercer une certaine influence sur les mœurs en l'appliquant à des compositions satyriques qui attaquaient les partis religieux et souvent la vie privée, comme nous aurons occasion de le voir dans la description de quelques-unes de ces gravures. Nous ferons seulement ici une courte mention de l'emploi de la gravure sur bois comme avertissement aux mauvais payeurs etc. de la noblesse contre laquelle le peuple ne pouvait avoir aucun recours en justice. Ces sortes de gravures prirent le nom de Lettres de gibet (Galgenbriefe). Elles représentaient diverses figures de personnages de haut rang soit pendus à la potence, soit dans l'acte d'être justiciés ou de souffrir d'autres châtimens judiciaires et ces gravures, qui ne contenaient d'ordinaire que quelques figures isolées qui furent composées et tirées en un plus ou moins grand nombre, selon les besoins, de manière que la même figure se trouve souvent répétée sous différents noms. À chacune d'elle se trouve écrit à la main le titre d'un comte, d'un baron etc. indiqué comme mauvais payeur, dont on avertit de se tenir en garde et qui se trouve ainsi exposé au pilori. À en juger par le style du dessin, ces gravures ont été exécutées en Souabe dans la première moitié du XVIe. siècle. Mr. T. O. Weigel possède deux de ces lettres de gibet qui sont de la plus grande rareté.

La malheureuse situation dans laquelle se trouva plongée l'Allemagne par suite des guerres incessantes du XVIe. et du XVIIe. siècle, exerça sur l'art une influence défavorable et la gravure sur bois devint un travail purement mécanique; nous voyons alors des talens distingués chercher à l'étranger l'encouragement qu'ils ne pouvaient plus trouver dans leur pays et, pour en donner un exemple, le peintre Ludwig Busink partit encore jeune de Munich pour Paris où il s'associa avec le peintre Lallemand en gravant d'après les dessins de celui-ci, la plupart du tems, en clair obscur.

---

70) Voyez Heller, Histoire de la gravure sur bois (Geschichte der Holzschneidekunst) p. 142, et Brunet, Manuel du Libraire etc. Paris 1842—44.

L'art de la gravure sur bois atteignit encore un haut degré de
perfection à Anvers, sous la direction de Rubens et surtout par un
de ses élèves, le graveur Christophe Jegher, allemand de naissance qui, profitant des leçons d'un si grand maître ouvrit à l'art une
nouvelle voie qu'il suivit lui-même avec le plus grand succès.

Gravure en manière criblée et gravure sur métal.

Peu après le commencement du XVe. siècle naquit en Allemagne un genre de gravure sur métal d'un aspect singulier et qui reçut le nom de „geschrotene Arbeit“[71]), opus interrasile, manière criblée, „manière de Bernard Milnet“ et „Style of the Mazarine crucifixion“ ou „dotted plates“.

Comme la gravure sur bois, celle-ci est exécutée sur des planches d'un métal doux (probablement du laiton) ou sur le cuivre, de manière à ce que le fond reste en relief pour être imprimé en noir, mais cependant varié d'un pointillé ou d'un travail à guise de tapisserie. De la même façon les draperies sont souvent ornées de points de différentes grosseurs imitant les broderies en perles et en soie des tentures d'église[72]), ou d'étoiles, de grains oblongs etc. poinçonnés sur des hachures très-fines ou sur le fond noir; les parties claires sont dégradées vers les ombres en enlevant le métal. Il en résulte un jeu particulier d'ornemens, de lumière et d'ombres qui ne manque pas

---

71) Ce nom vient de schroten, trancher, tailler et se trouve mentionné pour la première fois par Paul Behaim de Nuremberg dans le Catalogue qu'il dressa en 1618 de ses gravures etc. On y lit à page 75: 11 pièces d'une passion très-ancienne en manière criblée (von geschrotener arbeit) avec la date de 1440. H. 8 p. 1 l. (Voyez le Journal de Mr. de Murr II. p. 193.) Le manuscrit de ce catalogue se trouve actuellement au musée de Berlin.

72) La reproduction d'un très-bel échantillon de cette sorte de broderie du XIVe. siècle à Prague se voit dans l'ouvrage de Fr. Bock: „Geschichte der liturgischen Gewänder des Mittelalters etc.“ Bonn 1858. Vol. I., 2de. livraison Pl. X. et XI.

d'un certain charme, quoique ce genre de travail ne puisse avoir la
pretention d'occuper une place distinguée comme objet d'art.

Il faut encore remarquer à ce sujet que les plus anciens échantillons du genre offrent l'imitation la plus exacte des ornemens en perles et de la broderie en soie et que cette exactitude de travail se perd
peu à peu jusqu'à dégénérer vers la fin du XVe. siècle en un travail
grossier à guise de Nielle. Dans les gravures sur métal françaises,
surtout dans celles dont on ornait les ,,Heures" et qui sont souvent
d'un beau dessin, on se contentait de points blancs sur un fond noir,
le reste étant traité à la manière d'un dessin.

Généralement ces gravures appartiennent à des artistes d'un ordre
secondaire et sont quelquefois très-grossières; c'est à cause de cette
dernière particularité qu'on a voulu quelquefois leur attribuer une très-
grande antiquité, quand il est de fait qu'elles appartiennent à une époque comparativement récente.

Pour les rendre plus acceptables au public on les coloriait souvent, d'une manière très-négligente et au moyen de patrons découpés, en laque rouge, en brun jaune, en vert de gris et couleur de
chair.

Les plus anciennes gravures en manière criblée, ressemblent, pour
le style, à celui de la gravure sur bois du St. Christophe de Buxheim
de 1423 et doivent appartenir à la même époque. Nous en trouvons
divers échantillons dans les cabinets de Vienne, de Munich, de Berlin
de Paris et de Mr. T. O. Weigel à Leipsic; nous en rapporterons
quelques-unes ici comme exemples.

St. Christophe. Il s'avance, s'appuyant sur une massue, tourné
vers la gauche entre deux rochers élévés et porte, à travers l'eau, l'enfant Jésus sur son épaule. Au-dessus du rocher, à gauche, se voit
un ange tenant une banderole avec les mots ḫcc. q. manc, etc. En
bas, à droite, l'hermite éclaire avec sa lanterne. Les traits du visage
sont très-accusés, et les plis de la draperie arrondis. On peut y
découvrir un certain rapport avec la manière dont sont traités les
apôtres, de l'école de Cologne, qui sont venus de la collection Boisserée
dans la pinacothèque de Munich. Le manteau du St. Christophe est
semé de gros et de petits points, ce qui avec les petites raies, les ornemens à guise de flammes et autres dessins dont le tout est couvert
donne un aspect tout particulier à cette gravure qui se distingue encore par un autre caractère singulier et qui consiste en ce que la planche
à été découpée en suivant le contour extérieur des objets représentés

et imprimée ainsi sur le papier, ce qui est indiqué clairement par la
marque laissée par ce même contour.

Cette gravure intéressante, gr.-in-fol., se conserve au Cabinet
de Munich et se trouve reproduite dans l'ouvrage de R. Brulliot „Copies photographiques des plus rares gravures etc." Munich 1854,
1ère. Livraison.

Le Cabinet de Paris contient un fragment de la même gravure,
ou d'une autre qui lui ressemble beaucoup. On en trouve encore
une à Munich d'un format plus petit et d'un travail plus grossier.

Les trois gravures suivantes en manière criblée appartiennent aux
plus anciennes du genre qui se trouvent à la Bibliothèque impériale
de Vienne.

Ste. Marguerite. Elle tient sur le bras droit un dragon et
de la gauche une palme. La draperie à plis arrondis et flottants vers
les extrémités, est semée de points très-serrés de différentes grandeurs.
La bordure, large de 9 l., est formée de feuillages et de bouquets de
fleurs, le tout entouré d'un rang de perles. H. 6 p. 2 l. L. 4 p. 3 l.

Ste. Marie Madeleine. Elle est debout, tournée à droite, sur
un tapis de verdure semé de fleurs et tient un vase à parfums. La
draperie est couverte de dessins divers. Les lumières sont évidées et
le fond noir est orné de volutes de fleurs. La bordure, analogue à
celle de la gravure précédente, est exécutée par le moyen d'une autre
planche. La gravure est coloriée et de la même dimension que celle
de la Ste. Marguerite. F. de Bartsch No. 842 et 843.

St. George. Il galope vers la droite tenant de la main gauche
un petit bouclier et élévant son épée de la droite. En bas, à droite,
le dragon percé d'une lance. En haut à gauche la princesse, à droite
le château. Le fond noir est orné de fleurs et le tout poinçonné de
dessins variés comme dans les gravures précédentes. H. 5 p. 10 l. L. 4 p. 3 l.
F. de Bartsch No. 834.

On en voit un second exemplaire dans la collection de Gotha et
un troisième dans celle de Mr. T. O. Weigel à Leipsic.

La Ste. Vierge. Elle est debout sur le croissant, couverte d'un
ample manteau, et tient l'enfant Jésus, vêtu, qui la caresse; des
rayons entourent toute la figure. Les draperies sont ornées de points
très-bien disposés et le fond noir varié de fleurs. Pièce coloriée en
anne et vert. H. 6 p. 7 l. L. 4 p. 5 l. F. de B. No. 839.

Cette gravure en manière criblée, quoique de date plus récente,
appartient cependant encore au premier tiers du XVe. siècle.

Le Cabinet de Berlin est aussi très-riche du gravures en manière criblée; entre celles qui appartiennent à l'époque la plus ancienne se trouve la suivante:

Un Calvaire. Le Christ en croix entre les deux larrons. A gauche la Vierge évanouie, soutenue par St. Jean et une sainte femme coiffée d'un turban; aux pieds de la croix la Madeleine agenouillée élève les bras. A droite une autre sainte femme assise, vue de dos. Les draperies sont parsemées d'une infinité de petits points blancs et le fond orné de rosettes. Le terrain est formé par un tapis de verdure. H. 6 p. 6 l. L. 4 p. 3 l.

Le Christ en croix avec la Vierge et St. Jean aux côtés. Cette pièce qui appartient à Mr. T. O. Weigel de Leipsic est d'autant plus remarquable que non seulement les draperies et la croix sont parsemées de points blancs à guise de perles, mais aussi le corps du Sauveur. Le fond est légèrement orné. Le travail d'une exécution fort grossière, paraît être très-ancien. 8vo.

Une composition analogue, dans laquelle les figures paraissent également couvertes comme de perles, se trouve sur un fond entièrement blanc, mais la bordure, ornée de feuilles et de fleurs, se détache sur un fond noir et ressemble à un ouvrage de broderie. H. 6 p. 4 l. L. 4 p. 3 l. Cabinet de Berlin.

Ste. Barbe, figure en pied. Quoique cette pièce ne soit pas aussi ancienne que celle du Calvaire et du Christ en croix elle nous offre l'exemple d'un tapis brodé de perles, tandis que le vêtement de la Sainte est parsemé de points blancs de la même nature et que le fond présente un patron satiné. Cette gravure in 8vo. se trouve également à Berlin.

Nous choisirons dans la collection de Mr. T. O. Weigel, si riche de gravures en manière criblée, quelques-unes des pièces les plus anciennes et les plus importantes pour en faire mention ici.

St. Jérôme. Il est assis au milieu de l'estampe et tient, de la main droite, un instrument avec lequel il s'apprête à arracher l'épine de la patte du lion accroupi devant lui. A gauche, dans le fond, un pupitre sur lequel on voit un livre ouvert avec les mots ɔe us etc. Plus loin une armoire à livres d'une jolie architecture gothique. La plupart des objets sont ornées de perles disposées de différentes façons. H. 9 p. 2 l. L. 6 p. 10 l.

Même sujet. Le Saint arrache l'épine de la patte du lion. La composition est la même que celle de la gravure sur cuivre du maître de 1464, seulement le lointain, avec une ville, en diffère et le ciel est exécuté dans le style conventionnel ancien. H. 9 p. 11 l. L. 6 p. 9 l.

Le Christ sur la montagne des Oliviers. Il est agenouillé vers la gauche où l'on voit, en haut, un ange à côté duquel se trouve un calice contenant les instrumens de la passion et qui tient, en même temps, une banderole avec une inscription latine. À droite les trois disciples endormis, dans le fond Judas avec sa cohorte. Dans la marge du bas une inscription latine. Les ornemens à guise de perles sont appliqués ici jusque dans le paysage. H. 8 p. 10 l. L. 6 p. 5 l.

Une autre pièce représentant le même sujet, d'une composition analogue mais moins bien agencée, parait être d'une date postérieure, vers la moitié du XVᵉ. siècle. Le manteau du Christ est couvert de points gros et petits et le fond est orné de plantes semblables à celles qui se voient sur les anciennes tapisseries. Gravure d'une excellent travail et d'une conservation remarquable. H. 9 p. 1 l. L. 6 p. 6 l.

Parmi les gravures les plus anciennes du même genre dans le Cabinet de Paris, les suivantes sont les plus remarquables:

Ste. Catherine. Elle est assise et se voit de profil, tournée à gauche, tenant une banderole avec une inscription relative à son amour pour les sciences, car dans le moyen-âge elle était considérée ainsi que la Minerve des anciens, comme la patronne des Savans. L'exécution de cette gravure archaïque est très-soignée. L'ample manteau qui recouvre la Sainte est semé de points blancs tantôt petits, tantôt plus gros, semblables à ceux qui se trouvent sur la draperie du St. Christophe. Fol. oblong. Dibdin acheta en 1816 cette gravure, en même tems que l'édition incunable sur le couvert de laquelle elle était collée, du Dr. Kloss de Francfort s. M. et la céda plus tard au Cabinet de Paris. On en trouve un facsimile dans l'ouvrage intitulé: „Le moyen-âge et la renaissance etc." de P. Lacroix et F. Serré. Paris 1851, vol. V.

St. George. Il est à cheval et combat le dragon avec l'épée. A gauche, la princesse est agenouillée entre deux rochers. À droite, un château. Une des inscriptions sur les deux cartouches commence ainsi: 𝕴𝖓 𝖉𝖊𝖔 𝖒𝖊𝖔 etc. Folio oblong, traité dans la manière du St. Christophe.

Le Saint Bernardin de 1454. Il est debout, les bras élevés, tenant de la droite le monogramme entouré de rayons et de la gauche un livre avec l'inscription: 𝖁𝖎𝖆𝖊 𝖑𝖊𝖌𝖊 etc. En bas, une autre inscription de cinq lignes qui se termine, après l'Amen, par les chiffres

Le tout est circonscrit par un ornement de nuages dans le style de l'époque et les symboles des Évangélistes se trouvent dans les quatre coins. H. 8 p. 8 l. L. 6 p. 6 l.

Mr. Hill en a fait exécuter un facsimile en 1819. Le travail n'en est point très-fin et s'éloigne matériellement du style des plus anciennes gravures en manière criblée que nous avons rapportées plus haut, mais elle n'en est pas moins intéressante par le fait que c'est la gravure la plus ancienne en manière criblée qui porte une date. Elle fut trouvée en 1800 à Mayence par le Commissaire français Maugerard. [73])

Si nous ne pouvons indiquer avec certitude dans quel endroit de l'Allemagne parurent les premières et plus anciennes gravures en manière criblée, nous avons cependant, dans les gravures du genre qui appartiennent au commencement de la seconde moitié du XVᵉ. siècle, certains indices qui peuvent nous guider dans nos recherches. Nous citerons ici quelques-unes de ces gravures.

Les sept allegresses de Marie et la passion de Jésus.

Deux cahiers avec un texte allemand dont le premier contient huit gravures en manière criblée et le second vingt; celui-ci parait former une suite du premier. H. 4 p. 7 l. L. 3 p. 5 l.

Comme la forme des lettres a une grande ressemblance avec celles d'Albert Pfister de Bamberg, l'on en peut raisonnablement conclure que ces deux cahiers ont été publiés par lui et que les sujets appartiennent à l'école de Franconie. Ces gravures, autant que nous sachions, sont uniques et appartiennent à la bibliothèque de Munich. L'ancien possesseur Mr. F. H. Stoeger en a donné une description sous le titre: „Deux des plus anciens monumens de l'art de l'imprimerie en Allemagne." (Zwei der ältesten deutschen Druckdenkmäler.) Munich, 1833,

---

73) Duchesne aîné dans son „Voyage d'un iconophile", Paris 1834 p. 223, attribue cette gravure ainsi que plusieurs autres d'un travail très-varié en manière criblée qui se trouvent dans la collection des estampes de Paris, à un certain Bernard Milnet dont il croit avoir trouvé le nom sur une gravure représentant la Ste. Vierge et l'enfant Jésus en manière criblée, et qu'il croit être un maître français, graveur sur métal. D'après l'inscription, que Léon de Laborde a reproduit en facsimile, ce nom s'écrirait ainsi bernhardinus milnit. Il serait difficile de dire quelque chose de satisfaisant sur ce dernier mot, mais il est évident par la manière dont le premier nom est écrit avec un h et la terminaison nit du second mot que cette gravure est plutôt d'origine allemande que française.

en y ajoutant un facsimile de la immaculata dans la première
feuille des joies de Marie. On en trouve un second de Jésus trahi
par Judas dans le voyage bibliographique en France et en Allemagne
de Dibdin (Bibliographical tour in France and Germany) III. p. 280.
Falkenstein en donne aussi une description détaillée dans son Histoire
de l'Imprimerie p. 136.

Le style de quelques gravures qui se rapproche de celui du maître **ⅭⅭ** de 1466 indiquerait leur provenance de l'Allemagne supérieure; on en trouve trois dans le Cabinet de Berlin.

La naissance de Jésus Christ sur un fond à tailles diagonales croisées. Le filigrane du papier consiste en trois grappes de
raisin attachées à deux rubans. H. 6 p. 6 l. L. 5 p. 1 l.

St. Michel. Il lève son épée sur le dragon étendu à ses pieds.
À droite un autre monstre ailé, à tête humaine couverte de soies de
porc. Le ciel est couvert de petits filets et de points. H. 7 p. 2 l. L. 5 p. 2 l.

St. Barbe. Elle est debout, tournée à gauche, embrassant la
tour du bras droit. À droite un arbre. Le terrain est recouvert de
plantes analogues à celles employées par le maître de 1466.
H. 6 p. 7 l. L. 4 p. 5 l.

D'autres gravures en manière criblée paraissent au contraire devoir
leur origine à l'Allemagne inférieure; entre autres les suivantes qui
appartiennent au Cabinet de Munich.

Le Christ à la fontaine avec la Samaritaine. Celle-ci
verse de l'eau d'un seau dans une cruche. Dans le fond trois collines
avec des édifices; à droite trois apôtres venant de la ville. Sur la
fontaine se trouvent les armoiries de la ville de Cologne avec trois
couronnes dans la partie supérieure, ce qui indique clairement l'origine
de cette gravure, gr. 8°. On en trouve une photographie dans l'ouvrage
déjà mentionné de Rob. Brulliot.

Dans un manuscrit „Sermones“, de l'Église de N. Dame à Dantzick,
se trouve collée une feuille d'indulgences, grand folio, en manière criblée,
avec la représentation suivante qui se trouve communement dans les
documens de cette espèce et de ce temps.

La Messe de St. Grégoire. Riche composition; en bas à
gauche se voient six petites figures dans les flammes du purgatoire.
Dans la partie inférieure de la gravure se trouve en lettres blanches
sur fond noir l'inscription latine en onze lignes: „O dñe ihū xp̄e
adoro te in cruce pendentem et corona(m) spinea(m) portantem dep̄cor
te ut tua crux me | liberet ab angelo p̄cucienti amē p̄r ñr ave maria

o dn̄e ihū adoro te in cruce vulneratū etc. notum sit ōnibs pro ut
invenitur in ceremoniis quod dn̄s n̄r in̄s xp̄s apparuit ī spem (?) ignis
sub effigie | pietatis bto gregor̄o d...ti magnifico celebranti super altare
ihrlm̄ ī ecclia̅ sac̄te crucis qui devocione | motus concessit ōm̄bs vere
penitēt̄ibs et cōfessis quatuordecī millia anurū de vera īdulgēcia et
multi alii addider | unt q̄ sūt xx^{ti} millia et septē anī etz cdicit
dicentibs genibs flexis quīq pr nr ave maria corōa ymagine pietatis |
et ōronibs sequentibus." En haut, à droite, un ange tient une bande écrite
en idiome de la basse Allemagne où se lit en caractères à rebours ce qui
suit: „Ɦnſe leve ħre iħeſus criſtus dc | apenbarde ſik ſanto gregorio
to | rome in dcr kerken porta crucis | up dem altare iħeruſalem
van | utwendigħer vrondc għaff ħe | alle den dc eyn pater noſter
(ſpre)ken unde eyn ave maria en dc ere xp̄i | mit għebogħeden knen
vor deſ | ſer figuren xmn iarc aſlates | van xlvt biſcħoppen vā (n) eȳ
iſliken | xl. dagħe aſlates unde pawes | clemens għaff ħirto vt iar
aſlates unde ħeft it beſtedigħet."

Cette inscription assez étendue de la lettre d'indulgence est remarquable sous plusieurs rapports, mais nous l'avons donnée ici pour
servir au besoin à expliquer plusieurs autres inscriptions de ce genre
qui se trouvent, plus en abrégé, dans d'autres sujets de la messe de
St. Grégoire qui ont été publiés si souvent depuis la moitié du
XVe. siècle.

Mr. T. O. Weigel possède une lettre d'indulgences gravée en manière criblée également avec le texte à rebours[74] et représentant la
messe de St. Grégoire. Ici c'est un ange qui tient la lettre et au bas,
à gauche, se voient dans le purgatoire plusieurs petites figures entourées de flammes. H. 4 p. 9 l. L. 3 p. 5 l.

On trouve encore dans le Cabinet de Berlin une couple de lettres
d'indulgences en manière criblée, mais avec l'inscription dans le sens

---

74) Les gravures sur métal, avec des inscriptions à rebours sur l'épreuve, ne
paraissent pas avoir été destinées dans l'origine pour l'impression. Probablement
la plaque de métal fut d'abord suspendue dans quelque église et l'on ne pensa que
plus tard à en tirer des épreuves. Les plaques gravées en manière criblée ont pu
également servir d'ornement à un reliquaire, puisque l'on voit les apôtres ordinairement disposés deux à deux sous un arc soutenu par des colonnes et que l'on
trouve, sur l'épreuve, leur noms écrits à rebours dans l'intérieur de l'auréole avec
une inscription latine de deux lignes au-dessus et dans le même sens. Le Cabinet
de Dresde conserve deux épreuves de ce genre, St. Jean l'évangéliste et St. Jacques le majeur ainsi que St. Jacques le mineur et St. Thomas, in 8°.

ordinaire; une d'elle, in-folio, avec la composition de la m e s s e de St.
Grégoire et six lignes d'écriture; l'autre représentant la V i e r g e a v e c
l'e n f a n t J é s u s tenant une croix, entourée d'une guirlande de roses.
Le texte de l'indulgence, en caractères gothiques sur fond noir, est
comme suit: „𝕯𝖎𝖊 𝖆𝖑𝖑𝖊𝖗 𝖍𝖊𝖎𝖑𝖌𝖘𝖙𝖊𝖓 𝕸 𝖌𝖔𝖙 𝖛𝖆𝖙𝖎𝖗 𝖛𝖓𝖉 𝖍𝖊𝖗𝖗 𝖛𝖗𝖇𝖆𝖓𝖚𝖘
𝖉𝖊𝖗 𝖛𝖎𝖗𝖉𝖊 𝖛𝖓𝖉 𝕵𝖔𝖍𝖚𝖘 𝖝𝖗𝖎𝖎 𝖇𝖆𝖇𝖘𝖙𝖊 𝖎𝖗 𝖎𝖊𝖉𝖊𝖗 𝖍𝖆𝖙𝖙 𝖝𝖝𝖝 𝖙𝖆𝖌 𝖆𝖇𝖑𝖆𝖘
𝖌𝖊𝖇𝖊 𝖟𝖚 𝖊𝖎𝖓𝖊 𝖎𝖊𝖉𝖊 𝖆𝖛𝖊 𝖒𝖆𝖗𝖎𝖆 𝖎𝖓 𝖉𝖊𝖗 𝖍𝖎𝖒𝖊𝖑𝖐𝖔𝖓𝖎𝖌 𝖗𝖔𝖘𝖊𝖐𝖗𝖆𝖓𝖟."
H. 6 p. 4 l. L. 4. p. 5 l.

Enfin nous mentionnerons une gravure en manière criblée qui
précède une prière et qui se trouve dans la bibliothèque de l'Université
de Leipsic. Elle représente une S t e. A n n e qui tient sur ses genoux
la Sainte Vierge enfant, tandis que celle-ci supporte dans la même position, le petit Jésus. A droite et à gauche deux anges en prières.
On lit au bas, en dialecte de l'Allemagne moyenne et sur trois lignes,
la prière suivante:

𝖆𝖑𝖒𝖊𝖈𝖍𝖙𝖎𝖌𝖊𝖗 𝖊𝖜𝖌𝖊𝖗 𝖌𝖔𝖙 𝖉𝖊𝖗 𝖉𝖚 𝖍𝖆𝖘𝖙 𝖊𝖗𝖜𝖊𝖑𝖙 𝖉𝖎 𝖘𝖊𝖑𝖎𝖌𝖊𝖓 𝖋𝖗𝖆𝖚𝖊𝖓
𝖆𝖓𝖓𝖆𝖒 𝖟𝖚 𝖊𝖎𝖓𝖊𝖗 𝖒𝖚𝖙𝖊𝖗 𝖉𝖊𝖗 𝖑𝖔𝖇𝖘𝖆𝖒𝖊𝖓 𝖎𝖚𝖈𝖐𝖋𝖗𝖆𝖚𝖊𝖓 𝖒𝖆𝖗𝖎𝖊, 𝖛𝖊𝖗𝖑𝖊𝖎𝖈𝖍
𝖌𝖊𝖓𝖊𝖉𝖎𝖌𝖑𝖎𝖈𝖍 𝖆𝖑𝖑𝖊𝖓 𝖉𝖊𝖓 𝖉𝖞 𝖎𝖗 𝖕𝖆𝖞𝖉𝖊𝖗 𝖜𝖊𝖗𝖉𝖊𝖓 𝖆𝖓 𝖗𝖚𝖊𝖋𝖋𝖊𝖓 𝖘𝖊𝖎𝖓 𝖉𝖆𝖘 𝖘𝖞 𝖜𝖊𝖗𝖉𝖊𝖓 𝖊𝖗𝖑𝖊𝖉𝖎𝖌𝖙 𝖛𝖔𝖓 𝖆𝖑𝖑𝖊𝖓 𝖎𝖗𝖊𝖓 𝖆𝖓𝖌𝖘𝖙𝖊 𝖛𝖓𝖉 𝖇𝖊𝖙𝖗𝖚𝖇𝖚𝖌 𝖎𝖗𝖘 𝖌𝖊𝖒𝖚𝖉𝖘 𝖛𝖓𝖉
𝖆𝖚𝖈𝖍 𝖉𝖊𝖘 𝖑𝖊𝖎𝖇𝖘 𝖆𝖒𝖊𝖓." H. 6 p. 9 l. L. 4 p. 5 l.

Plusieurs autres gravures en manière criblée paraissent tirer leur origine
de l'Allemagne inférieure si nous en devons juger par le filigrane que l'on
sait appartenir à cette région. Le Cabinet de Berlin en possède deux.

St. J é r ô m e. Il est agenouillé devant un crucifix et se frappe
la poitrine d'une pierre. Le ciel est exécuté avec un pointillé mêlé
de petits traits horisontaux. H. 9 p. 5 l. L. 6 p. 7 l.

M a d o n n a d e l P o p o l o. Marie est debout tenant l'enfant Jésus
sur son bras. Son manteau ouvert est tenu par deux anges et recouvre
à gauche le pape avec des religieux, à droite l'empereur avec des lai-
ques. Une bordure de 9 l. de largeur est formée de feuilles et de
fleurs dans le style des miniatures néerlandaises. L'inscription placée
au-dessous commence: „S u b sua protectione confugiunt etc."
H. 8 p. 9 l. L. 6 p. 6 l.

On ne trouve que rarement sur les gravures en manière criblée
un chiffre ou un monogramme; sans doute ce genre de gravure était
considéré comme trop inférieur pour mériter d'être signé. On trouve
cependant quelques exceptions à cette règle durant les dernières années
du XVe. siècle. Nous remarquerons à ce sujet les gravures suivantes:
L'a n n o n c i a t i o n. Dans une salle, soutenue par des colonnes,

se voit l'Ange agenouillé à gauche, tandis que la Vierge, près d'un prie-Dieu, ne s'aperçoit qu'à moitié. Derrière l'ange se trouve, en blanc sur un fond noir, le monogramme ⚏ La composition est entourée d'une large bordure de feuilles et de fleurs. L'exemplaire de Mr. T. O. Weigel est colorié en laque rouge et en vert. H. 3 p. 11 l. L. 2 p. 9 l.

St. Grégoire. Il est debout et un roi est agenouillé devant lui. Derrière, sur l'autel, le Christ apparait au-dessus du calice. Sur la draperie du monarque se trouve la marque suivante ⚏ qui doit être du même maître que celle de la gravure précédente. ⚏ 12°.

Ste. Barbe (?). Elle est tournée à gauche, la couronne sur la tête et tient un livre à la main. À gauche, sur fond blanc, se trouve un calice. La bordure se compose d'une baguette feuillée et l'on voit, en bas à gauche, le signe suivant dans un écusson, en blanc sur un fond noir. H. 5 p. 9 l. L. 4 p. 5 l. Le monogramme donné par Brulliot n'est pas exact.

La Vierge sur les genoux de Ste. Anne. Elles sont assises sur un trône; l'enfant Jésus est tourné à gauche; sur les appuis du trône deux lions tiennent les deux écussons suivants

Le jugement dernier. En haut est assis Jésus Christ, dans un losange arrondi de plus fortes proportions que le reste des figures et les bras étendus; à ses côtés la Vierge et St. Jean Baptiste. Quatre anges sonnent les trompettes de la resurrection; en bas une gueule d'enfer avec un démon et cinq damnés entre lesquels un pape, un évêque et un roi; sept figures sortent de leurs tombeaux. À droite, St. Pierre reçoit les élus à la porte du ciel. Sur celle-ci se trouve un écusson avec un cœur dans lequel se trouve inscrit un b qui probablement indique ici l'initiale du mot „Beati." Gr.-in-folio.

Les trois premières gravures appartiennent au Cabinet de Munich, la dernière à celui de Paris.

Parmi les gravures en manière criblée on en trouve quelques-unes qui appartiennent à la fin du XVe. siècle et qui ne manquent pas d'un certain intérêt en ce qui a rapport aux coutumes et aux idées du tems. C'est ainsi que nous voyons dans la collection de Gotha une grande feuille allégorique sur la Corruption du genre humain. En haut et dans le fond à droite, le Christ chasse les changeurs du temple; à gauche un prêtre dit la messe devant huit personnes assises sur des bancs et avec une desquelles le diable est en conversation. En bas et en avant, à gauche, un moine est en chaire et prêche à quatre auditeurs, au-dessus d'un d'entre eux qui est dans l'attitude de la prière, plane un Ange, tandis que, plus en arrière, un diable est assis sur les épaules d'un second et écrit ces mots sur une grande feuille: blipblal: bcklatu wer. Deux démons sont encore assis plus bas dont l'un écrit dans un livre alle m. son. m.... Sur le premier plan et disposés deux à deux se trouvent: à gauche, une nonne qui donne la main à un religieux; ensuite deux hommes dont l'un tient une bourse et semble parler avec vivacité à l'autre; plus loin un jeune homme qui porte la main sur le sein d'une femme; enfin un jeune homme, contre lequel saute un petit chien, cause avec un second qui tient un faucon au poing. En bas, sur deux lignes et sur fond noir: Niemand kan vol sagen noch schreiben | das schwatzen der bösen weiben | noch vil grosser schann | wann es tund die mann.

L'exécution est bonne sans pourtant être d'une grande finesse. H. 13 p. 11 l. L. 9 p. 7 l.

L'inclination à la plaisanterie qui se retrouve souvent chez nos anciens graveurs allemands se révèle dans une feuille où St. Michel couvert de son armure combat le démon, pendant que deux enfans, dans la bordure du haut, chevauchant des dadas rompent une lance ensemble. Fol. à Munich.

Nous avons déjà mentionné, plus haut, diverses gravures sur bois où l'on voit Jésus enfant avec les souhaits de bonne année. Nous trouvons aussi des sujets semblables en manière criblée. entre autres une, à Paris, représentant un enfant Jésus assis qui tient une croix. ' gauche se voit un lièvre et en haut un oiseau tient dans le bec une banderole avec les mots: vil goltner jar. Petit-in-fol.

Si tout ce que nous avons rapporté jusqu'ici relativement à la gravure en manière criblée nous indique que ce genre de travail a été généralement appliqué à des sujets religieux ou à ceux qui se trouvaient y avoir quelque analogie, nous pouvons néanmoins mentionner quelques pièces du même genre où l'humeur satyrique du temps se reflète dans des compositions toutes profanes et nous decrirons ici deux gravures dans ce sens qui appartiennent à Mr. T. O. Weigel.

Une femme et un jeune homme. La femme presque nue cherche à retenir un jeune homme qui porte un capuchon de bouffon et qui s'enfuit vers la droite. Au-dessus d'elle, à gauche, se lit sur une banderole les mots: blip* hie* (restez ici) et au-dessus du jeune homme, sur une autre, les suivants: lasz* gan* (lâchez.) Le fond est blanc; entre les deux figures se trouve le No. 6, ce qui indique que cette pièce à fait partie d'une série de compositions dans le même genre. H. 2 p. L. 1 p. 7 l.

Le combat entre l'homme et la femme pour la prééminence. Au-dessus on lit le mot 𝔍𝔫𝔱𝔦𝔩𝔟𝔯𝔢𝔱 dont nous n'avons pu deviner la signification. À gauche une femme presque nue se couvre d'un bouclier et combat contre un homme, également nu, avec un sabre suspendu à son côté et armé d'un bouclier et d'une massue dont il s'apprête à frapper son antagoniste. Devant la tête de l'homme se voit un petit nuage d'où sortent des rayons et au-dessus de la femme on lit sur une banderole l'inscription suivante en caractères blancs sur fond noir: „Eſt. tibi. iā. mirum. mulierē. regere. vir4.“ Et au-dessus de l'homme: „Eſt. cōtra. legem. regina. regere. regē.“ En bas et au milieu, au-dessus d'un suspensoire, on lit le mot: „bruch“ (rupture) et au-dessous de l'homme on trouve un petit écusson avec deux massues posées en sautoir. Le fond est blanc et le terrain est couvert de plantes. Les figures ont beaucoup de mouvement, mais le dessin en est mauvais, quoiqu'il appartienne encore au dernier quart du XVe. siècle. H. 4 p. 9 l. L. 6 p.

Toutes les gravures en manière criblée dont nous avons parlé jusqu'ici indiquent par le vif de l'impression et la maigreur de la taille qu'elles ont été exécutées sur métal, mais nous possedons encore un bois traité absolument de la même manière et parsemé de dessins poinçonnés, absolument comme dans les gravures sur métal dont nous venons de parler. Ce bois contient une représentation du jugement dernier et appartient à ceux de la collection Derschau dont Becker de Gotha fit tirer de nouvelles impressions en 1808.

Depuis la fin du XVe. siècle on ne trouve plus en Allemagne de gravures en manière criblée, puisqu'alors la gravure sur cuivre prit un grand développement, plus en rapport avec le sentiment artistique qui était devenu général.

Cependant on s'adonna de préférence à la simple gravure sur métal, principalement pour l'illustration des livres, plutôt qu'à la gravure en manière criblée, et cela depuis le commencement du dernier quart du XVe. siècle, en France, en Italie et aussi en Allemagne.

On connaissait déjà dans ces pays et même au moyen-âge un genre de gravure sur métal en relief destiné à l'ornement et sans avoir en vue d'obtenir des impressions. C'est ainsi que l'on voyait sur un reliquaire de l'Abbaye d'Iburg, près d'Osnabrueck, huit médaillons ou disques gravés en métal, sur chacun desquels était représenté le buste d'un martyr ou d'un évêque une palme à la main. Ces médaillons appartiennent au XIe. ou XIIe. siècle, sont traités dans le style bysantin et pourraient très-bien être l'ouvrage de S. Meinwerk, évêque de Paderborn, que l'on sait avoir excellé dans ce genre de travail et qui a pu avoir exécuté le reliquaire en question pour ce cloître.

À la destruction du reliquaire, l'Inspecteur Mr. C. Becker sauva ces médaillons de 1 p. 4 l. de diamètre chacun et en fit tirer des impressions, il y a déjà quelques années, à Wurzbourg.

Il est très-vraisemblable que ce genre de gravure sur métal ait conduit à préparer des planches destinées à l'impression sur parchemin et sur papier. À tout événement, nous avons vu plus haut, à l'occasion du Christ en croix imprimé sur parchemin pour orner le plat d'un manuscrit, que la gravure sur métal avait déjà été appliquée à l'impression, dès le XIIe. siècle, en Allemagne.

Nous n'avons aucun échantillon certain de cet art datant du XIVe. siècle, qui soit, à notre connaissance, parvenu jusqu'à nous. Peut-être la gravure sur métal a-t-elle dû céder à celle sur bois qui commençait à se répandre alors et dont l'application offrait de plus grands avantages pour l'impression. Nous trouvons néanmoins quelques anciennes gravures sur métal du commencement du XVe. siècle, à contours alourdis et d'une impression peu nette et grumeleuse, dans le riche cabinet de Mr. T. O. Weigel; ce sont les suivantes:

Le Christ en croix entre la Vierge et St. Jean. Les bras du sauveur sont déjà raidis en ligne droite et les pieds placés l'un au-dessus de l'autre. La Vierge, au contraire, a les bras élevés selon les traditions de l'ancien style bysantin. St. Jean tient un livre et ses cheveux sont traités d'une manière très-raide et d'un style tout-à-fait conventionnel; les plis des draperies sont encore arrondis. Le travail est fort grossier et l'épreuve est rognée. H. 6 p. 10 l. L. 7 p. 3 l.

St. Christophe. Il s'avance vers la droite, à travers l'eau, s'appuyant sur un tronc d'arbre couvert de ses feuilles et porte sur l'épaule l'enfant Jésus qui élève la main gauche pour bénir, ce qui pourrait faire croire que la planche n'a pas été dans l'origine destinée pour l'impression. Il manque en outre certaines parties de draperies et en bas un morceau de rocher. L'épreuve ainsi tirée sur la planche mutilée parait appartenir à une époque plus récente et l'impression en est noire et grumeleuse. H. 9 p. L. 5 p. 2 l.

Le portement de croix. Le Christ succombe sous le poid d'une croix qui a la forme d'un T et deux hommes sont occupés à le soulager du fardeau. Derrière ceux-ci se voient la Vierge, St. Jean et une sainte femme. À droite un homme en armure avec plusieurs autres dont l'un s'agenouille pour frapper le Christ avec une massue. Les contours sont lourds et l'impression, d'un gris noir, est fort grumeleuse. La pièce est coloriée. H. 7 p. L. 4 p. 11 l.

L'annonciation. La Vierge est assise à gauche sur un banc, les mains croisées sur la poitrine et se tourne à droite vers l'ange qui tient une grande banderole vide. En haut plane le Saint-Esprit et on voit au-dessous un vase avec un lys. Les contours très-forts sont noir foncé, les plis des draperies arrondis et la composition entière a beaucoup de dignité, dans le style de la haute Allemagne à cette époque, vers le commencement du XVe. siècle. H. 6 p. 8 l. L. 10 p. A droite de la pièce on trouve écrit à l'encre: „Diss buoch gehert in die gemain Teutsch Librerey yn dz Gotzhauss."

La simple gravure sur métal parait avoir été peu pratiquée depuis l'apparition en Allemagne, vers le XVe. siècle, de la gravure en manière criblée et peut-être aussi à cause de l'attention que l'on donna à ce dernier genre de travail. Ce ne fut que plus tard, vers la fin du même siècle, qu'on l'employa de nouveau, principalement pour l'illustration des livres imprimés, ce qui eut lieu en Allemagne sur les bords du Rhin, à Mayence, Strasbourg, Colmar et Bâle.

Nous avons déjà dit que Jean Numeister de Strasbourg avait orné de gravures sur métal son livre des Méditations de Jean de Torquemada, imprimé à Mayence en 1479. On a dû, à la même époque, profiter pour le même objet des travaux de l'école de Martin Schongauer qui florissait alors à Colmar et à Strasbourg, mais nous n'avons pas eu encore le bonheur de trouver une édition du XVe. siècle qui soit ornée de gravures sur métal d'après Schongauer ou ses élèves immédiats. Nous avons cependant un ouvrage, d'une époque postérieure, où nous trouvons des réimpressions qui appartiennent évidemment à de plus anciennes gravures sur métal de cette école. C'est le livre „Des Évangiles et des Épitres" imprimé à Colmar en 1543 par Barthelemi Grieninger. On y trouve, entre autres, une naissance du Christ et une Adoration des rois, demi-figures, format in-8°, ensuite trois gravures in folio, le Christ au jardin des Oliviers, la Crucifixion, et l'Ascension, riches compositions avec une infinité de petites figures; enfin une petite représentation de la Trinité où l'on voit, sur l'arrière plan, la cathédrale de Strasbourg, qui appartiennent toutes à cette école.

Nous devons encore citer ici les 24 gravures sur métal de la Pas-

sion du maître qui se signe du monogramme suivant
qui, bien qu'il se soit formé d'après Schongauer, n'est qu'un
artiste de peu d'importance.

Celui qui orna le plus ses différentes éditions de gravures sur
métal fut, sans contredit, Jean Reinhard, surnommé Grieninger, de Strasbourg. Ces gravures sont presque toutes d'un style qui appartient à
la fin du XVe. siècle et paraissent avoir été exécutées par le même
artiste. Peut-être était ce Grieninger lui-même qui, selon l'habitude des
anciens imprimeurs, pouvait être graveur en même tems ou bien encore
avait-il à sa disposition un artiste, formé à l'école de Schongauer, qui
travaillait pour lui seul. Son édition latine du Térence, publiée en
1496 et la traduction allemande qu'il fit paraître en 1499 sont toutes
deux ornées de gravures sur métal. Il en est de même de son édition „Quinti Horatii Flacci Venusini poetae lirici opera etc." dans laquelle l'imprimeur se signe „Johannes Reinhard cognomento Grueninger 1498", et pour celle de „Boetius de philosophico consolatu sive de
consolatione philosophiæ. Argentini 1501" fol. Les gravures sur métal
intercalées dans le texte, de grand et de petit format, sont riches d'invention, traitées avec beaucoup de vie et l'exécution, avec peu de tailles
d'ombre, dénote un artiste assez expérimenté dans la partie technique de
l'art, vers la fin du XVe. siècle. Mais un des ouvrages les plus riches en gravures sur métal (il en contient 196) est celle du Virgile de Grieninger,
„Publii Virgilij Maronis opera" avec la signature, „Impressum regia
in civitate Argeñ. ordinatione eliminatione ac relectione Sebastiani
Brant: operaque et impensa non mediocri magistri Johannis Grieninger, anno millesimo quingentesimo secundo, quinta Calendas Septembres
die." 75) Deux des gravures portent, sur une tablette, les chiffres V et
VIII qui peuvent avoir rapport au nombre des gravures d'un même
graveur sur métal. Dans le livre „de copia et hortulo" on trouve une
seule fois les initiales de l'artiste sur une planche qui représente un
jeune homme assis à une table en plein air et qui tient élevé un bocal
dans la main. Sur l'arbre, derrière lui, pend une tablette sur laquelle
se voient inscrits les deux lettres C. A. Selon Brulliot (Dict. II. N. 317)
on trouverait encore ces mêmes initiales sur cinq gravures sur bois
(ou sur métal) dans le livre de Thomas Murner: „Die Geuchmat zu
straff aller wybischen Männer", publié à Bâle en 1519 par Adam
Petri.

---

75) Voyez Panzer VI. p. 27 No. 12.

Nous trouvons le même genre de travail dans les gravures sur métal du livre: „Centū Novellæ Johannis Boccatii. Hundert newer historien welche ein erbar geselschafft von dreien männern und sieben weibern fliehend ein gross Sterben zu Florenz zusamen geredt etc." Sans date, lieu ou nom d'imprimeur. Cependant une autre édition porte le nom de Jean Grieninger et la date de 1519.

La dernière édition que nous connaissions de Grieninger et qui contient un mélange de gravures du XVe. et du XVIe. siècle est celle du „Barbarossa." Ein warhafftige beschreibung etc. Durch Johannem Adelffum Statartzt zu Schaffhausen etc. Strasburg von Joh. Grueninger MDXX.

Le titre nous montre la figure de l'empereur Frédéric I. à cheval. Le style de la composition et du dessin nous rappelle celui de Hans Schaeufelein. Les gravures sur métal du „Sermon de Jean Geiler de Keisersberg sur l'Assomption de la Vierge", publié par Grieninger en 1512, appartiennent à un excellent dessinateur de la haute Allemagne.

Une gravure sur métal tirée d'un livre allemand et signée du monogramme $\bowtie$ 3, semble appartenir à la fin du XVe. siècle et devoir être attribuée à un artiste de l'école de Bâle. Elle représente „la séduction des femmes par des hommes sans foi et leurs plaintes à ce sujet." Le fond est un riche paysage avec un port de mer. H. 5 p. L. 6 p. 2 l. L'exécution de cette estampe ressemble à celle des gravures que nous venons de citer, mais le dessin s'en éloigne et se rapproche de celui du maître à la marque *M 3·* que l'on nomme communément Zasinger.

Le premier livre qui, à notre connaissance, ait été orné à Bâle avec des gravures sur métal est celui des „Histoires de la Bible" (Die biblischen Geschichten, gedruckt durch Bernhart Richel zu Basel MCCCCLXXVI). Les petits sujets, intercalés dans le texte, sont au contour sans indication d'ombres et d'un dessin assez raide.

Les gravures dans le livre intitulé „Varia Sebastiani Brant Carmina" sont d'une composition plus variée et d'une meilleure taille. Entre celles-ci se trouve le „Stultifera Navis. In laudatissima Germanie urbe Basiliensi nuper opera et promotione Johannis Bergman de Olpe. Anno salutis nr̄e mccccxcviij. Kal. Martii." 4°.[76]) dans lequel la représentation de la nef des fols est datée de 1Q9Λ. D'autres gravures in-8vo ont quelquefois des inscriptions allemandes

---

76) Voyez Panzer I. p. 185. No. 235.

mais qui se rapportent uniquement au sujet représenté; aucune ne porte une signature ou un monogramme quoique plusieurs se distinguent avantageusement des autres par la bonté de l'exécution et l'intelligence du dessin.

Nous trouvons une exécution plus franche, absolument dans la manière de Hans Baldung Gruen, dans la gravure des armoiries de la ville de Worms qui se voient sur le titre du livre „Der Statt Wormbs Reformation" 1498. fol. L'écusson est soutenu par deux animaux ailés et au-dessus, dans deux autres écussons plus petits, l'aigle double de l'empire et l'aigle simple; au-dessous la devise de la ville, LIBERTAS, et en bas sur le socle: Digna. bona. Laude. Semper. Wormatia. gaude.

Parmi les encadremens, d'après les dessins de Jean Holbein et de son frère Ambroise, d'Urse Graf etc., dont les imprimeurs de Bâle avaient coutume d'orner le titre de leurs livres dans la première moitié du XVIᵉ. siècle, s'en trouvent plusieurs gravés sur métal. La plupart ne sont point signés, un seul graveur sur métal a ajouté quelquefois les initiales I F. Ces travaux appartiennent aux meilleurs du genre quoique la taille sente le métier et soit très-maigre. On ne peut dire avec certitude quel a été ce graveur; plusieurs, jugeant d'après les initiales, nomment Jean Frobenius, le célèbre imprimeur de Bâle, puisque ces encadremens se trouvent, le plus souvent, dans les ouvrages dont il a été l'éditeur. Une découverte très-intéressante nous apprend que les gravures sur métal de cette époque ont été exécutées sur cuivre. Non seulement deux pièces d'encadremens du maître I F. sur ce métal ont été retrouvés par M. Guillaume Haas de Bâle dans une officine typographique de cette ville, mais le Baron de Aufsess a découvert une autre gravure sur planche de cuivre qui appartient aux premières années du XVIᵉ. siècle et qui se trouve dans les archives de la famille de Rotenhan à Rentweisdorf. C'est une allégorie qui se rapporte au Dr. Sébastien Rotenhan. Celui-ci est agenouillé, couvert d'une armure, tenant de la main une bannière et les yeux dirigés sur une espèce de trinité de trois bustes de femmes ailées avec le mot ΣΟΦΙΑ au-dessus d'elles. Sur l'arc de l'ornement d'architecture, on lit l'inscription ROTENHANI MISTICVM. Plusieurs autres inscriptions servent encore à l'explication de cette allégorie. H. 9 p. 2 l. L. 6 p. 10 l.

Cette gravure sur cuivre, à la manière des gravures sur bois, dont on a fait récemment tirer plusieurs impressions, est d'une telle franchise et traité tellement dans l'art de la gravure sur bois, que même le connaisseur le plus exercé ne pourra la croire autre chose qu'un ouvrage de ce dernier genre. A en juger d'après le dessin et le style d'exécution, ce travail appartiendrait à un artiste élève d'Albert Durer.

Une belle gravure sur métal des premières années du XVIe. siècle, sur fond noir, signée du monogramme nous représente un Calvaire. L'estampe est ronde, de 7 p. 6 l. de diamètre et se trouve dans la collection de Gotha. Il est très-probable que cette gravure a été exécutée sur cuivre.

Un genre de travail tout particulier de la gravure sur métal est celui où l'on grave sur la planche avec des traits très-fins, de manière à produire, dans l'impression, l'effet d'un dessin fait avec des traits d'une grande finesse en blanc sur un fond noir. Le titre du livre: „Pomerium de tempore, fratris Pelbarti ordinis Sancti Francisci" est traité de cette manière. On y voit un moine franciscain lisant, assis devant un pupitre, dans un jardin environné d'une haie. Dans des cercles, aux quatre coins, on voit les symboles des quatre évangélistes. In-fol. Le style du travail et du dessin indique la fin du XVe. siècle.

Urse Graf a exécuté quelques planches dans ce genre, entre autres une famille de satyres et un porte-étendart suisse, mais à ce qu'il paraît, en bois.

Nous trouvons encore dans le Cabinet de Dresde une autre gravure sur bois, fond noir, d'un très-bon dessin et d'une grande finesse de taille. Elle représente un Tournois entre deux cavaliers dans un rond de 10 p. 2 l. de diamètre qui est entouré de cinq petits médaillons, dont celui du bas contient l'indication de l'année 1535, écrite au rebours.

Cependant il est certain que les deux portraits du Dr. Martin Luther et de Philippe Melancthon, traités dans le même genre, d'après les originaux de Lucas Cranach, sont gravés sur métal. Ce sont deux figures debouts entourées d'un riche ornement d'architecture et imprimées en noir avec un dessin à traits, mais le fond est blanc. Ces deux feuilles sont marquées du monogramme suivant et la dernière porte, de plus, la date de 1563. H. 5 p. 8 l. L. 3 p. 3 l.

Empreintes en pâte.

Il existe plusieurs espèces d'empreintes appartenant à ce genre de travail qui toutes ont pour but d'imiter les étoffes de velours, celles en broderie ou à guise de tapisseries. Nous n'avons qu'un seul échantillon de chacune des deux premières classes.

Empreinte veloutée.

St. George à cheval. Le fond, à patron façonné, consiste en étoiles alternant avec trois baies attachées à une tige unique. Le genre tout particulier de cette impression est produit en couvrant d'abord le papier d'une pâte légère d'un brun doré et en y formant, au moyen d'un appareil approprié, des côtes légères ressemblant à celles d'un tissu. Le sujet est ensuite imprimé, au moyen d'une planche en bois, avec une colle ou pâte que l'on saupoudre ensuite d'une poussière veloutée de manière à produire un aspect semblable à celui des papiers peints veloutés de notre époque. H. 9 p. 8 l. L. 7 p. 2 l.

Cette gravure sur bois si remarquable dans son genre et qui paraît unique, est exécutée dans la manière archaïque du commencement du XVe. siècle. Elle a été trouvé dans la haute Allemagne et se conserve à présent dans la collection de Mr. T. O. Weigel.

Empreinte à guise de broderie.

St. François recevant les stigmates. Il est agenouillé vers la gauche et dirige ses regards vers le crucifix ailé, d'où partent cinq rayons. A droite le frère Élie endormi. Cette pièce est en partie coloriée, c'est-à-dire le nud et les rochers d'une teinte rougeâtre, le vêtement du frère Élie est brun-rouge, doublé de bleu, et celui du Saint est recouvert de filamens grisâtres qui donnent l'apparence d'une broderie, les plis sont peints en noir par dessus et le fond est de la même couleur. Les rayons partant du crucifix sont rouges et le paysage, ainsi que les arbres, vert. H. 7 p. 3 l. L. 4 p. 10 l.

Cette pièce singulière provient du couvent des franciscains de Meissen et se trouve à présent dans le Cabinet de Dresde.

Empreintes en pâte proprement dites, ou Gravures sur métal imprimées en relief.

Ce genre tout particulier de gravure nous est offert par certaines impressions, assez grossières, en relief sur papier, qui appartiennent à la seconde moitié du XV⁰. siècle et dont quelques échantillons nous sont parvenus, collés sur les couvertures de livres provenant de la haute Allemagne. Leur mauvais état de conservation, en général, nous laisse à peine deviner la manière dont on les exécutait originairement, mais c'est une erreur de croire que ce sont des empreintes en souffre sur papier[77]), puisqu'un nombre de ces gravures, surtout de celles qui se trouvent dans la collection Oettingen-Wallerstein dans le château de Mabingen, se fondirent, pour ainsi dire, quand on chercha à employer l'eau pour les détacher des couvertures de livres auxquels elles se trouvaient collées, tandis que celles que l'on détacha à sec se conservèrent parfaitement. D'après les recherches que nous avons faites nous-même sur certains échantillons bien conservés, il nous semble que le procédé suivant est celui dont on pourrait avoir fait usage. On imprimait à chaud sur un papier, préparé à l'ocre jaune, la planche en métal dont les creux avaient été remplis à l'avance d'une préparation coloriée, plus souvent en noir, de la consistance d'une colle de pâte, de manière à ce que le dessin se montrât en relief et d'une couleur foncée. Dans les grandes masses d'ombre, les contours se fondaient souvent en produisant des taches; le visage, les mains et les autres parties de chair étaient peintes en blanc. Des restes de dorure nous apprennent que l'on employait l'or pour quelques ornemens, et nous trouvons, dans une circonstance, que l'on a dû appliquer à la gravure quelque pous-

---

77) Voyez la „Collection de gravures de la bibliothèque impériale et royale de la cour à Vienne (Die Kupferstichsammlung der K. K. Hofbibliothek in Wien) du Chev. Frédéric Bartsch, Vienne 1854", p. 77. Nous avons déjà en 1849 exprimé nos doutes sur une telle opinion, des recherches ultérieures nous ont amené à un résultat définitif à ce sujet.

sière métallique ou une solution de cuivre. Cette application ne s'est point conservée sur la plupart des gravures et celles-ci ont alors une teinte sale et brunâtre.

Les principales empreintes en pâte conservées dans la bibliothèque impériale de Vienne proviennent pour la plupart d'Augsbourg et sont les suivantes.

I. Le portement de croix. La marche se dirige vers la droite. Dans une large bordure ornée de fleurs. H. 4 p. L. 2 p. 2 l. Catalogue No. 846.

II. Le Christ en croix. A gauche la Ste. Vierge, à droite St. Jean; la Madeleine agenouillée embrasse l'arbre de la croix et baise les pieds du Sauveur. H. 1 p. 8 l. L. 1 p. 3 l. Cat. No. 847.

III. Autre Christ en croix, ayant aux côtés la Vierge et St. Jean. H. 2 p. 4 l. L. 1 p. 7 l. Cat. No. 848.

IV. St. Christophe. Il porte sur ses épaules l'enfant Jésus à travers le fleuve; sur l'autre rive, l'hermite. Dans une large bordure semblable à celle de la crucifixion. H. 3 p. 10 l. L. 2 p. 9 l. Sur la marge supérieure on voit écrit en cinabre: ☉ fancte Criſtoffore martir Dei ptiofe ora p me miſero pctore.

V. St. Denis. Le saint évêque est debout, portant sur son bras gauche une seconde tête mitrée comme symbole de son martyre. H. 2 p. 4 l. L. 1 p. 7 l.

Le cabinet de Munich possède les deux empreintes en pâte qui suivent:

VI. Le couronnement de la Vierge. Ornemens de fleurs sur fond doré. Les extrémités et les têtes blanches. 8ᵛᵒ.

VII. St. Jean l'évangéliste. Fond noir et large bordure de fleurs. Pet.-in-8ᵛᵒ.

Le Musée de Berlin conserve, dans son cabinet d'estampes, la feuille suivante, qui provient des collections Butsch d'Augsbourg et T. O. Weigel à Leipsic.

VIII. Un évêque assis, probablement St. Wolfgang. Il tient sur son bras gauche une petite église. La bordure est composée de feuillage. Imprimé en brun rougeâtre sur papier orange. H. 4 p. L. 2 p. 10 l.

Dans la collection du Prince Oettingen-Wallerstein à Mahingen, près de Noerdlingen, se voient quatre impressions en pâte, tout-à-fait gâtées par l'emploi de l'eau, mais la suivante se trouve encore dans un état assez satisfaisant.

IX. La Vierge. Elle est debout tournée vers la gauche et tient l'enfant Jésus sur les bras. Dans le fond une architecture gothique.

Papier à fond jaune doré, impression en pâte noire, les parties de chairs en blanc (peut-être coloriées anciennement couleur de chair). Travail grossier. H. 2 p. 3 l. L. 1 p. 8 l.

Dans la collection de St. Pétersbourg:

X. Le jugement universel. Le Sauveur est assis, les pieds posés sur le globe terrestre; aux côtés de sa tête se trouvent une branche de lis et une épée et, plus bas, la St. Vierge et Ste. Jean Baptiste à genoux. Près du globe deux hommes ressuscitent de leurs tombeaux. Une arabesque pour bordure. H. 3 p. 10 l. L. 2 p. 10 l.

Cette pièce provient de la collection de Mr. T. O. Weigel à Leipsic, qui possède encore plusieurs autres feuilles de ce genre, mais dont nous n'avons vu que la suivante:

XI. La Vierge. Debout sur le croissant elle tient l'enfant Jésus sur le bras droit. Deux anges tiennent une couronne au-dessus de sa tête, des rayons à guise de flammes l'entourent. La bordure est composée de nuages dans le style conventionnel de l'époque. Le parchemin semble avoir été d'abord couvert d'une teinte orange et puis doré pour recevoir ensuite l'impression avec une pâte noire, mais de telle façon que seulement les contours du dessin et du fond apparussent en noir, tandis que le corps des figures ressortait avec un ton doré, ce qui est à peine visible actuellement. La tête de la Vierge semble avoir été rehaussée d'argent. H. 3 p. 10 l. L. 2 p. 9 l.

Nous avons vu en 1849 à Nuremberg, chez l'antiquaire Mr. Schreiber, les trois gravures suivantes en pâte:

XII. Portement de croix. Jésus tombe sous le poids de la croix. H. 4 p. L. 2 p. 9 l.

XIII. Le Christ en croix. La Vierge et St. Jean se tiennent à ses côtés; le fond est coupé par des lignes diagonales croisées et orné de rosettes. La bordure est formée par une baguette feuillée. Imprimé en noir sur papier teint en orange doré. Les parties découvertes sont peintes en blanc. H. 3 p. 10 l. L. 2 p. 7 l.

Cette gravure se trouvait collée dans un livre de prières manuscrit qui parait être de 1461, puisqu'il y est dit que celui-là est heureux qui pourra survivre à l'an 1462.

XIV. L'homme de douleur. Le Christ, demi-figure, est placé dans un sarcophage et deux anges tiennent les pans de son manteau. Bordure de feuillage. Fond noir. Le tout a été recouvert d'une solution de cuivre ou de poussière métallique. H. 3 p. 10 l. L. 2 p. 9 l. On voit écrit à la plume sur cette feuille la date 1229.

XV. La Vierge sur les genoux de Ste. Anne. Elles son entourées de trois anges. H. 6 p. 7 l. L. 4 p. 5 l. Cette empreinte appartenait à Mr. J. X. Stöber de Munich.

XVI. La descente de croix. Riche composition in-8vo. Les parties découvertes et les draperies sont peintes. Des traces d'une couleur bleue sont encore visibles sur ces dernières.

Gravures sur bois et sur métal de l'école néerlandaise.

Si les Néerlandais ne peuvent nous montrer des gravures sur bois ou sur métal qui appartiennent au commencement du XVe. siècle, comme nous le pouvons faire en Allemagne, où nous avons même une gravure sur métal du XIIIe. siècle et plusieurs sur bois qui appartiennent à la fin du XIVe., il ne s'ensuit pas, que dans un pays aussi adonné aux arts et à l'industrie et uni à l'Allemagne par tant de liens, ces deux branches de l'art n'aient pas trouvé leur application presqu'en même tems que dans cette dernière contrée. Il en est de même pour les livres xylographiques dont le plus ancien, l'Apocalypse, est d'origine allemande, tandis que dans les Pays-Bas l'on ne parait avoir employé que vers 1440 la gravure sur bois pour l'ornement des manuscrits ou pour en composer des livres d'images, comme la Bible des pauvres et autres dont nous aurons occasion de parler plus bas.

Nous n'avons point de données certaines sur l'époque précise de leur première apparition, si l'on en excepte pourtant l'Alphabet figuré de 1464 qui, dans l'exécution et dans le dessin, a une grande analogie avec la manière du Cantique des Cantiques et qui parait être du même artiste que ce dernier.

Les Hollandais prétendent cependant qu'une partie de ces ouvrages, entre autres le Speculum humanæ salvationis, ont été publiés par Laurent Janszoon Coster, citoyen, échevin et trésorier de la ville de Haarlem, entre les années 1420 et 1439, cette dernière étant celle de sa mort.

Ils s'appuient, du reste, sur cette prétention pour attribuer au

même individu l'invention de l'imprimerie, question qui nous mènerait
trop loin si nous voulions la traiter à fond ; qu'il nous suffise de dire
que nous devons conclure des recherches qui ont été faites à ce sujet
et qui portent souvent le cachet d'une grande partialité, que tout en
admettant qu'un certain Coster ou Küster ait publié, vers 1440, avec
des planches en bois ou même avec des caractères mobiles de la même
matière, le premier Donat et quelques autres petits livres du même
genre, ce Coster est tout autre que Laurent Janszoon à qui Junius dans
son ouvrage „Batavia", publié en 1588, a attribué l'invention de l'imprimerie, à la grande gloire et à l'honneur des descendans de Laurent
Janszoon. [78])

Qu'il en soit du reste ce que l'on voudra, la Chronique de Cologne, imprimée en 1499 à Cologne par Jean Kœlhoff, nous donne des
informations précises sur le rapport qui se trouve entre la publication
du Donat hollandais et l'invention de Gutenberg. D'après cette chronique l'imprimeur Ulrich Zell, qui de Mayence alla s'établir à Cologne,
nous informe que le Donat hollandais donna, vers 1440, l'idée à Gutenberg d'imprimer des livres qui, au lieu d'être exécutés avec des planches
gravées sur bois, l'auraient été avec des caractères en métal et au
moyen d'une presse, et il parait clairement, d'après les actes du procès de Strasbourg, qu'il avait déjà, depuis 1436, tenté les premiers
essais en ce genre. A cette époque les Hollandais eux-mêmes n'a-
vaient point la moindre idée d'un tel procédé, comme nous le prouve
le Donat en question qui n'est imprimé que d'un côté, au moyen du
frotton. A la fin des remarques de Zell sur les premiers livres imprimés à Mayence, il ajoute clairement: „Il y a des gens présomptueux
qui prétendent que l'on a imprimé des livres plus anciennement, mais
cela est faux, puisque l'on ne trouve dans aucun pays des livres qui
aient été imprimés avant ce tems" (c'est-à-dire avant 1450 avec des
caractères métalliques).

Nous trouvons la première mention d'imprimeurs (printers) en
Flandre dans le Privilège de la Corporation de St. Luc d'Anvers, en
1442, à laquelle appartenaient, comme on le sait, les peintres, les
sculpteurs de figures, les peintres sur verre et les enlumineurs (verlichters). Parmi les membres de la confraternité de St. Jean l'évan-

---

[78) Sotzmann: Gutenberg et ses concurrents (Gutenberg und seine Mitbewer-
ber etc.) dans le Manuel historique de Raumer 1841, dissertation imprimée aussi à
part, p. 154.

géliste à Bruges on trouve en 1454 des imprimeurs (printers) et des graveurs (beeldemakers).

Il s'ensuit donc que déjà à cette époque l'on exécutait, dans les Pays-Bas, des livres et des images de saints gravés sur bois ou sur métal. Et l'on conservait encore, avant la révolution de 1789, une notice manuscrite dans les „Mémoriaux" de Jean le Robert, abbé de St. Aubert à Cambrai, qui prouve qu'en 1445 à Bruges et en 1451 à Valenciennes, on avait acheté des „Doctrinale" pour l'usage des écoles. [79]) Ces livres sont désignés comme „gettez en molle", ce qui indique clairement que ce n'étaient point des manuscrits, mais bien des livres imprimés avec des formes (moules), il est seulement incertain si ces formes étaient en bois ou en métal, cependant l'expression jetés en moules s'appliquerait mieux à ce dernier procédé.

Ce que nous avons dit sur la question relative au tems de l'origine de l'imprimerie nous apprend que les Hollandais, et probablement Coster de Haarlem, ont publié des livres complets, mais de quelques feuilles seulement, comme le Donat, à une époque où des ouvrages de ce genre n'avaient point encore paru en Allemagne. Il resterait à rechercher, si Coster a encore exécuté des gravures proprement dites sur bois ou sur métal, et si, dans ce sens, on peut le considérer comme graveur (Formschneider). Il est vrai que, d'après l'assertion de Junius, les Hollandais lui attribuent la gravure du Speculum humanæ salvationis. Mais ceci ne serait nullement prouvé, si l'on considère, d'abord, que cet ouvrage n'est qu'un abrégé et en quelque sorte une imitation de la Bible des pauvres, par conséquent d'une époque postérieure et, si nous en devons juger par le style du dessin et de la composition, appartient à un élève très-avancé de l'école de Van Eyck qui par la manière devait être de l'école de Rogier de Bruges, florissant vers 1460; nous devons donc conclure de tout ceci qu'il est impossible que Coster ait pu exécuter ces gravures en 1440. Du reste il est très-douteux qu'il ait jamais gravé des images sur bois ou sur métal, et ses partisans même doivent l'admettre implicitement puisqu'ils n'ont rien trouvé de mieux que de lui attribuer quatre portraits et une image de la Vierge, gravés sur bois, que l'on a découvert ensuite être une falsification d'origine toute moderne.

C'est aussi sur une falsification que repose la prétendue découverte d'une gravure néerlandaise sur bois avec la date de

[79] Esprit des Journaux 1779, Juin p. 232 et Novembre p. 236. Wetter p. 542.

1418 [80]) qui, en 1845, a été achetée pour la bibliothèque royale de Bruxelles. Cette gravure, dans le style de l'école de Van Eyck, représente la Ste. Vierge avec l'enfant Jésus, assise dans un jardin et entourée de quatre saintes femmes. Au-dessus planent trois anges tenant chacun deux couronnes; sur la clôture du jardin se trouve la prétendue date de 1418. Mais, si on la considère attentivement, voici la forme sous laquelle cette date se trouve : M°CCC°◯X°VIII : le signe inusité, ayant presque la forme d'un cercle, qui se trouve au milieu, a été ajouté pour remplacer la lettre L, qui a été grattée et dont on aperçoit clairement encore des traces. La date originale se trouvait donc être celle-ci, MCCCC°LX°VIII (1468), et la gravure en question n'a par conséquent d'autre intérêt pour nous que celui de nous apprendre que, même à cette époque, on imprimait encore avec cette teinte d'un brun pâle, que l'on voit employée ordinairement pour les anciennes xylographies néerlandaises. [81])

Nous devons encore faire mention ici d'une lettre d'indulgences en possession de Mr. T. O. Weigel à Leipsic, avec une inscription en bas-allemand que l'on a considérée comme un travail néerlandais [82]) et sur laquelle on voit le sujet ordinaire de la messe de St. Grégoire. On a cru de plus qu'elle devait d'être d'une haute antiquité en supposant que le pape mentionné dans le texte de l'indulgence pourrait se rapporter au Pape Grégoire XII. Mais il s'agit ici de St. Grégoire et il y est dit tout simplement, que ce pape, dont la représentation est en tête, et après lui deux autres papes ont complété les 14,000 ans d'indulgences dont l'église de Sa. Croce à Rome est en possession et qui assurent aux fidèles, dûment confessés, une remise d'autant d'années des peines du purgatoire. Le comte de Laborde croit que cette lettre d'indulgences est du nombre de celles qui furent données, de 1451 à 1455 par le pape Nicolas V, à ceux qui auraient aidé

---

80) Voyez Reiffenberg, La plus ancienne gravure connue avec une date, Bruxelles 1840. 4°, avec un facsimile de la gravure sur bois.

81) Une gravure du même maître exécutée sur bois, mais sans date, se conserve dans la Collection Walraff à Cologne. Elle représente la Vierge avec l'enfant qui est assise sous une treille ayant à sa gauche Ste. Dorothée, Ste. Marguerite et Ste. Agnès, à sa droite Ste. Catherine, Ste. Barbe et Ste. Marie Madeleine. Pet. in-fol.

82) Voyez J. A. G. Weigel, Hesperus No. 118 de l'an 1831, et Aehrenlese auf dem Felde der Kunst (Glanes dans les champs de l'art), Leipsic 1836. Puis Léon de Laborde, Nouvelles recherches sur l'origine de l'Imprimerie, 1840, p. 28, où l'on voit encore un facsimile de cette lettre d'indulgences.

par des sommes d'argent le roi de Chypre contre les entreprises des Turcs. Mais des lettres analogues, gravées sur bois et sur métal, avec la représentation de la messe de St. Grégoire, ont été imprimées en Allemagne et surtout à Mayence et sur le Rhin inférieur jusqu'en 1517. Si nous considérons du reste la gravure sur la lettre d'indulgences de Mr. Weigel, nous trouverons qu'elle s'accorde parfaitement avec le style des autres feuilles du genre imprimées en Allemagne dans la seconde moitié du XVe. siècle et dont nous avons déjà fait mention.

La gravure sur bois du Cabinet de Berlin qui représente la V i e r g e i m m a c u l é e est indubitablement d'origine hollandaise. Elle est debout avec l'enfant Jésus dans les bras, au milieu d'une auréole flamboyante, tandis qu'un petit ange planant au-dessus d'elle la couronne. Aux quatre coins de la pièce on voit des oiseaux qui tiennent chacun une banderole avec des inscriptions, dont celle du haut à gauche est comme suit: „Hoe es dese coninghine die hier staet | het es alder werelt to euerlaet." — En haut à droite: „Hoe es haer name moder ghewas | Maria veerde moedere ū maecht." — En bas à gauche: „Hoe es sy ghevaeet aen desen state | Die minne noet moet cū Kar..." — En bas à droite: „voort met haer meest verheuen | ...haer best dient in syn leuen."

La taille est bonne et d'une certaine finesse, comme celle de la gravure de Bruxelles que nous avons déjà mentionnée plus haut. Dans celle-ci les cheveux sont également traités à guise de rubans et les plis des draperies ont ceci de particulier qu'ils ne sont pas toujours angulaires mais présentent une double cassure formant une espèce de crochet (⌐) carré. La taille de la Vierge est accusée d'une manière aussi précise qu'on voit dans la première planche de l'édition originale du Cantique des Cantiques et, comme nous ne pouvons guère placer cet ouvrage xylographique avant la moitié du XVe. siècle et que la gravure sur bois de Bruxelles porte la date de 1468, celle de Berlin appartiendra probablement à la même époque. Cette dernière est coloriée de laque, cinabre, vert, brun-jaune et de teintes de chair. H. 12 p. 9 l. L. 9 p. 2 l.

Nous retrouvons un traitement des draperies et une application de couleurs analogues dans une gravure sur bois ou sur métal de la Collection de Mr. T. O. Weigel. Elle représente un St. A n t o i n e et un St. S é b a s t i e n séparés par un reglet et imprimés sur la même feuille. Le dessin assez raide lui donne une apparence plus ancienne que celle de la gravure de Berlin. H. 10 p. 2 l. L. 7 p. 1. l.

Un St. Hubert ou St. Eustache de la Bibliothèque royale de Bruxelles est également d'origine néerlandaise. Le saint est représenté à genoux devant le cerf, et la gravure est imprimée avec une teinte brun clair dans la manière ancienne, mais cependant, à en juger par le style du dessin, elle appartient à la fin du XVe. siècle. La pièce est coloriée faiblement en rouge clair et jaune brunâtre. Petit in-fol.

Enfin nous mentionnerons ici une gravure sur bois dans la bibliothèque de Berlin qui, d'après la souscription, parait appartenir aussi aux Pays-Bas. Elle représente l'enfant Jésus, armé de fouet et de verges, au milieu d'un cœur entouré de nuages dans un style conventionnel et d'où sortent, en haut la croix et les deux mains, en bas, les pieds du Christ. Au bas dans un cartouche on lit: 𝔍𝔢𝔰𝔲 𝔭𝔦𝔠 etc., et à la fin sur une tablette le nom de „𝔓𝔢𝔱𝔢𝔯 𝔡𝔢 𝔚𝔞𝔩𝔢". Cette pièce coloriée est exécutée dans la manière de la fin du XVe. siècle. In-fol.

Un point de depart plus certain pour fixer l'origine de la gravure sur bois néerlandaise nous est fourni par un manuscrit de la Bibliothèque royale de Bruxelles, le „Spirituale pomerarium". Dans ce document, de la plus haute importance pour l'histoire de la gravure sur bois en Brabant, sont intercalées douze gravures sur bois avec des représentations tirées de l'ancien et du nouveau testament, en présence d'une âme devouée au Seigneur, sous la figure d'une femme agenouillée qui tient les armes parlantes du Chanoine Pomeranus, trois pommes dans un écusson et se trouve devant un pommier, considéré comme le symbole des douze attributs divins. Sous chaque sujet, encadré d'un arc d'architecture gothique, s'en trouve l'explication en vers léonins. Ces douze gravures sur bois, imprimées avec une teinte noirâtre, sont collées dans le manuscrit, de 23 feuilles, qui contient le passage suivant:

„Spirituale pomerarium editum per humilem fratrem henricum ex pomerio canonicum regularem in monasterio beatæ Mariæ viridis vallis (Groenendael, dans la forêt de Soignes, à deux lieues de Bruxelles). ... In hoc spirituali pomerio anima devota instruitur per quem modum singulis horis se possit devotis meditationibus exercere ad recolligendum quolibet die singula Dei beneficia ab initio usque ad finem mundi.... Explicit spirituale pomerarium editum anno d̄n̄i M°CCCC°XL°." Et à la fin: „Explicit ut supra, spirituale pomerarium editum et completum anno d̄n̄i M°CCCC°XL°." De ce passage, écrit en encre rouge, et surtout du mot „editum" Mr. Du Mortier conclut que le manuscrit et les gravures qui s'y trouvent collées appartiennent à l'année 1440. On peut considérer ceci comme d'autant plus certain qu'il parait très-probable que ces gravures ont été exécutées non seulement dans le cloître même, mais par l'auteur du livre en question. Mr. Alvin, conservateur en chef de la Bibliothèque royale de Bruxelles, a eu la complaisance de nous informer, dans une lettre, que ce couvent avait été habité par les „Frères de la vie commune" dont le principal but était celui de contribuer à répandre les idées religieuses au moyen de bons livres, et leur abbé, qui avait changé son nom, van den Bogaert, en le latinisant sous celui de „Pomerius", a ajouté au titre de son livre qui reproduit le même nom propre „Spirituale pomerium" les mots „cum suis figuris" pronom qui peut se rapporter aussi bien à la personne qu'à la chose. Il est bon de remarquer que l'on a ajouté, au manuscrit, une planche double de la Bible des pauvres, comme si l'on avait voulu indiquer l'analogie entre les gravures de cet ouvrage et celles du Spirituale Pomerium. Il y a cependant une différence assez notable entre elles, car les hachures dans les gravures sur bois du manuscrit sont traitées autrement; elles sont allongées et obliques, tandis que celles dans les sujets de la Bible sont courtes et presque horizontales. Toutes ces circonstances pourraient justifier l'opinion que les premiers ouvrages xylographiques du Brabant ont eu leur origine dans ce cloître. Nous reviendrons plus tard sur les ouvrages de ces „Frères de la vie commune".

Mais il y avait aussi vers la même époque des graveurs sur bois de profession (Plat-Snyters) en Belgique. Nous en avons un témoignage dans le règlement de la Corporation de St. Luc, du 22 juillet 1442, où il est fait mention de peintres (Schilders), sculpteurs ou graveurs sur bois (Houte-bildsnyters), enlumineurs et imprimeurs (Verlichters et Printers)[83]; on y ajoute plus tard les graveurs sur bois ou sur métal (Plaet-snyters).

Si nous recherchons quels sont les livres à images ou xylographies, dont nous possédons encore des exemplaires, qui appartiennent décidément aux Pays-Bas, nous aurons à considérer s'ils doivent leur origine aux corporations religieuses ou laïques et à quelle époque ils ont été exécutés.

Quant à la première de ces questions nous aurons à examiner l'Ars moriendi, la Bible des pauvres, le Speculum humanæ

---

83) Voyez F. Koning, Dissertation sur l'origine de l'invention etc. de l'imprimerie (Verhandeling over den Oorsprung, de Uitvinding etc. der Boekdrukkunst). Haarlem 1816.

salvationis, le **Canticum** Canticorum, la Historia sanctæ Crucis et l'Alphabet figuré.

Quant à la seconde, nous rapporterons surtout l'opinion de Mr. Ernest Harzen [84]) qui nous parait entièrement fondée et se trouve appuyée, en outre, par la communication sur Groenendael que nous devons à Mr. Alvin et qui a été rapportée ci-dessus. Mr. Harzen croit donc que les gravures sur bois que nous venons de mentionner ont été exécutées par les „Frères de la vie commune“, fondés par J. de Groote dans le XIVe. siècle. Cette confraternité s'étendit de Deventer et Zwolle sur tous les Pays-Bas et dans une partie de l'Allemagne inférieure, et leur occupation principale était celle de copier des manuscrits et probablement aussi de les orner de miniatures et d'autres embellissemens d'après la coutume du tems. Ils s'adonnèrent aussi à l'imprimerie immédiatement après son invention et érigèrent des officines dans les maisons de la confraternité à Deventer, Zwolle, Gouda, Bois-le-duc, Bruxelles, Louvain, Marienthal et en plusieurs autres lieux. Leurs éditions sont toutes anonymes, s'éloignant en cela de l'habitude qu'avaient les imprimeurs de profession d'apposer, souvent d'une manière fort pompeuse, leurs noms à leurs propres éditions. Et comme les ouvrages appelés xylographiques sont tous anonymes et qu'ils sont, du reste, conformes aux idées et aux habitudes d'une telle confraternité qui avait en vue de répandre le plus possible les idées religieuses, il est naturel de leur attribuer ces gravures sur bois, et une telle opinion acquiert une très-grande vraisemblance. Harzen remarque de plus, à l'appui de cette idée, que ceux de la confraternité de Louvain renoncèrent à leurs règles pour embrasser celles de St. Augustin en 1447, mais que leur incorporation à l'ordre n'eut point lieu avant 1465, et qu'ils durent, par conséquent, conserver leur imprimerie jusqu'à cette dernière époque. Les Augustins de Windeshemer, tel fut leur nouveau nom, continuèrent à imprimer long tems après, jusqu'à ce que, plus tard, l'imprimeur allemand Jean Veldener érigea d'abord à Louvain, ensuite à Cuylenburg, une imprimerie, où il employa depuis 1483 les bois de l'édition du Miroir du salut, attribué à Coster, pour les siennes propres. Il faut en conclure qu'il trouva à Louvain l'opportunité d'acquérir les bois dont s'était servi la confraternité prête à s'éteindre.

---

84) Voyez R. Naumann, Archives pour les arts du dessin etc. (Archiv für die zeichnenden Künste), Leipsic 1855, p. 3, et 1856, p. 1. Sur l'ancienneté et l'origine des premières éditions du Miroir du salut de E. Harzen.

Comme nous l'avons déjà indiqué, les gravures sur bois pour ces ouvrages ne sont imprimées que d'un côté de la feuille, d'un brun clair, au moyen du frotton. Le beau noir luisant des Allemands, ainsi que leurs presses, ne furent introduits dans les Pays-Bas que vers la septième décade du XVᵉ. siècle. Ceci arriva, en 1474, à Louvain par l'entremise de Jean de Westphalie et peut-être un peu avant à Utrecht, par celle de Conrad de Westphalie de Paderborn. Les premières éditions des xylographies néerlandaises, citées plus haut, ont des inscriptions latines et se distinguent, en général, des ouvrages contemporains allemands par une impression plus nette et par un meilleur dessin. On n'a pas encore institué des recherches précises et complètes sur l'ensemble de ces ouvrages, sur leur série, sur leurs différences, en ayant égard aux signes auxquels Ottley a rendu attentif et qui servent à distinguer les bonnes impressions de celles qui sont plus fatiguées. [85])

Il devient d'autant plus difficile de faire un travail de ce genre que les livres à images qui sont parvenus jusqu'à nous se trouvent dans différens endroits fort éloignés les uns des autres, ce qui en empêche la comparaison, mais aussi parceque, à l'exception de quelques copies qui ont paru en Allemagne et en Hollande, aucun d'entre eux ne porte de date. Nous communiquerons ici ce que nous en avons pu connaître sous le rapport artistique.

1. L'Ars moriendi ou De tentationibus morientium, ou plus strictement Tentationes dæmonis, l'Art de mourir enfin, se compose de 24 feuillets, petit-in-folio, dont 11 contiennent des gravures sur bois et 11 un texte explicatif en latin. L'édition originale de cet ouvrage forme sans contredit le plus beau de tous les livres à images du XVᵉ. siècle, sous le rapport de l'art, et le style du dessin ne laisse aucun doute que le maître n'ait appartenu à la dernière époque de l'école

85) Les livres suivants donnent une description de ces ouvrages ainsi que la comparaison entre eux:

HEINECKEN, Idée générale d'une collection d'estampes etc. Leipsic 1771. p 292—374.

Le même, Nachrichten von Künstlern und Kunstsachen. Leipzig 1769.

HELLER, Geschichte der Holzschneidekunst. Bamberg 1823.

LICHTENBERGER, Geschichte der Erfindung der Buchdruckerkunst. Strasburg 1825.

W. Y. OTTLEY, An inquiry into the origin etc. of engraving upon copper and wood etc. 2 Voll. London 1816. 4.

J. JACKSON, A treatise on wood-engraving. London 1839.

SAMUEL LEIGH SOTHEBY, Principia typographica. 3 Voll. London 1858. In-folio.

de Van Eyck. Nous en possédons près de trente copies ou imitations qui ont paru en Allemagne et en Hollande, et nous en trouvons même des éditions en anglais et une en langue française. Dans le seul original que l'on connaisse et qui appartient à Mr. T. O. Weigel de Leipsic [86]), se trouve ajoutée une feuille contenant un texte, du XVe. siècle, qui traite de la mort: il est écrit dans le dialecte de Cologne, ce qui à fait naître l'opinion que cet ouvrage xylographique appartient à l'école de Cologne. Cette opinion serait encore fortifiée par certains détails qui rappellent les peintures de cette école et surtout, dans la 8e. feuille, par la tête d'un ange d'un dessin très-beau, plein, arrondi et d'une expression des plus gracieuses. Cependant le faire, avec les hachures courtes et horizontales des ombres, appartient à la manière néerlandaise et nous devons nous en remettre aux recherches à venir pour décider à quelle région du Bas-Rhin appartient l'original de l'Ars moriendi. Nous croyons cependant pouvoir en fixer l'époque vers la seconde moitié du XVe. siècle.

Un seul feuillet de l'édition que Heinecken donne comme la première, d'une gravure très-fine et d'une impression claire, mais très-inférieure en beauté à celle de l'exemplaire Weigel, se trouve actuellement dans le Cabinet de Berlin. Cette gravure sur bois est cependant remarquable en ce que, par son coloris en violet, cinabre, bleu, vert, brun et teintes de chair, elle offre quelque analogie avec la gravure sur bois hollandaise de l'immaculée Conception qui se conserve dans le même cabinet.

Des éditions postérieures, ou plutôt des copies avec de nombreuses différences parurent, en 1473, chez Hans Sporer de Bamberg et Ludwig Hohenwang à Ulm; en 1488 chez Peter Van Os à Zwolle; une autre, avec texte hollandais, à Delft et une autre pareille, en 1491, à Zwolle. Toutes ces éditions sont très-inférieures à l'original et n'en offrent souvent que des reproductions très-grossières. [87])

2. La Bible des pauvres (Biblia pauperum predicatorum).

---

86) Le facsimile d'une des gravures sur bois de cette édition se trouve dans l'ouvrage de J. A. G. Weigel: „Aehrenlese auf dem Felde der Kunst“, 2de partie, Leipsic 1841, 8vo, mais cette reproduction n'approche cependant point du dessin de l'original en beauté. Le filigrane du papier est une ancre avec deux anneaux aux extrémités.

87) Dans la Collection du prince Oettingen-Wallerstein, au château de Mahingen, se trouvent deux gravures sur bois de l'Art de mourir d'un travail assez raide, mais qui portent la marque ⋄ Ⅱ Ɔ ⋄ H. 5 p. 7—10 l. L. 4 p. c. 5 l.

Quatre exemplaires ont 40 feuilles imprimées d'un seul côté. Une cinquième, qui pourrait fort bien être la première et dont les autres diffèrent de beaucoup dans la représentation des différens sujets, a 50 feuilles. Les éditions allemandes de 1470 et 1475 sont de beaucoup inférieures aux éditions néerlandaises. Ce livre contient une série de sujets tirés du nouveau Testament, depuis la naissance de la Vierge jusqu'à la passion de Jésus Christ, inclusivement, et de là au jugement dernier, accompagnés de références aux passages ou aux faits de l'ancien Testament comme types des événemens du nouveau; de façon à ce que, sur une seule feuille, l'on voit souvent plusieurs sujets divisés entre eux par des ornemens d'architecture. Cet ouvrage est peut-être le plus vieux, mais assurément un des plus beaux dans l'édition originale, de tous les livres à images xylographiques des Pays-Bas. Le style du dessin rappelle celui de l'école de Van Eyck, mais il s'éloigne en beaucoup de points de celui de l'Ars moriendi, en ceci, surtout, que les figures sont moins sveltes. La taille a beaucoup de finesse; les contours, bien compris, n'ont que de légères indications d'ombres formées, la plupart, par des traits courts horizontaux.

Sotheby croit que le bel exemplaire de Lord Spencer est de la première édition originale dont nous n'avons vu que quelques pièces détachées, tandis que les exemplaires complets qui sont venus à notre connaissance sont d'éditions postérieures dont cinq appartiennent aux Pays-Bas (à la Hollande, à la Flandre ou au Brabant, ce qui n'est pas encore décidé), et deux à l'Allemagne. Les gravures diffèrent souvent entre elles et de plusieurs manières. Les planches de l'édition originale ont dû ensuite être transportées en Italie, puisqu'on en a tiré des épreuves à Lucques.

3. Le Miroir du Salut ou Speculum humanæ salvationis (en hollandais, Spiegel der Menscheliker Behoudenisse). Les premières éditions latines ont 63 feuilles, tandis que l'édition hollandaise a une feuille de moins. Petit-in-fol. Les 58 gravures sur bois contiennent chacune deux sujets, l'un à côté de l'autre, entourés d'un ornement d'architecture gothique. Comme dans la Bible des pauvres, l'on y voit un sujet du nouveau Testament en regard d'un sujet analogue appartenant à l'ancien. L'impression des planches est d'une teinte brun-clair tandis que le texte, imprimé au-dessous de chacune, est d'un beau noir. Les initiales, dans l'exemplaire de Bruxelles au moins, sont tracées à la plume et coloriées ensuite en rouge, ou sont dessinées en rouge au pinceau. Les écrivains hollandais attribuent cet ouvrage à Laurent Coster de

Harlem, mais il est évident, d'après le style, que ce Miroir du Salut n'a pu être exécuté avant 1460: car non seulement la beauté du dessin, mais aussi la finesse de l'exécution sur bois indiquent la période de développement de l'école de Van Eyck surtout celle où Dirk Steuerbout de Harlem florissait à Louvain (1462—68) et le style de ces compositions a beaucoup d'analogie avec la manière propre à cet artiste. Cette opinion est encore rendue plus vraisemblable par l'entente du dessin dans les chevaux qui offrent souvent des raccourcis fort difficiles. Les éditions postérieures de Jean Veldener, de 1483, contiennent encore, dans les 58 sujets représentés, 48 planches bien exécutées de l'édition attribuée à Laurent Coster et 10 autres d'une exécution inférieure, peut-être de Veldener lui-même, car elles ont beaucoup de rapport, dans la manière, avec les planches dont il orna son édition du Fasciculus Temporum, Utrecht 1471, où il se désigne lui-même comme dessinateur et graveur (Formschneider) certa manu.

4. Le Cantique des Cantiques (Historia seu Providentia B. Virginis Mariæ ex Cantico Canticorum). Les gravures sur bois offrent une série de 32 sujets sur 16 planches, in-fol. C'est une représentation allégorique où la Vierge est considerée comme symbole de l'Église chrétienne. Les compositions, dessinées d'une main très-exercée, sont finement gravées sur le bois. Les figures très-allongées rappellent l'école qui florissait à Harlem sous Dirk Steuerbout. Les ombres, dans les draperies fort bien disposées, sont indiquées par de petits traits horizontaux, précisément comme dans la Bible des pauvres. Mais le rapport est encore plus frappant, si l'on s'en tient au style du dessin, avec l'Alphabet figuré dont nous allons parler et qui parait devoir être attribué au même maître auquel appartient le Cantique des Cantiques. Or, l'Alphabet porte la date de 1464 et nous pouvons en déduire que le Cantique des Cantiques appartient à la même époque.

5. Alphabet représenté par des figures, de l'an 1464. Il est composé de 23 initiales et d'une figure à enroulemens, contenues sur deux feuilles, in-fol. Chaque lettre, gravée sur bois, est entourée d'un double trait formant carré. H. 3 p. 6 l. L. 3 p.

Deux exemplaires de cet alphabet très-intéressant sont parvenus jusqu'à nous; le premier, en pièces séparées, et incomplet se trouve au Musée Britannique, et un exemplaire bien conservé et complet sur deux grandes feuilles in-folio, faiblement coloriées en rouge et jaune (comme le St. Eustache de Bruxelles), se voit au Musée de la ville, à Bâle. D'après une communication de Docen dans le Kunstblatt de 1822, p. 51, il vit ces feuilles encore collées dans un exemplaire de l'Histoire naturelle de Pline, édition de 1478, de la bibliothèque de cette ville: les lettres sur ces deux feuilles sont disposées comme suit:

La première lettre A, formée par deux figures d'hommes qui tiennent une banderole indiquant le trait du milieu, porte au-dessous de cinq lignes factices d'écriture la date mcccclptttj en très-petits caractères. Dans l'exemplaire du Musée Britannique cette partie se trouve précisément endommagée et, par conséquent, la date est illisible. Les autres lettres ne portent aucun signe caractéristique, mais on voit un espèce de rébus sur la lettre K dont le premier trait est formé par un jeune homme agenouillé devant une femme qui tient une banderole sur laquelle se trouve inscrit: mon ♡ aucs. Jackson a donné dans son ouvrage des facsimile de trois des lettres et de l'ornement final, qui ont été reproduits par Léon de Laborde dans ses „Nouvelles recherches sur l'histoire de l'imprimerie". Cet Alphabet a aussi été gravé par un des plus anciens graveurs au burin connus en Allemagne nommé, par Duchesne, le maître aux banderoles, et nous donnerons une description détaillée des différentes lettres dans la partie de notre ouvrage consacrée à son œuvre.

6. Les sept péchés capitaux (Die sieben Todsünden). Huit feuilles, petit-in-8ʳᵒ. Chaque dissertation est précédée d'une représentation allégorique tirée de la passion de Jésus Christ et, au bas, on voit la figure d'une femme agenouillée, les mains élévées dans l'attitude de la prière. Au commencement et à la fin se trouve encore une autre figure qui remplit la page entière. L'aspect de ces figures, mais principalement de celles dans l'attitude de la prière, a beaucoup d'analogie avec celui des figures du Cantique des Cantiques. [88])

La gravure sur bois imprimée en brun-clair se trouve encore en

88) Voyez J. Koning, Verhandeling over den Oorsprung, de Uitvinding, Verbreiding en Volmaking der Boekdrukkunst. Te Harlem, 1816.

usage dans les Pays-Bas jusque vers la fin du XVe. siècle. Nous indiquerons sous ce rapport:

7. Le Speculum conversionis peccatorum, imprimé à
Alost en Flandre, 1473. 4°. C'est la première édition publiée en
Flandre qui porte une date et dont l'imprimeur est très-probablement
Théodore Martens, à cette époque le plus distingué de sa profession
dans le pays. L'ouvrage, composé de 26 feuilles, a des gravures sur
bois bien dessinées et bien exécutées; les sujets qu'elles représentent sont
toujours disposés deux à deux et séparés par une colonne, comme
on le voit dans le Speculum humanæ salvationis. Dibdin donne
deux facsimile de ces gravures dans sa Bibl. Spenceriana, Vol. IV.
p. 554.

8. Le Fasciculus temporum, ouvrage de Werner Rolewink;
Louvain, 1476, in-folio, où se trouvent plusieurs vues de villes et d'é-
difices et, sur la feuille 26, un Christ donnant sa bénédiction, dans le style
de Rogier van der Weyden le vieux. Le même ouvrage, imprimé à
Utrecht en 1480, contient des gravures sur bois absolument semblables
à celles de l'édition précédente, plusieurs petits sujets historiques et
nombre d'armoiries.

Parmi les livres à images des Pays-Bas, qui appartiennent à la fin
du XVe. siècle, nous mentionnerons encore les suivants [89]), d'autant
plus qu'en les examinant il devient évident qu'à cette époque l'art de
la gravure sur bois était en décadence et qu'il n'était plus exercé que
comme travail mécanique.

9. Jacobus de Theramo (De Ancharano) Consolatio Pecā-
tūm Belgiæ, Harlem, MCCCCLXXXIV (1484), in-fol. Les gravures
sur bois qui s'y trouvent n'ont aucun mérite artistique et diffèrent
beaucoup, dans la manière, de celles du Speculum.

10. Bartholomeus van de Proprietaten der dinghen,
Harlem, Jacob Bellaert, MCCCCLXXXV (1485), in-fol. Les gravures
sur bois de cet ouvrage sont un peu mieux exécutées que celles du
précédent, mais diffèrent néanmoins beaucoup de celles du Speculum.

11. Te boeck van den Leven ons Heeren Jhesu Christi,
Gerard Leew, 1487, avec texte flamand; une seconde édition parut en
1488 chez Claes Leew d'Anvers. Les gravures sont traitées très-
adroitement, mais sans finesse.

---

89) Voyez à ce sujet Sotheby, „Principia typographica", où l'on trouvera quelques
facsimile de ces gravures.

une communication de Docen dans le Kunstblatt de 1822, p. 51, il vit
ces feuilles encore collées dans un exemplaire de l'Histoire naturelle
de Pline, édition de 1478, de la bibliothèque de cette ville: les lettres sur ces deux feuilles sont disposées comme suit:

La première Lettre A, formée par deux figures d'hommes qui tiennent
une banderole indiquant le trait du milieu, porté au-dessous de cinq
lignes factices d'écriture la date mcccclptttj en très-petits caractères.
Dans l'exemplaire du Musée Britannique cette partie se trouve précisément endommagée et, par conséquent, la date est illisible. Les autres
lettres ne portent aucun signe caractéristique, mais on voit une espèce
de rébus sur la lettre K dont le premier trait est formé par un jeune
homme agenouillé devant une femme qui tient une banderole sur laquelle se trouve inscrit: mon ♡ avcs. Jackson a donné dans son
ouvrage des facsimile de trois des lettres et de l'ornement final. Nous
rangeons cet Alphabet parmi les œuvres xylographiques quoiqu'il ne
forme pas un livre, parcequ'il est traité de la même manière que les
pièces précédentes. Il a été gravé également au burin par le vieux
maître, dit aux banderoles, et nous donnerons une description détaillée
des différentes lettres dans la partie de notre ouvrage consacrée à
son œuvre.

6. Les sept péchés capitaux (Die sieben Todsünden). Huit
feuilles, petit-in-8vo. Chaque dissertation est précédée d'une représentation allégorique tirée de la passion de Jésus Christ et, au bas, on voit
la figure d'une femme agenouillée, les mains élevées dans l'attitude de
la prière. Au commencement et à la fin se trouve encore une autre
figure qui remplit la page entière. L'aspect des figures, mais principalement de celles dans l'attitude de la prière, a beaucoup d'analogie
avec celui des figures du Cantique des Cantiques.[88]

La gravure sur bois, imprimée en brun-clair, se trouve encore en

---

88) Voyez J. Koning, Verhandeling over den Oorsprung, de Uitvinding, Verbreiding en Volmaking der Boochdruckkunst. Te Harlem, 1816.

usage dans les Pays-Bas jusque vers la fin du XV°. siècle. Nous indiquerons sous ce rapport:

7. Le Fasciculus temporum, ouvrage de Werner Rolewink;
Louvain, 1476, in-folio, où se trouvent plusieurs vues de villes et d'é-
difices et, sur la feuille 26, un Christ donnant sa bénédiction, dans le style
de Rogier van der Weyden le vieux. Le même ouvrage, imprimé à
Utrecht en 1480, contient des gravures sur bois absolument semblables
à celles de l'édition précédente, plusieurs petits sujets historiques et
nombre d'armoiries.

Parmi les livres à images des Pays-Bas, qui appartiennent à la fin
du XV°. siècle, nous mentionnerons encore les suivants [89]), d'autant
plus qu'en les examinant il devient évident qu'à cette époque l'art de
la gravure sur bois était en décadence et qu'il n'était plus exercé que
comme travail mécanique.

8. Historia sanctæ Crucis, imprimée par Jan Veldener à
Culenborch en 1483. In-4. Ce livre contient 64 sujets en gravures sur
bois sous lesquelles se trouvent toujours une stance de quatre vers rimés.
La première gravure représente Adam en conversation sérieuse avec son
fils Seth. La seconde un ange qui donne à Seth trois grains pour les mettre
dans le tombeau de son père, d'où croîtra un bon arbre sur lequel le
Christ versera son sang. Les autres sujets suivent la légende assez fantastique d'après laquelle l'arbre fut transporté par Moïse dans le pays de
Moab et par David dans la cour de son palais à Jérusalem. Salomon le fit
abattre pour l'employer à la construction du temple, mais informé par la
reine de Saba de sa haute destination, il le fit conserver dans une chapelle
du temple. Après bien des aventures, on en fit la croix pour le crucifiement
du Christ et on l'enterra ensuite. Plus tard elle fut retrouvée par l'impéra-
trice Hélène. Enfin les sujets du livre terminent par la vénération de la
croix par Heraclius et les miracles qu' elle opéra. Les gravures sur bois
sont pauvres d'invention et assez rudement traitées. Dibdin en donne
quelques reproductions dans sa „Bibliotheca Spenceriana." Vol. III p. 348.

9. Jacobus de Theramo (De Ancharano) Consolatio Pecā-
tūm Belgiæ, Harlem, MCCCCLXXXIV (1484), in-fol. Les gravures
sur bois qui s'y trouvent n'ont aucun mérite artistique et diffèrent
beaucoup, dans la manière, des xylographies primitives.

10. Bartholomeus van de Proprietaten der dinghen,

---

89) Voyez à ce sujet Sotheby, „Principia typographica", où l'on trouvera quelques
facsimile de ces gravures.

Harlem, Jacob Bellaert, MCCCCLXXXV (1485), in-fol. Les gravures sur bois de cet ouvrage sont un peu mieux exécutées que celles du précédent, mais diffèrent néanmoins beaucoup de celles du Speculum.

11. Te Boeck van den Leven ons Heeren Jhesu Christi, Gerard Leew, 1487, avec texte flamand; une seconde édition parut en 1488 chez Claes Leew d'Anvers. Les gravures sont traitées très-adroitement, mais sans finesse.

Une gravure sur bois, très-intéressante pour l'histoire des coutumes du temps, est au contraire imprimée en noir. C'est une invitation à prendre part à une loterie de la „Sint Joris gulde binnen Mecheln" de l'an 1520 et portant, en haut, l'inscription française: „Loterie de la Confrarie Sainct George à Malines". Au-dessus on voit représentés des vases en argent, des pots, des tasses, des cuillères, des assiettes etc. Gr. in-fol. Cette feuille est conservée dans la Collection de la Bibliothèque royale à Bruxelles.

On trouve encore dans la même bibliothèque une lettre d'indulgences de 1521, gravée sur métal, en faveur de ceux qui viendraient en aide à l'hôpital de Paris. On y voit une représentation de cet hôpital avec des femmes qui soignent les malades; au-devant le roi de France à genoux. Gr. in-fol.

La gravure sur bois se trouve employée en Hollande surtout vers la fin du XVe. siècle, et les planches sont imprimées au moyen des presses introduites dans ce pays par les imprimeurs allemands et avec le beau noir luisant qui leur est particulier. Le Cabinet d'Amsterdam possède une de ces gravures sur bois représentant Jésus qui guérit le serviteur du centurion. Celui-ci s'avance vers le Christ et se voit accompagné de deux jeunes gens dont l'un tient sur le poing un faucon. A gauche est un lit d'où le serviteur, qui est nu, se lève guéri. Un homme passe à côté de lui. Petit in-folio. Cette gravure a été tirée d'un livre imprimé en 1499, à Zwolle, par Peter Os de Breda.

Le livre intitulé: „Cronycke van Hollandt, Zeelandt ende Vrieslandt etc. Tot Leyden bi Jan Severs, 1517", contient encore des gravures sur bois dont on attribue la composition à Lucas de Leyde, ce qui nous paraît difficile d'admettre, puisque le style de la composition et du dessin diffère essentiellement de celui des gravures sur bois, bien connues, d'après les dessins de ce maître. Ces gravures, comme on le sait, montrent de larges masses de lumière et d'ombre et un excellent dessin. Dans les gravures de la Chronique, au contraire, la taille est irrégulière, l'effet incertain, faisant même l'effet de taches et le dessin trahit plutôt le style de l'école de Van Eyck.

Lucas de Leyde a fait pour la Hollande ce qu'Albert Dürer a fait pour l'Allemagne, ayant par la manière dont il a traité ses dessins porté dans ce pays la gravure sur bois au plus haut point de perfection. Nous n'avons aucune autorité pour croire qu'il ait lui-même gravé sur bois, quoiqu'il soit bon de remarquer que presque tous les bois d'après ses dessins portent le caractère d'avoir été exécutés par la même main.

Jacob Cornelisz d'Oostsanen dans le Waterland, que l'on avait faussement, en se basant sur son monogramme, tenu pour Walther van Assen à Amsterdam, est un autre peintre de la Hollande de cette époque dont nous avons beaucoup de gravures sur bois. Si l'on considère le nombre de celles que nous avons de lui, nous ne pouvons conclure qu'il les ait toutes exécutées lui-même, mais seulement qu'il en a donné les dessins. Ceci deviendra encore plus vraisemblable si nous considérons que ses tableaux, comme une Judith dans le Musée d'Amsterdam et une Hérodiade dans la galerie de Cassel, sont conduits avec la plus grande diligence, dans le genre de Lucas de Leyde, et que des travaux aussi soignés ne lui auraient guère laissé de temps pour s'occuper de la gravure sur bois.

Cornelius Teunisse, peintre d'Amsterdam, qui florissait en même tems que Jacob Cornelisz dans la première moitié du XVIe. siècle, a préparé aussi plusieurs dessins pour la gravure sur bois qu'il signait C ♁ T. Le graveur (Figursnyder) de deux de ces dessins se nommait Jan Ewoutzoon et c'est probablement lui qui a exécuté les autres bois d'après ce maître.

Nous trouvons à Anvers, entre 1540 et 1580, quelques excellents graveurs sur bois. C'est ainsi que Hans Liefrinck a exécuté entre autres, la belle gravure sur bois qui se voit dans le Cabinet d'Amsterdam et qui représente le Duc Guillaume de Juliers et de Clèves. Ce prince est représenté debout, dans un costume très-riche, avec ses armoiries à gauche et l'inscription suivante à la partie supérieure de la gravure:

„Van Gods ghenaden Wilhelm hertooch van Gulyck, Cleve, Berghe; Grave van der Marck, van Ravenssperg, herrn van Ravensteyn,“ et au-dessous: „Gedruckt Th'antwerpen op de Lombarde veste by my Hans Liefrinck, formschnyder.“

On prétend que ce graveur est originaire de Leyde et qu'il a été en même temps graveur au burin et peintre, mais il est douteux qu'il

Une gravure sur bois, très-intéressante pour l'histoire des coûtumes du tems, est au contraire imprimée en noir. C'est une invitation à prendre part à une loterie de la „Sint Joris gulde binnen Mecheln" de l'an 1520 et portant, en haut, l'inscription française: „Loterie de la Confrarie Sainct George à Malines". Au-dessus se voient représentés des vases en argent, des pots, des tasses, des cuillières, des assiettes etc. gr. in-fol. Cette feuille est conservée dans la Collection de la Bibliothèque royale à Bruxelles.

On trouve encore dans la même bibliothèque une lettre d'indulgences de 1521, gravée sur métal, en faveur de ceux qui viendraient en aide à l'hôpital de Paris. On y voit une représentation de cet hôpital avec des femmes qui soignent les malades; au-devant le roi de France à genoux. Gr. in-fol.

L'imprimeur Jean Clein de Leyde se servit aussi souvent de gravures sur métal. C'est ainsi que nous trouvons son édition du „Hortulus animae etc. Nurnberg impensis Anton Koberger. Impressus etc. Lugduni, arte et industria Johannis Clein Chalcographi. Anno Dni MCCCCXI," ornée de gravures sur métal en partie dans le style de Wohlgemuth et du maître M Z, et dont les dessins originaux lui auront été probablemeut envoyés de Nuremberg.

La gravure sur bois se voit employée en Hollande surtout vers la fin du XVe. siècle et les planches sont imprimées au moyen des presses introduites en Hollande par les imprimeurs allemands et avec le beau noir luisant qui leur est particulier. Le Cabinet d'Amsterdam possède une de ces gravures sur bois représentant Jésus qui guérit le serviteur du centurion. Celui-ci s'avance vers le Christ et se voit accompagné de deux jeunes gens dont l'un tient au poing un faucon. A gauche est un lit d'où le serviteur, qui est nu, se lève guéri. Un homme passe à côté de lui. Petit-in-folio. Cette gravure a été tirée d'un livre imprimé en 1499, à Zwolle, par Peter Os de Breda.

Le livre intitulé: „Cronycke van Hollandt, Zeelandt ende Vrieslandt etc. Tot Leyden bi Jan Severs, 1517", contient encore des gravures sur bois dont on attribue la composition à Lucas de Leyde, ce qu'il nous parait difficile d'admettre, puisque le style de la composition et du dessin diffère essentiellement de celui des gravures sur bois bien connues d'après les dessins de ce maître. Ces gravures, comme on le sait, montrent de larges masses de lumière et d'ombre et un excellent dessin. Dans les gravures de la Chronique, au contraire, la taille est irregulière, l'effet incertain, faisant même l'effet de taches et le dessin trahit plutôt le genre de l'école de Van Eyck.

Lucas de Leyde a fait pour la Hollande ce qu'Albert Durer a fait pour l'Allemagne, ayant par la manière dont il a traité ses dessins porté dans ce pays la gravure sur bois au plus haut point de perfection. Nous n'avons aucune autorité pour croire qu'il ait lui-même gravé sur bois, quoiqu'il soit bon de remarquer que les bois d'après ses dessins portent le caractère d'avoir été toutes exécutées par la même main.

Jacob Coornelisz d'Oostsanen dans le Waterland, que l'on avait faussement, en se basant sur son monogramme tenu pour Walther van Assen à Amsterdam, est un autre peintre de la Hollande de cette époque dont nous avons beaucoup de gravures sur bois. Si l'on considère le nombre de celles que nous avons de lui, nous ne pouvons conclure qu'il les ait toutes exécutées lui-même, mais seulement qu'il en a donné les dessins. Ceci deviendra encore plus vraisemblable si nous considérons que ses tableaux, comme une Judith dans le Musée d'Amsterdam et une Hérodiade dans la galerie de Cassel, sont conduits avec la plus grande diligence, dans le genre de Lucas de Leyde, et que des travaux aussi soignés ne lui auraient guère laissé de tems pour s'occuper de la gravure sur bois.

Cornelius Teunissen, peintre d'Amsterdam, qui florissait en même tems que Jacob Cornelisz dans la première moitié du XVe. siècle, a préparé aussi plusieurs dessins pour la gravure sur bois qu'il signait CAT. Le graveur (Figursnyder) de deux de ces dessins se nommait Jan Ewoutzoon et c'est probablement lui qui a exécuté les autres bois d'après ce maître.

Nous trouvons à Anvers, entre 1540 et 1580, quelques excellens graveurs sur bois. C'est ainsi que Hans Liefrinck a exécuté la belle gravure sur bois qui se voit dans le Cabinet d'Amsterdam et qui représente le Duc Guillaume de Juliers et de Clèves. Ce prince est représenté debout, dans un costume très-riche, avec ses armoiries à gauche et l'inscription suivante à la partie supérieure de la gravure:

„Van Gods ghenaden Wilhelm hertooch van Gulyck, Cleve, Berghe; Grave van der Marck, van Ravenssperg, herrn van Ravensteyn,“ et au-dessous: „Gedruckt Th'antwerpen op de Lombarde veste by my Hans Liefrinck, Formschnyder.“

On prétend que ce graveur est originaire de Leyde et qu'il a été en même tems graveur au burin et peintre, mais il est douteux qu'il

mérite cette dernière qualification. Il est plus probable qu'il n'ait
gravé que d'après les dessins d'autres artistes, comme par exemple dans
la gravure au burin „Velderhande aertyke compertementen" etc. d'après
F. Floris. „Liefrinck fec. 1564." 8vo. Liefrinck appartenait probablement à la famille d'artistes du même nom qui s'établit à Augsbourg,
où l'on trouve un Cornelius et un Wilhelm Liefrinck qui ont exécuté
des bois d'après les dessins d'Albert Durer et de Burgkmair.

On regarde comme plus ancien encore le graveur sur bois Antoine Phillery d'Anvers quoiqu'il ait vécu, comme Liefrinck, vers le
milieu du XVIe. siècle. On connait de lui une série de 21 gravures
sous le nom de „Genealogia illustrissimæ domus Austriæ etc. Ant-
werpiæ etc. anno virginei partus supra sesquimillesimum quadragesimo,
Augusto mense." Ensuite deux soldats et une femme avec l'inscription:
„𝕲heprint t' 𝕬ntwerpen by my 𝕻hillery 𝖉e 𝕱igurfnyder." Pet.
in-folio.

Petrus a Merica qui signe ses ouvrages du monogramme
et qui a exécuté plusieurs gravures sur bois d'après Jérôme
Bos, Franz Floris, Pierre Breughel etc., était encore un artiste distingué
en ce genre. Il nous a laissé un excellent travail dans sa vue d'Amsterdam, à vol d'oiseau, composée de quatre feuilles, où l'on trouve, au
bas à droite, la signature: „Petrus (le monogramme) a Merica fecit
1569." Le peintre Lambert à Noort en avait fait le dessin et l'éditeur
Hans Liefrinck dédia la gravure au Sénat d'Amsterdam. Elle mesure
25 p. 9 l. de hauteur sur 35 p. 6 l. de largeur.

Plusieurs excellents graveurs sur bois travaillaient encore dans la
seconde moitié du XVIe. siècle à Anvers où ils étaient occupés principalement pour les éditions publiées dans cette ville par Christophe Plantin.
Nous ne connaissons point avec assez de certitude tous leurs noms.
Un d'eux se nommait Assuerus van Londerseel, né à Amsterdam en 1548. Il exécuta, d'après les dessins de Peter van der
Borcht, plusieurs gravures pour l'ouvrage de Nicolas Nicolay intitulé:
„Vier Bücher von Raisz und Schiffart in die Türkay, Antorff, W. Silvius. 1576," qui a été traduit en plusieurs langues et aussi en français
sous le titre: „Les Navigations, Pérégrinations et Voyages faits en la
Tourquie etc. Antwerpiae, Gulielmus Silvius, 1576."

C'est ici le lieu de parler des gravures à plusieurs planches ou
en clair-obscur. Quoique l'inventeur de ce procédé, Jost de Necker
domicilié à Augsbourg, soit originaire d'Anvers, il parait cependant que
ce genre de gravures n'avait été introduit dans les Pays-Bas que vers

la fin du XVIe. siècle. Aux plus anciens échantillons de cette branche de l'art appartiennent sans aucun doute les deux gravures sur bois d'après Durer, le portrait d'Ulrich Varnbueler et le Rhinocéros, dont le bois déjà fendu parvint aux mains du graveur en taille douce (Plaetsnyder) Hendrick Hondius à la Haye, qui exécuta, pour cette gravure, deux autres planches à clair-obscur, tandis que les anciens exemplaires allemands se trouvent, à ce qu'il parait, imprimées simplement en noir.

C'est aussi au même éditeur que nous devons probablement la caricature d'un nain, en clair-obscur de trois planches; au-dessus de la figure se voit écrit dans les ciels: LE CAPITAINE RAGVEIT. Ce nain, à la grosse tête, porte un capuchon orné de deux plumes et tient à la main un épieu auquel est suspendu un poisson. Il est chaussé de sabots et suivi à gauche par un petit chien. Cette feuille, qui porte le caractère de l'humeur satirique hollandaise, parait appartenir à l'école des Pays-Bas de la fin du XVIe. siècle. H. 7 p. 4 l. L. 5 p. 1 l.

Mais le plus connu entre tous les artistes hollandais qui se sont occupés de la gravure en clair-obscur est le peintre et graveur Abraham Bloemaert. Il naquit à Gorcum en 1564 ou 1567, vécut pour la plupart du tems à Amsterdam et mourut 1647 à Utrecht. Il s'éloigna du procédé ordinaire de la gravure en clair-obscur en ce qu'il traçait à l'eau forte le contour sur une planche de cuivre et les ombres sur des planches de bois. Deux gravures traitées dans cette manière, le Moïse et l'Aaron, sont particulièrement estimées.

Le peintre et architecte Paul Moreelsen, né à Utrecht en 1571, exécuta quelques gravures en clair-obscur, entre autres une Lucrèce qui se donne la mort en présence d'une vieille servante et un Amour dansant avec deux jeunes femmes.

A une époque postérieure, la gravure sur bois prit à Anvers un élan extraordinaire dans l'école de Rubens. A l'exemple d'Albert Durer, de Holbein, de Lucas de Leyde et du Titien, ce grand maître ne contribua pas seulement par les dessins qu'il exécutait pour cet objet à porter l'art de la gravure sur bois à un très-haut point de perfection, mais il imprima à ces gravures un reflet de son propre génie. Il fut puissamment secondé dans ses efforts par un excellent graveur sur bois, un Allemand, du nom de Christophe Jegher, qui sut parfaitement entrer dans l'esprit du maître et qui exécuta, depuis son établissement à Anvers en 1620, la plus grande partie de ces bois si recherchés de nos jours. Il en grava plusieurs en clair-obscur.

Nous voyons en Hollande un artiste, J. Livens, battre une autre voie et nous offrir des gravures sur bois d'une seule planche, exécutées dans un style très-pittoresque. Mais ces travaux postérieurs sur bois embrassent une époque, qui se trouve hors des limites de nos recherches actuelles et nous devons, par conséquent, conclure ici les remarques que nous avons cru devoir faire sur cette branche de l'art néerlandais.

Gravures italiennes sur bois et sur métal.

Nous ne possédons aucune gravure sur bois ou sur métal, imprimée sur papier ou sur parchemin, du XIIIe. au XVe. siècle en Italie, comme c'est le cas pour la même époque en Allemagne. Cependant l'art de graver sur bois n'était pas inconnu dans ce pays dès le XIVe. siècle [90]) et nous en trouvons la preuve dans un fragment de tapisserie

---

90) Il est très-probable que, déjà dans le XIIe. siècle ou vers le commencement du XIIIe., l'on ait employé en Italie la gravure sur bois pour des impressions sur des étoffes de soie. Mr. T. O. Weigel à Leipsic possède dans ce genre une bande de taffetas ayant probablement servi de bordure ou d'ornement à une chasuble ou chape et qui montre, sur un fond rouge-brun, un ornement contourné en guise de S avec des boutons de fleurs en laque rouge, bordés de noir, absolument dans la forme et dans le style de ceux que l'on rencontre dans les miniatures ou sur les sculptures de l'époque. Autant que l'on en peut juger par la condition actuelle de cette pièce d'étoffe, le contour noir dans cet ornement n'est point peint mais imprimé.

Quoique cette bande de soie ait été conservée et trouvée en Allemagne, elle ne peut être cependant originaire de ce pays, car l'art du tissage en soie n'y était pas encore connu alors. Nous devons donc croire que, si elle n'est point un morceau d'un „pallium pictum" d'origine byzantine, cette bande ne peut que provenir de la manufacture d'étoffes de soie qui existait à Palerme; car d'après ce que Othon de Freisingen nous en apprend, Roger, roi de Sicile, avait, dès 1146, retenu des ouvriers grecs, ses prisoniers, pour établir des métiers à soie dans son royaume. Peu de tems après on fait mention de l'institution privilégiée pour la manufacture des étoffes de soie, „l'hôtel de Tiraz", sous la direction d'ouvriers tisseurs sarrasins et le vêtement préparé pour le couronnement d'un des empereurs allemands porte l'indication qu'il a été exécuté à Palerme en 1183. Déjà, dans le XIIIe. siècle, nous trouvons des étoffes de soie manufacturées à Gènes et, selon toute apparence, également-

en toile possédé par Mr. l'avocat Odet à Sion dans le Valais et représentant l'histoire d'Oedipe au moyen de formes taillées sur bois. Le premier renseignement qui nous a été donné sur ce travail d'art nous est fourni par une description du Dr. Ferdinand Keller, accompagnée de cinq planches et à laquelle nous empruntons les détails suivants [91]) :

ment à Venise, mais surtout à Lucques où, depuis 1248, le tissage de la soie fit de grands progrès jusqu'à ce qu'en 1309—1314 les ouvriers, chassés de ces parages par les troubles du tems, emigrèrent d'abord à Venise, ensuite à Milan, Florence et Bologne.

Nous avons emprunté ces renseignemens succincts sur l'introduction et le développement du tissage de la soie en Italie à l'excellent ouvrage de M. Fr. Bock intitulé: Histoire des vêtemens liturgiques au moyen-âge (Geschichte der liturgischen Gewänder des Mittelalters etc.) Bonn 1856. 8°. p. 27—45, et nous avons pu en déduire, avec assez de vraisemblance, non seulement le but dans lequel l'impression au moyen de planches en bois a pu venir en usage de si bonne heure en Italie, mais aussi reconnaître les lieux où cet art s'est répandu, quoique pour l'impression des étoffes seulement. Deux autres pièces, également en possession de Mr. T. O. Weigel, nous en offrent des exemples. La première est une bande de coutil imprimée qui porte, sur fond noir, un ornement entrelacé terminé par des feuilles et des fleurs et avec deux oiseaux conventionnels, d'un dessin très-élégant; l'autre est une bande de satin qui montre, sur fond blanc, des rinceaux de fleurs avec un vase, imprimés en noir, dans le goût lombardo-vénitien de la fin du XVe. siècle. Ces deux bandes, dont l'une est doublée de la même étoffe et la seconde montre encore les restes d'une doublure en toile, sont de forme et de largeur analogues, toutes deux terminées par des franges et paraissent avoir fait partie d'une étole ou d'un manipule de forme antique, tels qu'on les trouve représentés dans l'ouvrage de Ferrario „Le costume ancien et moderne" etc. Europe, vol 1. p. 1. pl. 88. fig. 8, chez un évêque tenant entre les mains les deux candelabres du rit grec et pl. 90 dans les figures de S. Sampson et S. Germanus, tirées d'une peinture antique; ces parties de l'habillement sacerdotal paraissent aussi avoir été en usage, dans la même forme, au moyen-âge à en juger par ce que l'on en voit représenté dans la figure du tombeau de l'évêque Gunther de la cathédrale de Bamberg, qui a été reproduite par Cahier et Martin dans leurs „Mélanges d'archéologie" etc. vol. II. pl. 35.

Dans la même collection on remarque encore deux pièces allemandes, du même genre, imprimées en noir sur un fort tissu de toile. Toutes deux appartiennent à un devant d'autel du milieu du XVe. siècle et représentent, l'une, dans les compartimens du milieu, le Christ en croix entre la Vierge et St. Jean, sur fond orné, et dans les parties latérales un riche patron damassé avec deux aigles, le tout imprimé au moyen de trois planches en bois. La seconde pièce montre la Sainte Vierge tenant dans ses bras l'enfant Jésus sous un riche tabernacle gothique flanqué de deux piliers supportant deux prophètes. Au bas se trouve, en grandes lettres de forme, le nom maria également sur fond noir.

91) Mittheilungen der antiquarischen Gesellschaft in Zürich, vol. XI. livr. 6. Et imprimé séparément sous le titre: Die Tapete von Sitten. Ein Beitrag zur Ge-

Ces tapisseries sont en toile de chanvre écrue qui a reçu une
teinte couleur de cuir, et montrent trois divisions placées, l'une au-
dessus de l'autre, entourées de bordures ornées et renfermant des
sujets à figures qui se détachent en clair sur un fond noir. La division supérieure a deux compartimens oblongs, un autre plus petit
et un quatrième, dont on ne voit plus qu'un fragment, représentant sept
jeunes gens, hommes et femmes, qui dansent en se donnant la main
et qui sont précédés par un couple de musiciens. La division du milieu,
en six compartimens, nous montre des groupes alternés de guerriers
en armure combattant contre des maures à cheval. La division inférieure, également en six compartimens, contient l'histoire d'Oedipe avec
des inscriptions explicatives. Les figures ont environ 7¹/₂ pouces de
hauteur et portent le costume en usage dans la haute Italie vers la moitié
du XIVᵉ. siècle. La forme des caractères majuscules gothiques indique
celle des lettres en usage dans ce pays à la même époque. Comme
nous l'avons déjà indiqué, les figures se détachent en jaune clair sur
un fond noir; la bordure qui les renferme est formée d'écussons con-
tournés portant des bustes de femmes ou des figures monstrueuses
fantastiques. Les sujets figurés portent en hauteur 8 p. 9 l. et les

---

schichte der Xylographie mit einigen Bemerkungen von Dr. Ferdinand Keller. Zürich 1857. 4°. Cette découverte, dont la notice nous est parvenue très-récemment,
est de nature à ramener notre attention sur le passage déjà cité de Papillon où il
fait mention que, vers 1285, les jumeaux A l e x a n d r e A l b é r i c et I s a b e l l e
C u n i o , de Ravenne, auraient d'abord peint les gestes d'Alexandre le grand pour
graver ensuite sur bois ces compositions réduites au sixième de leur dimensions
primitives et que, les ayant accompagnées d'inscriptions en vers, ils en auraient
formé un livre dédié au pape Honorius IV. Il est remarquable, à ce propos, que
les sujets qui nous occupent sont également tirés de l'histoire grecque ancienne,
qu'ils sont accompagnés d'inscriptions et qu'ils doivent leur origine à la haute Italie
et bien que nous partagions complètement les doutes soulevés par Zani sur l'authenticité de l'assertion de Papillon, il nous a paru convenable de mentionner ce
rapprochement afin d'exciter les amateurs à faire des recherches ultérieures sur un
point aussi intéressant pour l'histoire des premiers essais de la gravure sur bois en
Italie. Les données au sujet des frères Cunio se trouvent au long dans l'ouvrage
de Papillon intitulé: „Traité historique et pratique de la Gravure sur bois, Paris,
1766, I. 83 — 89“, et dans celui de Zani: „Materiali per servire alla storia dell'
origine e de' progressi dell' incisione in rame e in legno etc. Parma 1802.“ 8°.
Ce dernier remarque que l'exemplaire xylographique des Cunio pourrait encore exister
dans la bibliothèque du Vatican et que l'on devrait chercher à le retrouver, puisque
la xylographie analogue mentionnée par Papillon sur la foi du capitaine suisse de
Greder, de Bagneux près Mont-Rouge, comme ayant appartenu à un de ses compatriotes, M. Spirchtvel, n'est jamais venue à la connaissance du public.

bordures ornées 4 p., le fragment entier ayant 2 pieds 2 p. 6 l. de hauteur et 7 pieds 8 p. en largeur.

Plusieurs circonstances nous démontrent qu'il ne s'agit point ici d'une chose peinte à la main, mais bien d'un travail au moyen de formes taillées sur des planches de bois. D'abord la répétition exacte des mêmes figures dans les ornemens de la bordure, ensuite les déplacemens dans la position des formes, et ce qui est encore plus décisif, la circonstance que, par inattention, quatre des têtes contenues sur une forme ont été imprimées en sens inverse. Tout en renvoyant pour une analyse plus détaillée des compositions formant l'histoire d'Oedipe à l'opuscule du Dr. Keller, nous donnerons ici une courte description des différens sujets.

1. De cette première composition il ne reste qu'un fragment avec quatre têtes et les noms EDIP' LAGVS.

2. Deux serviteurs du roi tiennent Oedipe enfant et lui coupent le tendon d'Achille; à droite ils le suspendent à un arbre. A côté de la première composition on lit: FAMVLI: REX et EDIP'. Au-dessous le chiffre Z.

3. Deux serviteurs du roi Polypos, à cheval, remettent Oedipe enfant, trouvé par eux dans la forêt, à leur maître qui s'avance à leur rencontre, suivi d'un fauconnier. En haut les noms EDIP'. — . POLIPVS. En bas à droite, dans le coin, le chiffre 3.

4. Représente une chambre du palais de Corinthe où une servante porte l'enfant sur les genoux, tandis que la reine, tenant la jambe gauche d'Oedipe, parle au roi. A droite un chirurgien et un serviteur. En haut POLIPVS . — . CIROIG et au-dessous de l'enfant EDIP'; à gauche, dans le coin, le chiffre 4 (4).

5. Oedipe, sous la figure d'un jeune homme fait, reçoit du secrétaire du roi, debout à côté de lui, des informations sur son origine et celui-ci lui recommande le secret en lui posant la main sur la bouche. A droite Oedipe s'entretient avec son père nourricier Polypos. Les noms EDIP', SECRETARIVS. REX, POLIPVS, REX se lisent à côté des personnages respectifs et au bas on trouve le chiffre 4 (5).

6. Oedipe, à cheval, perce, de sa lance, son père Laius dans un combat singulier devant les portes de Thèbes, comme l'indiquent les lettres CI . . . . T qui se voient sur la porte de la ville. Derrière Oedipe, un homme à cheval tient sur une perche une tête coupée qui, d'après les romans italiens et français, représente celle du Sphinx. L'inscription du haut porte EDIP'. LAGVS. REX et au-dessous à gauche se trouve le chiffre b (6).

Le plus ancien document écrit qui a rapport à l'art de la gravure sur bois en Italie est la défense du Sénat de Venise, en date de 1441, d'importer des cartes à jouer et des figures imprimées et peintes, défense dont nous avons déjà parlé plus haut. Il en faut conclure que la gravure sur bois était déjà connue et pratiquée dans l'étendue de la république à une époque assez reculée, et, s'il ne nous est point resté aucun exemplaire de ces anciennes cartes à jouer italiennes[92]) ou d'autres gravures sur bois de cette époque, il faudrait admettre que l'art de la gravure sur bois n'y a jamais obtenu qu'un rang très-secondaire et qu'il y soit tombé bientôt en désuétude.

Dans l'Italie inférieure cet art ne parait avoir été employé que pour des impressions sur toiles de soie ou de lin. Car, même dans l'artistique Florence, nous ne trouvons, jusqu'au XVIᵉ. siècle, aucun exemple qui puisse nous prouver qu'on y ait fait usage de la gravure sur bois. L'édition de la vie des papes et des empereurs de Pétrarque, imprimée, en 1478, à Florence dans le monastère de St. Jacques de Ripoli, a encore les initiales dessinées au pinceau, soit en rouge soit en bleu, et les portraits des papes et des empereurs sont tracés à la plume et légèrement coloriés. Nous ne trouvons pas même de gravures sur bois ou sur métal dans les productions de Nicolo di Lorenzo della Magna qui imprima à Florence son édition du Monte Santo di Dio, en 1477, et celle de la Divina Comedia de Dante, en 1482, qui furent ornées de gravures au burin de Baccio Baldini d'après les dessins et même avec la coopération de Sandro Botticelli.

A Rome l'art de la gravure sur bois fut premièrement introduit par un imprimeur allemand qui l'exerçait peut-être lui-même, car à cette époque la plupart des imprimeurs étaient également graveurs sur

---

92) CHATTO donne, il est vrai, dans son ouvrage intitulé: „Origin and history of playing cards," London 1848. p. 88, des facsimile des cartes à jouer, conservées dans le Musée Britannique, qu'il croit d'origine vénitienne, fondé sur la circonstance que, sur le Deux de clochettes, l'on voit un lion qu'il prend pour le lion de St. Marc; mais il faut observer qu'il n'est point ailé, ce qui aurait été le cas pour le lion héraldique. Il est bon de remarquer en même tems que ces cartes gravées sur bois, comme il est évident par les fentes que l'on y remarque, sont des copies de cartes à jouer dont on conserve encore quelques-unes du jeu original dans la bibliothèque de Berlin, ainsi que nous l'avons déjà rapporté. Celles-ci sont beaucoup mieux dessinées et gravées que celles de Londres et si l'on veut que ces dernières soient véritablement de fabrique vénitienne (ce que nous ne pouvons pas admettre), elles nous offriraient un triste échantillon de l'art vénitien à cette époque.

bois. Le premier qui imprima en Italie un livre orné de gravures sur bois fut **Ulrich Han** ou **Hahn d'Ingolstadt**, qui publia à Rome, en 1467, les „Meditationes Johannis de Turrecremata"[93]) et les orna de trente-quatre gravures sur bois ou sur métal. H. 4 p. 5 l. L. 6 p. Ces illustrations commencent avec la création du monde et terminent avec le jugement dernier. La gravure en est traitée dans le style allemand, tandis que les compositions ont été empruntées à des fresques italiennes que l'auteur des Méditations, qui était en même temps cardinal de l'église de „Santa Maria sopra Minerva" à Rome, avait fait peindre, comme il est dit expressément sur le titre. On croit que ces gravures ont été exécutées d'après des peintures de Fra Angelico da Fiesole, puisque ce moine artiste est mort dans le couvent en 1455 et que l'auteur s'exprime ainsi dès le commencement de l'ouvrage: „O quam dulce et jucundum est de iis creatricis tuæ majestatis operibus frequenter meditari ubi simul ratione eruditur sensus, suavitate delectatur animus; universus quidem mundus esto sensibilis quasi liber est scriptus digito tuo et singulæ creaturæ quasi figuræ quædam sunt non humano placito sed tuæ divinitatis arbitrio institutæ etc." Mais ce passage ne prouve en rien que Fra Angelico da Fiesole ait exécuté ces peintures et Vasari n'en fait aucune mention. Il est à regretter qu'elles n'existent plus pour nous éclairer sur ce point et qu'elles aient été reproduites tellement dans le style allemand que la manière du maître italien n'est plus reconnaissable; il n'y a que quelques-unes des gravures qui rappellent, par le costume des soldats romains et par les cyprès dans les paysages, leur origine italienne. Ulric Han publia, en société avec Simon de Luca, deux autres éditions de l'ouvrage de Turrecremata en 1473 et 1478, mais avec la reproduction de 33 de ces gravures seulement, puisque celle du jugement dernier manque à toutes les deux. L'édition d'Étienne Planck „de Patavia", Rome 1498, contient des gravures sur métal d'une taille bien diverse et qui s'éloignent même beaucoup dans la composition de celles des éditions de Ulric Han.

---

93) Le titre et la signature sont ainsi conçues: „Meditationes reverendissimi patris dñi Johannis de turre cremata sacrostē Romane ecliē cardinalis posite et depictē de ipsius mādato in ecclē ambitu Stᵉ. Marie de Minerva Rome. — Finite sunt contemplationes super dicte et continuate Rome p̄ Ulricum han. Anno domini millesimo quadrigentesimo sexagesimo septimo die ultimo mensis decembris I. R." — 34 feuilles, in-folio, conservées dans la bibliothèque de Nuremberg et que l'on croit uniques.

L'édition imprimée en 1490 à Foligno a des gravures sur métal d'un plus petit format. [94])

Un autre ouvrage imprimé par Étienne Planck de Padoue à Rome, durant l'année suivante, intitulé: „Cura clericalis" (Imp. Romæ p̄ mag. Stephan Planck Pataviens. Anno dn̄i MCCCCXCIX) 8vo, contient plusieurs petites images de Saints sur fond noir, avec une bordure à feuillages. Ce sont de gravures absolument dans le genre de l'école allemande.

Brulliot indique dans son Dictionnaire des Monogrammes etc., Ire partie, No. 2607, un livre imprimé à Rome en 1506 chez Jean Besicken, intitulé: „Mirabilia Romæ", in-8vo, contenant plusieurs petites gravures sur bois signées des initiales I M. Il faudrait cependant voir si ce ne sont pas des gravures sur métal.

Nous connaissons, du reste, une édition allemande également intitulée „Mirabilia Romæ", de l'an 1512, dans laquelle les images des Saints sont gravées sur métal et en partie d'après des dessins italiens du XVe. siècle. Le Saint Sébastien est même une imitation de la gravure au burin du maître de 1466 et doit être une reproduction de la première (?) édition de 1489.

Nous pourrions facilement donner d'autres preuves qu'à cette époque plusieurs autres imprimeurs allemands, qui selon l'usage du temps étaient aussi graveurs sur bois, se sont établis dans plusieurs villes d'Italie en y laissant des productions d'un art dont l'application à l'ornement des livres était encore nouvelle dans le pays. Nous ferons seulement ici mention de deux graveurs sur bois allemands qui ont vécu dans l'Italie supérieure et qui ont exécuté de grandes planches.

Le premier est un certain Johannes de Francfort, inconnu jusqu'à présent, qui a gravé sur bois très-exactement, quoique d'une manière un peu raide dans les tailles d'ombre, la grande gravure d'Antoine Pollajuolo (Bartsch No. 2) connue sous le nom des „Gladiateurs" et qui représente des hommes nus, combattant dans une forêt; il a

---

94) Les trente-quatre illustrations gravées sur métal dans l'édition de Jean Numeister de Mayence, publiée en 1479 in-fol., sont d'un travail très-grossier et plus petites (H. 3 p. 3 l. L. 4 p.) que celles de l'édition originale. Dibdin en donne des facsimile dans la Bibl. Spenceriana Vol. IV. p. 38 et ajoute à la description de l'ouvrage la signature au verso de la 48e. feuille comme suit: „Impresse p̄ Johannem numeister clericum maguntinū. Anno dn̄i Millesimo quadringentesimo septuagesimo nono die tercia mēsis septēbris feliciter sunt consummate."

signé ce bois de son nom: 𝔍𝔬𝔥𝔞𝔫𝔠𝔰 𝔡𝔢 𝔣𝔯𝔞𝔫𝔠𝔣𝔬𝔯𝔡𝔦𝔞. On en trouve un exemplaire dans le Musée Britannique.

Le second graveur sur bois allemand se nommait Jacques de Strasbourg; il parait s'être établi à Venise au commencement du XVIe. siècle et peut-être auparavant. Nous connaissons de lui les gravures suivantes sur métal [95]):

1. Le triomphe de Jules César qui consiste de douze feuilles, folio oblong, ayant chacune 13 p. de hauteur et 14 p. 10—15 l. de largeur avec une explication latine. La marche triomphale se dirige vers la gauche et la première feuille porte l'inscription suivante: „Manibus propriis hoc preclarum opus in lucem prodire fecit Jacobus Argentoratensis germanus, architypus solertissimus. Anno Virginei partus M.D.III. Idibus februarii sub hemisphaero Veneto finem imposuit."

Le sujet ainsi que le style du dessin rappelle le Triomphe d'André Mantegna, quoique la composition en soit très-différente et la taille assez grossière. Le mouvement des figures est assez libre, quoique le dessin en soit un peu raide. Comme la composition de ce triomphe est de l'invention de Jacques de Strasbourg, le style du dessin nous porterait à croire qu'il aurait été élève d'André Mantegna.

2. La Vierge entourée des sujets de la passion. Elle est assise sur un trône et tient, sur le bras gauche, l'enfant Jésus debout avec le globe du monde dans la main droite. De petits cartouches avec des sujets de la vie de Jésus entourent la figure de la Vierge. Au-dessus se trouvent deux tablettes dont celle de gauche porte BENEDICTUS PINXIT, celle de droite JACOBUS FECIT; le premier nom se rapporte à Benedetto Montagna. Cette gravure sur métal mesure H. 20 p. 2 l. L. 14 p. 6 l.

3. ISTORIA ROMANA, telle est l'inscription d'un sujet satyrique.

---

95) Nagler dans son Dictionnaire des artistes (Künstler-Lexicon) croit pouvoir attribuer à ce même Jacques de Strasbourg les gravures sur métal qui se trouvent dans l'ouvrage „Fasciculus Medicinæ" de Jean de Ketham, Allemand, et qui fut imprimé à Venise en 1495 par Giovanni e Gregorio de' Gregorii, puisqu'à la fin du livre on lit la signature suivante: „Hec anathomia fuit emendata ab eximio artium et medicinæ doctore, d. magistro Petro Morfiano de Imola, in almo studio Bononiæ cyrurgiam legente, coadjuvantibus magistro Joanne Jacobo Cararia de buxeto." Mais notre maître signait seulement Jacobus ou Jacobus argentoratensis germanus et non Johannes Jacobus. Pour ce qui regarde les gravures sur métal de l'édition de 1495 elles sont, en partie, une reproduction d'un meilleur dessin des six planches de l'édition des mêmes éditeurs de 1491, dont nous parlerons un peu plus bas.

L'Espérance est assise à gauche près d'un arbre, appuyée d'une main sur une ancre, tandis qu'elle pose l'autre sur la tête d'un génie debout. A droite un autel avec une figure à tête ailée qui tient d'une main un buste de Janus, de l'autre un flambeau. Au-dessous de cet autel ou de ce piédestal, où se lisent les initiales S. P. Q. R., un dragon vomit des flammes contre quelques figures placées vers le centre, dont l'une tient un caducée, l'autre un trident, tandis que la troisième s'apprête à brider un cheval. Derrière la Fortune, à gauche, se voient deux autres figures dont l'une porte des oreilles de Faune. Cette gravure sur métal est signée OPVS JACOBI. H. 10 p. 9 l. L. 14 p. 8 l.

La gravure sur bois et sur métal pour l'illustration de livres imprimés trouva de très-bonne heure faveur en Lombardie et surtout à Venise. C'est ainsi que nous voyons paraître à Vérone l'ouvrage, in-folio, intitulé: „Valturius de re militari... Johannes ex verona oriundus Nicolai cyrurgiæ medici filius: Artis | impressoriæ magister: hunc de re militari librum elegantissimum: | litteris et figuratis signis sua in patria primus impressit. An. MCCCCLXXII“, orné de 82 belles gravures sur bois représentant, pour la plupart, des machines de guerre avec les soldats qui s'y trouvent employés. Ces gravures sont au simple contour sans indications d'ombres, comme c'est presque toujours le cas pour les anciennes gravures italiennes jusqu'au XVIe. siècle. On les croit dessinées par l'excellent fondeur de médailles, Matteo Pasti de Vérone; peut-être sont-elles aussi gravées par lui. En effet, Valturius, dans une de ses lettres, parle de lui comme d'un ami et d'un maître excellent dans la peinture et dans la sculpture, possédant pareillement des connaissances éminentes en gravure. [96]) Le même ouvrage, qui fut republié à Vérone en 1483, contient en grande partie des reproductions de ces gravures en plus petit format.

A Venise les presses d'imprimerie, introduites d'abord par les Allemands, s'étaient tellement augmentées avant la fin du XVe. siècle que l'on y comptait, depuis 1469 jusqu'à cette dernière époque, 200 officines, et cependant les premières éditions publiées dans cette ville ne contiennent point de gravures. Erhard Ratdolt, imprimeur distingué d'Augsbourg, paraît avoir été le premier dans cette ville qui ait orné de gravures sur métal les livres qu'il imprimait à Venise en s'associant avec un peintre nommé Bernardus. [97]) C'est ce que nous

---

96) Dibdin, Bibliotheca Spenceriana IV. p. 44, No. 793, qui en donne aussi plusieurs facsimile. Nagler, Künstler-Lexicon.

97) Il y a toute apparence que ce peintre Bernardus était italien, car non

apprenons par l'indication à la fin de l' „Appianus latine" où il est
dit: „Impressum hoc opus est Venetiis per Bernardum pictorem et
Erhardum Radolt de Augusta una cum Petro Loslein de Langenzenn
correctore et socio MCCCCLXXVII." Le titre de ce livre, in-folio, est
orné d'une belle bordure sur fond noir, et plusieurs initiales sont traitées de la même manière. On trouve également de très-belles initiales
dans le goût italien dans le „Fasciculus temporum" publié par Ratdolt
en 1481, ainsi que quelques représentations figurées, surtout une vue
du palais des Doges, médiocre sous le point de vue de l'art. Ratdolt a aussi, pour la première fois, ajouté des figures géométriques à
son édition d'Euclide imprimée en 1482. Nous mentionnerons encore
le „Hyginus, Poeticon Astronomicon" imprimé par Ratdolt à Venise en
1485, in 4°, avec des gravures sur bois d'après les dessins d'un bon
maître italien que nous croyons être le peintre Bernardus. Il est encore incertain si ces gravures ont été exécutées par un Italien ou par
le typographe lui-même, à tout événement, elles sont taillées assez mal-
adroitement. Dibdin dans sa Bibl. Spenceriana III. 321 et 392 donne
des facsimile de quelques-unes de ces gravures.

Une des plus anciennes gravures vénitiennes sur métal forme le titre
du livre intitulé: „Guido Bonatus de Foligno, decem continens tractatus
astronomiæ. Venetiis 1489." in-fol. Elle représente l'auteur assis sur
un fauteuil, au-dessus de lui les signes du Zodiaque ; au-dessous, à
gauche, une figure allégorique, l'Astronomie; à droite la Muse Uranie,
sous la figure d'une femme nue. La manière rappelle celle de Carlo
Crivelli.

Les frères Jean et Grégoire de' Gregorii de forlivis im-
primèrent, en 1491, le „Fasciculus Medicinæ" de Jean de Ketham et
l'ornèrent de six gravures sur métal in-4', mauvaises de dessin et mal-
adroites de taille. Ils y remédièrent plus tard dans la réimpression
qu'ils en firent en 1495, à laquelle ils ajoutèrent dix gravures petit-
in-folio, dont six (No. 3 à 8) sont, il est vrai, des reproductions des
gravures antérieures, mais meilleures de dessin et de taille. Il est
à remarquer que nous y trouvons déjà ces formes pleines et fortes
dans le style que Giorgione avait introduit à Venise. Cet excellent
artiste avait alors dix-huit ans (en 1495) et avait pu être déterminé,

___
seulement les initiales accusent la belle manière italienne, mais nous ne trouvons
aucun maître de ce nom inscrit dans le livre des métiers d'Augsbourg, où Ratdolt
retourna en 1486. D. Nagler croit que la lettre b que l'on rencontre sur plusieurs
gravures sur bois pourrait désigner le peintre Bernardus.

par la nécessité de ses études anatomiques, à fournir les dessins
de ces gravures; à tout événement elles ne sont pas de Jacques de
Strasbourg puisque celui-ci, comme nous l'avons fait remarquer plus
haut en parlant de son Triomphe de Jules César de 1503, suivit l'é-
cole d'André Mantegna dans les nus un peu maigres et dans les draperies à plis angulaires; dans sa gravure de la Vierge entourée de
sujets de la Passion il a imité l'original de Benedetto Montagna.

On doit encore ajouter à ce sujet que, dans l'édition de 1500 de
cet imprimeur, on s'est servi des mêmes gravures sur métal, mais
comme le format du livre était plus petit, elles ont été un peu rac-
courcies par le bas, de manière à enlever, dans la feuille No. 9,
un chat assis et dans la planche 10 une petite corbeille placée à
droite.

Une gravure vénitienne sur métal, appartenant encore au XVe.
siècle, représente le Christ en croix; à gauche la Vierge élevant la
main droite en signe de douleur; à droite St. Jean tenant de la main
gauche son vêtement; le fond noir est orné de lignes diagonales croisées avec des points et des petits traits. La bordure noire forme une
espèce de dessin cunéiforme. On lit à la marge inférieure: CHROCIFISO.
DE. FRA. MINORI DI VINEZIA. Cette gravure est coloriée assez mal
en jaune et en rouge. H. 6 p. 8 l. L. 4 p. 10 l. Elle se trouvait, en
1849, dans le négoce Herdegen à Nuremberg.

Nous passerons de ces gravures anonymes des Vénitiens à d'autres
productions du même genre sur bois et sur métal d'une époque postérieure et qui sont signées des initiales des différens graveurs. Nous
en traiterons un peu plus en détail, quoique d'une manière encore
très-incomplète, car jusqu'ici nous n'avons que des données fort insuf-
fisantes sur ces gravures considérées sous le point de vue de l'art.
Nous tacherons, autant que faire se pourra, de procéder par ordre
chronologique et, en réunissant les différentes marques qui appartiennent
au même maître, de rendre nos informations aussi précises que possible.

Nous n'avons guère d'éclaircissemens sur les marques anonymes,
mais nous avons acquis la certitude que ces marques n'indiquent ordinairement que le graveur, et seulement l'inventeur quand l'invention
et la gravure appartiennent au même artiste. Tel paraît être quelques
fois le cas avec Zoan Andrea, qui s'est signé indifféremment 3A.,
i α. et I A.

Plusieurs gravures sur bois dans les éditions vénitiennes de 1490
à 1499 sont signées d'un b, par exemple celles de la première édition

de la bible de Malermi qui parut en 1490 chez Giovanni Ragazzo.
Pareillement dans l'édition du Dante avec le commentaire de Cristoforo
Landino „impresso in Venezia per Pietro Cremonese detto Veronese
a di XVIII di Nov. MCCCCLXXXXI emendata per me maestro piero da
fighino dell' ordine de' frati minori," on trouve devant chacun des
chants une petite gravure sur métal. Les premières sont empruntées
aux compositions de Sandro Botticelli, les autres, bien que la gravure
en soit également soignée, sont inférieures dans la composition et n'ont
point de signature, tandis que la première d'après Botticelli, qui représente le Dante s'enfuyant devant les bêtes féroces, est marquée du
même **b**.

Nous trouvons ce même signe, accompagné d'un F, dans les gravures sur métal appartenant au livre intitulé: „Tavola de le rubriche
del primo libro della prima deca de Tito Livio, padovano historico etc."
Avec cette signature: „Finite le deche di Tito Livio etc. Stampate nella
cittade di Venesia per Zouane Vercellese ad instancia del nobile Ser
Luca Antonio Zonta fiorentino nel anno MCCCCLXXXXIII. a di XI
del mese di febraio." In-fol. Les quatre grands sujets au commencement des décades ont des bordures architectoniques ornées et sont
traités dans la manière lombardo-vénitienne.

Mais le livre qui est le plus richement orné de gravures sur bois
très-remarquables est· l'ouvrage singulier intitulé: „Hypnerotomachia
Poliphili, ubi humana omnia non nisi somnium esse docet, utque obiter
plurima scitu sane quam digna commemorat auctor (Franciscus Columna)
Venetiis, mense decembris M.ID. (1499) in ædibus Aldi Manutii accuratissime."

La seconde édition de 1545 „in casa de' figliuoli d' Aldo" contient exactement les mêmes gravures que la première édition, à
l'exception de deux qui ont dû être gravées de nouveau et qui sont
d'un dessin plus raide. Deux gravures seulement et des moins remarquables sont marquées du signe **b**. Elles portent toutes l'empreinte
de l'ancienne école vénitienne, quand une certaine ampleur de formes
se montra dans le dessin, et doivent appartenir à un maître aussi riche
d'invention que naïf d'expression, et avec un sentiment particulier pour
la beauté des formes. La gravure sur bois ne correspond pas toujours à ces qualités de l'artiste, quoiqu'elle appartienne à ce que l'on
a fait de mieux en ce genre et à cette époque à Venise.

Zani dans son „Enciclopedia metodica delle belle arti" p. II. vol. I.
pag. 275, veut que les éditions de la Bible de Malermi des années

1494, 1498, 1502, 1507 et 1515 soient toutes ornées des mêmes vignettes, et ajoute qu'elles sont dessinées de main de maître et qu'elles ne sont pas seulement signées quelquefois du b, mais aussi des initiales I B V ou encore i b v. Après avoir rejeté la notion que ces lettres indiquaient Jacopo Bello, ou Belli, Vénitien, qui vivait vers 1450, ou Johannes Bellinus, Venetus, il croit qu'elles indiquent J o a n n e s B o n - c o n s i l i u s V e n e t u s (Giovanni Buonconsiglio detto il Marescalco), sans pourtant donner aucune preuve à l'appui de son opinion. Ce peintre travaillait à Venise où, dans la galerie Manfrin, on lui attribue un tableau avec trois saints, St. Côme, St. Benoît et Sainte Thècle, sous le nom de Giacomo Buonconsiglio. C'est un tableau d'une grande force de ton et exécuté dans la manière de Jean Bellin. On connait aussi de lui, à Vicence et à Montagnana, des tableaux avec la date de 1497 et 1514. L'opinion du savant Zani ne parait point fondée au moins en ce qui concerne l'initiale b, puisque nous avons vu qu'elle se trouvait sur une composition de Sandro Botticelli pour le Dante; elle ne semblerait donc avoir rapport qu'au graveur sur métal.

La signature de quelques gravures sur bois ou sur métal avec les initiales b M a donné occasion de les attribuer à Benedetto Montagna, ce que Zani ne peut admettre. Le même maître a encore signé B. M. Brulliot (Dictionnaire des Monogrammes, éd. 1833), décrit deux gravures sur bois (?) avec cette signature, l'une représentant le buste du Sauveur, l'autre une Sibylle dans le livre imprimé à Venise en 1499 par Joh. de Tridino intitulé: „Valerii Probi grammatici de interpretandis romanorum litteris opusculum etc." Zani ajoute, d'après une communication à lui faite, que la signature b. M. se trouve encore sur le titre d'un livre, avec un St. Jean Baptiste,[98]) intitulé: „Publii Ovidii Nasonis libri de Tristibus cum luculentissimis commentariis Merulæ Venetiis p̄ Tacuinum 1511." Zani croit devoir attribuer à ces initiales la signification de „B o n c o n s i l i u s M a r e s c a l c u s", assertion que nous laissons reposer sur ses propres mérites, puisque nous n'avons aucune preuve à l'appui.

Nous voyons très-souvent les marques ⅃ A. i a et I A sur les gravures sur métal des livres vénitiens du premier quart du XVIᵉ. siècle qui sont toutes exécutées par le même maître et qui appartiennent à

---

98) Cette figure de St. Jean Baptiste doit être la marque typographique de l'imprimeur Tacuinus. Nous la trouvons également, signée b M, sur un J u s t i n i e x T r o g o P o m p e i o, imprimé par lui à Venise en 1512.

Zoan Andrea qui a aussi signé ses gravures au burin de la marque
3 A. Cet artiste appartient à l'école d'André Mantegna dont il a copié
souvent les gravures; il a même gravé d'après ses dessins, en imitant surtout sa manière dans les hachures. Il a copié également d'autres gravures
d'après Albert Durer et a dû en exécuter plusieurs d'après ses propres
dessins, surtout des arabesques. Ces dernières sont en partie gravées
sur métal comme paraissent être les Nos. 23, 27, 28, 29 et 30 indiqués
par Bartsch et qui se trouvent dans la Collection de Bâle. Le nom
du maître nous est révélé dans une série de 15 gravures copiées ou
imitées d'après l'apocalypse d'Albert Durer. La première feuille, qui
représente St. Jean dans la chaudière, est signée « 3 = A = D =, d'autres
I·A·, mais la dixième 3 OVA · ADREA. Au revers de la feuille avec
la „prostituée de Babylone“ on lit: „Impressū per Alex. Pag. (Paga-
ninum) Anno a nativitate domini MDXVI.“ Ces gravures, pour lesquelles
il avait devant lui les excellens originaux d'Albert Durer, sont bien
mieux traitées que les cinq gravures sur métal des Travaux d'Hercule
qui sont d'une taille très-grossière dans le style vénitien, mais qui ont
cet avantage de nous donner des renseignemens plus précis sur le
nom du maître puisque la dernière porte cette inscription: „Opera di
Giovanni Andrea Valvassori detto Guadagnıo.“ Ottley (p. 578) mentionne une espèce de „Biblia pauperum“ italienne avec gravures sur
bois (?), dont la dernière feuille porte une inscription semblable du même
maître: „Opera di Giovanni Andrea Vavassori ditto Vadagnino. Stampata novamente nella inclita città di Venegia, laus Deo.“
     Nous trouvons encore sur une grande carte d'Italie une tablette
avec l'inscription: ITALIA . OPERA . DI . IOANNE . ANDREA . DI .
VAVASSORI . DITTO . VADAGNINO. Sur la gravure de l'apocalypse
ce dernier nom est écrit Guadagnino, et comme ce mot veut dire
„Gagne-petit“ il semblerait que l'on en pourrait déduire qu'il a beaucoup
travaillé par amour du gain. C'est à raison de cette circonstance
que nous croyons devoir lui attribuer la signature i α aussi bien que
celles de 3 A et de I A, quelque différente que soit la manière du dessin, car, ayant travaillé d'après différens maîtres, sa manière de
graver a dû s'en ressentir.
     Nous ajoutons ici l'énumération de quelques-unes de ses gravures
sur métal qui se rencontrent dans les éditions vénitiennes.
     Celles de date plus ancienne (de 1497) mentionnées par Zani se
voient dans le livre intitulé: „Officia secundum morem Sanctæ Romanæ
Ecclesiæ ... cum famatissimo artis impressorie magistro Joanne Hertzog

de·Zandoja in Venetiarum inclitâ Urbe. Anno a partu Virginis post millesimum quaterque centesimum nonagesimo septimo. Kal. Oct." Plusieurs des gravures sur métal qui s'y trouvent ont le signe i α.

Les belles gravures sur métal de l'édition des Métamorphoses d'Ovide „Impressum Parmæ expensis et labore Francisci Mazalis Calcographi diligentissimi M D V. Cal. Maii." in-fol., ont un intérêt particulier. Les divers sujets paraissent avoir été dessinés par le même maitre, dans le style de l'école lombardo-vénitienne, mais les gravures ont été exécutées sur métal par différentes mains, plusieurs sont marquées M ou N, d'autres i α. Ces dernières, ainsi que quelques autres sans signatures mais qui sont de la même main, sont les mieux gravées, entre autres un Polyphème à la feuille 147. Mais la plus remarquable est, sans contredit, la gravure de la feuille 110 verso représentant Cyparissus changé en arbre par Apollon après avoir tué le cerf, et dont le sujet est emprunté à une gravure au burin de Benedetto Montagna, représentant deux chasseurs avec un cerf abattu. Mais la composition et le dessin dans cette imitation sont très-inférieurs. Il s'ensuivrait que Ottley n'est point fondé quand il attribue les compositions ou les dessins pour les gravures de ce livre à Benedetto Montagna lui-même, mais que plutôt le dessinateur appartenait à son école et a tiré profit de ses compositions.

L'édition de Joh. Tacuinus, Venise 1513, est moins bonne que l'antécédente, mais l'édition italienne de Bernardino di Bindonis Milanese, Venetia 1538, est la plus médiocre de toutes.

Nous mentionnerons ici quelques autres gravures de Zoan Andrea qu'il a signées des initiales · 5 · α · Elles se trouvent dans „L. Flori epitome in T. Livii hist. lib. et L. Aretinus de primo bello punico. — Imp. Venetiis sūma diligentia per Melchiorem Sessam et Petrum de Ravanis socios. a. d. 1520. Die 3. Maii." in-fol. Les gravures marquées 5. α. se trouvent dans la division „de bello macedonico et asiatico" et sont mieux traitées que les gravures anonymes, mais elles sentent toutes le métier et ne correspondent pas à l'excellence de la composition et du dessin qui sont d'un artiste dont le style rappelle celui de Carpaccio.

Ottley fait encore mention d'un livre d'Heures avec la signature suivante: „Explicit offm ordinariū Bte Marie Vgīs. Impressus Venetiis īpensis nobilis viri Bernardini Stagnini de Monteferrato anno salutis 1511. die 15. Decembris," in-8ᵛᵒ, avec plusieurs sujets historiques dont un, la conception de Ste. Élisabeth, est marqué i. α. Ces productions, qui diffèrent dans l'exécution de celle des plus anciennes gravures vénitiennes, sont traitées avec des hachures diagonales et le dessin est dans le style du XVe. siècle. Ottley en conclut que ces dessins appartiennent à un maître très-ancien.

Les diverses gravures du livre intitulé: „Titi Livii Patavini historici decades,“ imprimé à Venise par Melchior Sessa et Petrus de Ravanis, Venise 1520. 11. Mai. in-fol., sont traitées dans le même style; quelques-unes seulement sont signées $\mathfrak{z} \cdot \mathfrak{a}$ quoiqu'elles soient toutes de la même main.

Une excellente gravure sur métal dans l'édition de la bible des Thaborites ou Hussites de Bohème, Venise, P. Lichtenstein 1506. in-fol., porte les initiales L. A. Elle représente l'arbre généalogique de la Vierge. L'ornement de feuillages et la gloire qui entoure la Sainte Vierge sont dans le style allemand, mais le reste est dans le genre italien de Venise. Quatre petits sujets de la vie de Marie, demi-figures, sont fines de taille et de dessin dans la manière vénitienne et ne sont point signées. Les autres gravures, d'un plus grand format, sont au contraire mal exécutées et indiquent que plusieurs artistes ont eu part à leur production.

Le même graveur aux initiales L. A. a fourni, en commun avec Zoan Andrea, les sujets pour un bréviaire romain qui porte la signature suivante: „Impressum Venetiis īpēsis nobilis viri Luc. Antonij de Giūta Florentini 1508. 13. Cal. Sept.“ gr.-in-4'. Des douze grandes gravures sur métal, celle qui représente David jouant de la harpe est signée L. A. et l'exécution en est tout-à-fait dans le style lombardo-vénitien. Une grande partie des autres gravures portent la marque i $\mathfrak{a}$.

Brulliot dans son Dictionnaire des Monogrammes, éd. 1832. I. No. 54,539 et II. No. 1817b décrit quelques autres gravures qui portent les initiales L A., $\cdot\mathfrak{L}\cdot a\cdot$ ou encore le monogramme suivant et qui se trouvent dans les éditions vénitiennes de Luca Antonio de Giunta de Florence, il en conclut, à bon droit, que ces gravures lui appartiennent. Cette opinion est confirmée pleinement par le titre du „P. Virgilius Maro, cum comentariis et figuris Venet. Junta“ (1515?) in-fol., où le portrait de Virgile, gravé sur métal, porte la signature de „L. A. Zonta“ et met hors de doute que cet éditeur ait aussi été graveur. (Voyez Rud. Weigel's Kunstcatalog No. 20147.)

Un autre graveur vénitien sur métal est celui qui se signe $\widehat{F}. \widehat{V}.$ Nous avons de lui une gravure dans l'ouvrage intitulé: „Marci Vigerii

Saonensis. Sanct. Mariæ transtibe. Praesbi. Card. Seno-Gallien. Decachordum Christianum, Julio I'. Pont. Max. dicatum.... Quod
Hieronymus Soncinus in Urbe Fani, his caracteribus impressit die X. Augusti MDVII etc." In-folio. La gravure en question est la dernière ou dixième de la série et représente la descente du Saint Esprit, le tout dans
un arc reposant sur des pilastres dont les piédestaux portent à gauche
le signe $\widehat{F}$, à droite le $\widehat{V}$. La seconde grande gravure, l'adoration des
bergers, est signée d'un petit ı., initiale que nous retrouvons encore
sur de petites gravures sur métal, dans le même style, ajoutées à un
„Missale Predicatorum" de 1512. Trois autres grandes gravures du
Decachordum, l'adoration des rois, la circoncision et la résurrection
ne sont point signées, quoiqu'elles appartiennent aux meilleures du livre
et qu'elles indiquent clairement l'école de Jean Bellin. Plusieurs des
petits sujets qui appartiennent à la même école ont un fond noir
pointillé de blanc.

On doit remarquer ici que le dessin de ces gravures ne consiste
plus seulement de contours, mais qu'elles sont ombrées par des simples
hachures.

Nous rencontrons le même graveur F. V. sur le titre, représentant un St. George, de l'ouvrage intitulé: „Accipe, studiose lector. P.
Ovidii Metamorphoses cū luculentissimis Raphaelis Regii enarrationi-
bus etc. Venetiis G. de Rusconibus 1509." In-fol. Il se trouve ici
en société avec les graveurs sur métal I O. G — i ɑ — i et N, qui
appartiennent tous à l'école lombardo-vénitienne. Nous mentionnerons encore que le livre „Marcii Valerii Martialis epigrãmata. lib.
14 etc. Venetiis G. de Rusconibus 1514." in-fol., porte sur le titre
le même Saint George à cheval abattant le dragon de sa lance et signé,
en bas à gauche, des initiales F. V. La gravure sur métal est exécutée dans le genre de celles du commencement du XVIᵉ. siècle et
la grande gravure, où Martial présente son livre à l'empereur. repond
tout-à-fait au style de la descente du Saint Esprit que nous venons
de mentionner; elle n'est pas signée mais doit appartenir au même
maître.

Dans le „Missale romanum nuper adaptatū ad cõmodum quorū-
cūq sacerdotū summa diligentia distinctū etc. Venetiis. impressum in
ædibus Domini Luce Antonii de Giunta florentini anno domini 1521.
Die decimo Maij." in-fol., les grandes gravures sur métal sont en partie
signées L. V N. F. — LVNF. et L N. F. Les premières initiales se retrouvent dans un crucifiement, les secondes sur le baptême, les troi-

sième sur la vocation de St. Pierre à l'apostolat. Elles indiquent toutes un excellent dessinateur de l'école de Jean Bellin.

D'autres petites gravures représentant des sujets de la vie de Jésus, d'une taille fine mais sans signature, se retrouvent dans une édition antécédente d'un Missel de 1512, publié par le même éditeur, Luc Antoine Giunta, et qui porte sa marque, le Lys florentin accompagné des initiales L et A., à droite et à gauche. Mais dans cet ouvrage on ne trouve aucune des gravures signée des initiales L. A.; quelques-unes seulement portent un très-petit c, d'autres un L. Les premières sont d'un joli travail avec des ombres très-légères. Le dessin et l'exécution appartiennent à l'école lombardo-vénitienne.

Cette marque du petit c se trouve encore sur des gravures sur bois dans la Bible de Malermus que Léonard Loredano a publiée à Venise en 1511 in-4°, et dans la: Biblia Malermi — Venetiis mandato et expensis nobilis viri Luce Antonij de Giunta, 1519. Pet.-in-8ᵛᵒ.

Nous trouvons l'initiale M sur des gravures de l'école lombardo-vénitienne dans l'ouvrage „Expositio magrī p̄phhte Joachim: in librū beati Cirilli de magnis tribulationibus etc. Impressum Venetiis per L. de Soardis 1516." In-4°, et dans celui intitulé: „P. Ovidii Metamorphosis. Tusculani ap. Benacum (Paganini) 1526." In-4°.

Un ouvrage richement orné de gravures est le „Trionfo di Fortuna di Sigismundo Fanti, ferrarese. Imp. a Venegia per Agostin da Portese MDXXVII. ad instantia di Jac. Giunta, mercante fiorentino etc." In-fol. Ces gravures sur métal appartiennent à l'école lombardo-vénitienne. Le titre porte les initiales I. M. sur une tablette; quelques arabesques avec des enfans sont signées ·I··G·. Brulliot fait aussi mention de cette signature sur un Saint Romuald, devant lequel est agenouillé un moine „Petrus Delphinus generalis", dont la gravure se trouve dans l'ouvrage de Delphinus „Veneti prioris Sacre Eremi ē generalis totius ordinis Camaldulensis Epistolarum volumen", mais il avoue ne savoir déchiffrer ce monogramme.

Plusieurs gravures sur métal qui portent l'empreinte de l'école du Titien, se trouvent dans le „Legendario di Santi novamente ben stampado vulgare (auct. Jacobo Voragine). Stampato ad instantia di Nicolo e Domenico dal Jesus fratelli nella inclita città di Venetia 1518." In-fol. On y trouve la naissance de la Vierge signée Ɔ, un Saint Adrien avec G; une annonciation, St. Roch, St. Sébastien et une Piété, ces dernières sans monogramme, appartiennent au même dessinateur de l'école du Titien ainsi qu'au même graveur sur métal. Des sujets plus en petit et une grande partie des médaillons révèlent l'école de Jean Bellin, d'une assez bonne invention, mais d'une exécution médiocre avec quelques hachures d'ombres. D'autres gravures, comme une Ste. Ursule et une Ste. Catherine, ont quelque chose de l'école lombarde, sans appartenir au style du Mantègne.

Nous avons jusqu'ici parlé principalement des éditions vénitiennes et des gravures sur bois ou sur métal dont elles sont ornées, nous examinerons à présent celles qui parurent dans les autres villes d'Italie.

En premier lieu, nous devons mentionner un Pétrarque „Fiorenza per li heredi di Filippo di Giunta 1522." In-8vo., avec six gravures sur métal ajoutées aux Triomphes et qui sont meilleures de composition que de gravure. Quelques-unes signées des initiales I. $\mathcal{A}$. en très-petits caractères, ont des hachures très-fines, mais sont exécutées pour le reste dans le style de l'école vénitienne du XVe. siècle. Elles n'ont cependant rien de commun avec la manière de Zoan Andrea.

Nous trouvons, dans les éditions publiées à Milan, de nombreuses gravures sur métal dans le style particulier de l'école de Léonard de Vinci, comme par exemple dans l'ouvrage intitulé: „Inexplicabilis mysterii gesta Beatæ Veronicæ Virginis praeclarissimi monasterii S. Matthiæ urbis Mediolani sub observatione regulæ Divi Augustini (Ed. Frater Isidorus de Isolanis). Mediolani apud Gotardum Ponticum MDXVIII." Petit-in-4°. Les neuf jolies gravures sur métal avec des hachures d'ombres accusent tellement le style si simple et si beau de Bernardino Luini et l'expression porte un tel caractère de noblesse que nous n'hésitons pas à en attribuer l'invention à ce grand maître. Les deux gravures pag. 73 et 88, où la Sainte est instruite par un ange, sont d'une beauté particulière, et la manière de Luini se révèle entièrement dans la figure du Christ qui lit devant la Sainte, page 36. Aucune de ces gravures n'est signée.

Un ouvrage remarquable sous plusieurs rapports est la traduction italienne du Vitruve par Cesare Cesariano qui nous fait connaître, en passant, plusieurs anciens artistes Milanais et nous apprend, en même tems, à compter l'auteur au nombre des bons artistes, par plusieurs compositions exécutées par lui sur différens sujets. L'éditeur nous dit lui-même qu'il a employé pour l'exécution de ses dessins les meilleurs graveurs sur métal (incisori). Nous trouvons ainsi un document qui constate l'opinion que nous avons émise auparavant, savoir que lorsque des artistes de mérite fournissaient les dessins, il ne s'ensuit pas qu'ils aient gravé eux-mêmes sur bois ou sur métal, mais qu'ils en laissaient l'exécution aux graveurs de profession. Le titre du livre est comme suit:

„Di Lucio Vitruvio Pollione, de architectura Libri X. traslato in vulgare sermone, commentato et affigurato da Cæsare Cæsariano, citadino Mediolanese, professore di Architettura etc. Impressa nel amœna et delectevole Citate de Como p̄ Magistro Gotardo da Pōte Citadino Milànese nel anno d. n. S. J. C. MDXXI" etc. Gr. in-fol.

On lit dans la préface de l'éditeur: „... quale ad ciò lucida et delectabile fusse à li studiosi, non senza maxima impensa per molti excellenti pictori io ho facto designare e per non mediocri incisori ho similmente facto intagliare le affigurationi al circino perlineate et compassate."

Les grandes et petites gravures sur métal qui s'y trouvent représentent pour la plupart des sujets d'architecture antique et, en même tems, un plan géométrique, deux coupes et les détails du dôme de Milan (dont Cesariano avait terminé l'intérieur) pour donner les règles de l'architecture allemande (germanico more).

Les sujets de „l'âge d'or", de „la construction des premières maisons", sont très-riches en figures, comme aussi la gravure allégorique des „élus du monde" avec l'inscription: Mundi electiva Cæsaris Cæsariani configurata. Cet élève distingué de Bramante qui excellait non seulement dans l'architecture mais aussi dans la peinture en miniature, se montre dans ces compositions historiques plutôt sorti de l'école de Léonard de Vinci, et il est doué d'une très-riche imagination. Sur la gravure en métal du titre, représentant deux génies qui soutiennent les armoiries de l'éditeur Gotardo da Ponte, on voit, sur une petite tablette, les initiales F. B. qui paraissent se rapporter au graveur.

Cette édition italienne du Vitruve a servi à la traduction allemande donnée par D. Gualtherus H. Rivius à Nuremberg, en 1548, au point que les gravures sur bois dont cette traduction est ornée ne sont point seulement des imitations des gravures d'architecture antique de l'édition milanaise, mais que l'on y a même copié les plans de la cathédrale de Milan ainsi que les deux compositions de l'âge d'or et de la construction des premières maisons.

Il en est arrivé de même pour plusieurs des gravures sur métal de l'édition latine du Vitruve donnée à Florence par les „hæredes Philippi Juntæ, Florentiæ MDXXII," dont les illustrations sont, du reste, fort mal exécutées.

La traduction du Vitruve, avec commentaire de Gian Battista Caporali di Perugia, qui fut imprimée à Pérouse, en 1536, dans l'imprimerie du comte Jano Bigazzini, contient, parmi les gravures sur métal dont elle est illustrée, des copies de celles de l'édition de Cesariani, mais les dessins de la Cathédrale de Milan ne s'y trouvent point. Le titre représente un arc de triomphe richement décoré avec les figures allégoriques de l'Architecture, des Mathématiques, de la Musique, de la Littérature et de la Peinture; sur les deux côtés se trouvent le portrait de Caporali et ses armoiries. La seconde feuille contient le portrait en pied du comte Bigazzini en armure complète et tenant une masse d'armes. Ces sujets, exécutés dans la manière de l'école romaine de l'époque, sont de l'invention de Caporali lui-même, qui était aussi un peintre estimé.

Nous mentionnerons encore ici l'ouvrage de **Luca Paciolo** di **Borgo San-Sepolcro.** La première édition vénitienne, de 1494, est peu importante en ce qui concerne les gravures sur métal; elles représentent de simples figures géométriques avec une planche montrant trente-six mouvemens différens des doigts. Dans la lettre à Guidobaldo duc d'Urbino, où l'auteur parle des différens artistes de son époque, il ne fait encore aucune mention de Léonard de Vinci. La seconde édition de 1509, plus richement ornée, porte le titre suivant:

„Divina proportione opera a tutti gl' ingegni perspicaci e curiosi necessaria, ove ciascun studioso di philosophia, prospectiva, pictura, sculptura, architectura, musica e altre mathematiche, suavissima, sottile e admirabile doctrina conseguirà e delecterassi. Con varie questioni di secretissima scien(tia). M. Antonio Capella eruditissime recensente. Paganinus de Paganinis (de Brixia) characteribus elegantissimis accuratissime imprimebat. Venetiis V. Idus Maii MDVIIII.“

Les figures géométriques gravées sur métal passent des plus simples au plus compliquées; les règles pour former des initiales latines sont semblables à celles qu'a données Albert Durer. Après avoir décrit la manière de former une colonne corinthienne, vient une gravure du profil de la tête d'un jeune homme avec un carrelé pour les proportions. Au-dessus on lit: „Divina proportio.“ Bien que Fra Paciolo ait dit dans sa dédicace à D. Pietro Soderini de Florence: „Tanto ardore ut schemata quoque sua Vinci nostri Leonardi manibus sculpta, quod opticen instructiorem reddere possint addiderim“, cela ne peut tout au plus signifier sinon que quelques-unes des figures géométriques les plus compliquées ont été empruntées à Léonard ou exécutées d'après ses dessins; le profil, dont nous avons parlé, n'est en aucune façon dans le style de ce maître.

Un ouvrage du plus haut intérêt et pour lequel Giovanni Ca-
rotto a fourni les dessins des édifices antiques est celui qui a pour titre:
„Torelli Sarayne Veronensis, legum doctoris, de origine et ampli-
tudine civitatis Veronæ ad reverendum in Christo patrem DD. Joannem
Matheum Gibertum. Episc. Veronæ. — Veronæ ex officina Antonii Putelleti
MDXXXX.“

Les nombreuses et belles gravures sur métal qui représentent des
édifices antiques avec leur plans géométriques, des monumens, des portes,
des corniches, des colonnes et des bas-reliefs, comme aussi le plan de
la ville de Vérone, ne portent ni monogramme ni indication quelconque
du maître. Seulement dans le texte dialogué de Torelli, où entrent
comme interlocuteurs Jacques et Jean Carotto, on lit à propos de ce
dernier le passage suivant:

„Torelli. Video hominem; Johannes Carottus, graphidis peritis-
simus, mihi videtur iste: Enimvero ille ipse est. Heus Carotte! quid
tibi cum papyro in his antiquis ruderibus? Car. Salvi sitis. Theatrum
hic olim existens, ex istis ruinis alias electum, in tabula quum pinxis-
sem, aliquidne omiserim hunc perscrutaturus accessi. Tor. Laudatus
quidem tuus labor est, Carotte, volo descendamus tabellam ispecturi.
Car. Operior, accedas etc....“

Nous trouvons encore la gravure sur métal employée dans l'édition de l' „Orlando furioso di Messer Lodovico Ariosto etc. in Venetia apud Vinc. Valgrisio MDLVIII.“ In-fol. Le riche encadrement
du titre est de toute beauté et d'une grande finesse de taille, mais le
portrait du poète dans un médaillon parait être une gravure sur bois.
Au commencement de chaque chant se trouve une grande composition
qui n'appartient pas, comme on l'a cru souvent, à Dosso Dossi, mais
qui est traitée dans le style maniéré du milieu du XVIe. siècle. Les
encadremens sont d'un dessin beaucoup plus simple et plus beau et
doivent appartenir à une époque plus ancienne. Aucune de ces gravures ne porte de marque.

Quelle que soit l'abondance des gravures sur métal ou sur bois que
nous retrouvions en Italie appliquées à l'illustration des livres, nous
n'en voyons que très-rarement qui existent en dehors de cet emploi. Une gravure sur bois dans ce dernier genre est la grande
planche des armoiries du pape Jules II. qui prit possession du St. Siége
en 1503. Comme c'était alors la coutume, à chaque commencement de règne, de faire peindre dans la salle principale des hôtels
de ville les armoiries du nouveau Pape, on aurait peut-être pu destiner

la gravure à remplir le même but dans des localités moins importantes. Cette pièce est entourée d'un triple trait et porte, au-dessous dans une banderole, l'inscription: IVLIVS PAPA II. H. 15 p. 2 l. L. 10 p. 8 l. Dans la Collection de Mr. T. O. Weigel.

Parmi les anciens graveurs sur bois et sur métal en Italie nous connaissons déjà Jean de Francfort, Jacques de Strasbourg et Zoan Andrea que nous avons indiqués plus haut. Nous pouvons encore ajouter à ces noms celui de l'excellent peintre et graveur J a c o b d e N u - r e m b e r g qui travailla long-tems à Venise, qui fut connu en Allemagne sous la dénomination de Jacob Walch et à Venise sous celle de Jacques de Barbari ou du maître au Caducée. Nous possédons de lui plusieurs gravures sur bois, entre autres une grande vue de Venise avec la date de 1500, sans qu'il soit cependant certain qu'il l'ait gravée lui-même sur bois. Ce travail remarquable, dont le Musée Correr à Venise possède encore les planches, doit avoir par sa beauté et par sa dimension produit une grande sensation et excité d'autres artistes à l'émulation. Nous en parlerons plus amplement dans le catalogue de son oeuvre.

A ces artistes appartenait le Florentin L u c a A n t o n i o d e G i u n t a, qui en 1517 grava sur bois, d'après Domenico Campagnola, les deux grandes feuilles de l'Adoration des Rois et du Massacre des Innocens; ainsi que le graveur sur bois au monogramme suivant qui a exécuté quelques gravures d'après le dessin du maître I B à l'oiseau, connu sous le nom de G i o v a n B a t t i s t a d e l P o r t o et dont nous parlerons plus en détail dans le catalogue de son oeuvre. Mais nous devons mentionner surtout U g o d a C a r p i qui parait avoir été établi à Venise dès le commencement du XVIᵉ. siècle et qui, en 1516, adressa une supplique au sénat, dans laquelle il expose, qu'ayant exercé depuis long-tems à Venise sa profession de graveur sur bois (intagliatore de figure de legno), art dans lequel il a employé toute sa jeunesse et par lequel, déjà arrivé à l'âge mûr, il desirait se nourrir, et qu'ayant inventé une nouvelle manière d'imprimer en clair-obscur (chiaro et scuro), nouveau genre dont on n'avait point encore fait usage, très-beau et très-utile pour les amis de l'art etc., il priait humblement l'illustre Sénat de lui accorder un privilège pour cette invention qui lui appartenait en propre, à laquelle personne n'avait jamais songé, afin qu'elle ne put être imitée par qui que ce fût, et qu'il put jouir en paix du fruit de ses fatigues. [99]

99) Voyez l'ouvrage intitulé: „Di Ugo da Carpi e dei Conti da Panico. Memorie e note di Michel Angelo Gualandi, Bologna 1854, p. 22.

Aucun de ces premiers essais d'Ugo da Carpi à Venise n'est parvenu jusqu'à nous, puisque les premières gravures sur bois que nous connaissons de lui portent la date de 1518 et sont exécutées, d'après des dessins de Raphael, à Rome, où Ugo se rendit peu de tems après avoir adressé cette supplique au Sénat et probablement peu satisfait du résultat qu'il en avait obtenu.

Vasari en faisant mention des clairs-obscurs de Ugo da Carpi, lui en attribue exclusivement l'invention quoiqu'il semble probable que notre artiste y ait été induit par des gravures allemandes du même genre. Car nous avons en Allemagne des productions de cet art qui appartiennent à une époque bien antérieure. C'est ainsi que la gravure de la Vénus et Cupidon de Lucas Cranach porte la date de 1506, celle de la Chute du premier homme, de Hans Baldung Grun, la date de 1510 et le Rhinocéros d'Albert Durer celle de 1515.

Si l'on objecte que les planches d'ombres ont été ajoutées plus tard au bois original des gravures que nous venons de nommer, comme cela parait avoir été le cas pour le Rhinocéros, nous avons néanmoins déjà rapporté un document irréfragable qui prouve qu'en 1510 et 1512 des gravures à trois planches avaient déjà été préparées par Jost de Necker à Augsbourg d'après des dessins de Burgkmair. Nous rappellerons à ce sujet la lettre du graveur lui-même à l'empereur Maximilien, dans laquelle il se vante d'être l'inventeur de la gravure sur bois à trois planches et annonce qu'il a exécuté dans cette manière le portrait de Baumgartner d'après un dessin de Burgkmair. Une autre de ces gravures plus ancienne encore, pareillement d'après le dessin de Burgkmair, est celui qui représente un jeune homme saisi par la mort; elle est décrite par Bartsch sous le numéro 40 mais d'une manière insuffisante.

L'honneur d'avoir trouvé l'art de graver en clair-obscur à trois planches appartient donc de droit à l'Allemagne. Mais les Italiens ont cependant imprimé depuis avec un nombre de planches encore plus grand, afin de donner à leur gravures l'aspect d'un dessin artistique à nuances degradées.

Nous trouvons dans les clairs-obscurs d'Antonio da Trento, un élève du Parmesan et qui a surtout gravé sur bois d'après ses dessins, la manière d'Ugo da Carpi. Les autres imitateurs d'Ugo furent Giuseppe Nicolo Vicentino, dont le nom de famille parait avoir été Rossigliani, Andrea Andreani de Mantoue, Joannes Gallus et quelques autres graveurs sur bois anonymes de la Lombardie, comme nous pouvons le relever d'après Bartsch.

Retournant à Venise nous y retrouvons la gravure sur bois portée
à un haut degré de perfection au moyen des excellens dessins que
Titien lui-même parait avoir préparés dans ce but; nous en avons la
preuve dans un passage de Vasari, où en parlant du tableau d'autel
des six Saints qui se voit aujourd'hui au Vatican, il ajoute: „l' opera
della quale tavola fu dallo stesso Tiziano disegnata in legno e poi da
altri intagliata e stampata."

Nous n'avons point de données précises sur les graveurs de ces
bois et nous ne connaissons que deux pièces de ce genre, d'après
les dessins du grand maître, qui soient signées; l'une est le Passage de la mer rouge datée de 1549 et signée Domenico dalle
Greche, l'autre une Vénus caressant l'Amour avec l'inscription:
TITIANVS. INV. Nicolaus Boldrinus, Vicentinus, incidebat 1566.

C'est à ce Nicolas Boldrini de Vicence que l'on attribue encore aujourd'hui la plus grande partie des excellentes gravures sur bois
exécutées d'après le Titien, bien qu'elles soient presque toutes mieux
traitées que la Vénus que nous venons de citer et qu'elles montrent
de grandes différences entre elles. Il y avait cependant alors à Venise
de bons graveurs sur bois qui auraient pu aussi graver d'après ce
grand maître, nous en nommerons ici quelques-uns.

Nous devons d'abord mentionner le graveur sur bois qui de main
de maître a exécuté un grand portrait, demi-figure, d'après le Titien en
le signant de son nom. Nous n'en connaissons qu'un seul exemplaire
existant dans le Cabinet de Berlin, mais dont l'impression a si mal
réussi à l'endroit de la signature qu'il nous a été impossible de déchiffrer son nom de famille. L'inscription porte: „In Venetia per
gioanni (Bretio?) intagliatore." Gr.-in-fol.

Francesco di Nanto de Savoie qui a exécuté les belles gravures d'après Girolamo da Treviso.

Francesco Marcolini da Forli, qui orna en 1540 son petit
ouvrage intitulé: „Giardino di pensieri" de plusieurs gravures
d'après les dessins de Giuseppe Porta. Comme aussi le petit livre de
la „Moral Philosophia del Doni etc. In Venegia per Francesco Marcolini MDLII." in-4° avec des petits bois d'après les dessins de plusieurs
maîtres. Le portrait de Don Ferrante Caraccioli surtout est de toute
beauté.

Nous ferons encore mention de Gabriele Giolito da Fer-
rara qui florissait dans cette ville en 1550 et donna une édition de
l'Orlando furioso en l'ornant de vignettes louées par Vasari lui-même.

Nous en venons ensuite à un maître d'un caractère particulier, Giuseppe Scolari de Vicence, peintre qui étudia d'abord dans son pays natal sous Giovan Battista Maganza, mais qui paraît s'être formé ensuite à Venise sous Paul Veronèse et vivait en 1580. Nous connaissons de lui six grandes gravures sur bois d'une rude énergie de composition et de dessin. A côté de son nom sur ces gravures on lit quelquefois in v., quelquefois un F. (fecit), ce qui pourrait faire croire qu'il a lui-même gravé sur bois. A tout évenement, il doit avoir lui-même dessiné ses compositions sur le bois, puisque la manière particulière du dessin et le mouvement énergique qui s'y trouve imprimé révèle le maître dans toute sa fougue originale.

Six belles gravures sur bois nous sont offertes par les estampes anatomiques de l'ouvrage de Vésale d'après Jean Etienne de Calcar qui en fit les dessins. Cet ouvrage fut imprimé d'abord pour le compte du peintre lui-même par B. Vitalis et publié ensuite à Venise par D. Bernardi. [100])

Quelques graveurs sur bois allemands, excellents dans leur art, habitaient aussi Venise dans la seconde moitié du XVIe. siècle, entre autres Christophe Chrieger qui exécuta, en 1572, la grande gravure sur bois de la bataille navale de Lépante. Il exécuta aussi pour son ami Cesare Vecellio les 420 belles gravures sur bois, représentant des costumes, pour son livre: „Degli abiti antichi et moderni in diverse parti del mondo, Libri due, Venezia, Dom. Zenaro. 1590," in-8ro, comme il est prouvé par le passage suivant, page 155, où Vecellio dit, à propos d'une troisième vue perspective de la place de St. Marc:

„E queste cose si sono brevemente racontate, non essendo poste nel disegno d'essa piazza per la interposizione de la morte di Cristoforo Guerra mio amico et excellente intagliatore de nostri tempi."

Et ensuite à p. 200, Livre premier:

„Donna Bolognese nobile di condizione.... E tal habito è stato visto da me in Venetia et poi disegnato e finalmente intagliato da Cristoforo Guerra, tedesco, da Norimbergo, excellentissimo intagliatore in legno."

Il est clair que le nom italianisé de Chrieger (guerrier) en Guerra [101]),

---

100) Voyez L. CHOULANT, Histoire et Bibliographie des figures anatomiques dans leur rapport aux sciences anatomiques et aux arts (Geschichte und Bibliographie der anatomischen Abbildungen nach ihrer Beziehung auf anatomische Wissenschaft und Kunst), Leipsic 1852, 4°, p. 43.

101) Il est probable que Chrieger, selon l'usage de l'époque était typographe

ne peut laisser aucun doute qu'on ne veuille ici parler d'une seule et même personne. Ces passages nous prouvent encore que Christophe Chrieger était né à Nuremberg et qu'il mourut à Venise en 1589.

Zani émet l'opinion que ce graveur a exécuté en bois les portraits pour l'édition du Vasari de 1568, quoiqu'il soit généralement accepté que ces gravures appartiennent à Cristoforo Coriolano. Vasari en parlant de ces portraits indique le graveur sous le nom de Maestro Cristofano ..... laissant en blanc le nom de famille qu'il avait sans doute oublié. Ce fut dans l'édition de Bologne de 1647 que l'on remplit ce blanc avec le nom de Coriolano, sans donner aucune preuve en faveur de cette supposition. Nous sommes donc encore incertains sur le vrai nom de ce graveur.

Ulisse Aldrovandi, dans la préface de son Ornithologie (De Avibus), nous informe que Cristoforo Coriolano était natif de Nuremberg et qu'il gravait sur bois aussi bien que l'on avait jamais gravé sur cuivre. André Frisius, dans la préface de „Mercurialis, de arte gymnastica,“ nous dit que ce graveur avait exécuté pour cet ouvrage des bois d'une telle beauté que même ceux qui ne comprenaient pas le latin achetaient ce livre uniquement pour les gravures. On croit généralement que le nom de Coriolano n'est rien autre que celui de Lederer italianisé. A l'appui de cette opinion Doppelmair mentionne un autre graveur au burin de Nuremberg nommé Jérôme Lederer qui alla s'établir en Italie et qui mourut à Gênes en 1615. D'après le même écrivain Christoforo Coriolano mourut à Venise après l'an 1600. On connait deux autres graveurs sur bois nés en Italie et portant le même nom, Gian Battista Coriolano que l'on croit fils de Cristofano, et Bartolomeo Coriolano qui passe pour son petit-fils. Tous deux s'établirent à Bologne et se formèrent à l'école des Carraches. Les clairs-obscurs du premier portent les dates de 1619 à 1625 et sont en partie indiqués par Bartsch Vol. XIX. p. 66. Il mourut à Bologne en 1649. Les gravures de Bartolomeo se rangent entre 1630 et 1647. Tous deux se distinguent par une bonne exécution en clair-obscur et un excellent dessin et le second, surtout, doit être considéré comme le dernier artiste en Italie qui, à cette époque, traita ce genre de gravure d'une façon artistique. La plus grande partie de leurs gravures sont d'après Guido Reni et le Guerchin.

---

en même tems que graveur sur bois, puisque nous trouvons, dès 1560, plusieurs éditions des „fratelli (Domenico e Gio. Battista) Guerra“, entre autres les „Rime di B. Capello, Venise 1560“, celles de „M. Giacomo Zane. Ivi 1562“ etc.

Enfin nous avons encore à ajouter qu'en refusant de croire que les grands artistes le Titien et le Parmésan ainsi que les peintres Giuseppe Porta et Cesare Vecellio, aient gravé eux-mêmes leurs dessins, nous ne pouvons admettre que Domenico Beccafumi, surnommé Mecarino de Sienne, ait travaillé lui-même sur bois. Il est non seulement improbable, comme on l'a prétendu, qu'il s'y soit essayé dans sa vieillesse avancée, ce qui n'est appuyé par aucune tradition, mais nous dirons encore que plusieurs des clairs-obscurs, d'après ses compositions, portent les marques des graveurs qui les ont exécutés. Nous mentionnerons entre autres l'Adam et Eve d'Andrea Andreani, et la mort d'Abel avec le mono-gramme ℟ que l'on a attribué à tort à Ugo da Carpi.

Il ressort clairement de cet exposé qu'en Italie comme en Alle-magne, les grands maîtres ont, à la vérité, fourni des dessins aux gra-veurs sur bois et ont contribué ainsi à porter cet art à un grand point de perfection, mais qu'aucun d'eux ne s'est occupé de ce travail manuel qui n'a été exercé que par des peintres de second ordre bien que d'une certaine excellence dans leur profession.

Gravures françaises sur bois et sur métal.

Les anciens graveurs français sur bois étaient connus sous le nom de Dominotiers (de Dominus, Seigneur, Imagiers de notre Seigneur) [102]) et formaient des corporations particulières. Ils exerçaient, comme en Allemagne, le commerce des cartes à jouer et des images de Saints, mais on n'a point de notions précises sur leur existence dans les tems reculés. On trouve actuellement dans le Cabinet des estampes à Paris quelques gravures sur bois, très-anciennes, qui ont toute l'apparence d'appartenir aux productions françaises de ce genre dans la première periode de l'art [103]), ce sont les suivantes:

La Vierge couronnée. Elle est debout sous un baldaquin gothique et tient sur le bras droit l'enfant Jésus nu. Celui-ci a passé la main gauche autour du cou de sa mère et se tient le pied gauche de la main droite. Le fond du tabernacle ou baldaquin est à dessin de mosaïque représentant des dés posés diagonalement. La draperie,

---

102) Fournier, Dissertation sur l'origine et le progrès de l'art de graver sur bois, Paris 1758, p. 79.

103) Duchesne aîné, Essai sur les Nielles, Paris 1826, p. 10, et Voyage d'un Iconophile, Paris 1834, p. 223, indique comme les plus anciennes gravures sur bois du Cabinet de Paris un St. Bernardin de 1454, un St. George et une Sainte Catherine, mais ces gravures, ainsi que plusieurs autres mentionnées par lui, sont des gravures sur métal en manière criblée et d'origine allemande. Il se trompe également quand il les attribue toutes à un certain Bernard Milnet, puisque elles diffèrent complètement entr'elles de dessin et d'exécution et que l'on a même quelque doute sur l'exactitude de ce nom trouvé sur une gravure de la Vierge. Voyez ce que nous avons déjà dit à ce sujet Note 73, p. 89.

simplement jetée, n'offre que peu de plis dans le goût particulier de la fin du XIVe. siècle. Il n'y a point d'indications d'ombres. La taille est moelleuse, le dessin encore très-grossier, bien que le tout ne manque point d'une certaine grace. Les parties découvertes sont coloriées en rouge pâle, l'architecture en jaune. In-fol. étroit, dont les parties supérieures et inférieure manquent. On en trouve un facsimile dans le „Moyen-âge" de P. Lacroix, Paris 1851, vol. V., avec la notice que cette gravure est imprimée sur papier de coton écru collé, et qu'elle fut trouvée à Lyon par Mr. Henin, avec quelques anciennes cartes à jouer, collée dans un manuscrit.

Les douze Apôtres avec le Crédo. Ils sont disposés trois à trois sur quatre feuilles et séparés l'un de l'autre par un simple filet. Au-dessus de la tête de chacun se trouve une banderole disposée en arc avec une partie du Crédo en latin, en commençant par St. Pierre. „Credo in deum patrem omnipotentem creatorem cœli et terræ." Au-dessous de chaque figure se trouve le nom avec une partie des dix commandemens en français, dans l'ancien patois picard. Ce sont de simples contours d'une taille très-maigre, la draperie est déjà à plis angulaires dans le goût de la moitié du XVe. siècle et les cheveux traités à guise de rubans. Les douze apôtres avec les inscriptions qui se trouvent au-dessous sont dans l'ordre suivant:

Sanctus Petrus.	Sanctus Andreas.	Scs Jacobus Major.
1. Gardeis Dieu le roy moult sain	Ne jurets point son nom en vain	Les fiestes et les dymeng garderas
Sanctus Johannes.	Sanctus Thomas.	Scus Jacobus minor.
2. Pere et mere tosjours honoras	Dochier nultuy ne tentremes	De luxure tiens ton corps tout nes
Scus Philippus.	Scs Bartholomeus.	Sanctus Matheas.
3. Ne fais nultuy maux ne domaige	Ne nais ne porteis faus temoignaige	Ne conuois point le feme daultruy
Scs Symon Selotes.	Scs Judas Tadeus.	• Sanctus Matheus.
4. Ne ring qui soit à aultres ka ty	Che sont les X comendement	Que dieu donat sy proprement.

Un facsimile de l'apôtre St. Jacques le Majeur se trouve dans l'ouvrage „Le moyen-âge et la renaissance" Vol. V. dans la dissertation sur l'imprimerie. [104]

Les plus anciens livres xylographiques qui avaient paru en France, mais selon toute apparence avec des bois allemands, sont les suivants:

---

[104] Très-analogues à ces apôtres du Crédo, mais de date plus ancienne, sont ceux que l'on voit peints sur toile dans la Cathédrale de Reims et que l'on suspend dans les grandes solennités à guise de tapisseries. Ils sont monochromes, ou mieux encore, dessinés au lavis sur un fond brun rouge et les têtes et les extrémités sont seules en blanc. On en trouve une reproduction dans l'ouvrage: „Toiles peintes et tapisseries de la ville de Reims etc. Paris 1843." In-fol.

Speculum humanæ salvationis, qui porte le titre français:
„Cy commence le mirouer de la rédemption de humain lignage translaté de latin en françoys ... corrigé et translaté par révérend. docteur
en theologye frère iulyen (macho) des augustins de Lyon .... et a esté imprimé lan de l'incarnacion nře Seigneur courrant mille cccclxxviiɉ le
XXVI iour d'aoust." Gr. in-fol.   On croit que cet ouvrage a été imprimé
à Lyon par Mathias Husz.   D'après Guichard, les 256 gravures qui
s'y trouvent dérivent des bois qui ont servi pour l'édition de Bâle de
1476.

Le procès de Bélial. a lencontre de ihesus ... nouvellement
traslaté de latin en françoys par ... frère pierre ferget docteur en
théologie de l'ordre des augustins.... L'an de grace mil cccclxxɉ.
In-folio.

La seconde édition est de 1482, la troisième de 1484 avec la
date de Lyon par „maystre Mathis Husz." Toutes ces éditions ont les
mêmes gravures sur bois qu'il faudrait soumettre à un examen exact
et comparer avec celles des éditions allemandes d'Augsbourg de 1472.

L'art au morier. C'est une traduction française de l'Ars moriendi néerlandais avec le texte latin et, selon le Manuel de Brunet I.
194, on s'est servi pour les gravures de cette traduction des bois que
Heinecken, dans son Idée générale etc. p. 414, a décrits comme appartenant à la quatrième édition latine néerlandaise.   Il y a cependant
une différence dans la cinquième gravure, comparée à celle des éditions
plus anciennes, puisqu'on ne trouve plus dans la cave que quatre tonneaux au lieu de sept.   Si l'assertion de Brunet est exacte on ne devra
pas considérer cet ouvrage comme appartenant à la France mais bien
aux Pays-Bas.   Peut-être l'ouvrage a-t-il même été imprimé dans ce
dernier pays avec un texte français, comme il est arrivé de plusieurs
autres livres xylographiques, où l'on reconnait la forme des lettres dont
Johann Veldener (de Cologne?) se servit à Utrecht en 1480 pour ses
différentes impressions.

Parmi ces ouvrages il faut aussi ranger le Jean Gerson „Copie
de deux grands tableaux", petit-in-4°, sans indication de lieu ni
de date. (Voyez Brunet II. p. 389.)

Les gravûres sur bois dans les ouvrages suivants sont très-cer-
tainement d'origine française.   Nous commencerons à rendre compte
d'une collection de bois qui ont été employés par des éditeurs de
Troyes pour passer plus tard à ceux, bien plus important, des éditeurs
de Lyon, Paris et d'autres villes de la France.

La danse des morts, 39 gravures sur bois, in-folio oblong, d'après les sculptures de l'ancien cimetière des Innocents à Paris. Elles appartiennent originairement à l'ouvrage intitulé: „Grande danse macabre des hommes et des femmes", qui parut à Troyes [105]) et dont les bois, en partie originaux, en partie copies, se trouvent encore dans cette ville avec d'autres bois anciens. On en a publié récemment des réimpressions au nombre de 80 exemplaires avec le titre suivant: „Illustrations de l'ancienne imprimerie Troyenne en 210 gravures sur bois du XVe., XVIe., XVIIe. et XVIIIe. siècle, publiées par V. L.   Troyes, Varlot, antiquaire éditeur, 1850." In-4°.

Les gravures sur bois de la Danse des morts sont de plusieurs mains et appartiennent à plusieurs éditions. Elles sont traitées assez grossièrement à l'exception de la gravure No. 30 paraissant être une impression du bois original et qui est conduite avec une certaine adresse et révèle le style français qui se rapproche de celui de l'école de Van Eyck. Elle représente deux squelettes qui dansent avec deux femmes. On ne trouve quelque chose d'écrit que sur la feuille No. 3 avec le cardinal. On y lit le mot VERNIE. qui d'après la préface très-courte indique le graveur sur bois Vernier. Le commencement de la „Danse macabre" représente un squelette dans un cimetière qui tient un cercueil et qui élève la main droite dans l'action de parler. La feuille suivante contient quatre squelettes qui font de la musique. Viennent ensuite celles du Pape et de l'Empereur, du Cardinal et du Roi, et ainsi de suite, chacune avec deux personnages et deux squelettes entourés d'un ornement d'architecture, d'abord les hommes, ensuite les femmes. La 38e. gravure représente un hermite assis qui contemple trois squelettes sous des arbres; l'un d'eux, à gauche, est devant une croix: la 39e. et dernière représente une gueule de lion ou d'enfer, d'où s'élance la mort à cheval avec un dard et un cercueil.

L'ouvrage publié à Troyes que nous avons cité contient parmi les 210 réimpressions quelques gravures sur bois d'un travail analogue et de la même époque, c'est-à-dire probablement du dernier quart du XVe. siècle, comme une chasse au faucon, un enfer etc., mais elles ne se distinguent point par un grand mérite; la meilleure représente le por-

---

[105) Probablement elles ont été exécutées dans l'origine pour l'ouvrage intitulé: „La grande danse macabre des homes et des femes hystoriée et augmētée de beaulx dictz en latin." Imprimé à Troyes par Nicolas le rouge demourant en la grāt rue à lenseigne de Venise auprès la belle croix. (sans date) in-fol. goth. de 40 ff. avec 65 fig. en bois.

trait d'un savant qui écrit, faite probablement pour le „Gallien restauré“ qui fut publié également à Troyes.

Plusieurs petites gravures dans cette collection, et qui appartiennent au XVIe. siècle, ont un fond noir avec des petits points blancs semblables au gravures sur métal dont on ornait les livres d'heures de cette époque imprimés à Paris. Nous trouvons parmi ces réimpressions, et traitée de la même manière, la marque de l'imprimeur Jehan le Coq représentant deux loups encapuchonnés qui soutiennent un écu avec un coq, suspendu à un arbre. Cet éditeur parait cependant avoir jugé à propos plus tard de changer ces loups encapuchonnés en brebis.

Deux des gravures d'une série des douze mois avec figures, dans un ovale, portent les initiales I. R.; et une Bethsabée au bain est signée P. R.; elles appartiennent au milieu du XVIe. siècle. Une de ces marques doit indiquer le graveur sur bois Rochienne dont il est parlé dans la préface.

Un couronnement de la Vierge, où l'on voit Marie agenouillée devant le Christ tandis qu'un ange lui tient une couronne sur la tête,[106] (in-8vo) porte la marque de la croix double, mais sans le W au-dessous, ce qui indiquerait alors le graveur Pierre Woeriot qui est aussi mentionné dans la préface comme graveur sur bois. Nous trouvons encore la même marque sur une petite gravure sur bois représentant Ruth et Boaz, d'une jolie composition dans le style des petits-maîtres allemands, mais d'une taille un peu grossière. On sait que Woeriot, bien que né vers 1520, s'en est toujours tenu à la manière ancienne, et les deux gravures que nous venons de citer, si elles sont de lui, nous en fourniraient une nouvelle preuve.[107]

Nous voyons encore dans cette collection de Troyes le monogramme G. T. sur la représentation d'une Descente de croix. Le Christ est sur le genoux de la Vierge avec la Madeleine à gauche et St. Jean à droite. Le fond est noir avec de gros et de petits points, dans le style ancien de la seconde moitié du XVe. siècle. A la moitié

---

106) Le pendant de cette gravure qui représente la Visitation de la Vierge est aussi de Woeriot, mais ne porte point sa signature.

107) Robert Dumesnil dans son „Peintre graveur“ Vol. VII. décrit 401 estampes de ce maître et parmi celles-ci 21 gravures sur bois. Elles sont marquées toutes d'une croix de Lorraine (✝) avec le W. On doit ici remarquer que Geoffroy Tory de Bourges marquait assez souvent ses gravures sur métal d'une semblable croix de Lorraine ou double croix archiépiscopale, mais son style de dessin est italien.

du XVIe. semble appartenir une gravure de la Présentation au temple, signée F G. Le même sujet, mais plus petit en hauteur, et une Nativité de Jésus Christ, toutes deux traitées dans le style italien, portent la marque G M; enfin les armoiries d'un pape sur une petite feuille sont signées d'un F.

Nous desirerions que cette courte notice sur une école ou une suite jusqu'ici inconnue de graveurs sur bois en France puisse donner lieu à des recherches ultérieures à leur sujet. Nous avons suivi dans ce que nous avons dit d'eux l'ordre chronologique, afin de ne pas rompre la série, nous retournerons à présent aux gravures sur bois et sur métal d'une époque antérieure.

On s'est servi anciennement en France, pour l'illustration des livres, des gravures sur métal de préférence à celles sur bois. Un des premiers à en faire l'application fut le maître Math. Husz qui publia en 1482, à Lyon, l'ouvrage suivant:

„Bartholomeus Anglicus (de Glanvilla) liber de proprietate rerum, gallice vertit Johannes Corbichon. Lugduni 1482. Math. Husz. Et imprimé au dit lieu de Lyon par honorable maistre Mathieu Huz, maître en art de impression. Le XII jour de Novembre mil cccc. huytante et deux."

Ce livre est orné de plusieurs gravures sur métal. Au prologue de l'ouvrage on voit un moine franciscain qui présente son travail au roi de France (Charles V). Celui-ci est assis sous une tente entouré de ses conseillers et d'une garde de hallebardiers. Au premier livre „de Dieu" se trouve une représentation de la Trinité; suivent les chœurs des anges, la création de l'homme etc. Au chapitre „de l'homme" on voit des médecins occupés à disséquer un cadavre. Le style artistique n'est point, à proprement dire, celui de l'école de Van Eyck ou de l'école italienne, mais ressemble plutôt au style des anciennes miniatures françaises.

D'un style analogue sont les 24 gravures sur métal, in-8ro oblong, qui se trouvent dans un livre devenu très-rare, intitulé: „Les sept saiges de romme. On les vend à Lyon près notre dame de confort cheulx Olivier Arnoullet", sans date, mais à en juger par le style des gravures sur métal appartenant encore au XVe. siècle. Le dessin, en ce qui regarde le mouvement des figures, est d'une grande vérité, mais la taille est médiocre et les hachures obliques ou horizontales dans les ombres rappellent l'école des Pays-Bas. La 4e. gravure est marquée d'un g et la 23e. qui représente deux enfans, les têtes coupées, sur un lit et un homme qui tient un plat au-dessus d'eux, porte sur ce dernier ustensile la marque ci-jointe. Les autres illustrations de la légende n'ont aucun signe.

Dans le livre intitulé: „La mer des histoires. Imprimé à Lyon par Jehā du pre l'an 1486", in-folio, on trouve des compositions histo-riques relatives au texte et gravées au simple contour dont quelques-unes dans le second volume portent la signature A. T. Les gravures sur bois ou sur métal du livre intitulé: „Le livre de Monseigneur Saint Augustin de la cité de Dieu. Imprimé dans la ville d'Abbe-ville par Johan du pre et pierre Gerard, marchans libraires. 1486." 2 vol. in-fol., paraissent être du même artiste.

On trouve encore une bonne gravure sur bois dans un livre im-primé par Jean Richard à Rouen (en 1499). Elle représente St. Bénoît entre deux évêques. En haut Dieu le père dans des nuages à flammes avec une banderole sur laquelle on lit l'inscription: HIC EST BENE-DICTVS IPSUM AVDITE. Elle est traitée dans la manière criblée.

Dans la manière de l'école française qui rappelle l'école de Van Eyck est une gravure sur métal d'une époque plus récente imprimée sur par-chemin avec l'inscription: „La reine Bathilde voit l'échelle des anges." La reine, tournée à gauche, est agenouillée dans une église où se voit une échelle avec trois anges. En haut deux autres anges soutiennent une Sainte échevelée et presque nue. En bas à gauche plusieurs autres anges et à droite, derrière la reine, quatre femmes dans l'attitude de l'ad-miration. On lit au-dessous l'inscription suivante: „C. D. Regina nobilis humilis nobis sit propitia hec in preclara scala; et angelica visio que beatissime Batildi regine ante obitum suum ostensa fuit per quem ad coelestem sponsum pervenit." Cette gravure sur métal parait appartenir à la fin du XVe. siècle et mesure 6 p. 2 l. en hauteur.

Nous trouvons beaucoup de caractère et de vie dans la composi-tion des gravures sur bois qui ornent l'édition sous le titre de „Te-rentius cum interpretatione Guidonis Juvenalis", imprimé aux frais de Jean Treschel par J. Badius Ascensianus à Lyon en 1493. in-4°. Il est à regretter que nous n'ayons aucun renseignement sur l'ex-cellent dessinateur de ces sujets qui par le style et la vérité de la composi-tion, pourrait être nommé le précurseur de Holbein né seulement en 1498. L'exécution du graveur ne correspond pas au mérite du dessinateur, car malgré qu'il ait réussi à reproduire l'expression et le mouvement de l'ori-ginal, il se montre un peu raide dans les contours et dans les hachures et ne possède point cette intelligence de la forme qui certainement ne devait pas manquer au maître original. On voit sur la première page

au-dessous du titre: „Guidonis Juvenalis natione Coromani |
in Terentium familiarissima interpretatio | cū figuris uni-
cuique scænæ præpositis", un portrait de l'auteur dans le costume
du tems (ce qui est également le cas avec toutes les autres figures),
assis devant un pupitre et entouré de livres. Les sujets qui suivent
sont toujours placés en tête d'une scène dont ils reproduisent le principal incident d'une manière très-intelligente. Dibdin nous donne dans
sa Bibliotheca Spenceriana, Vol. IV. p. 561—567, dix facsimile de ces
sujets qui sont de nature à exciter notre admiration sur le mérite de
l'ouvrage.

Dès l'année 1483 nous voyons paraître à Paris des livres avec
des gravures sur bois ou sur métal imprimés par Jehan Dupré,
Jehan Bonhomme, Gui Marchant, Pierre Le rouge, Pierre
Levet, Pierre Le Caron, Antoine Vérard et Jehan Trep-
pered qui, du moins en partie, paraissent avoir été en même tems
dessinateurs et graveurs. Nous citerons ici quelques-uns de ces
livres.

„La mer des hystoires" imprimé par maître Pierre Le rouge
libraire et imprimeur du roy l'an mil cccc iiijʳʳ et viij (Paris 1488).
Cette édition est très-riche en illustrations. Les gravures sur métal,
sous le rapport du style, rappellent la manière de l'école de Van Eyck
qui regnait alors assez généralement dans le nord de la France.

La danse macabre est un sujet qui a été traité avec une certaine prédilection aussi bien par les Français que par leurs dévanciers
dans ce genre, les Allemands. La première publication en gravure sur
bois ou sur métal connue en France est celle de Guy Marchant à
Paris de l'an 1485 [108]), et qui est en même tems une des plus distinguées sous le rapport de l'art du dessin dans le style français de cette
époque.

Antoine Vérard a copié ces gravures sous un format un peu
plus grand en les enluminant avec beaucoup de soin. C'était un des
éditeurs de Paris des plus actifs de cette époque et qui a publié depuis
1485 jusqu'en 1512 plus de 40 ouvrages ornés de gravures. Nous
renvoyons pour plus amples informations à ce sujet à l'opuscule que
Mr. Jules Renouvier vient de publier [109]), en nous bornant ici aux no-

---

108) Brunet, Manuel du libraire. II. p. 10.

109) Des gravures en bois dans les livres d'Antoine Vérard, maître libraire,
imprimeur, enlumineur et tailleur sur bois de Paris, 1485—1512. Par J. Renouvier.
Paris 1859. Pet. in-fol.

tices suivantes sur la manière dont les gravures d'Antoine Vérard sont enluminées comme nous en avons trouvé un exemple dans le livre très-rare, ayant pour titre:

Les xxj epistres d'Ovide translatées de latin en francoys; par révérend père en Dieu monseig͂r Levesque d'angoulesme (Octavien de Saint Gelais). Imprimé à Paris par Anthoine Verard, marchand libraire etc. in-8ᵛᵒ. Sans date.

Les gravures sur métal sont d'abord recouvertes d'une teinte grise sur laquelle on a appliqué ensuite les différentes couleurs de manière à produire l'effet d'une miniature. Dans l'exemplaire qui se trouve au Musée Britannique, plusieurs des gravures sont entièrement coloriées, d'autres préparées seulement avec la teinte grise que nous avons indiquée, de manière à nous faire connaitre le procédé employé pour l'exécution de ce genre de miniatures.

Les livres les plus riches en gravures sur métal sont les livres d'Heures français ou livres de prières, et surtout ceux qui parurent à Paris et qui appartiennent en grande partie au XVᵉ. siècle. Ils contiennent de grandes compositions, des figures isolées de saints et des riches bordures traitées dans le style des Heures manuscrites enrichies de miniatures qu'ils étaient destinés à remplacer. Nous ne connaissons point les dessinateurs de ces diverses compositions qui ont dû néanmoins être, pour la majeure partie, des peintres en miniature formés à l'école du célèbre Jean Fouquet de Tours et qui s'acquirent une grande réputation dans la manière française sous l'influence de l'école de Van Eyck. Les gravures sur métal ou sur bois, traitées avec beaucoup de goût, ne sont pour la plupart que des simples contours avec des hachures très-légères et où les figures ressortent en clair sur un fond noir parsemé de points blancs. Déjà on fit usage de très-bonne heure pour ces gravures des compositions de Martin Schongauer et, plus tard, de celles d'Albert Durer.

Un des plus anciens imprimeurs de livres d'heures, avec les plus belles gravures sur métal de l'école française dans le goût de Van Eyck, et qui s'acquit une réputation méritée, fut Simon Vostre de Paris. D'après Papillon un des graveurs sur métal qui travaillèrent pour lui se nommait J. Jollat qui, ainsi que nous le verrons plus tard, florissait vers l'an 1530, mais comme les livres d'heures de Simon Vostre furent publiés entre 1484 et 1530, Jollat n'aurait pu travailler pour cet imprimeur que vers cette dernière époque. [110]

---

110) BRULLIOT remarque dans son Dictionnaire des Monogrammes, Vol. I.

L'éditeur qui après Vostre donna à Paris les plus beaux livres d'heures, entre 1497 et 1522, fut Thielmann Kerver, Allemand; on admire principalement dans les productions de ses presses des bordures pleines de fantaisie et de beauté.

Antoine Vérard, que nous avons déjà mentionné plus haut, a publié entre 1487 et 1512 plus de 25 éditions de son livre d'heures. Les gravures sur métal, qui s'y voient, ne consistent qu'en contours très-légers puisqu'elles étaient destinées le plus souvent à être coloriées, comme elles se présentent encore quelquefois à nous. Elles sont devenues très-rares et d'un haut prix.

Les „Heures" de Gilles Hardouyn et de son fils Germain sont d'une exécution plus médiocre que celles de Simon Vostre et de Thielmann Kerver et se montrent pour la première fois en 1503.

Nous mentionnerons encore ici les éditeurs Parisiens Guillaume Eustace, Guillaume Godard et François Regnault qui se sont aussi distingués par la publication de livres d'heures. [111])

Nous trouvons encore des échantillons de l'école française sous l'influence de celle de Van Eyck dans les titres imprimés en gravure sur métal des éditions de cette époque; nous citerons entre autres celui du Gratian de 1504 et des „Sermons de St. Augustin" de 1516, imprimé à Paris par M. Ronbolt, ainsi que celui du „Decretum Gratiani" publié en 1506 à Lyon par M. Nicolaus de Benedicti, qui n'offre cependant qu'une imitation de la gravure de l'édition de 1504.

Les 13 gravures sur métal que Antoine Vérard donna en 1517 à Paris sous le titre: „Les contemplations hystoriez sur la passion de N. S. composées par maistre Johan Gerson, docteur en

---

No. 1096, à propos du monogramme sur une tablette, que cette marque se trouve sur les gravures d'un Missel publié par Simon Vostre à Paris. Une de ces gravures représente le Christ sur la montagne des oliviers. Il est incertain si ce monogramme est celui du dessinateur ou du graveur.

[111] DIBDIN dans sa Bibliomania etc., Londres 1811, et dans son „Bibliographical Decameron" etc., Londres 1817, donne d'excellentes informations et de bons facsimile relatives aux Heures ainsi que BRUNET dans sa notice sur les livres d'heures, placée à la fin du IVe. vol. de son Manuel, édit. de 1842. Nous pouvons ajouter à ce sujet que nous trouvons dans les gravures sur métal des livres d'heures l'emploi le plus ancien de clichés d'après les planches originales. On trouve en effet, dans certaines épreuves sur fond blanc, des taches d'impression qui proviennent de ce que le fond dans le cliché n'est pas maintenu assez profond ou n'a pas été reproduit avec une netteté suffisante, ce qui n'est jamais le cas avec les épreuves des planches originales.

théologie", in-fol., sont très-grossières de taille avec des hachures mal-
adroitement exécutées.   Ce ne sont que des imitations de la Passion
du maître V. G. de Bâle.

On reconnait évidemment l'influence des dessins de Holbein pour
les encadremens des livres imprimés à Bâle, dans le titre de l'ouvrage
intitulé: „Le grand Olympe des histoires poétiques du prince de
poésie Ovide Naso en sa métamorphose etc. 1537.   On les vend à
Paris ... en la boutique de Pierre sergent." In-8vo.   On voit au milieu de la gravure Ovide écrivant.   Plus bas, des enfans qui jouent imités
de ceux de Holbein.   Les autres gravures de ce livre sont fort médiocres.

On trouve dans les productions de la presse française d'une époque
antérieure des éditions ornées de gravures sur métal qui révèlent en
partie l'influence de l'école italienne du XVe. siècle, ou qui portent
l'empreinte d'un style français particulier.   Nous trouvons l'influence
de la manière italienne dans les gravures sur métal des titres de
certains ouvrages que Jehan Petit publia à Paris vers 1515.   Nous
ne citerons ici que son Macrobe et l'édition latine des œuvres du
Vénérable Bède.   Dans ces deux éditions les encadremens sont dans
le goût de la renaissance d'Italie et ont beaucoup d'analogie avec celles
du titre de l'ouvrage: „Vita et epistole de Santo Hyeronimo" imprimé
en 1497 à Ferrare par maître Lorenzo de Rossi da Valenza.

A ces artistes dans le goût italien appartient, entre autres, le savant imprimeur Geoffroy Tory de Bourges.   Il naquit en 1485,
visita vers le commencement du XVIe. siècle la Sapienza à Rome et
suivit à Bologne les leçons du célèbre Philippe Béroalde qui mourut
en 1505.   De retour à Paris il ne s'occupa point seulement de travaux philologiques, mais il prit en même tems des leçons de dessin et peut-être aussi de peinture et de gravure sur métal du peintre
Jean Perreal.   Il visita Rome de nouveau en 1516, mais il était déjà de
retour à Paris en 1518, où il se fit recevoir dans la corporation des
libraires et se fit une réputation par ses dessins et par ses gravures
sur métal pour l'ornement des livres, dans le goût italien.   Nous n'a-
vons point le dessein de donner ici une biographie de ce maître ni
un catalogue de ses œuvres; on pourra consulter à ce sujet l'excellent travail d'Auguste Bernard: „Geoffroy Tory, peintre et graveur, premier imprimeur royal etc. Paris 1857."   Nous nous contenterons de dire
qu'il signait d'abord ses gravures sur métal très-bien exécutées avec un

𝒢 simple ou avec le monogramme ⨍ et plus tard avec celui-ci

☩ et les initiales G. T. (Godofridus Torinus, sculpsit), mais aussi ⚓ souvent avec une croix archiépiscopale seulement ☦ ou croix de Lorraine. Sa marque de libraire était un vase brisé. Les premières gravures sur métal qu'il a exécutées paraissent avoir été celles qui ornent un livre d'heures publié par Simon Vostre, sans date, mais probablement vers 1515. Plus tard Tory travailla pour Varlot, Simon de Colines, Philippe Le Noir et autres imprimeurs de Paris; viennent ensuite plusieurs éditions données sous son propre nom avec des gravures sur métal depuis 1524 jusqu'en 1554 probablement, quand il exécuta le portrait sur métal de Pierre Belon pour l'ouvrage de cet écrivain intitulé: „Les observations de plusieurs singularités et choses mémorables trouvées en Grèce etc. Paris 1554.“ In-4°. Un livre qu'on peut considérer comme une collection de gravures est celui qui contient les douze travaux d'Hercule, accompagnés chacun d'une description en vers français, dont on trouve un exemplaire dans le Cabinet de Paris. On voit encore de lui des sujets tirés de la bible, avec texte français.

Nous retrouvons un style purement français, mais d'une grande vérité, dans les dessins des gravures sur métal d'un ouvrage qui a joui long-tems d'une grande réputation en France. C'est le livre de perspective de Jean Pellegrin, surnommé Viator, intitulé: „De artificiali perspectiva. VIATOR SECVNDO, Pinceaux, burins, aicuilles, lices pierres, bois, métaux, artifices“, et à la fin: „Impressum Tulli (Toul) anno catholicæ veritatis quingentesimo nono ab millesimo (1509) 1111⁹. Idus marcias. Solerti opera Petri Jacobi p̄bri Incoli pagi sancti Nicolai.“ C'est le titre de la seconde édition de cet ouvrage, la première, ayant paru en 1504, contenait 46 feuilles imprimées seulement d'un côté, tandis que cette seconde édition de 1509 n'en a que 29, mais augmentées du texte et imprimées de deux côtés de la feuille. Les sujets, d'après les dessins très-intéressants à simples contours de Jean Pellegrin ou Viator, sont bien gravés quoique un peu maigres de taille. Ils représentent des intérieurs et des extérieurs d'église en perspective, une cave avec des tonneaux, une cour avec un murier et l'auteur dessinant, des promeneurs qui d'après leur éloignement diminuent de grandeur selon les lois de la perspective, et autres représentations semblables. Nous y reconnaissons la main d'un maître qui a fait des études approfondies sur la nature et qui mérite une place distinguée parmi les auteurs de semblables ouvrages.

A Lyon parut chez Jacques Marechal une bible ornée de plusieurs petites gravures sur bois sous le titre: „TEXTUS BIBLIÆ MDXXVI.

Biblia cum concordantia Veteris et Novi testamenti Et
sacrorum canonum etc.“ In-folio. Sur le bord du vêtement de
St. Jean écrivant son évangile on voit les initiales **A M** que l'on
croit pouvoir designer un graveur sur bois de la famille Marechal
ou de celle de l'éditeur Jacques Myt de Lyon.

Nous mentionnerons encore ici un ouvrage publié à Poitiers avec
des gravures sur bois qui a eu plusieurs éditions et qui a été fort
répandu au moyen de reproductions. Il contient les cinquante-sept
portraits des premiers rois de France de maître Jean Bouchet et
porte le titre suivant: „Les anciennes et modernes généalogies des roys
de France et mesmement du roy Pharamond avec leurs épitaphes et
effigies. — cy finissent les épitaphes .... imprimées nouvellement à
Poictiers par Jacques Bouchet imprimeur le vingt-sixième jour de javier
l'an mil cinq cent vingt et sept.“ In-4°. Les portraits dans des petits
médaillons ovales sont, pour la plupart des rois, quant à la ressemblance
et au costume absolument de fantaisie. Une seconde édition porte
l'indication: „sont à vendre à Paris en la Rue Saint Jacques. Et à
Poictier au Pelican“, avec la date de 1531. In-4°. D'autres éditions ont
paru en 1537 et 1545 in-8vo et in-fol. Elles servirent à la publication d'un ouvrage semblable en Allemagne dont Virgile Solis et Jost
Amman exécutèrent les gravures qui sont décrites par Bartsch, Vol. IX.
p. 291.

Les gravures détachées de ce genre sont encore plus rares que
celles que nous rencontrons dans les livres; cependant il en est venu
à notre connaissance deux qui se trouvent dans la riche collection de
Mr. T. O. Weigel et qui étaient collées sur des couvertures de livres;
ce sont les suivantes:

St. Jérôme. Il est debout tenant un livre de la main droite et
de la gauche, armée d'un instrument, arrachant une épine de la patte
du lion qui se dresse devant lui. Le Saint, contre la coutume, est
représenté très-jeune et le caractère de la tête est un peu mignon.
Le style de la draperie rappelle encore celui du XIVe. siècle, mais bien
compris, ainsi que celui du dessin. L'architecture de la chambre où
se trouve le Saint, avec un plafond dans le style de la renaissance,
indique que la date de cette gravure sur métal est vers la fin du
XVe. siècle. La taille est fine, avec peu de hachures d'ombre. La
bordure qui entoure le tout est une espèce de passe-partout de 9
lignes de large avec un ornement de huit monstres, d'un genre de composition que l'on ne rencontre jamais en Allemagne. H. 6 p. 81. L. 4 p. 61.

Le martyre de St. Erasme. Un juge royal est assis au milieu de l'estampe entre deux de ses courtisans. Devant lui deux bourreaux enroulent les entrailles du Saint qui est étendu presque nu. En
haut paraît le Christ, petite demi-figure dans des nuages, qui donne sa
bénédiction. Le caractère des physionomies est tout-à-fait français.
Le dessin est bien compris, plein et dans le style des imitateurs français de Van Eyck au commencement du XVIᵉ. siècle. La taille est fine
et l'exécution révèle un bon maître; la gravure est coloriée de plusieurs
teintes. L'exemplaire, rogné du bas, porte H. 10 p. 6 l. L. 7 p. 9 l.

Nous n'avons pu citer jusqu'à présent qu'une très-petite partie des
livres à images imprimés hors de Paris, mais qui prouvent évidemment
que l'art du dessin a eu des développements spéciaux dans les différentes contrées de la France, comme nous l'avons remarqué pour Lyon
et Toul, et comme on le trouvera peut-être également à Rouen, à
Orléans, à Rennes, à Tours et à Avignon, où des imprimeries ont été
établies. Il y aurait donc à faire à ce sujet des recherches qui seraient non seulement d'un grand intérêt pour l'histoire de la gravure,
mais qui jetteraient un nouveau jour sur l'histoire générale des arts
en France dans le XVᵉ. et au commencement du XVIᵉ. siècle.

Peu de tems après le premier quart du XVIᵉ. siècle, le style de
l'école de Fontainebleau commença à dominer généralement en France
et les gravures sur bois et sur métal qui parurent alors dans ce pays
se ressentent de l'influence de ce style français italianisé. Nous nous
contenterons ici de nommer quelques-unes de ces œuvres qui, bien
qu'elles accusent un certain talent, ne méritent, à raison du maniérisme
dans la composition et du dessin des figures alongées, des draperies
étroites et volantes et de l'absence de toute expression naïve et caractéristique, d'autre attention que celle qu'on peut leur donner comme
marquant une époque dans l'histoire de l'art.

Le livre que nous allons citer demande une attention particulière
en ce qu'il nous fait connaître quelques-uns des artistes qui ont pris
part à son illustration. Il porte le titre suivant:

„De dissectione partium corporis humani lib. III a Carlo Stephano
(Charles Estienne) Doctore medico editi. Una cum figuris et incisio-
num declarationibus a Stephano Riverio Chirurgo compositis. Parisiis
apud Simonem Colinæum 1545.“ Fol. Une édition française du même
livre parut en 1546. [112])

_____

112) Voyez à ce sujet CHOULANT, Histoire des figures anatomiques etc. (Ge-

Les nombreuses gravures sur métal qui s'y trouvent sont pour la plus grande partie exécutées par J. Jollat de 1530 à 1532 et sont signées de son nom ou de son monogramme; quelquefois on y voit ajoutée une croix archiépiscopale ✝ ou croix de Lorraine. [113])

Les initiales S. R. sur une des gravures indiquent le chirurgien et dessinateur Étienne Rivière nommé sur le titre. Mais les dessins de ces diverses gravures sur métal paraissent être de différentes mains, les premières sont très-médiocres et inférieures aux suivantes; tandis que celles des pages 239 à 287 rappellent l'école de Michel Ange à Fontainebleau.

Il est à remarquer qu'un des artistes les plus renommés de cette époque en France, le sculpteur et architecte Jean Goujon, né vers le commencement du XVIe. siècle et mort en 1572, s'est aussi occupé de la gravure sur bois. Ses travaux en ce genre se trouvent dans l'ouvrage intitulé: „Architecture ou art de bien bâtir de Marc Vitruve Pollion, mis de latin en français par Jean Martin. Paris, Jacques Gazeau etc. 1547,“ petit-in-fol., et en particulier dans la partie concernant „l'art de maçonnerie“. Après l'explication des figures gravées sur bois, Jean Goujon reconnait comme ayant été exécutées par lui les planches 28, 29, 34, 35, 37 verso, 38, 40, 42 recto, 48—52, 54—57, il a dû néanmoins, en même tems, avoir donné les dessins pour les autres gravures dont celle sous le No. 15 est signée P C, et le No. 78, avec le monogramme en marge, qui indiquent tous deux le nom du graveur. [114])

Dans la seconde moitié du XVIe. siècle Bernard Salomon, connu encore sous le nom de Bernardus Gallus ou du petit Bernard, s'acquit un renom mérité. On le croit né à Lyon en 1512 ou 1520 et élève de Jean Cousin pour la peinture. On ne sait point avec certitude s'il a été lui-même graveur, mais il exécuta évidemment une quantité de dessins pour les gravures sur bois qui, de 1550 à

---

schichte der anatomischen Abbildungen, Leipzig 1852, in-4°.), où l'on trouve deux copies des gravures sur métal de cet ouvrage.

113) Ce signe se voit souvent sur les gravures françaises sur bois et sur métal depuis 1522 jusque vers la moitié du XVIIe. siècle et plusieurs maîtres qui ont vécu à des époques successives s'en sont également servis, comme nous l'avons vu en parlant de Geoffroy Tory de Bourges et de Woeriot.

114) Voyez, pour plus de détails, ROBERT DUMESNIL, Le Peintre graveur français, vol. VI. p. 33.

1580, parurent à Lyon chez Jan de Tournes (nommé encore Hans Tornes) et G. Roville. On estime surtout celles exécutées pour les bibles en plusieurs langues et pour les métamorphoses d'Ovide. Les figures ont quelque chose d'alongé et de maniéré dans le mouvement, et son style de dessin est plutôt élégant que caractéristique pour la vérité et l'expression.

Nous avons de nombreux exemples de l'activité extraordinaire qui régnait à cette époque à Lyon, non seulement en ce qui regarde la gravure au burin, mais aussi la gravure sur bois pour l'illustration des différens livres qui y furent publiés. Nous nous contenterons ici de citer quelques-uns de ces derniers ouvrages.

Quelques artistes de moindre talent que le petit Bernard, tout en marchant sur ses traces, se servirent par fois pour leurs travaux des compositions des maîtres allemands. C'est ainsi que nous trouvons dans le „Testamenti novi editio vulgata. Lugduni apud Theobaldum Paganum M.D.LXIIII.“ in-8vo, entre plusieurs gravures sur métal, d'une exécution très-médiocre dans le style franco-italien, les quatre évangélistes de Georges Pencz, mal reproduits et, dans les sujets de l'apocalypse, quelques-unes des compositions d'Albert Durer.

Une très-bonne gravure sur bois nous est offerte dans le portrait du roi Henri IV de Michel Brunaud, exécuté à Lyon. Il est représenté en armure complète, avec un chapeau à plumes et tourné à gauche près d'une table où se voit son casque. En haut les armoiries de France et de Navarre avec l'inscription: HENRY IIII ROY DE FRANCE ET DE NAVARE. En bas dans un cartouche: „Peuple voys de Henri la naine figure, de ce Henry le Grand“ etc., et au-dessous dans un écusson ovale oblong: „faict à Lyon par Michel Brunaud en la rue Mercière 1595.“ Tout autour une bordure ornée. H. 16 p. 3 l. L. 12 p. Dans la collection de M. Sotzmann à Berlin.

Comme nous l'avons vu pratiqué en Allemagne par les soins de Sébastien Munster à Bâle, parurent encore en France des vues des villes de ce pays, et particulièrement en clair-obscur sur bois à deux et trois planches. Deux de ces vues sont parvenues à notre connaissance, celle de la ville de Poitiers de Balthasar Arnoullet de Lyon et „La ville de Bourges des Gaules la cité première“, où se voit la signature IO. AR. FA. 1566. avec le No. 227 qui se rapporte sans doute à la page d'un livre que nous ne connaissons point et auquel appartiendrait cette gravure.

On voit souvent d'excellentes gravures sur bois, avec des inscriptions françaises, que l'on considère comme exécutées en France; à ces gravures appartiennent les deux suivantes que nous croyons cependant devoir attribuer à la Flandre française.

Calendaire dans la bibliothèque de Lord Spencer et dont Dibdin donne une description dans „l'Aedes Althorpianæ" Vol. II. p. 303. Le texte français indique ni lieu, ni date, ni imprimeur. Les 8 gravures in-12° représentent des cartes géographiques, parmi lesquelles se trouvent celles de la Grande Bretagne, de la Flandre et du Brabant, mais point celle de France, ce qui assurement n'aurait point eu lieu si ce calendrier eut été exécuté dans ce dernier pays.

La seconde est une gravure très-remarquable qui se conserve dans la Collection de Gotha, c'est un très-grand bois de huit feuilles, représentant une foire annuelle et qui porte l'inscription suivante:

> La nef est très-bien cognue,
> On la visite pour ses vertus.
> Ne mauvais regime est apperçue,
> A banqroute maine jeunes et chanus.

Au premier plan, occupé par beaucoup de figures, se voit un cabaret où une quantité d'objets différents sont en vente; on y joue et il s'y trouve des femmes. A droite, un savant est occupé avec son livre, dans le lointain on apperçoit la mer avec un gros navire. Le tout est traité dans la manière néerlandaise et parait être une production du milieu du XVI⁰. siècle.

On donnera des détails plus précis sur quelques grandes gravures sur bois qui ont trait à la guerre des Huguenots, copies des gravures à l'eau forte de J. Perrissin et J. Tortorel et qui portent la date de 1559 à 1576, ainsi que d'une autre analogue de 1593, quand nous décrirons l'œuvre de ces maîtres.

Il sera suffisant de les indiquer ici comme une preuve que la gravure sur bois a été exercée en France avec une certaine adresse jusque vers la fin du XVIᵉ. siècle.

Gravures espagnoles sur bois et sur métal.

Il paraît que l'on n'a fait que rarement usage de la gravure sur bois, mais bien plus de celle sur métal pour l'ornement des livres en Espagne à l'époque la plus ancienne. Ces gravures, autant que nous le sachions, sont traitées, jusqu'à la moitié du XVIe. siècle, dans le style allemand et probablement par les artistes allemands qui introduisirent dans ce pays l'art de l'imprimerie. [115]) L'ouvrage suivant nous en fournit un exemple.

Regimento de los Principes. A la fin, page 359, on lit: „Sevilla 1494 a espesas de maestro Conrado aleman y Melchior Gurrizo, mercadores de Libros, fue impresso por Meynardo Ungut alemano y Stanislao Polono, compañeros. Acabaronse a veynte dias del mes de Octubre año del Señor de mil y quatro cientos y noventa y quatro.“

Suit la marque des deux imprimeurs, deux écussons attachés par un ruban avec les lettres M & S. (Meynard et Stanislas). Sur le titre on voit une gravure sur métal représentant un roi assis avec l'épée et le globe. Cette figure est bien dessinée dans le goût allemand de l'époque et la gravure est traitée dans le genre de celles sur bois.

En admettant le fait que les anciens imprimeurs étaient communément graveurs sur bois, nous pourrions attribuer cette gravure à Michel Ungut lui-même.

Il y a quelques autres vieux livres espagnols qui contiennent des gravures sur bois ou métal comme le suivant qui est le plus ancien

---

115) Voyez FALKENSTEIN, Histoire de l'imprimerie, p. 291, où il parle de plusieurs imprimeurs allemands qui depuis 1475 exercèrent leur art en Espagne.

à notre connaissance et qui traite des travaux d'Hercule. Il est aussi
mentionné dans le Manuel du libraire de Brunet Vol. IV p. 633 et
porte le titre:

„Aqui comiença el libro de los trabajos de hercules. El qual
cōpilo Don Enrique de Villena a ynstancia de mosen pero pardo ca-
valero catalan. — Estos trabajos de hercl'es se acabaron en çamora
miercoles. XV. dias del mes de henero año del señor de mill e . cccc.
lxxxiij años. Centenera. (1483) etc." (Ant. de Centenera, nom de
l'imprimeur à Zamora.) In-fol. goth. de 30 feuilles à 2 col., avec
signat. petites initiales et XI figures sur bois (?). Ouvrage en prose
où sont décrits, en 12 chapitres, les travaux d'Hercule, selon la my-
thologie, avec leur application morale et allégorique aux douze états
de l'homme.

Missale Mozarabes. Per magistrum Petrum Hagenbach. Ale-
manum. Toledo 1500. In-fol. Ce livre, extrèmement rare, porte en
titre: „Missale mixtum secūdum regulam beati Isidori dictum Mozarabes."
Au-dessus une gravure sur bois représentant St. Isidore recevant de
la Sainte Vierge le vêtement sacerdotal, le tout dans un écusson entouré de l'inscription: INDVI. EVM. VESTIMENTO. SALVTIS. SACER-
DOTES. EIVS. INDVAM. SALVTARI. Au-dessus un chapeau de cardinal. On trouve ensuite, au verso de la feuille CCXXIX, une grande
gravure sur bois de la crucifixion. Ces deux pièces sont exécutées
très-grossièrement. Dibdin donne un facsimile du titre dans la Bibl.
Spencer. I. 137.

Los V libros de Sene. Toledo 1510. Le titre de cette traduction espagnole du latin de Sénèque, montre, en haut, l'auteur assis
écrivant son livre. La gravure sur métal, un peu grossière, est traitée
dans l'ancien goût allemand.

„Los doze triumphos de los doze apostoles, fechos por el
Cartuçano p̄fesso en S̄ca Maria de las cuevas en Sevilla (el autor es
Juan de Padilla). Imp. p. Juan Varela en 10 Oct. 1521 en Sevilla."
Le titre contient les douze apôtres dans de petits cartouches, quatre
dans chaque rangée et separés par des pilastres ornés. En haut deux anges
assis; au bas un écusson avec le monogramme comme ci-contre;
au verso de la feuille on voit encore gravée sur métal une tête
de St. Jean Baptiste avec une inscription. Le dessin en est
caractéristique et dans le goût espagnol, mais la taille est assez grossière et dans la manière allemande.

Cronica d'Aragon. „Se imprima en 1524, tiene 276 años."

A la dernière feuille se trouve une loüange à la Trinité avec la signature suivante:

„ympresso la presente coronica en la ciudad de Valencia en la casa y oficina dicha al molin de la rouella por industria del experto y en este arte asaz docto Juan Jofre, señor y maestro en la casa sobre dicta. Acabose a IX de Junio de nȓa reparacion MDXXIIII.“

En haut se voit l'écu des armes d'Aragon entouré d'une guirlande de fruits. Le texte est entouré d'un encadrement à guise d'arabesque; on y trouve aussi diverses figures de rois qui ne sont point cependant traitées comme portraits, puisque la même gravure sur métal sert à représenter plusieurs de ces rois.

Dans le catalogue des livres à figures de Mr. Pierre Révoil, Paris 1853, on trouve décrit, sous le No. 113, le livre espagnol suivant avec figures:

„Claribalte. Libro del muy esforçado y invencible cavallero de la fortuna propriamente llamado don Claribalte. En Valencia Juan de Vinao 1519,“ in-fol. goth. grav. sur bois. Il faudrait rechercher si les figures indiquées sont gravées sur bois ou sur métal puisque jusqu'ici on ne les a que fort rarement distinguées les unes des autres. Il serait aussi à souhaiter que l'on en put avoir une description plus exacte et qui pourrait être d'un grand intérêt pour l'histoire de l'art.

C. Becker décrit (dans les archives de Naumann I. p. 136) „Deux ouvrages espagnols avec gravures sur bois,“ sur lesquels nous pouvons donner ici quelques détails; nous remarquerons seulement, en passant, qu'ils ont été imprimés à Saragosse et qu'ils contiennent seulement des gravures sur métal. Le premier est un livre de prières avec le titre suivant:

„Hore b͞te Marie virginis, omni tempore dic͞ede: sine re͞qre; hore passionis ac defunctorum, cum plerisq. aliis devotionibus, noviter Cesarauguste impresse anno salutis 1559,“ et à la fin: „Hoc in͞sper solerti est industria, largisq. expensis, Petri Bernuz, Cesarauguste, in edibus olim Georgii Coci. Anno a nativitate domini M.D.LIX. pridie Idus Junii exacte completum est.“ Petit-in-8ᵛᵒ.

Les gravures sur métal qui s'y trouvent appartiennent à plusieurs époques, et les plus anciennes, selon le style de l'école française dans la manière de Van Eyck, doivent venir de l'ancien possesseur de l'imprimerie, George Cocus, qui publia de 1500 à 1531 divers livres à Saragosse. A tout événement le „noviter impresse“ indiquerait qu'il y aurait eu auparavant une ou plusieurs éditions de ce livre de prières.

Le titre contient une grande gravure sur métal dans le style italien de la première moitié du XVIᵉ. siècle, introduit en Espagne, et particulièrement à Seville, par Louis de Vargas. Le sujet est le suivant. Marie avec l'enfant Jésus est assise sur un trône élevé: au-dessus d'elle des anges faisant de la musique. En bas, à gauche, le Pape avec des cardinaux et des ecclésiastiques; à droite, l'empereur et des princes séculiers en adoration.

Les gravures sur métal dans le corps de l'ouvrage sont de trois différentes grandeurs et les plus petites rappellent, par la manière dont elles sont traitées, celles des plus anciennes heures françaises; elles sont toutes sans hachures ou indication d'ombre et d'une taille assez grossière. On peut les diviser dans les trois classes suivantes:

a. Saints isolés. H. 1 p. 4 l. L. 11 l.
b. Scènes de la passion. H. 1 p. 10 l. L. 1 p. 5 l.
c. Sujets de l'ancien et du nouveau testament qui occupent la page presque entière. H. 3 p. 2—4 l. L. 2 p. 6—8 l. Ces sujets sont les suivants:

f.   1 r. Un prêtre à l'autel élevant l'hostie.
   64 r. Une descente de croix.
   74 v. Le Christ comme homme de douleurs assis et entouré des instrumens de la passion.
   80 v. L'Annonciation.
   85 v. La visitation à Ste. Élisabeth.
   92 v. La Naissance du Christ.
   95 v. L'ange apparait aux bergers.
   98 v. L'Adoration des rois.
  101 v. La présentation au temple.
  104 v. La fuite en Égypte.
  169 v. La mort de la Vierge.
  152 v. La Trinité et les symboles des quatre évangélistes.
  159 v. La resurrection de Lazare; au milieu en bas le signe A . G .
  181 v. Urie envoyé avec une lettre.

Ces gravures diffèrent entre elles dans l'exécution. Les meilleures paraissent dues à l'artiste qui se signe A. E., mais l'Annonciation et quelques autres gravures sont traitées d'une manière très-inférieure. Sur la dernière feuille se voit imprimée en rouge la marque de G. Cocus, savoir trois écussons suspendus à un arbre; au bas sont couchés deux lions. Cette signature rappelle assez l'usage des imprimeurs parisiens de cette époque, de sorte que Cocus parait avoir été un français ou du moins être venu de France en Espagne.

L'autre ouvrage du même éditeur contient des exemples de belle écriture gravées sur métal et porte le titre suivant:

„Arte de escriver subtilissima por la qual se enseña perfectamente. Hecho, y esperimentado y agora nuevamente añadido por Juan de Yciar Vizcaino. Ymprimiose en Zaragoza en casa de Petro Bernuz año de 1550." gr. in-8ᵛᵒ.

Après une dédicace à Don Felipe, Prince d'Espagne, et une préface, on trouve gravé sur métal le portrait en buste du maître d'écriture avec l'inscription au-dessous: „Joannes de Yciar, ætatis suæ anno XXV." Il est tourné à droite, porte une barbe courte et une barrette. Le fond est noir avec des points blancs dans la manière criblée.

Les neuf feuilles suivantes contiennent une pièce de vers à la louange de l'auteur et une explication des planches d'écriture entourées d'un encadrement orné de cariatides, de génies et autres sujets dans le style de Michel Ange. Sur la première feuille on voit, à la marge du bas, un médaillon soutenu par un génie et contenant un cœur couronné entouré des instrumens à écrire et à graver, avec l'inscription: IVAN. DE. YCIAR et YIVAN. DE. VINGLES. Près du médaillon se lit encore M. F. 1550; au verso de cette feuille et sur la marge supérieure on trouve les initiales I. S. S. O auprès du nom IOANNES DE YCIAR et les lettres $^{I.D}_{V.}$

Il reste donc douteux si Juan de Vingles a exécuté les dessins sur la planche de métal d'après les modèles de Juan de Yciar ou si celui les a gravés lui-même; cette dernière opinion est la plus probable du moins pour les lettres de l'alphabet, tandis que l'on devrait considérer les artistes qui se sont signés moyennant les deux premiers groupes d'initiales comme les graveurs des encadremens.

Après ces feuilles de texte on trouve des exemples de diverses écritures courantes, des alphabets de lettres capitales grecques et hébraïques et, sur deux pages, un joli alphabet composé de rubans entrelacés, plusieurs alphabets de lettres latines dont un avec des enfans qui jouent, des guerriers, des chasses etc., des alphabets gothiques de différentes grosseurs et souvent imités des riches initiales dans les manuscrits du XVᵉ. siècle. Parmi ces différentes pages d'exemples on en trouve d'autres contenant des explications et qui sont encadrées d'une bordure comme au commencement du livre. L'exemplaire dont nous parlons a 74 feuilles non chiffrées, mais il n'est pas complet puisqu'outre la dernière feuille il doit en manquer encore un certain nombre.

Des initiales ornées gravées sur métal se trouvent ordinairement dans les livres espagnols manuscrits et imprimés; dans un manuscrit de Seville, de 1491, on en voit plusieurs ornées de feuillage et collées sur les pages. Ce manuscrit se trouve dans la riche bibliothèque du Duc d'Osuña à Madrid. Le livre suivant est aussi orné de semblables initiales:

„Refranes o proverbios en romance" etc. Salamanca 1555; comme aussi plusieurs autres livres de la moitié du XVᵉ. siècle que nous avons vu nous-même dans la bibliothèque d'un homme aussi distingué par ses connaissances que par son amabilité, Mr. Jean Georges Bueno, avocat à Seville.

Nous trouvons souvent sur les anciennes éditions espagnoles, aussi bien que sur celles d'Allemagne, des images de Saints collées sur l'intérieur de la couverture des livres. Une feuille de ce genre se voit appliquée à l'intérieur de la couverture d'un livre espagnol dans la bibliothèque de Liège. Cette gravure sur métal, d'un travail adroit, mais un peu grossier, de l'école espagnole représente une Sainte Vierge, demi-figure, sur le croissant avec l'inscription suivante: „N̄ta Señora di balbanera, sub ūbra ala4 tua4 p̄tege." Aux coins de la gravure se trouvent quatre petites images de Saints, St. Jacques, St. André, Ste. Catherine et une autre Sainte avec une croix. Petit-in-fol.

Une gravure sur bois publiée en Espagne mais qui, à en juger d'après l'exécution, doit avoir été l'ouvrage d'un Allemand du XVIᵉ. siècle, est celle qui représente une école. Le maître d'école est assis à gauche d'un pupitre, à côté de lui est placé un fouet; devant lui sont assis des enfans en quatre groupes, quelques-uns sont occupés à lire, d'autres se querellent, dans le fond deux enfans en tiennent un troisième découvert et qui est fouetté par un aide. Inscription: „Cartilla para enseñar a leer a los niños, con la doctrina christiana, amados hermanos. — Impressa en Valladolid en la libreria junto a las escuelas mayores." H. 6 p. 6 l. L. 4 p. 8 l. Cette gravure a été coupée hors d'un livre et se conserve dans le Cabinet de Paris.

Juan de Arphe y Villafañe né, en 1535, à Léon, était le neveu du célèbre orfèvre allemand Henrique Arfe et travailla lui-même de très-beaux vases sacrés; mais il était en même tems sculpteur et architecte et avait étudié l'anatomie. En 1585 parut de lui, à Seville, l'ouvrage suivant:

„Varia commensuracion para la escultura y arquitectura." In-fol. Cet ouvrage est divisé en quatre livres: 1. la géométrie, 2. les proportions du corps humain, 3. des quadrupèdes et des oiseaux, 4. l'art de bâtir. Le texte est accompagné de plusieurs gravures sur bois et le titre porte le portrait de l'auteur. On croit qu'il a lui-même gravé sur bois et sur métal, mais il n'a signé aucune de ses gravures; celle de la page 34 avec deux squelettes porte le monogramme **R**°. Voyez Choulant, Histoire des figures anatomiques, Leipsic 1852, in-4°. p. 72.

Il résulte des divers exemples que nous avons donnés jusqu'ici de la gravure espagnole sur bois et sur métal que ce furent surtout des Allemands qui exercèrent d'abord cet art en Espagne; ensuite, de la même manière que nous l'avons vu pour l'Italie et la France (et à Strasbourg par Grieninger), que depuis la fin du XVe. siècle on employa de préférence la gravure sur métal pour l'illustration des livres et que la gravure sur bois ne fut exercée et ne vint en usage pour cet objet que plus tard.

Il existe certainement plusieurs livres imprimés en Espagne ornés de gravures sur métal et sur bois qui pourraient jeter une grande lumière sur le sujet [116]) que nous traitons. Mais ces livres sont devenus, même en Espagne, d'une grande rareté et on s'en est tellement peu occupé dans le pays, que l'on cherche en vain dans les grandes bibliothèques espagnoles des livres de cette espèce et qu'ils vous tombent le plus souvent sous la main par cas fortuit. C'est pour cette raison que nous avons fait ici mention des seuls ouvrages que le hasard nous a fait découvrir en ce genre afin de donner un commencement aux recherches que l'on voudrait faire à ce sujet et dont, jusqu'ici, nous ne trouvons aucune mention faite dans les ouvrages qui traitent de l'histoire de l'art.

---

116) Feu le directeur FRENZEL dans ses Observations sur la Collection d'Estampes de Frédéric Auguste II. (Mittheilungen über die Kupferstichsammlung Friedrich August II.), Leipsic 1854, fait mention de quelques livres espagnols avec des gravures sur bois (?) et entre autres les suivants:

1°. Joan. Damasceni, de fide orthodoxa. Paris 1512. La ville, où cette édition a été publiée, rend douteux que les gravures soient d'origine espagnole.

2°. Liber d' grādezas y cosas memorables de España por Pedro de Medina. Sevilla 1549. Ce livre contient plusieurs vues sur bois (?) comme aussi une image de la Madonna de Montserrat, in-folio.

Gravures anglaises sur bois et sur métal.

Aucune gravure de ce genre, qui appartienne à la première époque du XVe. siècle et qui soit exécutée en Angleterre, n'est parvenue jusqu'à nous, ou, ce qui est plus probable, il n'en a point existé vers ce tems puisque nous n'avons aucune donnée qui puisse nous en confirmer l'existence.

Nous trouvons la première trace de la gravure sur bois en Angleterre dans le fragment d'une feuille gr. in-fol. contenant 68 lignes du texte d'un „Moral Play" qui, à en juger par l'aspect des caractères de forme, appartient au milieu du XVe. siècle. Cette feuille n'offre point néanmoins de représentations figurées, mais seulement des petites rosettes disposées les unes à la suite des autres entre les lignes. Cette relique précieuse d'une œuvre xylographique anglaise et unique dans son genre appartient à Mr. T. O. Weigel de Leipsic qui en a fait exécuter un facsimile.

Il serait difficile de décider si ce monument, le plus ancien de tous en langue anglaise qui nous présente l'application de la gravure sur bois à la typographie, a eu son origine dans le pays même, en Allemagne ou dans les Pays-Bas. Mais il est certain, du moins, que William Caxton, né vers 1412 et mort en 1491, fut le premier qui publia en Angleterre des livres ornés de gravures sur métal. Il avait vécu long-tems à Cologne chez l'imprimeur Zell, puis dans les Pays-Bas et quand il retourna en Angleterre il porta cet art avec lui. Vers 1476 il ajouta à sa seconde édition du „Game and playe of the chesse," dont la première édition est de 1474, des gravures sur métal. Jackson dans son „Traité de la gravure sur bois“ en donne, page 235 et 236, une couple de facsimile, mais il les considère comme des gravures sur bois; de ces illustrations, la première représente un homme à cheval, la seconde un aubergiste avec son hôte.   On peut facilement conclure de leur apparence à quel degré d'infériorité cet art était réduit alors en Angleterre.   Encore plus médiocres, s'il est possible, sont les „XXVII figures“ que Caxton ajouta au livre: „Th'ymage or Myrrour of the world“, publié par lui en 1480.   Jackson donne un facsimile du No. 10 représentant un couple de musiciens, une femme qui chante en tenant à la main une feuille de musique et un jeune homme qui joue du fifre.   La taille est ici plus maladroite et plus grossière que dans les gravures du livre cité plus haut.

Jackson mentionne encore les ouvrages suivants du même imprimeur: „Les fables d'Ésope“, de 1484, „Chaucer's Canterbury Tales“, „The book of Hawking and Hunting“, de 1486.   Caxton imprima aussi la „Golden legende“ livre qui contient également des gravures sur métal et sur lequel nous donnerons ici quelques détails d'après nos propres observations.

Dans l'exemplaire de la première édition qui se trouve au Musée Britannique, la première page, contenant le titre, manque, on lit à la fin: „Thus endeth the legēde named in latyn, legenda aurea etc. whiche worke I have accomplisshed at the comandemente and requeste of the noble and puyssante erle and my special good lord Wylliam erle of arondel, etc. have fynysshed it at westmestre the twenty day of novembre, the yere of our lord M.CCCC.lxxx.iij etc. the first yere of the reygne of Kyng Rychard the thyrd.   By me Wyljam Caxton.“

La première feuille montre un cheval courant vers la droite, derrière lui un chêne avec un billet où on lit: „My Truste Is“ [117]) et le texte commence immédiatement: „And for as moche as thys sayd worke was grote“ etc.

La seconde feuille est ornée d'une gravure sur métal qui se rapporte au texte et qui représente une Trinité entourée de Saints.   La taille est raide, le dessin très-mauvais et presque barbare, les draperies sont à plis angulaires dans le style de Van Eyck avec de simples hachures obliques.

Le livre contient encore, entre autres sujets, la naissance du Christ,

---

117) On trouve une reproduction de cette gravure dans les Antiquités typographiques (Typographical antiquities etc.) de DIBDIN I. p. 186.   C'est le cimier et la devise des Arundel de Cornwall.

l'adoration des rois, le crucifiement, l'ascension et la descente du St.
Esprit. Ensuite deux ecclésiastiques tenant un ostensoir, la consé-
cration d'un autel, enfin plusieurs sujets de l'ancien testament et
divers saints isolés. Toutes ces gravures sur métal sont très-faibles, la
plupart fort grossières et ressemblant à la gravure sur bois, mais la
bordure linéaire souvent courbée prouve suffisamment qu'elles ont été
exécutées sur des planches de métal puisque le bois ne peut se plier
de cette façon; en outre l'impression a toute la maigreur de la gravure sur métal.

La seconde édition de la „Golden legende" a été donnée en 1493
par le successeur de Caxton, Wynkyn de Worde, Lorrain de naissance.
La première feuille présente la même gravure sur métal de la Trinité
qui se voit dans la première édition, mais avec l'inscription suivante
au-dessus: „Hire begynneth the legende named in latyn legenda aurea,
That is to saye in Englysshe the golden legende. For lyke as passeth
golde in valew all other metallys, so this legende excelleth all other
bookes." Plusieurs des anciennes gravures sur métal ont été ajoutées
à cet ouvrage, les nouvelles qui s'y trouvent ont des figures plus
petites; à celles-ci appartiennent la chute du premier homme, la naissance du Christ (pour cette dernière la gravure au burin de Martin Schongauer a servi de modèle), la crucifixion et l'ascension. En général les
nouvelles gravures sont d'un meilleur dessin et paraissent avoir été
faites d'après de bons originaux. Dans l'exemplaire du Musée Britannique le livre termine avec la légende de Saint Erasme.

La troisième édition, de 1503, a été imprimée par Julien Notary
et contient d'autres gravures sur métal. Sur la première feuille on
voit autour du Christ une réunion de Saints; aux côtés du sauveur les
symboles des quatre évangélistes. La chute du premier homme où
l'on voit Adam et Eve debout près de l'arbre de la science du bien
et du mal, autour duquel est entortillé le serpent, est gravée en manière criblée sur un fond parsemé de points blancs. La manière de
ces gravures est déjà celle du commencement du XVIe. siècle. On
trouve parmi les sujets de Saints, en demi-figures, plusieurs évêques
pour lesquels on s'est servi de la même gravure sur métal. La taille
est assez fine comme il en est aussi pour les initiales figurées. On
lit à la fin du livre:

„Thus endeth the legende named in latin etc. Whyche Werke I
dyde accomplysshe and fynisshe att Tempell baar the xvi daye of fe-
veres The yere of oure Lorde a Thousande ccccciii And in the xu

yere of the reygne of Kynge henry the ѵıı. By me Julyan Notary.“
Sur le revers de la feuille se voit, entourée d'une bordure ornée, une
naissance du Christ gravée en manière criblée analogue aux gravures
que l'on voit dans les livres d'heures imprimés à Paris, et au-dessous
cette autre signature: „Thys Emprynted at temple barre be me Julyan
Notary. Dwellynge in saynt clementys parysshe,“ et sa marque de
libraire.

Nous trouvons encore la grande gravure sur métal de la Trinité
entourée de Saints que nous avons vu dans la première et dans la
seconde édition de la „Golden legende“ dans une nouvelle légende d'Angleterre, de 1516, avec le titre: „Nova legenda Anglie. Impressa Lon-
doniæ in domo Winandi de Worde 1516.“ La seconde feuille porte
les armoiries d'Angleterre, au bas, soutenues par un dragon et un chien,
en haut une rose et deux anges avec la devise dans une banderole:
„hec rosa virtutis de celo missa tereno. Eternū florēs“ etc. Sur
la dernière feuille se trouve la marque d'imprimeur
qui est celle de William Caxton.

Une gravure sur métal médiocre et traitée d'une manière excessive-
ment maigre se trouve dans le Ryal Book ou A Book for a kyng,
de 1484. Elle représente J. C. dans le temple parmi les docteurs.
Une autre encore plus mauvaise, et qui nous montre la crucifixion, se
voit dans le Doctrinal of sapyence qui porte à la fin la signature
suivante: „whyche is translated out of Frenshe in to englysshe by wyl-
lyam Caxton at westmester etc. mcccclxxxix“ (1489).

Caxton donna encore une seconde édition des Tales of Canterbury d'après un meilleur texte du poëme de Geoffrey Chaucer et l'orna
de son portrait ainsi que de 47 gravures sur bois représentant les
personnages du poëme, de conditions diverses et tous à cheval. Dibdin
dans sa Bibliotheca Spenceriana IV. 292 en donne des facsimile qui
ne manquent pas d'un certain intérèt pour le costume du tems, mais
qui, au point de vue de l'art, sont d'une exécution très-médiocre.
Les gravures sur bois de l'édition du même poëme publié par Richard
Pynson, in-fol., sans indication de lieu ou de date, d'après un texte
revu par Caxton, sont encore inférieures aux précédentes. Dibdin en
donne deux facsimile dans l'ouvrage cité IV. 426.

L'ouvrage intitulé „Liber Festivalis“, de 1486, in-fol., que
l'on croit imprimé par Rood et Hunt d'Oxford, contient quelques gravures sur bois et sur métal représentant des sujets sacrés et dont le
dessinateur, qui était probablement un allemand ou un néerlandais,

paraît avoir été fort supérieur en talent au graveur anglais qui n'a su
rendre le dessin, d'un excellent style, que d'une manière maladroite et
sans intelligence.

Nous pouvons en dire autant des gravures sur métal de l'ouvrage
in-folio intitulé: Bartholomeus, de proprietatibus rerum, sans
indication de lieu ou d'année, mais qui, sorti des presses de Wynkin
de Worde, porte à la fin la marque de William Caxton. Dibdin donne,
dans sa Bibliotheca Spenceriana IV. p. 411, le facsimile d'un Dieu le
père ou d'un Christ sur son trône, dans une gloire à trois cercles
rayonnants, et aux coins les symboles des quatre évangélistes; cette
composition est très-grandiose et d'un bon style de dessin, mais quant
à l'exécution elle est raide, maigre et sans intelligence.

On trouve plusieurs gravures sur bois assez grossières dans la
traduction anglaise de la bible de Miles Coverdale, qui a paru en 1535,
sans indication de lieu. Les premiers exemplaires contiennent une
dédicace à Henri VIII et à la reine Anne (Boleyn), mais après la dis-
grace et l'exécution de celle-ci, en 1536, son nom dans la dédicace
est remplacé par celui de Jane (Seymour). Jackson, p. 461, croit que
ces gravures sur bois ont été exécutées d'après les dessins de Holbein,
mais ce ne sont que de très-mauvaises copies d'après les gravures de
la bible aux images de Hans Sebald Beham que Christian Egenolph
publia, en 1530, à Francfort sur le Mein et qui sont d'une grande
beauté. [118]) Les imitations anglaises de ces gravures sont tellement mauvaises d'exécution et de dessin qu'elles ne peuvent que nous fournir
une nouvelle preuve de l'infériorité des graveurs anglais de cette
époque.

Quelques gravures sur bois dans le catéchisme de Cranmer, de
1548, in-8vo, sont beaucoup mieux traitées. Elles appartiennent en partie
aux dessins de Holbein et deux d'entre elles portent même son nom ou
sa marque, comme nous le verrons dans le catalogue de son œuvre.
Le Moïse recevant les tables de la loi [119]) paraît aussi avoir été gravé
d'après un dessin de cet artiste, mais l'exécution en est d'une telle raideur et prouve si peu d'intelligence du dessin que l'on peut à peine

---

118) Voyez BARTSCH, le Peintre graveur, VIII. No. 1 à 73. — R. WEIGEL, Gravures sur bois de maîtres célèbres (Holzschnitte berühmter Meister), Leipsic 1853,
Xe. livraison, où l'on en trouve deux facsimile.

119) Voir le facsimile dans l'ouvrage cité de RUDOLPH WEIGEL, Gravures sur
bois des maîtres célèbres, Leipsic 1851. IIe. livr.

y reconnaître le style du maître.   La grande gravure sur bois au verso
du titre, d'une belle et large composition, semble aussi avoir été faite
d'après un dessin de Holbein.   Elle représente le roi Édouard VI. assis
sur son trône tandis que l'archévêque lui présente une bible; à ses
côtés sont agenouillés deux autres évêques et devant lui quatre lords.
L'encadrement du titre avec les figures allégoriques de la Justice et de
la Prudence de chaque côté et celle de la Victoire assise au sommet,
ainsi que les autres petites gravures sur bois, sont traités dans le
style de l'école française de Fontainebleau, maigres de dessin et
de taille et n'ont pas le moindre rapport avec la manière de Holbein. [120])

Le portrait en buste du poète Thomas Wyatt gravé sur bois
d'après le dessin de Holbein et que l'on voit dans un panégyrique en
vers de John Leland, de 1542, indique pareillement un graveur peu
formé dans son art et même très-arriéré dans la partie purement
technique.

Jackson dans son ouvrage souvent mentionné, p. 506, cite encore
un livre avec des gravures sur bois portant le titre suivant:

„The Cosmographical Glasse, conteinyng the pleasant principles
of Cosmographie, Geographie, Hydrographie or Navigation.   Compiled
by William Cuningham Doctor in Physicke.   Excussum Londini in
officina Joan. Daii. Anno 1559."

La principale gravure qui s'y trouve est le portrait du jeune médecin lui-même, demi-figure, dans un ovale.   En bas du titre se trouve
une vue de Norwich.   On rencontre encore dans le corps de l'ouvrage
plusieurs initiales ornées, quelquefois avec des figures, comme par
exemple un squelette étendu sur une tombe sur laquelle croît un arbre.
D'après le facsimile que Jackson donne du portrait et d'une des initiales il est impossible de reconnaître si l'original est gravé sur bois
ou sur métal.   La taille dans le portrait est très-maigre et l'initiale
est traitée dans la manière de la gravure sur bois.   Jackson croit ces
gravures exécutées par l'imprimeur John Day lui-même, puisque celui-ci
dit, dans une autre édition qu'il publia en 1567, que les lettres saxonnes
qui s'y trouvent sont gravées de sa main.

---

120) Une réimpression récente de cet ouvrage très-rare, avec des facsimile
des gravures sur bois, a paru en 1829 à Oxford sous le titre suivant: „A short
instruction into christian religion, being a catechism set forth by Archbishop Cranmer MDXLVIII. etc. Oxford. MDCCCXXIX.

Il s'ensuit de ces courtes observations que la gravure sur bois qui, dans les tems récents, a été portée de nouveau à un si haut point de perfection en Angleterre, ne s'était point élevée durant cette période reculée au-dessus du degré le plus inférieur de développement et que sous ce rapport elle mérite à peine le nom d'art.

Supplément à l'histoire de la gravure sur bois allemande.

Nous avons encore à joindre à la lettre d'indulgences avec la représentation de la messe de St. Grégoire, décrite à la page 41, une autre gravure sur bois du même sujet et qui présente le même intérêt, celui d'être signée par l'artiste qui se nomme Jean de Brunn (Jo. zu prun). Le texte de la lettre d'indulgences qui se trouve au bas, dans un cartouche, commence comme suit: Unser herr ihefus criftus erschaint Sant Gregorien in der purg Die mā neūt porta crucis etc. La planche de cette gravure, d'un travail assez rude du XVᵉ. siècle, se conserve encore à Brunn et a été réimprimée pour l'ouvrage de Mr. Ernst Hawlick sur les beaux arts en Moravie. Gr. in-fol. [121]

On a imprimé, sur la même feuille, une autre gravure sur bois du XVᵉ. siècle de peu d'importance sous le rapport de l'art, mais intéressante pour les mœurs de ce tems. Elle contient deux inscriptions ou avertissemens de se tenir sur ses gardes contre l'usure des juifs. La première commence par ces vers:

> Nun wiffet waß der wucher tuet
> Das ir euch halt deftpas in huet etc.

Au bas, à gauche, se trouve une mauvaise gravure sur bois représentant un homme tenant un grand livre avec une inscription hébraïque qu'il montre à un homme qui marchande avec un juif pour mettre en gage un beau gobelet.

---

[121] Voyez „Rudolph Weigel's Kunstlager-Catalog." Leipsic 1841. No. 11309.

D'après une communication qui nous a été faite-verbalement, la bibliothèque publique de St. Pétersbourg conserverait une lettre d'indulgences de l'an 1502, gravure sur bois, avec le portrait d'un évêque et l'indication de son nom. Ce serait une lettre d'indulgences d'une date-très-avancée et contenant un sujet que nous n'avons pas encore rencontré sur ces pièces.

Une imposture.

On a fabriqué à Munich plusieurs gravures sur bois d'une exécution assez raide dans le goût du XVe. siècle, mais qui sont de date récente. On prétend que les bois en ont été trouvés ensevelis sous la poussière d'un grenier avec une grande quantité d'épreuves sur un papier qui parait être plus ou moins ancien. Nous en donnons ici une description pour mettre les amateurs en garde contre cette tromperie et afin qu'ils n'en soient pas la dupe.

Ce sont d'abord deux cahiers à gravures sur bois, d'environ 13 pouces de hauteur sur 7 p. de largeur, représentant les Saints de la contrée de Bâle, première et, soit disant, seconde édition. La première édition à 7 feuilles a pour titre:

Di | Heiligen | der | Landschaft | Passel |. 1 2 1, 2.

Les initiales sont imprimées en rouge, les autres d'une teinte noirâtre ainsi qu'un rinceau à dix feuilles qui entoure le titre. 2. St. George debout tuant le dragon sous ses pieds. 3. St. Hilaire debout tenant une banderole avec son nom imprimé en rouge. La marque d se trouve en haut à la droite. Les jambes de cette figure sont d'un dessin très-plein et tout-à-fait moderne. 4. Un Saint en armure se dirige vers la gauche. De la main droite il tient une croix noire et de la gauche un globe surmonté d'une croix. A droite en haut se trouve une marque ressemblant à un h percé d'un clou et imprimé en rouge. 5. Un Saint debout tourné vers la droite et tenant, dans une attitude pensive, la main gauche à son menton. Cette figure est prise d'une composition d'Overbeck représentant Jésus à l'âge de douze ans qui dispute dans le temple avec les docteurs de la loi. A droite en haut se trouve une marque ressemblant à un α avec un rinceau d'ornement imprimé en rouge. 6. Un roi, vu de face, tenant devant lui une banderole noire. A droite en haut la lettre **p**, percée d'une barre et imprimée en rouge. 7. Un homme à barbe, vu presque de dos, avec la tête penchée et couverte d'une calotte. Il est tourné vers la gauche et paraît contempler un modèle de tour posé à terre. Cette figure est également imitée d'Overbeck. A droite en haut se trouve une marque ressemblant à un **U** avec un petit drapeau qui contient une inscription. 8. Quelque fois on trouve jointe à ces feuilles une vue de Bâle avec l'inscription: **Paffel** **R1R1** (1414 à rebours), mais ne ressemblant en rien à cette ville. H. 4 p. L. 10 p. 9 l.

Une autre édition des Saints de la contrée de Bâle de 8 feuilles avec le titre ne contient de l'édition précédente que le St. George No. 2, la vue de Bâle No. 8, et une copie en contrepartie du No. 4 représentant un Saint en armure qui tient une croix. La lettre **h** est imprimée en noir. Le titre est à peu près le même que celui que nous avons déjà indiqué, seulement le millésime est disposé comme suit: **1R·1'R**, et la bordure ou le rinceau qui l'entoure est orné de quatre feuilles de chaque côté, tandis que dans la soit disant première édition il n'y en a que trois du côté droit. Les initiales sont également imprimées en rouge. Les autres figures de cette édition sont les suivantes: 9. Un Saint debout en armure est vu de face et tient de la main droite une lance avec un petit drapeau contenant une marque semblable à une lettre, et de la main gauche il s'appuie sur un écusson. En haut à droite un **a** percé d'une flèche. 10. Un Saint debout en armure qui tourne la tête vers la droite et appuie sa main gauche sur une hache d'armes. En haut à la droite une marque ressemblant à un **K** percé d'un rinceau. 11. Un jeune homme vu de face qui tient de la main gauche un drapeau avec la lettre **M**, imprimée en rouge. Le dessin des jambes de cette figure a cette même ampleur moderne de dessin que nous avons déjà remarquée dans le No. 3 de la première édition. 12. Un Saint couvert d'un large manteau, vu de face et tenant un rosaire des deux mains. En haut aux côtés de la tête se trouvent les lettres **J** et **H** (?) imprimées d'un noir foncé. Très-mauvaise planche. 13. Un jeune Saint en armure, la tête couverte d'un bonnet ducal. Il s'avance vers la droite tenant de la main droite une branche de lis et de la gauche une épée renversée. En haut à droite une marque comme un **C** percé d'un rinceau imprimé en rouge.

Un autre petit cahier, p. in-4² (de 7 pouces 8 lignes de hauteur), est de la même origine et contient, outre le titre, six feuilles de texte xylographié en dix lignes séparées par des barres, qui sont toutes du

même contenu et qui commencent: wir Streiter cristi wol uns schla'n
etc., puis 8 figures de Saints. En tout 15 feuilles.

Le titre est ainsi conçu: Die Streiter Christi × Mainz 1830.
Les premières lettres de chaque mot sont imprimées en rouge. A la
droite de cette inscription est représenté un ange élevant une épée
flamboyante et armé d'un écusson ovale orné d'une croix. Les 8 feuilles
suivantes contiennent des Saints debout avec ces inscriptions: St. Bal-
duin, St. Paul, St. Lodovicus, St. Magnus, St. Hilar, St. Wenzelaus,
St. Augusti et St. Georgius.

Nous avons encore connaissance de six feuilles separées avec des
gravures sur bois de la même fabrique et peut-être en existe-t-il encore d'autres que nous n'avons pas eu occasion de voir. Ce sont les
suivantes:

1. St. Christophe. Mauvaise imitation de celui de Buxheim en
deux exemplaires, une fois imprimé en noir pâle, puis coloré avec fond
d'or et couvert d'un vernis luisant. H. 9 p. 10 l. L. 7 p. 8 l.

2. Un roi assis à droite présentant à un jeune homme debout à
gauche une lance avec un petit drapeau. Au-dessus de ce dernier se
trouvent les lettres U. A. H. 7 p. 9 l. L. 9 p.

3. Jésus Christ monté sur un âne pour faire son entrée à Jérusalem. Trois hommes l'entourent. Fond noir pâle orné de rinceaux.
Très-mauvaise planche. H. 5 p. 6 l. L. 3 p. 11 l.

4. La Vierge debout sous un tabernacle. Les lettres D et S se
trouvent aux côtés de sa tête. H. 5 p. 6 l. L. 4 p. 1 l.

5. La Vierge debout, tournée vers la gauche et vêtue d'un
large manteau qui lui couvre les mains. Cette figure est quelque fois
imprimée en rouge et accompagnée, au côté gauche, de deux grands
rinceaux avec des feuilles de lierre imprimées en noir. Sans bordure.
H. 5 p. 3 l. L. 3 p. 8 l.

6. Un chevalier en armure est à genoux devant un heaume à droite
(quelque fois imprimé en rouge) placé sur un rinceau d'ornement sur
lequel est perché à gauche un oiseau et qui entoure toute la figure.
Sans bordure. H. 4 p. 3 l. L. 4 p. 2 l.

7. Initiale figurée ressemblant à un E. Elle contient trois têtes,
un singe, un petit chien et un couple, demi-figures, qui s'embrasse.
Mauvaise imitation d'une gravure sur bois française. H. 4 p. 6 l. L. 3 p.

II.

HISTOIRE

DE LA

GRAVURE AU BURIN,

JUSQUE VERS LA FIN DU XVIᵉ. SIÈCLE.

Sur l'origine et les premiers maîtres de la gravure au burin.

L'invention de la gravure au burin ou de l'art de reproduire indéfiniment, par l'impression sur papier, les sujets figurés gravés sur cuivre a eu lieu en Allemagne avant le milieu du XVe. siècle. Comme l'art de l'imprimerie, celui-ci était également inconnu aux anciens aussi bien qu'à la première époque du moyen-âge, quoique l'art de graver des figures ou des ornemens sur métal était connu et mis en usage dès les temps les plus reculés et en particulier chez les Grecs et chez les Étrusques, comme nous l'apprennent une quantité de miroirs étrusques conservés dans les collections d'antiquités. [122]

Nous trouvons cet art également en usage pendant le moyen-âge, appliqué à l'ornement des vases sacrés, des calices, des patènes et des reliquaires [123] et, sur une plus grande échelle, aux plaques métalliques tumulaires où l'on voit souvent le portrait du défunt, de grandeur naturelle, entouré de riches ornemens d'architecture gravés en creux. Ces plaques métalliques, appartenant au XIe. jusqu'au XVIe. siècle, se voient encore dans plusieurs églises d'Allemagne, des Pays-Bas, de France et d'Angleterre [124] et l'on croit, pour ce dernier pays,

---

122) Voyez entre autres A. E. Gerhard, Miroirs Étrusques, Berlin 1840.

123) Nous en traiterons en détail dans le chapitre des Nielles.

124) Voyez E. F. Milde, Monumens des Arts à Lubeck (Denkmäler der bildenden Kunst in Lübeck). Ibid. 1848.

Dr. G. C. F. Lisch, Messingschnitt und Kupferstich des Mittelalters. Deutsches Kunstblatt 1851, p. 21.

qu'elles ont été exécutées en Flandre, où cet art était exercé avec une plus grande adresse qu'ailleurs.

Mais ce qui aurait semblé devoir, encore plus que les gravures sur les plaques métalliques, inspirer l'idée d'obtenir des empreintes de dessins gravés en creux, fut le travail des nielles. [125]) Cependant nous voyons fleurir cet art dès les temps les plus reculés du moyen-âge, et même à une époque encore plus éloignée, sans que l'on ait eu la pensée d'en tirer des impressions avant le XVe. siècle. Si nous en jugeons d'après plusieurs épreuves très-anciennes de nielles exécutés en Allemagne et qui se trouvent dans les Cabinets de Dresde et de Munich [126]), ainsi que d'après les gravures allemandes au burin qui portent les dates de 1446, 1451 et 1457 [127]), on a tout lieu de croire que l'invention de tirer sur papier les épreuves des planches gravées a été faite en Allemagne vers l'an 1440. Jusqu'à nos jours, avant la découverte des plus anciennes gravures, on avait cru, avec Vasari, que cette découverte avait eu lieu en Italie, vers 1450, quand on chercha

---

F. KUGLER, Dissertations artistiques (Kleine Schriften). Stuttgart 1853.

VILLEMIN, Monuments français. Paris 1806.

LACROIX, le moyen-âge et la renaissance. Paris 1851. Vol. V.

CH. BOUTELL, Plaques et Bronzes monumentaux (Monumental Brasses and Slabs). Londres 1847.

— — Manuel pour l'étude des bronzes monumentaux (A Manual for the Study of monumental Brasses). Oxford 1848.

125) Nous traiterons plus amplement du procédé des nielles, de leur usage général et des ouvrages de ce genre qui nous sont parvenus, dans le discours préliminaire de notre catalogue de nielles et des impressions de ces ouvrages d'art.

126) Les épreuves de nielles, indiquées ci-dessus, sont principalement les suivantes: d'abord dans le cabinet de Dresde une feuille avec 12 médaillons, contenant des sujets bibliques, dont les 10 intervalles renferment également des sujets de la sainte écriture en très-petites figures. Aux côtés, des monstres fantastiques. Fond noir. L'exécution égale en finesse la beauté du dessin. Les figures ont des proportions un peu fluettes et les draperies n'ont point encore les plis angulaires qui caractérisent la seconde moitié du XVe. siècle. Le Cabinet de Munich possède également deux épreuves de nielles représentant Ste. Marie Madeleine et Ste. Catherine, deux figures debout, qui sont très-belles et qui paraissent être d'un travail néerlandais de la première moitié du XVe. siècle.

127) Ce sont les gravures suivantes:

1. Sujets de la passion, 7 pièces dont la flagellation est signée du millésime MCCCCXLVI dans la possession de Mr. Renouvier de Montpellier.

2. La Vierge immaculée, du maître P 1451, dans la collection de Mr. T. O. Weigel à Leipsic.

3. Sujets de la vie de J. C. dont la Cène porte l'indication LVII ior (1457), 27 pièces dans le Musée Britannique.

Sur l'origine et les premiers maîtres de la gravure au burin.

L'invention de la gravure au burin ou de l'art de reproduire indéfiniment, par l'impression sur papier, les sujets figurés gravés sur cuivre a eu lieu en Allemagne avant le milieu du XVe. siècle. Comme l'art de l'imprimerie, celui-ci était également inconnu aux anciens aussi bien qu'à la première époque du moyen-âge, quoique la manière de graver des figures ou des ornemens sur métal était connue et mise en usage dès les tems les plus reculés et en particulier chez les Grecs et chez les Étrusques, comme nous l'apprennent une quantité de miroirs étrusques conservés dans les collections d'antiquités. [122])

Nous trouvons cet art également en usage pendant le moyen-âge, appliqué à l'ornementation des vases sacrés, des calices, des patènes et des reliquaires [123]) et, sur une plus grande échelle, aux plaques métalliques tumulaires où l'on voit souvent le portrait du défunt, de grandeur naturelle, entouré de riches ornemens d'architecture gravés en creux. Ces plaques métalliques, appartenant au XIe. jusqu'au XVIe. siècle, se voient encore dans plusieurs églises d'Allemagne, des Pays-Bas, de France et d'Angleterre [124]) et l'on croit, pour ce dernier pays,

---

122) Voyez entre autres A. E. GERARD, Miroirs Étrusques, Berlin 1840.

123) Nous en traiterons en détail dans le chapitre des Nielles.

124) Voyez E. J. MILDE, Monumens des Arts à Lubeck (Denkmäler der bildenden Kunst in Lübeck). Ibid. 1848.

Dr. G. C. F. LISCH, Messingschnitt und Kupferstich des Mittelalters. Deutsches Kunstblatt 1851, p. 21.

qu'elles ont été exécutées en Flandre, où cet art était exercé avec une plus grande adresse qu'ailleurs.

Mais ce qui aurait semblé devoir, encore plus que les gravures sur les plaques métalliques, inspirer l'idée d'obtenir des empreintes de dessins gravés en creux, fut le travail des nielles. [125]) Cependant nous voyons fleurir cet art dès les tems les plus reculés du moyen-âge, et même à une époque encore plus éloignée, sans que l'on ait eu la pensée d'en tirer des impressions avant le XVe. siècle. Si nous en jugeons d'après plusieurs épreuves très-anciennes de nielles exécutés en Allemagne et qui se trouvaient encore en 1836 dans le Cabinet de Dresde [126]), ainsi que d'après les gravures allemandes au burin qui portent les dates de 1446, 1451 et 1457 [127]), on a tout lieu de croire que l'invention de tirer sur papier les épreuves des planches gravées a été trouvée en Allemagne vers l'an 1440. Jusqu'à nos jours, avant la découverte des plus anciennes gravures, on avait cru avec Vasari que cette découverte avait eu lieu en Italie vers 1450 quand on chercha

---

F. Kugler, Dissertations artistiques (Kleine Schriften). Stuttgart 1853.

Villemin, Monuments français. Paris 1806.

Lacroix, le moyen-âge et la renaissance. Paris 1851. Vol. V.

Ch. Boutell, Plaques et Bronzes monumentaux (Monumental Brasses et Slabs). Londres 1847.

— — Manuel pour l'étude des bronzes monumentaux (A Manual for the Study of monumental Brasses). Oxford 1848.

125) Nous traiterons plus amplement du procédé des Nielles, de leur usage général et des ouvrages de ce genre qui nous sont parvenus, dans le discours préliminaire de notre catalogue de nielles et des impressions de ces ouvrages d'art.

126) Ces épreuves, à guise de nielles, indiquées ci-dessus, que je n'ai plus retrouvées en 1858 dans le Cabinet de Dresde, consistent d'une suite de dix feuilles avec des sujets bibliques y compris l'incrédulité de St Thomas avec les symboles des quatre évangélistes. L'exécution égale en finesse la beauté du dessin. Les figures ont des proportions un peu fluettes et les draperies n'ont point encore les plis angulaires qui caractérisent la seconde moitié du XVe. siècle. Le Cabinet de Munich possède également deux épreuves de nielles représentant Ste. Marie Madeleine et Ste. Catherine, deux figures debout, qui sont très-belles et qui paraissent être d'un travail néerlandais de la première moitié du XVe. siècle.

127) Ce sont les gravures suivantes:

1. Sujets de la passion, 7 pièces dont la flagellation est signée du millésime MCCCCXLVI dans la possession de Mr. Renouvier de Montpellier.

2. La Vierge immaculée, du maître P 1451, dans la collection de Mr. T. O. Weigel à Leipsic.

3. Sujets de la vie de J. C. dont la Cène porte l'indication LVII ior (1457), 27 pièces, dans le Musée Britannique.

à obtenir des impressions sur papier des planches d'argent gravées pour les nielles, afin de juger de l'effet que produiraient les tailles lorsqu'elles seraient remplies de l'émail noir. Cette tentative aurait alors engagé Baccio Baldini à faire dix ans plus tard, vers 1460, des gravures sur cuivre et à en multiplier les impressions en les tirant sur papier.

Cet historien de l'art, qui se rencontre en ceci avec Benvenuto Cellini, nous apprend donc que Maso Finiguerra [128] de Florence était le nielliste le plus distingué de son époque et qu'il fut chargé, vers 1450, par la corporation des marchands de cette ville d'exécuter une paix en argent, dorée et niellée, pour l'église de St. Jean ou Baptistère de Florence, pour laquelle il reçut, en cette même année, 66 florins d'or et 1 lire. [129] Suivant l'assertion de Gori, de Richa et de Zani cette paix est la plus belle des deux qui soient restées parmi les trésors de S. Giovanni; elle représente le couronnement de la Vierge et se conserve dans la collection de la Galerie de Florence. Cette assertion a aussi été généralement reçue hors d'Italie, mais elle a été combattue par Rumohr qui cherche à prouver que cette paix est l'ouvrage de Matteo di Giovanni Dei [130], sans pouvoir cependant donner, à l'appui de son opinion, un document quelconque ou même une tradition. La seule raison qu'il en apporte est basée sur ce que, dans les documens que l'on connait jusqu'ici et qui se rapportent soit à la commission soit au paiement de la Paix de Maso Finiguerra, le sujet niellé n'est pas mentionné et que des écrivains postérieurs furent les premiers à la décrire comme étant le couronnement de la Vierge. Mais puisque cette Paix, qui surpasse en beauté tous les ouvrages de ce genre connus jusqu'ici, donne, pour cela même, le droit de l'attribuer au plus distingué entre les niellistes florentins de cette époque, et que cette opinion devient une certitude quand on en compare le travail à celui d'une autre Paix de Matteo di Giovanni, représentant la conversion de

---

128) Maso Finiguerra naquit à Florence en 1426, comme nous le prouve la déclaration de son père Antonio di Tommaso di Finiguerra, orfèvre, aux autorités en juillet 1427, où il donne l'âge de son fils Thomas comme ayant 1 an et 5 mois Voyez Gaye, Carteggio inedito etc. Firenze, I. p. 111 et 112.

129) Gaye, ouvrage cité p. 112. Dans le grand livre dell' arte di Mercatanti marqué 1450 Z. on lit ce qui suit: „Pace d' argento dorata, smaltata e nielata di peso di On. 55. d. 11. si fa per la chiesa di S. Giovanni per Tommaso di finiguerra orafo e se li paga a ragione di fior. 1 largo l' oncia, costò in tutto 66. 1. — Consultez aussi Gori, Thesaurus etc. III. p. 316.

130) C. F. v. Rumohr, Untersuchungen etc. p. 31.

St. Paul (Duchesne No. 139), qu'il exécuta pour la Confrérie du nom de ce Saint [131]) et dont le dessin est bien différent de celui du couronnement de la Vierge, il s'ensuit que l'opinion de Rumohr, quoiqu'elle soit présentée avec beaucoup d'art, tombe dans le domaine des hypothèses non fondées, ce qui nous dispense d'examiner plus en détail les différentes raisons qu'il donne à l'appui de cette opinion même.

Nous avons été entrainé à ces considérations, qui n'entrent pas dans le plan de nos recherches actuelles, d'abord pour pouvoir déterminer quels sont les ouvrages que l'on peut attribuer à Maso Finiguerra, ensuite parce que si nous considérons cette Paix, avec le couronnement de la Vierge, comme étant indubitablement son ouvrage, nous devons attacher à cette œuvre une des circonstances les plus intéressantes pour l'histoire de l'art, celle que l'impression de ce nielle sur papier a été l'occasion de l'invention de la gravure au burin, ou du moins le premier pas que l'on fit en Italie vers la pratique de cet art.

Vasari nous informe donc dans la vie de Marc Antoine, et des recherches plus récentes ont confirmé son opinion, que Maso Finiguerra a été le premier entre les Italiens qui, sans pourtant avoir eu pour but la reproduction, en nombre, des planches gravées par lui pour être niellées, en ait fait des empreintes sur du papier humide pour juger de l'effet qu'aurait son travail quand il serait rempli de nielle ou d'une substance fondue de couleur noire. Voici en quels termes Vasari s'énonce à ce sujet:

„Le commencement de l'art de graver des estampes vint donc de Maso Finiguerra, Florentin, vers l'année de notre salut 1460, parceque cet artiste, pour tous les ouvrages qu'il gravait sur l'argent pour les remplir ensuite de nielle, avait l'habitude d'en tirer une empreinte en terre, sur laquelle, après y avoir coulé du souffre fondu et avoir rempli cette contre-épreuve de noir de fumée mêlée d'huile, il obtenait le même effet que sur l'argent. Il en fit encore de même avec du papier humide et avec la même teinte, en passant par-dessus un rouleau cilindrique égal dans toute son étendue, ce qui non seulement les faisait paraître imprimées, mais aussi comme dessinées à la plume." [132])

---

131) Zanetti, le premier siècle de la Calcographie, Venise 1837, p. 90.
132) Le passage original de Vasari dans l'édition de 1568 est comme suit:
„Il principio dunque dell' intagliare le stampe venne da Maso Finiguerra

Ce témoignage de Vasari est pleinement confirmé par deux jets moulés en souffre et deux impressions sur papier de la Paix déjà citée, qui se sont conservées jusqu'à nos jours et qui nous offrent une nouvelle preuve à l'appui de l'opinion qui l'attribue à Maso Finiguerra. Une de ces empreintes en souffre, qui reproduit la gravure non encore terminée et qui a souffert dans quelques-unes de ses parties, appartenait à Gori, passa ensuite dans la collection du Marquis Durazzo à Gènes et doit se trouver à présent dans le cabinet de Turin; l'autre, épreuve du travail entièrement terminé, vint de la collection du Sénateur Seratti à Livourne, en passant par plusieurs mains, dans la collection du Musée Britannique. Ces deux épreuves en souffre ont une arête très-vive et le dessin en creux est rempli d'une teinte noire. Celle de Londres a, dans le milieu, un creux qui a été rempli très-adroitement avec du mastic sur lequel le dessin est seulement tracé au pinceau.

Les deux épreuves sur papier se trouvent à Paris; une d'elles fut découverte, en 1797, par l'infatigable Zani dans la collection des estampes de cette ville, où elle se trouvait, inconnue, fixée sur un papier avec

---

fiorentino, circa gli anni di nostra salute 1460. perchè costui tutte le cose che intagliò in argento, per empierle di niello, le improntò con terra e gittatovi sopra solfo liquefatto, vennero improntate e ripiene di fumo onde a olio mostravano il medesimo, che l'argento. E ciò fece ancora con carta humida, e con la medesima tinta, aggravandovi sopra con un rullo tondo ma piano per tutto. Il che non solo le faceva apparire stampate, ma venivano come disegnate di penna."

Ce passage assez peu clair de Vasari a donné lieu à l'opinion que Maso Finiguerra aurait pris les empreintes sur papier au moyen des épreuves de souffre, et Mr. Schuchardt de Weimar nous informe, dans le Kunstblatt de 1846, p. 49—99 et encore plus amplement dans les Archives de Naumann, année IV. p. 60 etc., qu'il a lui même fait des essais de ce genre qui lui ont réussi et cela pour en prouver la possibilité malgré le danger de briser le souffre par une pression même légère. Mais non seulement les expressions de Vasari appuient décidement notre manière de voir et il est beaucoup plus simple de prendre des impressions immédiatement d'après la planche que par le procédé, beaucoup plus long, d'une empreinte sur l'argile et d'une contre-épreuve avec le souffre; mais ce qui est encore plus décisif, l'épreuve du cabinet de Paris sur papier montre encore des traces des bords de la planche. Mr. Schuchardt croit néanmoins, dans sa dissertation, mentionnée plus haut, sur les plus anciennes épreuves de gravures sur papier. devoir combattre nos vues sur Maso Finiguerra que nous avions déjà eu l'occasion de faire connaître. Il rejette, pour cela, les assertions de Vasari ainsi que les opinions de plusieurs savants allemands et italiens dans l'histoire de l'art, pour adopter la décision arbitraire de Mr. de Rumohr dont nous aurons l'occasion de prouver l'erreur dans le cours de nos recherches.

d'autres vieilles estampes italiennes. Il est très-probable que ce fut
Claude Maugis, abbé de St. Amboise, qui obtint cette épreuve à Florence
quand il se trouva dans cette ville dans le but d'accompagner en France
la jeune reine Marie de Médicis, puisque sa collection d'estampes passa
dans celle de De Marolles qui fut acquise, en 1667, par Louis XIV.
Il doit y avoir eu quelque négligence dans l'impression de cette épreuve,
puisque l'on voit en haut, à gauche, un endroit qui n'a presque pas
été reproduit sur le papier. L'autre épreuve fut retrouvée par Robert
Dumesnil, le 15 juin 1841, dans un volume de gravures du XVIIe. siècle,
parmi des estampes de Callot et de Le Clerc, dans la bibliothèque de
l'Arsenal à Paris. Elle est imprimée d'un noir très-pâle et d'une apparence encore moins vive que celle de la première épreuve, mais elle
est plus complète et d'une excellente conservation, ayant même une
marge, tout autour, de deux centimètres.

Un heureux hasard nous a conservé encore une troisième épreuve
d'un autre nielle original de Maso Finiguerra qui représente une Vierge,
avec l'enfant, assise sur un trône et entourée d'anges et de saintes
femmes. Cette épreuve est traitée dans la belle manière artistique des
épreuves de Paris et d'une conservation parfaite. Elle appartenait, en
1798, à Mr. Borduge et parvint, en passant par les cabinets de Revil
et Durand, dans la collection Albertine de Vienne. [133])

Tout en admettant que ces premiers essais de Maso Finiguerra
n'eurent d'autre but que de rechercher quel serait l'effet du travail du
nielle, et quand même il n'aurait eu en vue que de garder par-là un
souvenir d'un ouvrage sorti de ses mains sans avoir eu l'idée de le
reproduire en nombre, il n'en reste pas moins acquis que Maso Finiguerra exécuta en Italie, vers 1450, des impressions sur papier des
gravures sur argent destinées à être niellées. Quelle serait donc la

---

133) On trouve encore des épreuves de nielles que l'on attribue à tort à
Maso Finiguerra. Celle décrite par Ottley (Duchesne No. 54) porte la même composition que celle dans la collection Albertine (Duchesne No. 53), mais elle est
fermée aux côtés par deux forts pilastres et l'on y voit encore dans la partie supérieure le sujet de l'annonciation. La composition de Vienne se trouve aussi en
sens inverse (Duchesne No. 55). La taille, dans ces deux nielles, est plus raide et
les masses d'ombre et de lumière moins larges que dans l'original. Ces deux impressions se trouvent actuellement dans le Musée Britannique.
      Duchesne reconnaît même qu'un baptême du Christ (No. 94) dans le cabinet
Durazzo de Gênes, n'est point un ouvrage de Maso Finiguerra. Et l'Adoration des
Rois que le même écrivain décrit sous le No. 32 est tout-à-fait différente de la
manière de ce maître.

circonstance qui a pu induire notre artiste à vouloir obtenir ces impressions sur papier?

Nous avons déjà remarqué plus haut que l'on avait déjà, depuis 1446, en Allemagne des épreuves de gravures au burin et cette nouvelle invention a dû être très-vite connue dans les Pays-Bas et surtout par les artistes du pays. Or l'on trouve une coïncidence assez remarquable à ce sujet dans la présence à Florence, précisement en 1450, de Roger van der Weyden, le célèbre élève de Van Eyck, qui peignit à cette époque une image de la Vierge pour les Médicis. [134]) On ne peut guère douter qu'il ne fît une visite au fameux orfèvre Maso Finiguerra pour voir la belle Paix du couronnement de la Vierge à laquelle il travaillait alors.

Ce serait donc une opinion très-plausible que celle fondée sur l'idée que le peintre flamand, en voyant la manière compliquée dont l'artiste florentin se servait pour se procurer des empreintes en souffre pour les remplir ensuite d'une teinte noire et juger ainsi de l'effet de son travail, lui ait montré la manière très-simple d'obtenir le même résultat en imprimant immédiatement la planche sur du papier humide. Nous sommes confirmé dans cette opinion par quelques épreuves très-anciennes de nielles d'origine néerlandaise qui se conservaient dans la collection de Dresde et qui appartiennent à l'époque du maître Rogier.

Il se passa néanmoins dix ans, comme nous l'apprend Vasari, avant que Baccio Baldini, le plus ancien des graveurs au burin d'Italie, n'eut l'idée d'appliquer ce procédé à la multiplication indéfinie des épreuves tirées d'une planche gravée. La plus ancienne estampe, avec date que nous connaissons de lui, porte le millésime de 1465, c'est-à-dire près de 20 ans plus tard que celui dont est signée la plus ancienne gravure allemande connue avec une date.

On pourrait démontrer également la priorité de la gravure au

---

134) Voyez „Bartholomæi Facii de Viris illustribus liber etc. Florentiæ 1745," p. 45, où il dit, en 1456, en parlant de ce maître, qu'il se trouvait à Rome pendant l'année du Jubilé 1450 et qu'il y admira les peintures de Gentile da Fabriano à St. Jean de Latran. Et qu'il ait été à Florence vers cette époque cela nous est prouvé par un petit tableau qu'il peignit dans cette ville pour Jean et Pierre de Médicis et qui représente une Vierge debout avec l'enfant et les saints patrons de la famille de Médicis, Côme et Damien, avec les patrons des donataires, St. Pierre et St. Jean Baptiste. Ce petit tableau, avec les armes de Florence et des Médicis, a été acheté à Pise pour l'Institut Stædel à Francfort sur le Mein, où il se trouve à présent.

burin en Allemagne et l'influence que ses productions exercèrent sur les graveurs italiens, par le fait que Sandro Botticelli imita, dans ses estampes des prophètes, quelques-unes des particularités du maître 𝕰 𝕾 1466 (mais qui travaillait déjà en 1461), entre autres la forme des nuages flamboyants, et qu'il employa, de même que le maître de 1464, la pointe sèche pour les hachures d'ombre dans ses illustrations de la divine comédie du Dante.   La supériorité, dans le maniement du burin, montrée par Martin Schongauer et Albert Durer exerça également une telle influence sur les artistes italiens que non seulement ils copièrent les estampes de ces deux maîtres, comme nous en avons la preuve pour Gherardo de Florence et divers autres graveurs du Lombardo-Vénitien, mais Marc Antonio lui-même acquit, en imitant le dernier, une meilleure manière de burin.

Il s'ensuivrait donc que l'on pourrait établir d'une manière incontestable que l'invention de la gravure au burin, ou plutôt celui du procédé de la multiplication des gravures au moyen d'épreuves sur papier, appartient à l'Allemagne et non point, comme on l'avait cru jusqu'ici, à l'Italie.   Nous commencerons, par conséquent, notre revue historique par les graveurs allemands et néerlandais en suivant l'ordre chronologique pour passer ensuite à celle des graveurs italiens en suivant le même plan.

Les graveurs allemands et néerlandais du XVᵉ. et du XVIᵉ. siècle.

Nous avons déjà vu, dans le préambule ci-dessus, que l'on a tiré, à une époque très-ancienne, des épreuves de nielles dans l'Allemagne et dans le Pays-Bas, ce qui peut faire croire que l'on en vint bientôt à la gravure au burin sur cuivre qui permettait de reproduire indéfiniment ces épreuves. Il est, du reste, certain que les plus anciens graveurs au burin allemands étaient également orfèvres et nous savons que tel a été le cas pour deux des artistes les plus distingués de leur époque, Martin Schongauer sur le haut, et Jean de Cologne sur le bas-Rhin et qui se sont également fait une grande réputation comme peintres. Nous devons considérer aussi, comme peintres et orfèvres, le maître de 1464 qui s'est indiqué lui-même comme peintre sur la gravure de la Roue de fortune, et le maître Œ S de 1466 dont on trouve un petit tableau à l'huile, dans le Musée de Berlin, représentant une Madone. Albrecht Durer lui-même réunissait les professions indiquées, puisqu'il fit d'abord son apprentissage comme orfèvre, devint ensuite peintre et se fit, comme graveur, une réputation impérissable.

Nous avons déjà donné quelques indications sur l'époque des plus anciennes gravures au burin et nous nous reservons de faire suivre à ce sujet des détails ultérieurs, mais avant de passer à l'énumération des plus anciennes dates que l'on retrouve sur ces gravures, il ne sera pas hors de propos de rectifier certaines opinions erronées qui ont attribué, à des anciennes estampes, les dates de 1422, 1430,

1440, 1447 et 1455. On a cru voir le premier de ces millésimes dans l'inscription au-dessous d'une petite gravure du XVe. siècle, représentant la messe de St. Grégoire, dans la collection du comte Alexandre Razumovsky qui en a fait exécuter un facsimile. Cette inscription porte: ꜳ. 1 ꝛꝛ0 . ꝟ . ꜵ . 1 ꝙ0 . ꝺĩꞓ. Mais cette inscription ne contient nullement la date de 1422, encore moins celle de 1488, comme le croit Duchesne, mais une abbréviation d'une période d'indulgences de 14,220 années et 140 jours, comme nous le prouvent des exemplaires de pareilles lettres d'indulgences de l'époque, c'est-à-dire de la seconde moitié du XVe. siècle, et dont nous avons déjà donné quelques exemples en traitant de la gravure sur bois et sur métal.

D'après le catalogue fait en 1618 par Paul Behaim de sa collection de gravures, une passion de 11 gravures en m a n i è r e c r i b l é e ("geschrotener Arbeit") devait porter la date de 1440. [135]) Mais, outre que ces gravures ne se sont pas retrouvées depuis, cette date ne se rapporte point à des gravures au burin, mais bien à un travail en m a n i è r e c r i b l é e, art qui était exercé, comme nous l'avons vu, de très-bonne heure durant le XVe. siècle. Cette Passion nous rappelle les 20 gravures en manière criblée sur le même sujet qui se trouvent dans la bibliothèque de Munich et qui ont été déjà décrites.

Deux gravures portées sur le catalogue de la collection H. A. Derschau No. 19 et 20, représentant chacune J. C. en croix avec la Vierge et St. Jean, offrent, il est vrai, les dates de MCCCCXXX et 1ꝛꝛ˅, mais elles ont été reconnues comme des contrefaçons récentes exécutées dans le but de tromper les amateurs. Elles sont d'un travail barbare.

Sandrart (Acad. I. p. 220) croit avoir trouvé la date 1455 sur une gravure représentant un vieillard qui caresse une jeune femme, du maître 🕱 Cette gravure n'a plus été retrouvée depuis. mais il y a lieu de croire que Sandrart s'est trompé et qu'il aurait dû lire 1488, puisque ce maître a copié principalement les plus anciennes gravures d'Albert Durer et qu'il appartient ainsi aux dernières années du XVe. siècle et au commencement du XVIe.

Par un hasard des plus heureux on a découvert, tout récemment, quelques estampes avec des dates de la plus haute antiquité, comme nous l'avons déjà dit plus haut, et par lesquelles nous commencerons notre dissertation sur les graveurs primitifs de l'Allemagne.

La plus ancienne gravure allemande connue jusqu'ici avec une

---

135) DE MURR, Journal II. p. 193 et HEINECKEN, nouvelles recherches, p. 278.

date, porte le millésime de 1446. Elle représente la flagellation de Notre Seigneur et fait partie d'une suite de sept estampes de la passion de J. C. dont Mr. Renouvier de Montpellier est l'heureux possesseur. Ces estampes, d'un maître de la haute-Allemagne, sont d'un travail assez archaïque et rude, les contours sont fortement accusés et les rares indications d'ombres consistent en hachures, courtes et irrégulières dans les chairs et les détails d'architecture, mais plus allongées dans les draperies. Le dessin, sans être exact ou bien compris, n'en révèle pas moins une certaine observation de la nature, l'expression des têtes est vraie, très-vive et frise parfois la caricature.

Un artiste bien supérieur à celui de 1446 est celui qui s'est signé ₧ avec le millésime de 1451 sur une estampe représentant la Vierge immaculée entourée de quatre chœurs d'anges. Le dessin de ce maître est délicat et fondé sur une fine observation de la nature; il a de la grandeur dans le style et ne manque pas d'un certain sentiment de la beauté. Cette pièce, imprimée d'un beau noir, et qui est d'autant plus précieuse qu'elle parait unique, se trouve dans la collection de Mr. T. O. Weigel à Leipsic.

Sur la gravure d'une Cène qui appartient à une série de 27 pièces de la Passion, en petit format, que conserve le Musée Britannique, on trouve l'indication LVII ior. qui dénote clairement le millésime 1457. Le style artistique rappelle celui de l'école de Cologne dans les premières années du XVe. siècle, quand les plis des draperies sont encore souples et ondoyants. L'exécution en est très-simple et se limite à de simples contours imprimés d'une encre pâle.

Une autre des plus anciennes dates que nous puissions, avec certitude, attribuer à une gravure au burin allemande est celle de 1458 sur une estampe ronde représentant la décollation de Ste. Catherine et qui se trouve collée sur une place laissée vide à cet effet sur le titre d'un manuscrit de cette même date, „Glossa in librum Sapientiæ" du Dr. Holkot, dans la bibliothèque de Danzig. La gravure est encore entourée d'une espèce de bordure en pâte où l'on voit empreint une inscription en lettres gothiques. La gravure ne peut être, par conséquent, moins ancienne que le manuscrit lui-même. Le style rappelle celui de Martin Schongauer, mais la manière dont les hachures sont exécutées dénote une période plus ancienne. L'impression est d'un beau noir et très-nette.

Nous possédons un assez grand nombre d'estampes du maître de 1464 qui appartient à la basse-Allemagne ou aux Pays-Bas et que

Duchesne nomme le maître aux banderoles. Ses gravures à contours très-forts et avec des hachures deliées, à la pointe sèche, ont un aspect beaucoup plus archaïque qu'on ne pourrait l'attendre d'un maître distingué de la seconde moitié du XVe. siècle. Le millésime mcccclxiiii (1464) se trouve cependant sur la première lettre d'un alphabet figuré, dont il existe également une gravure sur bois néerlandaise de la même date.

On a cru trouver aussi des dates encore plus anciennes que celle de 1466 sur quelques gravures du maître 𝕰 𝕾. 1466. Wilson (Cat. p. 86) a lu celle de 1460 sur une image de la Ste. Vierge, sous un baldaquin gothique, avec un Saint et un Ange aux deux côtés. L'exemplaire de Wilson a pu être endommagé, puisqu'il pense lui-même que le millésime pourrait également être celui de 1ℛ6ℛ. Le fait est que deux autres exemplaires de cette gravure portent clairement la date de 1ℛ66.

Sur une estampe représentant une Vierge debout avec l'enfant Jésus dans les bras (Bartsch VI. p. 54), on trouve le millésime de 1 . ℛ . 6 . 1 . que Zani et Bartsch, contre l'opinion de Strutt, lisent 1467; mais non seulement le dernier chiffre ressemble tout-à-fait au premier, mais ce maître selon l'usage universel de l'époque écrivait le chiffre sept comme un V renversé, ou Λ. Il faut remarquer cependant à propos de cette date de 1461, que les plus anciennes épreuves de cette gravure ne portent aucune date, mais qu'elle a été ajoutée sur la planche déjà usée, ce qui pourrait expliquer pourquoi le chiffre 1 n'est pas gravé dans la forme usitée par le maître. On doit, en conséquence, considérer ce millésime comme ayant été ajouté plus tard. Cependant nous avons une preuve plus certaine que ce maître a déjà gravé au burin, tout au plus tard, en 1461. C'est son jeu de cartes, dont le roi de la couleur de l'Écusson est le portrait de Charles VII, roi de France, mort en 1461, ce que bien sûrement il n'aurait pas fait s'il eut gravé cette carte plus tard car il aurait représenté le roi Charles XII, comme nous le trouvons sur les cartes rondes de Cologne. Une gravure de ce même maître, qui doit avoir été exécutée au plus tard en 1462, est celle d'une Trinité, dont Dibdin a trouvé un exemplaire collé dans un livre de la bibliothèque du couvent de Buxheim. [136] On voit écrit sur cette estampe, en encre rouge, le nom de son ancien possesseur: 𝔉rater conradus 𝔇amberger de tʒeytt 1ℛ6Z. Toutes les

---

136) DIBDIN, Tour through France and Germany, III. p. 277.

autrés gravures de ce maître, signées par lui, portent les dates de 1466 et 1467.

Il ne peut y avoir de doute qu'à côté de ces gravures il n'en existe beaucoup d'autres qui soient d'une date aussi reculée, mais dont il est impossible de fixer l'époque; à ces dernières appartiennent notamment plusieurs gravures de Martin Schongauer. Nous avons encore une couple de gravures néerlandaises exécutées dans un style très-ancien et qui paraissent dues à un orfèvre; nous pouvons les compter parmi les plus anciennes que nous possédons en ce genre. Toutes deux représentent ce que l'on a coutume de désigner comme des „Jardins d'amour"; l'une se trouve dans la collection du Duc d'Arenberg à Bruxelles, l'autre dans le Musée de Berlin.

Les plus anciennes dates que nous trouvons, après celles que nous venons d'indiquer, appartiennent aux gravures au burin exécutées pour l'ornement des livres et tombent à peu près vers le même tems que celles de Baccio Baldini pour l'édition du livre intitulé: „Il Monte sancto di Dio" de 1477, c'est-à-dire en 1479. C'est dans cette dernière année que fut imprimé le Missel du diocèse de Wurzbourg, où se trouvent les doubles armoiries du Duché de Franconie et de l'évêque de Wurzbourg, Rodolphe de Scherenberg (1466—1495), tenues par deux anges. (Bartsch X. p. 57. No. 35.)

Cette estampe est gravée dans la manière du maître ℭ 𝔖. 1466. Nous trouvons aussi dans le livre intitulé: „Ordo divinorum secundum chorum herbipolensem", gr. in-folio, avec privilège daté du 20 september 1479, à la feuille 38, les mêmes armes, mais seulement au contour et qui paraissent avoir été gravées plus en petit de la même main. Dans le „Liber missalis herbipolensis", de George Ryser, imprimeur à Wurzbourg, en 1484, nous voyons pareillement les armes de l'évêché (Bartsch X. p. 56. No. 34), et, devant le Canon, un Christ en croix du maître A☉ (Bartsch VI. p. 349. No. 14.) On voit encore dans les livres liturgiques, imprimés à Eichstadt, en 1480, 1483 et 1486, par Michel Ryser, les armes de l'évêché et de l'évêque Willibald de Reichenau qui se trouvent pour la première dans le Missel de Eichstädt, de 1480, avec la marque ci-jointe (Bartsch VI. p. 405. No. 26). WXH Ces deux derniers maîtres appartiennent à l'école de Martin Schongauer et sont connus sous le nom d'Albert Glockenton de Nüremberg et Wolf Hammer de Munich.

Les détails que nous venons de donner dénotent suffisamment la région où vécurent les plus anciens graveurs au burin et indiquent la haute- et la basse-Allemagne ainsi que les Pays-Bas. Nous devons ajouter que, dans ce dernier pays, les plus anciennes gravures sont imprimées avec une encre pâle et au moyen du frotton ou du cylindre, tandis que, généralement, celles qui proviennent de la haute-Allemagne, notamment celles du maître ℭ Ƨ 1466 et celles de Martin Schongauer, sont imprimées d'un beau noir et au moyen de la presse que Gutenberg avait déjà fait connaître en Allemagne, tandis que l'introduction de cette découverte dans les Pays-Bas n'eut point lieu avant 1473. [137])

Cette dernière observation contredit l'opinion généralement reçue, qu'on pourrait juger de l'ancienneté d'une gravure par le ton clair ou noir foncé de l'épreuve, en admettant que, dans le premier cas, les gravures seraient d'une époque antérieure. Mais, d'après un grand nombre de recherches, il est résulté que l'on se servait déjà, dès 1451, pour les gravures du beau noir introduit par Gutenberg dans l'impression, tandis qu'un maître de la basse-Allemagne se servait encore en 1464 d'une encre grise et du cylindre pour le tirage de ses gravures. Les indices que l'on prétendrait tirer du ton pâle des gravures en faveur de leur ancienneté n'aurait, par conséquent, que fort peu ou point de valeur.

Un autre point assez difficile à décider est de savoir à quelle contrée de l'Allemagne ou des Pays-Bas appartiennent certaines gravures des maîtres primitifs. On avait cru arriver à quelque résultat en examinant attentivement les filigranes ou marques de fabrique des papiers dont ils se sont servis et qui auraient pu conduire à connaître le lieu de provenance. Nous-même nous avons pris des peines infinies pour arriver à établir quels étaient les papiers employés par les différens graveurs du XVe. siècle. Mais après avoir fait la découverte que le filigrane de la tête de bœuf avec l'étoile, ou la rose surmontant une barre, la grappe de raisin et l'oursin appartiennent principalement aux papiers de la haute-Allemagne; qu'au contraire le ꙗ avec ou sans la barre surmonté d'une rose, ainsi que le chien courant ꙗ dénotent un papier néerlandais, il résulterait, en fin de compte, que les fabriques des deux pays se servaient assez souvent de filigranes semblables,

---

137) Les premières presses construites dans les Pays-Bas furent; en 1473 par Dierick Martens à Aelst dans la Flandre orientale; en 1473 par Nicolas Ketelaer et Gérard de Lecomps à Utrecht; en 1474 par Jean de Westphalie à Louvain; en 1476 par Colard Mansion à Bruges etc. Voyez Falkenstein, Histoire de l'Imprimerie. Leipsic 1840.

ou que les papiers des Pays-Bas étaient introduits par le commerce dans l'Allemagne supérieure, puisque nous trouvons, pour ne mentionner que celles-ci, les gravures de Martin Schongauer avec tous les filigranes que nous venons de nommer et avec plusieurs autres encore. Il n'y a donc point à espérer un résultat satisfaisant de semblables recherches.

Il ne nous reste par conséquent aucun autre moyen pour donner à chaque graveur principal et à son école la place qui leur convient, en groupes séparés, que de coordonner ces groupes d'après les maîtres connus avec certitude, comme Martin Schongauer de Colmar pour le Rhin supérieur, Franz von Bocholt et Jean de Cologne à Zwoll ainsi que Israël de Meckenen pour l'Allemagne inférieure, puis, en faisant attention aux inscriptions qui se trouvent quelques fois sur les gravures, comme celles du maître de 1464 pour la basse-Allemagne ou du maître ℰ Ꙃ 1466 pour l'Allemagne supérieure et, dans le manque de données plus positives, en déterminant l'école par le style du dessin et le maniement du burin.

Pour ce qui regarde les maîtres de 1446, 1451, 1457 et 1458, comme nous ne pouvons savoir s'ils ont eu des élèves ou des imitateurs dont on aurait pu former des groupes distincts de graveurs au burin, nous n'avons rien autre à ajouter ici en ce qui les concerne, et nous renvoyons, pour de plus amples détails sur leurs gravures, à notre Catalogue général.

Le maître de 1464 et ses élèves ou imitateurs.

En nous référant à ce que nous avons déjà dit relativement à ce maître, nous devons ajouter ici qu'il n'est pas unique dans son genre, mais que nous trouvons des gravures de la même époque, plus grossières d'exécution et dont la composition dénote moins de fantaisie, qui doivent être attribuées à ses élèves ou à ses imitateurs. Ceux-ci forment donc avec ce maître un groupe des plus anciens graveurs au burin de la basse-Allemagne ou de la Hollande. Il n'appartiennent point, comme le lieu et l'époque pourraient le faire croire, à l'école de Van Eyck, car, malgré que leurs draperies aient les plis angulaires introduits par ce maître, le paysage ne ressemble en rien à celui de son école, mais a plus d'analogie avec celui des anciennes gravures sur bois du commencement du XVe. siècle, notamment avec le paysage du St. Christophe de Buxheim.

D'autres gravures très-anciennes semblent, au contraire, provenir de la haute-Allemagne, si nous en devons juger par le beau noir de l'impression. Les contours en sont lourds et grossiers, plus encore que dans celles du maître de 1464, mais l'exécution en est tout-à-fait différente; car les draperies ne sont point ombrées par de longues hachures à la pointe sèche qui se croisent à plat et les parties charnues sont exécutées au moyen de traits très-courts qui ne se croisent jamais. Cette dernière manière d'indiquer les ombres a été aussi pratiquée par le maître 𝕮 𝕾. de 1466, mais avec une meilleure ordonnance et avec plus d'entente du modelé.

Comme plusieurs de ces gravures très-anciennes se trouvent dans le cabinet de Munich et que les recherches les plus récentes semblent faire croire que le maître de 1466 appartient à la haute-Allemagne, nous pouvons en déduire avec quelque degré de vraisemblance que Munich ou la Bavière a vu naître ces premiers essais de la gravure au burin et nous verrions ainsi une école originale bavaroise, inconnue jusqu'ici, prendre sa place dans l'histoire de l'art. Parmi ces anciennes gravures nous comptons les suivantes:

Le Christ en croix avec quatre anges.

La Trinité.

Ste. Catherine.

Les collections de Bâle, de Berlin et de Paris conservent aussi quelques gravures au burin fort anciennes et dont nous parlerons plus en détail dans notre catalogue de l'œuvre des plus anciens graveurs allemands.

———

Si nous ne pouvons trouver, dans les plus anciens incunables de la gravure au burin de la haute- et de la basse-Allemagne mentionnés jusqu'ici, aucun indice positif de l'influence de l'école de Van Eyck, nous devons la reconnaître, néanmoins, dans toutes les autres gravures allemandes de la première époque. Les graveurs en étaient, ainsi que nous l'avons déjà rapporté, presque tous peintres et orfèvres en même tems et ont dû se former dans les Pays-Bas. Nous savons que Martin Schongauer était élève de Rogier van der Weyden le vieux et le maître 𝕮 𝕾 1466 connaissait aussi les ouvrages de ce dernier, puisque deux de ses gravures sont empruntées aux compositions du maître flamand, (No. 8 et 37 du catalogue de Bartsch). On trouve le même rapport entre lui et Franz von Bocholt et Jean de Cologne à Zwoll, deux des maîtres les plus distingués de l'époque dans la basse-Allemagne.

Le maître Œ S de 1466 et ses élèves.

Nous avons déjà remarqué que cet excellent peintre et graveur doit appartenir à l'Allemagne supérieure. Il est vrai que le docteur Nagler est revenu sur son opinion et après avoir vu d'abord dans ce maître un „Erhardus Schoen, aurifex et sculptor" qui est indiqué aussi comme „aurifex pictor" dans des manuscrits contemporains, de l'année 1460 et plus tard, à Munich, il s'est rallié à celle de quelques écrivains sur l'art à Berlin qui ont indiqué le Rhin inférieur et surtout Cologne comme le lieu où il a travaillé. Mr. Ernst Harzen est aussi d'opinion que notre maître a pu appartenir à la ville de Cologne et il le croit même identique avec l'orfèvre Gilles (Egidius) Steclin de Valenciennes, dont le nom figure en 1482 dans la liste des orfèvres qui travaillaient dans le XVe siècle pour la cour de Bourgogne [138]). Mais ce qui s'opposerait d'abord à cette dernière opinion c'est de voir que les inscriptions qu'on rencontre quelques fois sur ses gravures sont toutes dans le dialecte de la haute-Allemagne. On ne trouve une inscription dans le dialecte de la basse-Allemagne que sur la gravure d'un de ses élèves représentant le Christ. Nous nous en tiendrons donc à la conviction qui nous fait voir, dans ce maître, un artiste appartenant à la haute-Allemagne, ce que nous chercherons à prouver encore plus clairement dans notre catalogue de son œuvre.

La manière de graver du maître Œ S, comme c'était généralement le cas à cette époque, ressemble à un dessin à la plume et se montre souvent d'une grande délicatesse. Ses compositions accusent une grande richesse d'invention et une observation exacte des motifs et de la variété de la vie, sans que l'on y retrouve pourtant cette énergie d'individualisation ou de caractères qui distingue Martin Schongauer. Mais dans la grâce de ses figures de femmes et dans la belle disposition des draperies il n'est pas inférieur à celui-ci. Si l'on ne peut lui accorder une grande correction de dessin, et s'il a donné un peu dans la maigreur, ce qui était le caractère général de l'époque, il n'a cependant point péché d'une manière choquante contre le sentiment du beau.

A en juger par l'inégalité du travail entre certaines gravures exécutées avec beaucoup de finesse et d'autres assez grossières, il faut en conclure que beaucoup d'entre elles, quoiqu'elles portent son monogramme ou les dates de 1466 et 1467, ont été exécutées par ses

---

138) Voyez Léon de Laborde: „Les Ducs de Bourgogne etc." Paris 1849. Vol. I. Introduction p. XXV et 533, et E. Harzen dans les Archives de Naumann 1859. Vol. V. p. 1 etc.

élèves d'après ses dessins. Il parait en avoir eu un grand nombre, si nous en devons juger par le chiffre de son œuvre qui nous offre près de 400 estampes toutes exécutées dans son style particulier, mais dont on ne peut lui attribuer tout au plus que la moitié.

Nous ne pouvons donner que très-peu d'informations relativement à ses élèves, puisqu'un petit nombre d'entr'eux seulement se sont servis d'un monogramme particulier et qu'ils ne se distinguent ordinairement du maître que par la faiblesse comparative de leurs productions, sans qu'ils se soient formé par eux-mêmes un style qui leur soit propre. Nous devons, par conséquent, nous contenter des indications suivantes:

Le maître à la Sibylle. On le nomme ainsi d'après deux de ses gravures représentant la Sibylle Tiburtine qui annonce à l'empereur Auguste la naissance du Christ et que Bartsch a décrites Vol. X. p. 37 sous les numéros 70 et 71. Nous avons de lui cinq autres estampes dont nous donnons la description dans le catalogue de son œuvre. Cet élève suivit assez strictement le style de dessin de son maître, mais il s'en éloigne dans la manière particulière de conduire ses hachures, surtout dans les draperies. Ces hachures consistent en traits croisés très-courts et qui produisent un effet particulier.

Le maître du jeu de cartes. (Bartsch X. p. 80.) Il parait aussi appartenir à l'école du maître de 1466, quoiqu'il s'en éloigne dans le style des hachures qui chez lui sont tracées plus perpendiculairement. Ses figures sont plus courtes de proportion et les têtes plus grosses. Le dessin des nez a quelque chose de particulier et montre à la partie inférieure une courbure qui les fait paraître carrés et non arrondis du bas, comme on le voit surtout dans les jeunes têtes de son maître. Les plis de ses draperies sont moins angulaires et terminent, en général, d'une manière indécise. On a trouvé récemment plusieurs épreuves de ces gravures, avec leurs marges à toute largeur comme s'ils sortaient de la presse, collées sur la couverture d'un livre de la haute-Allemagne, ce qui confirmerait que le maître de ces cartes était Allemand et non pas Néerlandais.

Le maître de l'alphabet. Ces lettres figurées paraissent avoir été composées, en partie, par le maître de 1466; d'autres, au contraire, qui montrent une imitation plus servile de la nature, comme la lettre X, par exemple, avec des paysans qui font de la musique et qui nous rappellent les sujets de genre hollandais, tels qu'on ne les rencontre jamais chez ce maître, paraissent d'une autre composition que la sienne. Nous ne ferons pas mention ici de plusieurs sujets très-lascifs, nous contentant de remarquer que la gravure d'un St. George surtout est d'une rudesse qu'on ne rencontre que rarement dans cette école.

Le maître (Bartsch VI. p. 33.) Trois des gravures que nous connaissons de lui, No. 1, 3, 4, sont des copies d'après le maître de 1466. Il a même retouché la planche de la gravure No 113 de celui-ci puisqu'il y a mis son monogramme.

Nous avons encore deux élèves ou imitateurs du maître qui ont signé leurs gravures de monogrammes; l'un, à la marque, a gravé un St. George debout d'une manière assez rude, et l'autre, avec celle ci-contre, un St. Christophe. Une autre gravure traitée dans la manière du maître de 1466, mais très-insignifiante, est celle d'un massacre des Innocens, signée

Martin Schongauer et son école.

Cet artiste, l'un des plus célèbres et des plus richement dotés du XVe siècle, vivait à la même époque que le maître de 1466. Comme nous trouvons que c'était souvent le cas à cette époque, il était peintre et orfèvre en même tems. On croit, d'après des données suffisamment positives, qu'il naquit à Augsbourg; il est certain, du moins, qu'il appartenait à une famille de cette ville. Nous ne savons point, au juste, la date de sa naissance, mais si nous devons juger par son portrait à l'huile, avec le millésime de 1453, dont il se trouve trois reproductions à Colmar, Munich et Sienne et où il est représenté à l'âge de 30 ans à peu près, nous serions justifiés en plaçant sa naissance vers 1420. Il existe un peu de confusion relativement à l'année de sa mort, mais nous verrons dans le catalogue de son œuvre qu'il faut la fixer en 1499. Nous avons déjà remarqué, plus haut, qu'il s'est formé dans les Pays-Bas sous Rogier Van der Weyden le vieux, ce qui est prouvé, du reste, par quelques-uns de ses plus anciens ouvrages et surtout par la manière tout-à-fait flamande dont sa gravure de la Vierge au perroquet (Bartsch No. 29) est traitée. Cependant Schongauer est resté un maître très-original et on ne reconnait l'influence de l'école de Van Eyck que dans le style général de ses compositions. Son burin est ferme, conduit de main de maître et rappelle parfaitement la manière de ses dessins à la plume. Comme nous ne trouvons aucune de ses gravures qui révèlent le faire d'un commençant, comme c'est le cas pour les gravures d'Albert Durer, il faut en conclure qu'il n'a commencé à graver qu'après être devenu un artiste fait. Dans ses compositions il est plein de vie et excelle dans le caractère de ses têtes; celles d'anges et de la Vierge sont souvent d'une rare beauté avec une grande expression de sainteté et de grâce, et en ceci il appartient encore à l'ancienne école allemande du commencement du XVe. siècle; mais aussi dans la représentation de caractères hideux il s'approche quelquefois de la caricature. Il a signé toutes ses gravures des initiales M. S. avec un instrument de graveur, qu'une couple d'autres graveurs de son école lui ont aussi emprunté. A celle-ci appartenait également son frère,

Ludwig Schongauer. Dans sa jeunesse il vivait à Ulm, se transfera plus tard à Colmar et se trouve, en 1486, inscrit dans le livre de bourgeoisie d'Augsbourg sous le nom de maître Ludwig Schongauer, le peintre. Nous ne connaissons jusqu'à présent que quatre gravures qui portent la signature ci-dessus. Le style en est tout-à-fait analogue à celui de Martin Schongauer, mais avec moins de finesse dans le dessin et une taille un peu plus maigre.

Barthel Schoen (?). D'après le témoignage de Sandrart ce monogramme appartiendrait à un graveur nommé Barthelemi Schoen, au sujet duquel nous ne possédons point d'autres informations, à moins qu'il ne soit identique avec un peintre Barthel que nous trouvons inscrit, en 1471, dans le livre de bourgeoisie d'Ulm. D'après la manière dont il a exécuté ses gravures, il est évident qu'il appartient à l'école de Martin Schongauer dont il a même copié plusieurs estampes. Il en exécuta d'autres d'après les gravures d'un maître néerlandais, de l'école de Van Eyck, qui est connu sous le nom du maître hollandais de 1480, indication sous laquelle il fut introduit par Duchesne dans l'histoire de l'art. Parmi les gravures de sa propre composition se trouvent les armoiries de Bernard de Rohrbach et de son épouse Eilge de Holzhausen de Francfort sur le Mein, ce qui donnerait à croire qu'il a demeuré quelque tems dans cette ville.

Albrecht Glockenton (?). C'est ainsi que Sandrart désigne le maître qui s'est servi de ce monogramme, sans pourtant nous donner aucune preuve de son assertion et sans qu'aucune recherche ultérieure ait pu nous révéler rien à l'appui de son opinion. Ce graveur était encore orfèvre, comme nous le prouve une épreuve de nielle que l'on conserve de lui dans la collection de Bâle, et la manière un peu raide et maigre de sa taille. Il a copié un grand nombre d'estampes de Martin Schongauer et celles de sa propre composition sont absolument dans le style de ce maître.

BM Le nom du maître à ce monogramme est absolument inconnu; on n'a pu même arriver à y rattacher une dénomination quelconque, cependant il se montre, dans ses gravures, un artiste d'un talent distingué. La plupart de ses estampes annoncent un élève de Martin Schongauer, cependant quelques-unes d'entr'elles se rapprochent pour l'exécution de celles du maître M 5 de Munich de 1500.

VXH Wolf Hammer de Munich. C'est ainsi que Nagler explique ce monogramme d'après les recherches qu'il a faites à Munich. Il n'est pas douteux que ce maître n'appartienne, par son style de composition et sa manière de graver, au groupe provenant de l'école de Schongauer. Il a même gravé plusieurs estampes d'après le maître de Colmar et d'après celles attribuées à Albert Glockenton. Nous possédons encore de lui les armoiries de l'évêché de Eichstadt, en différens formats, pour les missels de cet évêché des années 1480 à 1497.

Parmi les imitateurs de Martin Schongauer qui paraissent avoir fixé leur demeure dans la Haute-Allemagne, nous indiquerons les maîtres aux monogrammes suivans:

○ L ○ З ○   I · 2 · 9 · Λ ·   — Pw. —   2 ᵞ H   — H ○ B ○ —

B R, nommé le maître à l'ancre, et

VG qu'on croit être Urse Gemberlein, de Bâle.

Nous avons trouvé, de ces maîtres, un bien plus grand nombre de gravures que celles indiquées par Bartsch, sans avoir pu, pour cela, parvenir à connaître quelque chose de certain sur leurs noms ou les circonstances de leur vie.

Nous mentionnerons encore ici deux élèves de Martin Schongauer qui, cependant, ont résidé principalement sur le Bas-Rhin, c'est-à-dire à Cologne.

Le maître I. C. qui a souvent placé les armoiries de Cologne entre ces deux initiales et parait avoir voulu se signer J. Coloniensis.

W. Wenceslaus de Olmutz est l'autre élève ou imitateur de Martin Schongauer qui a dû habiter principalement sur le Rhin inférieur. Comme preuve de la première assertion nous indiquerons le grand nombre de copies d'après le maître de Colmar qu'il exécuta de très-bonne heure, comme nous le pouvons voir par son estampe de la mort de la Vierge avec la date de 1481, et ensuite parceque, dans son style de composition et dans sa manière de graver, il a pris beaucoup de ce maître. Deux gravures par lui, le martyre de

14 *

l'apôtre St. André et de l'apôtre St. Barthelemi, nous indiquent qu'il a demeuré à Cologne, puisqu'elles sont copiées des tableaux qui s'y trouvaient du maître connu sous le nom du peintre du tableau de la Cathédrale de Cologne, Stephan Lœthener, natif de Constance.

Quelques autres graveurs au burin de la Haute-Allemagne.

Les artistes suivants appartiennent aux graveurs de la Haute-Allemagne qui se sont le plus distingués vers la fin du XVe. siècle par un style propre à chacun d'eux:

MAIR 1499. D'après l'assertion de Paul Behaim dans le catalogue de 1618 de ses gravures, ce maître très-original était né à Landshut et, selon une communication faite par le pasteur M. Geiss de Landshut en Bavière au Dr. Nagler à Munich, il était peintre, et on le trouve mentionné dans certains documents des années 1492, 1499 et 1514 sous le nom de Nikel Alexander Mair. Il se distingue par cette particularité, qu'il donnait souvent une teinte au papier de ses estampes et qu'il rehaussait les lumières de blanc ou de jaune, comme on fait pour les dessins. Et c'est peut-être lui qui a donné, de cette manière, l'idée d'exécuter des gravures sur bois à plusieurs teintes ou en clair-obscur.

Deux maîtres différents se sont servi des mêmes initiales M ↄ. Le plus ancien des deux a gravé une imitation de „l'Ars Moriendi", œuvre xylographique, et cette imitation eut une nouvelle édition à Munich en 1623. Sa manière est tout-à-fait celle du XVe. siècle. Le maître le plus récent, au même monogramme, demeurait à Munich et a daté de 1500 deux grandes gravures, un bal de la cour ducale et un tournoi à Munich. Si nous en devons croire de Murr, il s'appelait Matthæus Zasinger et il était originaire de Nuremberg, tandis que Nagler croit avoir découvert qu'il se nommait Mathes Zwikopf, natif de Munich et nous attendons encore de lui les preuves de cette opinion.

PPW. Nous connaissons une suite de six gravures, in-folio oblong, signées de ce monogramme et qui représentent des incidens de la guerre de Souabe, en 1499, contre l'empereur Maximilien; elles sont exécutées d'un style très-original, par un très-bon maître de la Haute-Allemagne. Comme ses compositions sont pleines de vie, son dessin correct et qu'il est très-adroit dans le maniement du burin, on a lieu de s'étonner que son nom soit resté absolument ignoré et que l'attention n'ait été attirée sur ses gravures que très-récemment. On en trouve des fragmens dans quelques grands cabinets, mais des exemplaires complets ne se voient que dans la bibliothèque de Vienne et dans le Musée Germanique à Nuremberg.

Ce monogramme appartient au célèbre graveur et sculpteur en bois Veit Stoss de Cracovie, ou Fitus Stoss, comme il s'est signé lui-même dans plusieurs documens. Appelé en 1486 à Nuremberg, il s'y fixa en 1495. Ses gravures, peu nombreuses, nous prouvent qu'il a su manier le burin avec adresse et qu'il était bon dessinateur. Ses draperies sont très-chargées, comme on les voit quelquefois chez Albert Durer, sur lequel il parait avoir exercé, en cela, une certaine influence.

Graveurs de la Basse-Allemagne durant le XVe. siècle.

Nous devons considérer comme une chose très-remarquable que nous n'ayons point trouvé, jusqu'à ce jour, dans les archives de Cologne aucune notice sur un seul graveur originaire de cette ville si renommée pour la pratique de l'art dans le XVe. siècle. Cependant nous voyons par certaines indications sur quelques gravures et par des documens étrangers à Cologne, que cette ville possédait, à la même époque, des maîtres très-distingués dans cet art.

Un des graveurs les plus anciens de l'Allemagne inférieure, et dont nous avons déjà fait mention, est celui d'une passion de J. C. en 27 estampes, dont l'une porte l'inscription: LVII jor. D'après le Dr. Waagen, le style du dessin répond à celui de l'ancienne école de Cologne et le nombre LVII accompagné du mot jor (année) se rapporte à l'an 1457, date de leur exécution. Nous ajouterons que le mot jor, appartenant au dialecte de l'Allemagne inférieure et notamment à celui de Cologne, nous donne la conviction que l'artiste a vécu dans cette ville. On ne connait qu'un seul exemplaire de ces gravures, et il se trouve au Musée Britannique.

Un graveur de premier rang, qui a vécu à peu près à cette époque, est le maître des cartes rondes qui parurent à Cologne (Bartsch X. p. 70) et qui portent sur le titre: „Salve felix Colonia." Elles appartiennent à ce que la gravure a produit de plus fin en Allemagne pendant le XVe. siècle, mais ce qu'il y a de plus singulier, c'est que nous ne trouvons aucune autre gravure que nous puissions attribuer avec certitude au même maître. Ces cartes sont traitées dans le style néerlandais alors en usage en Allemagne, et il a même quelque analogic avec la manière du maître J e a n de cette ville et dont nous parlerons plus bas.

Des deux copies qui ont été faites de ces cartes, l'une porte les initiales T W c'est-à-dire celles de l'orfèvre T e l m a n n d e W e s e l, qui appartient pareillement aux graveurs du Bas-Rhin. Dans ses autres gravures il se montre cependant bien éloigné du degré d'excellence auquel l'art était parvenu à Cologne et on doit le considérer comme un artiste de talens très-médiocres.

Un élève ou imitateur du maître 𝕰 𝕾 de 1466 a copié, avec quelques changemens, une suite des douze apôtres d'après lui et à laquelle il ajouta un Christ debout avec l'inscription suivante dans le dialecte de Cologne: leret van mir want ich sacnftmodig bÿ ind ditmoidich van hertze. Il semble donc que nous devrions le considérer comme un maître de Cologne, aussi bien que le m a î t r e a u x i n i t i a l e s I. C. qui fut un élève de Martin Schongauer et qui plaça quelquefois les armoiries de la ville de Cologne entre ces deux lettres, comme nous en avons déjà fait mention.

Un graveur très-habile fut aussi le m a î t r e à l a m a r q u e P M (Bartsch VI. 415), dont la manière très-fine de graver indique l'école du Bas-Rhin. Jusqu'à présent nous n'avons cependant trouvé de lui qu'une seule estampe.

Le plus célèbre graveur de cette région et de cette époque est sans contredit le peintre et orfèvre J e a n d e C o l o g n e que nous rencontrons vers 1478 à Zwoll. Il signait ordinairement ses gravures

𝔍𝔐, ✝𝔐 et ✝⟁𝕄 et assez souvent avec le mot (Zwollensis) accompagné Ʒwoſſ d'un instrument de la forme ci-jointe que l'on a considéré à tort comme une navette, en nommant notre graveur le m a î t r e à l a n a v e t t e, mais qui parait plutôt être un grattoir de graveur. Les pièces d'après sa propre invention portent tout le caractère de l'école de Van Eyck, mais ses tableaux, chargés d'ornemens en or, rappellent davantage l'école allemande: plusieurs de ses gravures, représentant des sujets de la passion, sont même empruntées à des sculptures en bois allemandes d'un style tout-à-fait différent du sien.

Deux autres graveurs distingués du XVe. siècle, F r a n z v o n B ocholt et I s r a ë l v a n M e c k e n e n, ont eu leur résidence à Bocholt en Westphalie. Le premier, qui s'est signé F V B, appartient également à l'école de Van Eyck et aux maîtres les plus distingués de cette époque. On l'a souvent considéré comme le plus ancien des graveurs au burin de l'Allemagne, ce qui est erroné puisqu'il a même copié la Tentation de St. Antoine de Martin Schongauer.

L'autre, Israel de Meckenen, lui est de beaucoup inférieur et quoique son successeur dans l'art on ne peut le considérer comme son élève, puisqu'il a une manière très-différente, tant par son burin moins exercé et plus maigre que par son style de dessin. Ce graveur, dans ses propres compositions, révèle un talent très-médiocre et peu intelligent, tandis qu'il se montre sous un plus beau jour en copiant, comme il l'a fait ordinairement, d'autres bons maîtres. Nous avons de lui plusieurs copies d'après le maître Œ S de 1466, d'après Martin Schongauer et même d'après les plus anciennes gravures d'Albert Durer, mais le plus souvent d'après des maîtres néerlandais de l'école de Van Eyck dont les estampes originales sont très-rares, ou même perdues, ce qui donne à ces copies une valeur toute spéciale. Dans les livres de la ville de Bocholt notre maître est inscrit comme orfèvre depuis l'année 1482 jusqu'en 1498, tandis que sa pierre tumulaire indique l'année 1503 comme celle de son décès.

Pour terminer ce que nous avons à dire de l'école de gravure au burin de la Basse-Allemagne nous devons encore faire mention du maître sur le compte duquel on a déjà donné tant de renseignemens erronés. Nous en parlerons plus en détail dans le catalogue de son œuvre. Qu'il nous suffise de dire ici que ce n'était qu'un graveur d'un rang très-inférieur, qui a copié ordinairement d'après de bons originaux, mais en y apportant des changemens de toute sorte, comme on peut le voir dans une copie d'après Jean de Cologne à Zwoll et dans la Sainte Famille d'après Albert Durer (B. No. 44). Ses autres estampes sont toutes excellentes de composition ou d'invention, mais médiocres et raides d'exécution, comme il est d'ordinaire aux copistes. La gravure d'une allégorie sur la mort a une inscription en bas-allemand, ce qui nous donne la certitude qu'il appartenait à l'Allemagne inférieure.

Gravures au burin dans les Pays-Bas pendant le XVᵉ. siècle.

On pourrait prétendre que l'art de la gravure au burin se répandit, bientôt après son invention en Allemagne, aux pays compris alors sous la dénomination des Pays-Bas, mais nous ne possédons, pour le prouver, aucun document écrit, ni même aucune gravure qui porte une date très-ancienne. S'il était admis que les inscriptions sur les compositions de l'histoire de la création, du maître de 1464, sont dans le dialecte hollandais et non dans celui du Bas-Rhin ou de la Westphalie qui ont avec le premier la plus grande analogie, on pourrait considérer alors ces gravures comme appartenant aux plus anciennes des Pays-Bas. Dans l'incertitude où nous sommes à cet égard et appuyé sur le fait que le style de ces compositions s'éloigne beaucoup de celui de l'école de Van Eyck, répandu alors généralement dans ces régions, nous avons dû ranger ce maître parmi les plus anciens graveurs de l'Allemagne.

Une gravure d'un aspect aussi ancien que celles que nous venons de nommer, est celle qui représente St. Agatius, que l'on a trouvé collée, en plusieurs exemplaires, dans un ancien manuscrit du monastère de St. Trond et qui, avec plusieurs autres richement ornés de gravures de l'époque, se conserve actuellement dans la bibliothèque de Liége. Ne trouvant de ce St. Agatius que les seuls exemplaires de cette ville, nous pourrions en déduire que le graveur qui l'a exécutée a vécu dans cet évêché et qu'il a appartenu à une école particulière qui s'y serait développée. Cette conjecture serait appuyée par le fait que le style de composition est tout-à-fait différent de celui de Van Eyck et que le maniement du burin, dur et sec et sans que l'on ait

employé la pointe sèche dans les ombres, ne ressemble en rien à celui du maître de 1464 quoique l'aspect en soit aussi archaïque et que
le traitement du paysage et le défaut de perspective y soient très-
analogues. [139])

Deux autres gravures néerlandaises très-anciennes, mais qui diffèrent
cependant beaucoup de celles que' nous venons de citer, sont exécutées
assez rudement à la manière des orfèvres; elles représentent des Jardins d'Amour, c'est-à-dire des jeunes gens des deux sexes qui s'a-
musent de différentes manières dans un jardin. Les contours un peu
lourds ne sont point sans intelligence artistique, quoique le travail soit
grossier et la taille maladroite, conduite à la manière des nielles. Le
beau noir d'impression empêche cependant qu'on puisse donner au
tirage une date plus reculée que celle de 1470. L'une d'elles se trouve,
comme nous l'avons déjà dit, dans la collection du duc d'Aremberg à
Bruxelles, l'autre, un peu plus grande, au Musée de Berlin, décrite par
Heinecken dans ses Nouvelles Recherches, page 342, sous le No. 266.

Une estampe très-intéressante est celle des grandes armoiries de
Charles le hardi, duc de Bourgogne, que Mr. L. Alvin, conservateur en
chef de la bibliothèque royale à Bruxelles, a trouvé collée dans un vieux
manuscrit de la bibliothèque de Bourgogne. Le style du dessin et le
faire de cette gravure rappellent le maître allemand ℭ ℌ de 1466,
de sorte que l'on a cru pouvoir l'attribuer à cet artiste. Cependant
elle montre aussi quelques différences que nous indiquerons plus bas,
dans le catalogue des anciennes gravures néerlandaises anonymes, et
qui nous portent à croire que le graveur des armoiries de Charles le
hardi pourrait être un artiste flamand et le maître de l'alphabet en
figures attribué généralement au maître de 1466 et dont nous avons
déjà parlé plus haut.

Si l'influence de l'école de Van Eyck se montre, jusqu'à un certain
point, dans les trois gravures que nous venons de citer, nous devons
parler à présent de celles qui portent, d'une manière très-décidée, l'em-

---

139) Mr CAMBERLYN, à Bruxelles, doit posséder une gravure qui parait très-
ancienne, représentant St. George qui terrasse le dragon. On voit sur la draperie
du Saint un dessin à points blancs. D'après la description qu'en donne JULES RE-
NOUVIER: „Des types et des manières des maîtres graveurs etc." Montpellier 1853,
p. 67, cette gravure semble être exécutée en manière criblée. Nous regrettons
de ne pas avoir réussi, dans deux visites successives à Mr. C. et malgré toute l'amabilité qu'il nous montra, à voir cette gravure qui, toutes les deux fois, se trouva
avoir été égarée.

preinte de cette école. Elles appartiennent à différens maîtres, sont exécutées très-finement et souvent d'une très-grande beauté; mais nous devons mentionner surtout quelques-unes qui par leur exécution pittoresque révèlent un peintre de premier rang et qui dans le fondu des ombres surpassent tout ce que nous connaissons de cette époque; les hachures sont exécutées avec franchise et le dessin est d'une grande vérité. Quelques-unes sont imprimées d'un noir pâle et avec le frotton de manière à ressembler à des dessins à la pointe d'argent; la plus grande partie cependant montre ce beau noir qui fut introduit d'Allemagne dans les Pays-Bas après 1470. Aucune de ces gravures ne portent une marque ou une signature et nous ne possédons aucun renseignement sur le maître distingué auquel elles appartiennent ni sur d'autres gravures d'un genre analogue. Duchesne aîné les attribue à un maître hollandais de 1480, probablement parce qu'il en a trouvé la plus grande partie, c'est-à-dire 80 feuilles, dans le Cabinet d'Amsterdam, et dont il croit devoir fixer la date vers 1480, époque où vivaient les meilleurs artistes de cette école. Quoique nous n'ayons rien à dire contre cette dernière assertion, celle qui les attribue à un maître hollandais est tout-à-fait arbitraire et on ne peut l'admettre ainsi de prime abord.

Il est singulier qu'en tenant compte de la beauté de ces gravures et de la haute valeur qu'on y attachait, ce qui est prouvé par le nombre de copies qu'en firent Barthel Schoen, Israel van Meckenen et tant d'autres, elles ont éveillé, plus tard, si peu d'attention qu'elles sont actuellement de la plus grande rareté et que les plus riches collections n'en peuvent montrer qu'un très-petit nombre, à l'exception du Cabinet d'Amsterdam qui a eu la bonne fortune de les acquérir de l'héritage du Baron de Leyde, en 1806.

Un graveur au burin néerlandais anonyme et très-distingué est le maître qui exécuta neuf sujets empruntés aux livres de Boccace „De casibus virorum illustrium" et „De mulieribus claris." [140])

Outre ces gravures il en fit encore quelques autres et nous pouvons en citer 26 en tout, dont plusieurs planches d'ornemens. La manière en est pleine d'esprit et de vie et le travail souvent d'une grande finesse. On doit remarquer que le mode d'exécution ressemble beaucoup à

---

140) BARTSCH a décrit quatre de ces gravures (Vol. X. p. 37. No. 72; p. 39. No. 1; p. 40. No. 2 et p. 55. No. 32), sans en donner ni là signification ni l'enchainement. Ce fut le conseiller privé M. SOTZMANN de Berlin qui en donna pour la première fois une description complète dans le Kunstblatt de 1851, p. 294.

celui d'Israel van Meckenen avec la différence cependant que ce dernier a gravé avec beaucoup moins d'intelligence artistique et en faisant plutôt du métier. Ces considérations nous font croire que l'orfèvre de Bocholt s'est formé d'après l'ancien maître néerlandais.

Ce maître appartient également aux meilleurs graveurs des Pays-Bas et parait avoir été Hollandais, puisque l'on trouve sur une de ses gravures représentant un vaisseau, le mot hollandais kraeck signifiant un gros navire espagnol (une caraque). Il se distingue des maîtres précédens par une plus grande sécheresse de taille. Il a gravé plusieurs planches à l'eau forte, en donnant ainsi probablement les premiers essais de ce genre appliqué à la gravure sur cuivre, quoiqu'il paraisse certain que les armuriers avait déjà employé antérieurement cette méthode pour l'ornementation des différentes pièces d'armure.

Le peintre distingué Hieronymus Bosch ou plutôt Agnen de Bois-le duc (Hertogenbosch) a exécuté en commun avec Alart du Hameel des gravures très-remarquables dont les meilleures doivent êtres attribuées au peintre lui-même, tandis que celles qui montrent moins de finesse auraient été gravées par ce dernier d'après ses dessins. La manière de ces artistes, qui se rapprochent l'un de l'autre, a également été suivie par le maître avec la marque dont on ne connait cependant que deux pièces.

Une gravure un peu rudement traitée et signée d'un f dans un écusson est probablement l'ouvrage d'un orfèvre; elle représente le corps du Christ pleuré par la Vierge, demi-figure, et mérite une attention particulière en ce que la composition est empruntée à un original de Rogier van der Weyden le vieux.

Nous terminerons par le maître à la marque suivante, la série des artistes néerlandais du XVᵉ. siècle qui nous sont connus comme graveurs au burin. Ce maître était un artiste très-original et de beaucoup de talent qui a dû vivre vers 1492 comme on peut le déduire des chiffres Ꝗ.9Z qui se trouvent sur une de ses gravures d'ornement. Le 5 ajouté à l'initiale C semble, d'après l'usage hollandais, vouloir indiquer le mot Zoon (fils) ce qui nous ferait pencher à le placer parmi les graveurs hollandais. Le genre fantastique de quelques-unes de ses compositions, qui rappelle celui qui fut introduit à cette époque par Jérôme Bosch, semblerait appuyer cette opinion. Dans le maniement du burin ce maître nous indique le passage, en Hollande, de la manière du XVᵉ. à celle du XVIᵉ. siècle.

Graveurs néerlandais du XVIᵉ. siècle.

Lucas de Leyde prend ici le premier rang. Dans les diffé-rentes productions qui marquent les degrés successifs de son dévelop-pement, il est nécessairement très-varié. C'est ainsi que ses premières gravures sont conduites avec la plus grande délicatesse et s'approchent, dans la composition, des anciennes écoles, tandis que celles de sa se-conde manière joignent à une grande finesse de taille une plus grande franchise et surtout une délicatesse surprenante dans la dégradation des objets éloignés, particularité qui avait été jusqu'ici negligée dans la gravure au burin et dans laquelle il n'a pas été surpassé par ceux qui sont venus directement après lui. Dans la manière de traiter les diffé-rens sujets, il suivit exclusivement la nature et se montra par conséquent plein de caractère et de vie, mais il tomba, par suite, facilement dans la caricature. Dans sa dernière période, probablement piqué d'émula-tion par la vue des ouvrages de Marc Antoine, il voulut essayer de s'élever jusqu'à l'idéal, mais ne possédant ni le sentiment du beau ni un dessin savant du nu, ses dernières gravures sont fort peu satis-faisantes malgré l'ampleur du dessin et la manière large du burin. Elles tombent bien au-dessous de ses premières gravures qui, dans leur genre, ne peuvent guère être surpassées.

Lucas de Leyde s'est aussi distingué par ses contributions à une autre branche de l'art, nous voulons dire par ses dessins pour la gra-vure sur bois. Ses premiers essais dans ce genre participent de la maigreur et de l'irrégularité communes aux artistes qui l'ont précédé, mais il y remédia bientôt par la fermeté du contour et par une manière large et bien entendue des masses de lumière et d'ombre. Il s'acquit donc ainsi dans les **Pays-Bas** un mérite égal à celui d'Albert Durer et de Holbein dans la Haute-Allemagne, bien que ces derniers aient poussé l'art de la gravure sur bois à un plus haut point de perfection.

Il est naturel de conclure que Lucas de Leyde par son talent qui devint universellement connu au moyen du grand nombre de ses gravures, a pu, sans avoir formé d'élèves dans la stricte signification du mot, exercer une grande influence sur les jeunes artistes qui l'entouraient. Nous trouvons beaucoup d'estampes appartenant à différens graveurs qui nous en fournissent la preuve.

C'est ainsi que le maître au monogramme dont nous avons des gravures au burin et des tableaux, se rapproche beaucoup du style du maître néerlandais. Nous ne possédons aucune donnée sur sa vie; son nom même n'est pas connu. Cependant un tableau à l'huile, monochrome et traité comme un dessin au moyen de hachures au pinceau sur un fond clair, porte avec son monogramme la date de 1528. Ce tableau représente le jugement de Salomon et se trouve dans le Musée de Berlin.

Un autre graveur plus distingué encore comme artiste est le **maître à l'écrevisse** dont les gravures ont un caractère de grande originalité et sont traitées souvent avec beaucoup de délicatesse. Nous trouvons deux estampes exécutées dans sa manière signées, F C ou E C 1522, et qui doivent lui appartenir. La signature de ces différentes gravures peut faire croire qu'elles appartiennent à l'excellent peintre **François Crabbe de Malines**.

Nous devons citer encore ici comme appartenant à l'école de Lucas de Leyde le maître P^vL (Bartsch VIII. p. 24) qui a gravé plusieurs estampes dans le genre de cette école.

Quelques autres artistes se rattachent encore au groupe des imitateurs de ce dernier maître; ce sont **Jean Swart** de Groningen et les maîtres aux monogrammes suivans, dont nous ne possédons cependant qu'un très-petit nombre de gravures.

Un autre maître, avec une tendance vers le grandiose, est celui aux initiales ₊N₊H₊ dont nous ne savons rien autre sinon qu'il travaillait en 1523, date d'une de ses gravures. Il a manié le burin avec beaucoup d'habilité, son dessin est plein et différent en cela du style hollandais qui regnait alors. Mais si nous en jugeons par certaines particularités dans sa manière de graver, nous serions enclin à le classer parmi les maîtres hollandais.

Dirck van Star était un dessinateur pour les peintres sur verre et un graveur au burin qui s'attacha davantage à la manière de Bernard van Orley et de Jean de Mabuse qu'à celle de Lucas de Leyde. Il en est de même pour un maître aux initiales I M S (Bartsch VII. p. 546) que l'on doit considérer, d'après une couple de ses gravures, pour un imitateur de Jean de Mabuse, si nous ne voulons point regarder ces estampes comme exécutées par cet artiste lui-même. Mais certainement nous devons juger comme étant de sa main une gravure à l'eau forte traitée d'une manière magistrale et qui représente le Christ honni par un bourreau. Nous croyons aussi pouvoir attribuer à Bernard van Orley de Bruxelles une eau-forte représentant Marguerite de Bourgogne agenouillée devant un prie-Dieu et derrière elle ses saintes patronnes, avec une inscription et la date de 1531.

Aux gravures originales à l'eau forte des maîtres célèbres des Pays-Bas appartiennent aussi celles de Jean Cornelius Vermeyen qu'il a signées de son monogramme 15 ₵ 45.

On est fondé à croire que le monogramme suivant, appartient au peintre Cornelius Teunissen d'Amsterdam. Dans une des salles de l'hôtel de ville de sa patrie se trouve de lui un tableau avec des figures-portraits de grandeur naturelle et qui porte la date de 1533. Il fit ensuite plusieurs dessins pour des gravures sur bois qui parurent chez le „Figursnyder, Jan Ewontzoon". Nous avons enfin de lui quelques estampes gravées d'une manière très-pittoresque dont l'une, qui représente l'Abondance, porte la date de 1539 et une autre, avec le sujet de la tour de Babel, celle de 1547.

Le maître S doit appartenir à l'école de Belgique et, à en juger d'après une de ses inscriptions dans le dialecte de Bruxelles, paraît avoir habité cette ville. Ses petites gravures, entourées de bordures richement ornées à guise de miniatures, paraissent avoir été déstinées à l'illustration des livres de prières; quelques autres pièces sont des nielles. Une série d'apôtres dont nous ne connaissons que quatre feuilles datées de 1519 et 1520 nous indiquent l'époque où il florissait. Il a exécuté un grand nombre de petites gravures, mais d'une manière qui sent le métier, avec des contours un peu lourds à la façon des orfèvres. Ses draperies n'ont point les plis angulaires de l'époque, ils sont, au contraire, arrondis. Il forma plusieurs élèves dont quelques-

uns se servirent de monogrammes.   Ce sont les maîtres aux marques
et quelques autres dont nous parlerons plus au long dans notre catalogue.

Vers la même époque et encore un peu plus tard, c'est-à-dire de 1520 à 1550, nous trouvons en Hollande le maître avec la marque nommé Alart Claessen d'Amsterdam, qui ordinairement n'a gravé que de très-petites estampes et qui se rapproche en cela des petits maîtres allemands. Sa taille est un peu maigre et, comme il n'était pas grand dessinateur, il se montre avec plus d'avantage dans ses petites gravures que dans ses grandes. Il a, du reste, fort peu exécuté de ces dernières.

Nous trouvons encore plusieurs autres graveurs hollandais vers la fin de la première moitié du XVIe. siècle, mais qui, sous le rapport artistique, sont d'une mince importance et dont par conséquent nous ne ferons point mention ici.

Chez ces derniers graveurs nous voyons disparaître, peu à peu, l'originalité, la force d'invention, le sentiment de la nature et le don de la représenter avec la naïveté, la finesse et la vie si habituelles aux anciens maîtres; cette décadence se trouve surtout chez les artistes contemporains ou postérieurs qui perdirent sous l'influence de l'imitation des Italiens, l'élément allemand qui caractérisait leur art. A ces derniers appartient Cornelius Matsys dont une partie des gravures portent les dates de 1539 à 1556.

Lambertus Suavius de Liége était cependant un artiste d'un talent très-distingué. Il se forma à Rome, principalement sur l'antique, mais ne put échapper entièrement au maniérisme qui prédominait alors en Italie. Les gravures qu'il exécuta d'après ses propres dessins se distinguent par une finesse tout-à-fait néerlandaise dans le maniement du burin, par la bonne conduite du trait et par le grandiose dans le style du dessin. Une de ses plus grandes pièces, représentant St. Pierre et St. Jean guérissant l'estropié sous le portique du temple, porte l'inscription: „Inventore ac cælatore Suavio 1553".

A Liége appartenait encore Théodore de Bry, né en 1528, et qui en 1570 vint avec ses deux fils, Jean Israel et Jean Théodore, s'établir à Francfort sur Mein où il édita pour son propre compte plusieurs ouvrages et une foule de petites gravures. En général, il demeura fidèle à l'ancienne manière des premières années du XVIe. siècle et produisit avec ses fils des gravures assez fines quoique d'un burin un peu sec.

Également fidèles à l'ancienne manière de l'école hollandaise, les frères J e a n, J é r ô m e et A n t o i n e W i e r x d'Amsterdam gravèrent d'excellens portraits, vraisemblablement d'après des dessins français aux crayons.

Vers la même époque, ou même un peu plus tôt, vivait J é r ô m e C o c k, né à Anvers, dont nous possédons plusieurs gravures au burin et à l'eau forte d'après ses propres compositions; il eut surtout le mérite de former plusieurs élèves qui travaillaient pour son compte. Le plus distingué d'entre eux, C o r n e l i u s C o r t, de Horn, après avoir parcouru l'Italie et s'être arrêté à Venise, Bologne et Rome où il a gravé d'après les meilleurs maîtres de ces villes, fonda dans cette dernière une école de gravure où il chercha à modifier la manière simple de Marc Antoine par un maniement plus brillant de l'outil et donna ainsi à la gravure au burin une direction qu'elle garda longtems. Cette direction a été adoptée et repandue en Italie par A g o s t i n o C a r r a c c i et suivie par N i c o l a s d e B r u y n d'Anvers qui florissait vers 1570.

J a c o b d e G h e y n, né à Anvers en 1565, se distingua surtout par la finesse du dessin et de l'exécution. Quoiqu'il se montre maniéré dans ses compositions historiques, il se fait voir plein de vérité et de vie dans ses portraits. Il semble en cela avoir été l'imitateur de H e n r i G o l t z i u s qui, né en 1558 dans le duché de Juliers, s'établit ensuite à Harlem. Par son talent éminemment artistique ainsi que par son adresse merveilleuse dans le maniement du burin, il s'acquit dans son tems une reputation brillante dont il jouit encore avec droit pour ses portraits si savamment exécutés.

Nous n'avons point fait mention ici d'un grand nombre de graveurs néerlandais, mais nous croyons avoir donné un aperçu satisfaisant du développement successif de l'art dans les Pays-Bas et des diverses directions qu'il suivit, en parlant surtout des artistes qui exercèrent sur la gravure une influence caractéristique. [141])

---

141) Nous trouvons dans le Vᵉ vol. du Manuel de HUBER et ROST des renseignemens assez complets sur les graveurs néerlandais du XVIᵉ siècle.

Graveurs allemands du XVIe. siècle.

Les meilleurs artistes de cette époque qui s'occupèrent de la gravure au burin, ou qui préparèrent des dessins pour la gravure sur bois étaient des peintres, tandis que les orfèvres, se limitant à la partie pratique de leur métier et ne pouvant plus satisfaire aux exigences toujours croissantes de la gravure, n'obtinrent qu'une place secondaire dans cette branche de l'art.

De la même manière que pour les graveurs du XVe. siècle, on peut ranger ceux du XVIe. en groupes d'après les principaux maîtres et leurs élèves, quoique, dans les premières vingt-cinq années de ce siècle, ils aient dans le style quelque chose de commun que l'on doit attribuer à l'influence qu'exercèrent sur eux les ouvrages d'Albert Durer. Nous pouvons néanmoins distinguer six groupes principaux qui, en nombre plus ou moins grand, eurent leur siège à Nuremberg, Strasbourg, Augsbourg, Bâle, Ratisbonne, en Saxe et sur le bas Rhin.

Dans le cours du XVIe. siècle l'art allemand déclina et nous ne trouvons bientôt plus de graveurs au burin qui puissent soutenir la comparaison avec les anciens maîtres. Ils manquèrent bien vite de cette simplicité et de cette profondeur d'idées, de cette fantaisie créatrice, de cette intelligence naïve de la nature qui distinguaient leurs prédécesseurs et se laissèrent entraîner à une manière entièrement en désaccord avec le vrai. Ils n'excitent plus d'intérêt que dans le portrait, quoiqu'ils ne possédaient plus cette profonde conception du caractère que l'on admire tant chez Albert Durer et Holbein. Un artiste d'un talent très-remarquable, Henri Goltzius, nous en offre un

15

exemple frappant. Avec une entente supérieure du maniement du burin, il poussa, dans l'invention et le dessin, le maniéré jusqu'aux bornes les plus opposées à la nature et cependant il se distingue dans le portrait par une vérité des plus attrayantes. Un peu plus tard, et vers le commencement du XVIIe. siècle, eut lieu une réaction contre cette décadence dans l'art et les graveurs revinrent à une plus stricte imitation de la nature et à une manière de graver plus simple. Nous en donnerons comme exemples les eaux fortes des Hollandais à cette époque, dont cependant nous n'avons pas à nous occuper ici, car elles sortent des bornes que nous nous sommes tracées.

Ecole de Nuremberg.

Albert Durer et ses élèves.

A Nuremberg florissait Albert Durer, cet artiste merveilleux qui, par la richesse de sa fantaisie, par la variété de ses connaissances et par l'amabilité de son caractère, surpassait tous les artistes d'Allemagne ses contemporains. Si nous avons sû apprécier chez les artistes du XVe. siècle, et surtout chez Martin Schongauer, la naiveté de la composition, l'expression d'onction céleste dans ses têtes de Saints et la beauté d'une âme pure dans ses Vierges et ses Anges, nous admirons chez Albert Durer un essor plus élevé, une fantaisie plus riche, avec une plus forte connaissance et une plus grande liberté de dessin. Dans tous ses ouvrages on remarque l'empreinte d'un génie du premier rang dans une époque où se développaient les grandes idées qui devaient renouveler la face de l'Europe. Nous devons, comme nous l'avons fait pour Martin Schongauer, reconnaître en lui l'artiste supérieur qui, par sa manière particulière, ouvrit un nouveau champ au progrès de la gravure au burin en exerçant une influence décisive sur cet art, même en dehors des confins de son pays natal. Comme le maître de Colmar, il réunit autour de lui une école nombreuse. A ses plus anciens élèves appartiennent les peintres Hans Schaeuflein et Hans Springinklee. Ils ne pratiquèrent pas eux-mêmes l'art de graver au burin, mais donnèrent des dessins pour la gravure sur bois, en faisant peut-être aussi quelques travaux de ce genre.

Les élèves suivants de Durer ne se distinguèrent pas seulement comme peintres, mais aussi comme graveurs au burin. Ce sont Barthelemy Beham et son cousin Hans Sebald Beham et George Pencz, tous natifs de Nuremberg; ensuite Jacob Binck de Cologne et Henri Aldegrever de Soest. A l'exception de ce dernier, ils abandonnèrent bientôt la manière purement allemande de leur maître pour s'adonner à l'imitation du style italien; trois d'entre eux fréquentèrent même l'école de Marc Antoine et contribuèrent, après leur retour, à repandre en Allemagne la manière italienne du dessin.

Nous en pouvons dire autant des maîtres aux monogrammes I B et Ⓖ sans que nous puissions décider cependant s'ils appartenaient à l'école d'Albert Durer, car nous ne connaissons absolument rien de leur vie. Le nombre de maîtres à monogrammes ou des anonymes qui suivirent en Allemagne les mêmes tendances, est très-considérable et comme ils n'exécutèrent, surtout, que de petites gravures, ils sont généralement connus sous le nom des petits maîtres. Cependant Barthelemy Beham, George Pencz, Jacob Binck et Henri Aldegrever ont montré dans plusieurs gravures qu'ils étaient en état d'exécuter de grandes pièces avec toute la maîtrise voulue.

Avant de clore la liste des artistes-graveurs de cette époque qui appartiennent à Nuremberg, nous avons encore à mentionner les maîtres suivants qui ne sont pas sortis de l'école d'Albert Durer.

Nous nommerons d'abord le peintre Gaspar Rosenthaler, natif de Nuremberg, et qu'on dit avoir été élève de Michel Wohlgemuth. Gaspar et ses deux frères Jean et Jacob, également peintres, é·aient moines dans le couvent des Franciscains à Schwaz en Tyrol où ils exécutèrent plusieurs peintures murales qui existent encore. Gaspar publia à Nuremberg, en 1512 et 1514, deux livres, l'un sur la vie de Jésus Christ, l'autre contenant la légende de St. François, et les orna de beaucoup de gravures sur bois de sa composition et probablement aussi exécutées par lui.

Un autre peintre de distinction, né à Nuremberg, est le Maître au Caducée, qui fit un assez long séjour à Venise. Ses compatriotes le nommèrent Jacob Walch (le Welsche ou l'italien) tandis qu'il se désignait lui-même sous le nom de Jacob de Barbarj. Nous avons déjà parlé de lui à l'occasion des premières grandes gravures sur bois qui parurent à Venise en 1500. Nous ajouterons ici que sa manière de manier le burin et la disposition de ses draperies ont quelque chose qui lui est particulier et que dans ses compositions il est assez original; cependant il y en a quelques-unes qui rappellent celles d'Albert Durer et de Jean Bellin, et dont nous parlerons plus en détail dans notre catalogue de son œuvre.

Enfin nous trouvons à côté d'Albert Durer, à Nuremberg, encore un graveur qui s'éloigne complètement de sa manière et que plusieurs ont cru Hollandais puisqu'il se rapproche, dans le style et dans l'exécution, de l'école hollandaise. C'est l'orfèvre L u d w i g K r u g qui, né à Nuremberg, y obtint la maîtrise en 1523, comme nous l'apprenons de Neudorffer qui a connu le maître personnellement. Il a dû cependant faire son apprentissage en Hollande d'où il aurait rapporté la manière qui le distingue.

Graveurs de l'école de la haute Allemagne.

Vers la même époque, la gravure au burin fut exercée à Augsbourg sans y avoir cependant produit une école distinguée. Il est vrai que, durant les premières vingt-cinq années du siècle, la famille H o p f e r florissait dans cette ville, mais leurs productions ne revèlent pas un grand sentiment artistique et trahissent le métier. Cependant on doit aux Hopfer d'avoir porté à la connaissance des amateurs par leurs eaux fortes plusieurs des anciennes gravures italiennes qui sont devenues de la plus grande rareté. Les grands artistes d'Augsbourg ne paraissent point avoir donné leur attention à la gravure au burin.

On attribue, il est vrai, à H a n s B u r g m a i r l e v i e u x une gravure à l'eau forte signée de ses initiales H. B., mais en la comparant à quelques-unes des gravures de son fils Hans Burgmair le jeune, de 1545, quand le père était mort depuis longtems, il devient évident que toutes les gravures à l'eau forte signées des initiales H B appartiennent à Hans Burgmair le jeune. Le vieux Burgmair développa, comme nous l'avons déjà vu, pour la gravure sur bois une très-grande activité à laquelle il fut excité par les commandes de l'empereur Maximilien I. Ses dessins sur bois furent exécutés la plupart et d'une manière excellente par Jost Dienecker ou De Negker et ses élèves. S'ils n'atteignent point, pour la richesse de la fantaisie et la profondeur de caractère, les dessins d'Albert Durer dont ils s'approchent cependant sur plus d'un point, ils ont néanmoins l'intérêt de nous donner, surtout dans le W e i s s k u n i g, un tableau varié des habitudes et des costumes du tems.

H a n s H o l b e i n l e j e u n e, né à Augsbourg, mais qui, à l'âge de 18 ans, s'établit à Bâle, ne nous a pas laissé un seul essai de gravure au burin ou à l'eau forte, mais il a fourni, comme nous l'avons déjà dit, une énorme quantité de dessins pour la gravure sur bois. Ce grand artiste ne déploya point seulement une merveilleuse richesse d'invention et un sentiment profond du vrai, mais il appliqua à la gravure sur bois un genre de dessin tellement approprié que les estampes de ce genre, surtout celles qui furent exécutées par Hans Lützel-burger, excellent graveur sur bois, appartiennent à ce que nous avons de mieux exécuté dans cet art.

Même sur le haut Rhin, où précédemment Martin Schongauer avait fait fleurir l'art de la gravure au burin en formant un grand nombre d'élèves, nous trouvons que dans le XVIe. siècle l'on y don-nait moins d'attention qu'à la gravure sur bois. Dans cette région Hans Baldung Grün, natif de Gemünd en Souabe, mais qui s'éta-blit à Strasbourg, exerça une grande influence sur le développement de l'art, dans lequel il introduisit un certain élément fantastique. Dans ses premières productions il montre quelques fois un grand sentiment de beauté et un style sévère et nous admirons plus tard l'originalité et le grandiose de ses compositions, mais ces qualités se trouvent plus souvent dans ses tableaux et dans ses gravures sur bois que dans celles au burin, où il s'abandonna, au contraire, à l'imitation de la nature.

Sur ses traces marchèrent les deux frères Henri Vogtherr et le peintre Hans Wechtlin, surnommé le maître aux bourdons, tous trois natifs de Strasbourg. Un des deux premiers, qui ont fourni plu-sieurs dessins pour les graveurs sur bois, publia, vers 1545, en société avec Hans Burgmair le jeune, à Augsbourg, des gravures à l'eau forte qui représentent des hommes d'armes avec les armoiries des prin-cipales familles de la ville. Nous ne connaissons de Hans Wechtlin aucune gravure au burin, mais il est connu et apprécié pour ses excel-lens clairs-obscurs sur bois.

Nous ne savons point si le Maître H L. (Hans Leu de Zu-rich?) dont nous connaissons plusieurs gravures sur bois de l'an 1516 dans le style de Holbein, est identique avec le graveur au burin qui se servit des mêmes initiales avec les dates de 1522 et 1533, comme le prétend Bartsch. Cela semble au moins très-douteux, car on voit dans ces gravures au burin un élément fantastique qui ne s'accorde guère avec le style plus simple de composition que l'on ren-contre dans les gravures sur bois. Quelques-uns attribuent ces der-nières à Hans Lutzelburger. Nous ne pouvons cependant donner avec certitude à cet excellent graveur de Bâle, auquel nous sommes redevables de la danse des morts de Holbein, qu'une gravure re-marquable sur bois exécutée d'après le Maître N H. (Bartsch VII. p. 547) et qui représente des hommes combattants dans un bois, parcequ'il l'a signée de son nom en entier avec la date de 1522.

Urse Graf, orfèvre et graveur de matrices ou coins à Bâle, appartient aussi au groupe des graveurs du haut Rhin et on lui doit beaucoup plus de gravures au burin, à l'eau forte et sur bois que Bartsch ne lui en attribue. Nous ne connaissons de Nicolas Manuel, surnommé Deutsch, peintre à Berne, que des gravures sur bois dont l'une porte la date de 1518.

A Ratisbonne vivait un maître très-original, Albert Altdorfer, qui, dans l'exécution très-fine de plusieurs gravures au burin ou à l'eau forte, se distingue plus par une manière pleine d'esprit et d'une grande finesse que par le sentiment du beau. Nous ne possedons de son élève Wolfgang Huber, ainsi que du maître Michel Ostendorfer de Ratisbonne, que des gravures sur bois. Nous devons en dire autant du peintre Mathias Geron de Lauingen en Bavière.

Ecole saxo - franconienne.

L'école de Franconie se développa d'une manière toute particulière sous Lucas Cranach qui, appelé au service de l'Électeur de Saxe, établit sa demeure d'abord à Wittenberg et plus tard à Weimar. Le petit nombre de ses gravures au burin, quoiqu'elles ne montrent point une grande adresse de taille, revèlent cependant par l'esprit avec lequel celle est conduite un artiste distingué. Mais il déploya une activité très-grande, et qui fut suivie d'un brillant succès, dans ses dessins pour la gravure sur bois. Il fut suivi dans cette direction par son fils, Lucas Cranach le jeune. Les graveurs au burin qui appartiennent à cette école sont le maître au monogramme E A. 1506 et Hans Brosamer de Fulde. Ce dernier mania le burin avec une grande délicatesse, mais il manqua de cette pureté de dessin qui n'a jamais été, du reste, une prérogative de l'école de Lucas Cranach. Nous avons déjà dit que ce peintre avait aussi gravé sur bois. Parmi les élèves plus récens du maître primitif on compte Pierre Gottland, Henri Meyer et les maîtres aux monogrammes (Martin Treu?) qui ont tous exécuté de petites gra- et vures dans le genre de Brosamer.

Ecole du bas Rhin.

Dans cette école Johann Ladenspelder de Essen déploya particulièrement une grande activité dans la gravure au burin. Ses travaux en ce genre diffèrent entre eux presque autant que les divers monogrammes dont il les a signés, ce qui a donné lieu à Bartsch de classer ses ouvrages sous quatre graveurs différens. Quelques-unes de ses gravures sont exécutées avec beaucoup de finesse et avec un bon dessin; elles sont dignes de prendre leur place à côté de celles de Henri Aldegrever, l'élève d'Albert Durer. Henri s'était établi dans sa patrie, à Soest en Westphalie, et s'était acquis la réputation d'être un des meilleurs petits maîtres. Il parait douteux qu'un autre des élèves d'Albert Durer, Jacob Binck, se soit établi pour longtems dans Cologne, sa patrie, puisqu'il était au service du roi de Danemarc, Christian II, et qu'il mourut à Königsberg en Prusse.

Nous trouvons à Cologne le peintre Antoine de Worms auquel on attribue à tort certaines gravures à l'eau forte signées d'un monogramme ressemblant au sien et appartenant à un artiste de l'école de Lucas Cranach, mais Antoine a exécuté beaucoup de dessins pour les graveurs sur bois. Il est du nombre de ces artistes de talent qui traitaient l'art plutôt en métier et dans laquelle nous ne trouvons guère une étude approfondie et un caractère sévère.

Ces tendances plus relachées et le maniérisme qu'elles entraînaient envahirent, à pas rapides, l'art vers le milieu du XVIe. siècle. Le sentiment de la simplicité, de la naïveté, du naturel disparut, ou ne se montre plus que dans le portrait, sans que l'on eut conservé cependant cette expression forte du caractère, ni cette finesse de dessin si remarquable dans les travaux plus anciens.

Melchior Lorch de Flensburg appartient aux meilleurs graveurs de cette époque. Comme il avait beaucoup voyagé, ses estampes ont cet intérêt particulier qu'elles nous font connaître les mœurs et les costumes des pays étrangers qu'il visita.

Les gravures à l'eau forte d'Augustin Hirschvogel de Nuremberg, qui vécut longtems à Vienne, sont, surtout dans ses paysages, d'une conception très-originale et plaisent encore malgré qu'elles laissent à désirer sous beaucoup d'autres rapports.

On peut en dire autant de deux autres graveurs de Nuremberg, Hans Sebald Lautensack et Virgile Solis. La fécondité de ce dernier graveur est telle que Bartsch seul s'est trouvé en état de donner le catalogue de 558 de ses gravures.

A cette époque travaillaient encore à Nuremberg plusieurs autres graveurs, entre autres Christophe Jamnitzer, Balthasar Jenischen, George Wechler, Hans Siebmacher etc. qui cependant ne tiennent dans l'histoire de l'art qu'une place trop peu importante pour que nous en fassions ici une mention plus détaillée.

Quelques contemporains de ces artistes et qui appartiennent à la Suisse ne méritent guère d'exciter plus d'intérêt qu'eux. Nous nommerons ici Tobias Stimmer, peintre distingué de Schaffhouse, Hans Rudolphe Manuel Deutsch de Berne, Christophe Maurer et Jost Amman, tous deux de Zurich. Comme ce dernier a gravé beaucoup de sujets de la vie commune, ses estampes, et surtout ses gravures sur bois, méritent une certaine attention pour les connaissances qu'elles nous offrent relativement aux costumes et aux usages de l'époque. On traite au long de cet artiste et de son œuvre dans l'ouvrage intitulé: „Jobst Amman, dessinateur et graveur sur bois, à l'eau forte et au burin (Jobst Amman, Zeichner und Formschneider, Kupferätzer und Stecher etc.), par C. Becker, Leipsic 1854, 8ᵛᵒ, auquel nous renvoyons pour de plus amples informations.

Avant de terminer cet aperçu sur la sphère d'opération des graveurs allemands vers la fin du XVIe. siècle, nous devons mentionner encore deux genres de gravure dont l'invention remonte, il est vrai, au XVe. siècle, mais qui, par leur nature, doivent prendre une place très-inférieure. Ce sont les suivants.

Estampes pointillées au maillet.

Nous trouvons en Allemagne d'anciens essais de ce genre qui ont précédé ceux exécutés par Giulio Campagnola et avec quelque succès. Nous citerons entre autres ici une estampe où le monogramme I ♄ S du Christ est formé de figures. Dans le ♄ on voit le Christ en croix, dans le I la Vierge debout et dans le S la Trinité, où le Christ est représenté enfant. Au-dessus de la Trinité plane un ange tenant un encensoir. Le tout est entouré d'un double trait dont celui en dehors est orné de pointes. Le filigrane du papier de cette estampe est une main et un trèfle sur une barre, comme on le rencontre souvent sur le papier des gravures d'Israel van Meckenen. Ce travail très-fin parait être originaire de la basse Allemagne, dans le dernier quart du XVe siècle, et comme c'est le plus ancien essai de ce genre on doit conclure que son invention appartient à l'Allemagne. Le possesseur de cette singulière gravure est le conseiller privé M. Sotzmann à Berlin. H. 8 p. 2 l. L. 6 p. 3 l.

On trouve exécuté dans le même genre, mais appartenant au XVIe siècle, un St. François priant devant un crucifix. H. 3 p. 6 l., L. 2 p. 3 l. Musée Britannique. [142]

---

[142] BRULLIOT (Dict. I. No. 2433) donne comme gravé au maillet le portrait de Wolfgang Jorger de Tolede de 1518 exécuté par le maître au monogramme NH. Mais l'exemplaire de Munich n'est qu'une épreuve sale et non réussie d'une gravure sur cuivre qui a, il est vrai, toute l'apparence d'être exécutée au poinçon.

Figures en noir sur fond blanc.

Un genre très-singulier de gravure est celui qui fait ressortir les figures à guise de silhouettes avec des hachures en blanc sur un fond également blanc. Deux gravures, dans cette manière, appartiennent encore au XVe. siècle et se conservent dans la collection de Cobourg.

Le Christ attaché à la croix par deux bourreaux. Derrière la croix étendue à terre se tient un homme avec une barrette devant un jeune homme avec des tenailles et une lanterne. Autour un rinceau avec des roses dans les coins. H. 3 p. 9 l. L. 2 p. 9 l. Le travail en est grossier.

L'amoureux. Un jeune homme debout avec de longs souliers à poulaine tient, entre des guirlandes de fleurs, une banderole avec les mots: libe ist eine harte qual. wer si nicht weiß ach deme ist wol. et au-dessous: de libe wil mi morde. H. 3 p. 8 l. L. 2 p. 3 l.

Cette gravure est d'une exécution plus fine que la précédente et produite par des points et des traits formant une teinte presque noire.

Gravures au burin de l'école italienne du XVᵉ. et XVIᵉ. siècle.

Quand nous avons considéré la question si la priorité de l'invention de la gravure au burin appartenait aux Allemands ou aux Italiens, nous avons dû nous étendre sur les assertions de Vasari que, dès 1450, Maso Finiguerra avait obtenu des épreuves d'un nielle sur papier, ce qui avait inspiré, vers 1460, à Baccio Baldini l'idée d'appliquer le même procédé à la multiplication des gravures au burin et sur cuivre. Nous renvoyons à ce sujet à ce que nous avons déjà dit sur l'origine de la gravure au burin où nous avons démontré que nous possedons des gravures allemandes beaucoup plus anciennes que celles de Baccio Baldini et de Sandro Botticelli et que même ce dernier artiste doit avoir connues. Il n'en reste pas moins un fait de la plus haute importance pour l'histoire de cet art en Italie, c'est que les premières épreuves de gravures sur papier ont été faites à Florence vers l'an 1460.

Nous démontrerons, dans la suite de nos recherches à ce sujet, que dans cette ville plusieurs des artistes les plus distingués de leur époque ont gravé eux-mêmes, à titre d'essai, quelques pièces qui portent une empreinte originale qui leur est particulière, sans que l'on ne puisse méconnaître, au moins dans quelques-unes d'entr'elles, l'influence allemande. Nous verrons ensuite que, dès 1466, cet art fut porté de Florence en Lombardie par Andrea Mantegna et par ses élèves jusqu'à Venise; que de là il se répandit dans plusieurs directions et se propagea, soit par l'imitation de la manière du Mantègne, soit par l'influence des gravures d'Albert Durer, ou prit même une allure tout-à-fait indépendante sous la main de quelques peintres distingués.

Nous indiquerons également comment la gravure au burin se développa à Bologne, non seulement dans l'école de Francesco Francia qui lui-même s'essaya dans cet art, mais surtout par les travaux de son élève, Marc Antoine Raimondi qui fonda, en 1510 à Rome, la plus célèbre des écoles de gravure en Italie; comment à la suite des conditions déplorables où se trouva cette ville après le sac souffert en 1527, son école s'éteignit pour renaître de nouveau à Mantoue par les soins de Jules Romain, y refleurir pendant quelque tems et terminer ensuite l'époque de l'art ancien de la gravure au burin en Italie.

Il nous resterait ensuite à faire voir comment la gravure au burin prit un nouvel essor à Rome sous l'influence de l'artiste hollandais Cornelius Cort qui introduisit une manière brillante de burin et dans laquelle se distingua principalement Augustin Carrache de Bologne. Mais cette période se trouve en dehors des limites que nous nous sommes posées et il ne nous sera permis que de donner certains renseignemens sur l'école du Primatice à Fontainebleau, sur les plus anciennes gravures sur bois du commencement du XVIe. siècle et surtout sur celles connues sous le nom de „clairs obscurs“.

Après ce court aperçu sur l'origine et le développement de la gravure au burin en Italie jusque vers la fin du XVIe. siècle, nous en viendrons à des détails plus précis sur les différentes écoles de gravure et sur les divers maîtres qui les ont illustrées.

Les graveurs au burin de l'école florentine.

Vasari, en parlant de l'invention de la gravure au burin, dit comme nous l'avons déjà remarqué, que l'orfèvre Baccio Baldini (né à Florence en 1436) prit, vers l'an 1460, occasion des essais de Maso Finiguerra pour exécuter des gravures sur cuivre destinées à être reproduites en nombre, mais comme il était très-faible dans le dessin, il exécuta tous ses ouvrages d'après les compositions et les dessins de Sandro Botticelli. Ceci ne dut arriver que vers 1470 puisque Sandro Botticelli naquit en 1447 [143]) et n'ayant, en 1460, que treize ans ne pouvait certainement, à cet âge, fournir des dessins pour la gravure. Mais nous avons une preuve certaine que ce ne fut pas le cas

---

143) Gaye Carteggio etc. Vol. I. p. 344. Le père de Sandro donne, en 1450, l'âge de son fils comme étant de 33 ans. Sa naissance se reporterait donc à 1447 et non à 1437 comme le dit erronément Vasari.

jusqu'en 1465, puisque le calendrier gravé par Baccio Baldini avec les sujets des douze mois et de leurs occupations, dans des médaillons [144]) et qui portent cette dernière date, comme on le voit dans l'exemplaire conservé au Musée Britannique, ne montre point encore l'excellent dessin et l'invention pleine de fantaisie de Sandro Botticelli.

Mais les sept feuilles originales des planètes et de leurs influences sur l'homme dont un exemplaire était anciennement relié avec ce calendrier, sont bien différentes de composition et de dessin. Ici l'on reconnait immédiatement le peintre imaginatif; la gravure aussi est fort supérieure à celle du calendrier et l'impression est d'un beau noir, tandis que celle du calendrier est d'un ton pâle. S'il est encore incertain que Botticelli ait eu une part à la gravure des planètes, ce doute n'existe plus pour d'autres estampes, où les contours sont conduits avec une finesse et une entente de dessin qui ne peuvent appartenir qu'à un grand maître.

Vasari dit, dans la vie de Sandro Botticelli, qu'au retour de cet artiste, de Rome à Florence, il chercha à illustrer les poésies du Dante, qu'il dessina et grava au burin l'Enfer [145]) et qu'il perdit à cela beaucoup de tems. Il ajoute qu'il grava aussi beaucoup de ses propres dessins, mais d'une mauvaise exécution quant à la taille et que ce que l'on voit le mieux de sa main est le Triomphe de la foi, de Fra Girolamo Savonarola [146]) dont il était un des partisans, qu'il négligea en conséquence la peinture, qu'il perdit ses moyens d'existence et qu'il tomba dans le plus grand embarras.

D'après notre propre conviction on doit compter, parmi les gravures qui sont dues à la main de Sandro Botticelli, celles des 24 prophètes et des douze Sibylles [147]) dont nous avons des reproductions postérieures et dans lesquelles le caractère particulier du maître a en-

---

144) On en trouve une reproduction dans l'ouvrage de Jos. STRUTT, Dictionnaire biographique de tous les graveurs etc. (A biographical dictionary of all the engravers), Londres 1785, I. p. 25 et dans JANSON, Essai sur l'origine de la Gravure, Paris 1808.

145) VASARI entend sans doute par là les 19 petites gravures qui se voient dans l'édition florentine du Dante de 1481, car la gravure de l'Enfer que OTTLEY I. p. 428 croit être de Sandro Botticelli, est non seulement d'une taille très-raide, mais traitée d'une manière peu artistique.

146) Cette gravure ne semble pas être parvenue jusqu'à nous. Ce n'est certainement point celle du Sermon de Fra Marco da Monte S. Mariæ décrite par BARTSCH p. 88, no. 7, vol. XIII, et comme le croit WILSON, car l'exécution de cette gravure s'éloigne beaucoup de la manière de Sandro Botticelli.

147) Nous ferrons remarquer dans le catalogue de l'œuvre de cet artiste que

tièrement disparu. La seconde gravure dans l'édition du Monte Santo de Dio, de 1477, est traitée absolument dans la même manière que les prophètes et les Sibylles. Cette gravure représente d'un style grandiose le Sauveur debout dans une losange arrondie (une mandorla) entouré de chérubins et de séraphins et de six autres petits anges. La première et la troisième gravure doivent au contraire avoir été exécutées par Baccio Baldini d'après les dessins de Sandro.

On trouve encore plusieurs gravures dans le genre de ces dernières, au nombre desquelles on peut compter les 24 qui se trouvaient dans le cabinet Otto à Leipsic et dont nous donnerons, dans notre catalogue, une déscription plus détaillée. Nous voulons seulement remarquer ici que Sandro Botticelli avait l'habitude de tailler très-profondément ses contours, et par conséquent, avec un peu de lourdeur mais avec un grand sentiment artistique. Dans les 10 vignettes pour l'édition du Dante, les ombres sont à hachures très-fines, les traits croisés à plat à la pointe sèche.

Il est à remarquer que l'ancien graveur allemand de 1464, dit aux banderoles, avait exactement le même procédé et, comme ce maître est indubitablement plus ancien que Botticelli, il est probable que l'artiste italien a été conduit par la vue de ses gravures à ce procédé très-original, mais peu avantageux pour la reproduction en nombre des gravures. En effet, ces hachures légères s'effacent bien vite par l'impression répétée et ne laissent que les tailles les plus fortes et les contours très-lourds, en donnant des épreuves dont l'effet est grossier et fort peu satisfaisant.

La taille de Baccio Baldini, quoique plus raide, est cependant plus uniforme, ce qui permet d'obtenir de ses planches un plus grand nombre de bonnes épreuves. Il faut encore observer que l'on trouve, dans les prophètes de Sandro Botticelli, les mêmes nuages à guise de flammes qui les entourent, que le maître **E S** de 1466 a placés sur sa petite gravure de la Vierge d'Einsiedel, sous la figure de Dieu le père, ce que pourrait faire croire que l'artiste italien a connu cette gravure.

Peu de tems après que la gravure au burin eut été connue à Florence, elle occupa plusieurs artistes, comme nous l'apprennent le grand nombre de gravures de cette époque la plupart anonymes et fort différentes de style et d'exécution; on trouve cependant parmi

---

la Sibylla Delphica de la série porte la marque $\frac{b}{A}$ qui indique clairement le nom de „Alessandro Botticelli".

ces gravures quelques-unes que nous pouvons attribuer à des maîtres connus, qui sont ordinairement comptés au nombre des artistes les plus distingués de cette époque, et dont plusieurs nous ont laissé des tableaux qui peuvent servir de point de comparaison pour connaître leurs gravures.

Parmi ces graveurs Antonio del Pollajuolo est le seul qui ait signé ses productions, très-remarquables du reste, de son nom en entier. Vasari dit que Andrea del Verrocchio n'a pas été seulement orfèvre, sculpteur et peintre, mais aussi graveur (intagliatore). Quelques rares gravures, qui portent tout-à-fait l'empreinte de son style particulier, ont été reconnues dernièrement comme devant lui appartenir, entre autres un portrait de femme de grandeur presque naturelle. On a su très-récemment que Fra Filippo Lippi s'est occupé de la gravure et ce fut à l'occasion que le grand-duc regnant de Toscane reconnut une estampe, représentant le crucifiement, (Bartsch XIII. p. 261. No. 25) possedée par le Cabinet de Dresde, comme l'impression d'une planche originale en argent, travail de Fra Filippo Lippi, qui doit se trouver parmi les trésors de la Collection de Florence. Cette gravure, ainsi qu'une autre, porte indubitablement l'empreinte du style de cette artiste étant traitées toutes deux avec esprit et franchise.

Vasari nomme encore le mosaïciste et peintre en miniature Gherardo, qui mourut en 1495 à l'âge de 63 ans, comme un graveur de Florence qui travailla d'après Martin Schongauer. Il fait surtout mention, dans la vie de Marc Antoine, d'une des gravures de ce maître, représentant le Christ en croix avec la Vierge et St. Jean à ses côtés. Cette copie, à ce qu'il parait, n'est point parvenue jusqu'à nous, mais d'après notre propre conviction nous possedons encore une gravure de Gherardo dans celle du Christ au desert, entouré d'anges, décrite par Bartsch VI. p. 169. No. 6, et une seconde représentant le Christ comme l'homme de douleur debout derrière un sarcophage et soutenu par la Vierge et St. Jean, pièce ronde, dans le Musée Britannique. Ces deux gravures doivent avoir été exécutées d'après des dessins de Martin Schongauer, ce qui est certain, du moins, pour la première gravure qui porte son monogramme, tandis que la seconde, représentant l'homme de douleurs, pourrait être de l'invention de Gherardo lui-même, puisque les miniatures qu'il exécuta pour les missels de la cathédrale de Florence et surtout celles, vraiment merveilleuses, dont il orna en commun avec un frère Monte di Giovanni un grand missel en 1492, sont traitées tout-à-fait dans le style de Van Eyck. [148])

On compte encore, au nombre des anciens graveurs florentins, l'orfèvre R o b e t t a qui parait néanmoins déjà appartenir au commencement du XVIe. siècle, puisque Vasari ne fait mention de lui que vers 1512. Il a gravé principalement, et peut-être exclusivement, d'après les dessins de Filippino Lippi. La gravure des deux Muses (Bartsch No. 23) est même prise d'une esquisse que Lippino exécuta à fresque, avec quelques changemens et en sens inverse, dans la chapelle des Strozzi à Sta. Maria Novella de Florence. Ottley, qui le premier en a fait la remarque, en donne une reproduction dans son ouvrage: „The Florentine School" Pl. 41.

Enfin nous parlerons d'un Florentin graveur au burin et sur métal qui, pendant les années 1506 et 1508, fit paraître sous son nom plusieurs impressions où il se designe lui-même, surtout dans un bréviaire romain, sous le nom de L u c A n t o n i o d e G i u n t a, f i o r e n t i n o. Il se servait indifféremment des initiales L. A. ou du monogramme LF comme nous l'indiquerons plus en détail dans notre catalogue. Ses gravures au burin, dont Bartsch (XIII. p. 388) mentionne quelques-unes, sont exécutées très-grossièrement et paraissent avoir été faites, pour la plupart, d'après les dessins d'autres maîtres ou en se servant de leurs compositions, comme de celles de Leonard da Vinci et de Lippino, entre autres.

Les graveurs de Padoue et de Mantoue.

Immédiatement après les vieux graveurs Florentins nous devons placer A n d r e a M a n t e g n a et ses imitateurs, non seulement parcequ'il est le plus ancien après eux, mais aussi par la manière grandiose dont il a traité l'art de la gravure. Il nacquit, en 1431, à Padoue où il entra dans l'école de F r a n c e s c o S q u a r c i o n e et y devint un des plus grands maîtres de son époque. Mais c'est une erreur de croire, comme Zani le prétend, qu'il ait pu apprendre aussi la gravure chez ce même maître. Cet écrivain attribue à Squarcione une estampe qu'il croit plus ancienne que celles du Mantègne. [149]) C'est une moquerie

---

148) Nuove indagini con documenti inediti per servire alla storia della Miniatura, dans le Vol. VI de l'édition florentine du Vasari, de 1850, pp. 171, 261 et 329.

149) Zani, Materiali etc. p. 60. D. Hopfer a fait une copie d'après cette gravure. Voyez Bartsch No. 73.

du Judaïsme en style burlesque. On y voit, tenant à la main des sau-
cisses enfilées dans une broche, une vieille femme à laquelle un jeune
homme présente un jambon, un autre s'agenouille devant elle et plusieurs autres lui dansent autour. Cette gravure est signée
lettres que Zani croit être la première et la dernière du nom de $\widehat{S\,E}$
Squarcione. Mais celui qui connaît les tableaux d'un style encore très-maigre
et très-ancien de ce maître et trouve l'occasion de les comparer avec
cette gravure, ne trouvera pas la moindre analogie entre les deux. Dans la
gravure les formes pleines et le mouvement libre trahissent la manière de la
fin du XVe. siècle auquel appartiennent même les costumes que l'on y voit.

Si nous ne pouvons admettre, avec Lomazzo [150]), que Mantègne ait
été le premier qui ait fait des gravures au burin en Italie, il fut cependant le
premier qui introduisit et exerça cet art dans l'Italie supérieure, comme,
du reste, Vasari l'a indiqué en divers endroits de son ouvrage. Il dit
entre autres „qu'il trouva son plaisir, à l'instar du Pollajuolo, à exécuter des gravures au burin et surtout celles de son Triomphe (de
César) qui furent très-estimées, car l'on n'en avait pas encore vues de
meilleures." Il donne ensuite, dans la vie de Marc Antoine, quelques
détails qui diffèrent de ce que nous venons de lire et qui se réduisent
à ceci, que Mantègne après avoir vu à Rome les gravures de Baccio
Baldini d'après les dessins de Sandro Botticelli, eut l'idée de graver
lui-même ses propres compositions. Mais comme, autant que nous le
sachions, Mantègne ne vint à Rome pour la première fois qu'en 1488,
lorsqu'il y fut appelé par le pape Innocent VIII pour peindre une
chapelle au Belvédère [151]), plusieurs écrivains en ont conclu qu'il ne
commença à faire des gravures qu'en 1490, c'est-à-dire lorsqu'il avait
déjà près de 60 ans. Cela pouvait paraître d'autant plus probable
qu'on sait que le Triomphe de César n'était pas encore terminé en
1491 [152]), et qu'il doit y en avoir un dessin dans la Galerie de Florence
avec cette date. Mais de nouvelles recherches ont prouvé que Mantègne se trouvait déjà en 1466 à Florence [153]), où il a dû certainement

---

150) Trattato dell' Arte della Pittura etc. Milan 1585, p. 682.

151) GAYE, Carteggio III. 561. Il y fut invité par une lettre du Marchese
Federico, du 10 Juin, 1488.

152) GAYE, Carteggio I. p. 309. Bernardino Ghisulfo écrit, le 16 Juillet 1491,
au Marquis Francesco Gonzaga, que Francesco et Tondo ont commencé à peindre
le Triomphe sur toile d'après la commission du Mantègne.

153) D'après une lettre de l'Aldobrandini, du 5 Juin, 1466, dans les archives de
Mantoue. Voyez l'édition florentine du Vasari, de 1849. t. V. p. 213.

16

avoir eu connaissance des gravures de Baccio Baldini et peut-être aussi de celles du Pollajuolo. On comprend facilement comment Vasari a pu citer ces dernières en parlant du Mantègne, car les gravures de celui-ci sont exécutées dans une manière très-approchante de celles de Pollajuolo.

Mantègne eut comme graveur bon nombre d'élèves ou d'imitateurs, mais bien peu restèrent fidèles à sa manière qui est assez rude, il est vrai, mais qui a néanmoins, par le dessin plein d'esprit et de vie, quelque chose de très-attrayant. Ses élèves, au contraire, doués d'un talent bien inférieur, tombèrent dans la dureté et dans la raideur. Dans l'intervalle, les gravures d'Albert Durer, qui commencèrent alors à se répandre en Italie, leur furent d'un grand secours, car, soit en les copiant, soit en les imitant, ils acquirent une manière plus agréable dans la taille ce qui en même tems leur procurait un plus grand nombre d'amateurs. Plusieurs d'entr'eux se rendirent ensuite à Rome où ils se rallièrent, ainsi que nous l'avons déjà dit, à l'école de Marc Antoine. On ne peut affirmer cependant qu'ils y gagnèrent beaucoup, car n'étant point eux-mêmes bons dessinateurs et n'ayant plus pour modèle le contour décidé et précis du Mantègne, mais se voyant obligés de travailler d'après de légères esquisses de Raphaël et de son école, ils tombèrent dans le vague et le flou.

Parmi les imitateurs du Mantègne qui restèrent fidèles à sa manière, on doit mettre en première ligne Zoan Andrea qui grava même beaucoup d'après les dessins du maître. Il n'est pas encore prouvé si les arabesques qu'il grava, partie au burin, partie sur métal, ont été empruntées au Mantègne, mais il est certain qu'elles sont traitées, en ce qui regarde la composition et le dessin, dans sa manière, tandis que plusieurs gravures sur métal que Zoan Andrea a exécutées pour les éditeurs de Venise s'en éloignent notablement. La raison en est qu'il grava principalement d'après les dessins de différens maîtres, comme le prouve une estampe qui représente un combat entre un lion et un dragon, qu'il exécuta d'après un dessin de Léonard de Vinci et qui se conserve dans l'Institut de Stædel à Francfort sur le Mein.

Un autre graveur qui a suivi de très-près la manière du Mantègne en y persistant, est le Maître de 1515, comme Bartsch le désigne d'après une gravure qu'il décrit de lui, représentant une Cléopâtre, et qui porte cette date. Plusieurs autres imitateurs de Mantègne appartiennent à la classe des anonymes et nous chercherons à les faire connaître d'une manière plus précise dans notre catalogue.

Un autre graveur que nous devons mentionner ici comme appartenant à l'école du Mantègne dont il imita la manière, quoiqu'il n'ait gravé que sur métal, est Jacques de Strasbourg déjà mentionné, dont nous citerons à l'appui de notre dire, le Triomphe de Jules César en une série de 12 feuilles in-fol. gravées en 1513.

Deux autres graveurs au burin, Jean Antoine de Brescia et Nicoletto Rosex de Modène, imitèrent d'abord le style du Mantègne, passèrent ensuite à celui d'Albert Durer pour suivre finalement l'école de Marc Antoine. Quelques-uns des travaux du premier des deux, et qui appartiennent à son époque romaine, sont gravés d'après Marc Antoine ou même d'après des dessins de Raphaël et diffèrent tellement de ses premiers ouvrages qu'on ne voudrait pas les croire du même graveur, si quelques-unes d'entr'elles n'étaient marquées de son monogramme. Mais nous ne pouvons sur ce point être d'accord avec Duchesne qui croit que Zoan Andrea et Giov. Antonio da Brescia sont une seule et même personne et qui, dans la collection de Paris, a réuni en conséquence l'œuvre de ces deux maîtres. Car non seulement on peut appercevoir facilement une différence entr'eux dans la taille, mais leur manière de se signer ou encore I O . A N . B X . montre une ζA et $\cdot \Phi \cdot \overline{A} \cdot B \times$ grande diversité, sans compter que nous avons déjà vu, dans notre dissertation sur la gravure sur métal, que Zoan Andrea s'est signé pareillement Giovanni Andrea Valvassori. Bartsch a également donné lieu à une certaine confusion par rapport à Nicoletto da Modena en admettant, dans le catalogue de l'œuvre de cet artiste, plusieurs gravures qui appartiennent en grande partie à des maîtres florentins anonymes, tandis que plusieurs estampes, même de celles signées par le maître, lui sont restées inconnues.

On a souvent considéré comme un frère de Giovan Antonio le carmelitain Giovan Maria da Brescia qui grava d'une manière toute particulière deux estampes en 1512. Mais cette opinion est d'autant plus incertaine que le style de sa gravure n'appartient en aucune façon à l'école du Mantègne.

Les graveurs de l'école lombardo-vénitienne.

A l'école vénitienne appartiennent ces vieilles cartes de tarots gravées au burin et formant une suite de 50 figures dont Bartsch XIII. p. 131 décrit les originaux, tandis que celles qu'il donne auparavant

(p. 120) ne sont que des copies de l'an 1485. Ils n'ont aucune ressemblance avec les gravures du Mantègne selon l'opinion affirmée par Lanzi, et ne peuvent certainement point être attribuées à Baccio Baldini ou à Sandro Botticelli. Les formes assez pleines et le jet des draperies révèlent plutôt l'ancienne manière vénitienne et notre jugement est confirmé par plusieurs des noms qui s'y lisent en dialecte véni-tien, comme Doxe, Zintilomo, Famejo etc.

Nous devons encore mentionner ici des cartes de tarots de l'école vénitienne dont un jeu complet se conserve à Naples et dont nous avons vu plusieurs (23) dans la collection de Vienne. Cicognara en donne des reproductions dans ses Mémoires etc. Pl. XII et XIII. Elles sont de l'an 1491, comme nous le prouverons plus tard dans notre catalogue.

Nous donnerons aussi, en lieu opportun, une description de quelques gravures anonymes qui appartiennent à des maîtres vénitiens du XVe. siècle. Le plus ancien qui nous soit connu de nom est Girolamo Mocetto; il naquit à Vérone, fut élève pour la peinture de Jean Bellin, peignit sur verre et a laissé plusieurs gravures au burin. Ses vues de la ville de Nola parurent en 1513. Deux de ses tableaux décrits par Lanzi portent les dates antérieures de 1484 et 1493. Il parait s'être formé de lui-même à la gravure et ne montre aucune finesse ni maîtrise du burin dont il s'est servi d'une manière irrégulière et un peu grossière.

Comme peintre et graveur d'un talent hors ligne et qui appar-tient également à l'école de Bellini, nous citerons Martino da Udine, connu encore sous le nom de Pellegrini da San Daniele. On connait de lui une peinture à fresque, à San Daniele, signée pelegrin 1498 pinxit et qui est un de ses premiers ouvrages.[154] Ses gra-vures, exécutées avec délicatesse et finesse, sont travaillées à la pointe sèche, elles sont pleines d'esprit et de vie dans les premières épreuves et ressemblent à un dessin à la pointe d'argent; les épreuves postérieures retouchées par le graveur lui-même au moyen de points, ont plus d'effet, il est vrai, mais perdent beaucoup de leur finesse primitive. Il signait ces gravures des lettres suivantes mais ces initiales dans les gravures retouchées sont changées

en .

---

154) Voyez le Kunstblatt 1853. pp. 195. 244. Mr. E. Harzen de Hambourg a le mérite d'avoir indiqué que ce maître est le même qui a exécuté les gravures marquées avec deux P.

Un autre maître très-original de l'école vénitienne qui était peintre, mais qui s'est aussi exercé dans la gravure, est Marcello Fogolino. Ses estampes sont pour la plupart travaillées à la pointe sèche, mais terminées par des petits traits et des points au poinçon, ce qui produit un effet délicat et très-pittoresque. Les rares gravures, et en très-petit nombre, que l'on connait de lui sont toutes marquées de son nom.

Nous mentionnerons encore ici un maître anonyme dont deux gravures, les seules connues, un bain de femmes et une Fontaine d'Amours, sont également traitées d'une manière très-délicate avec des hachures courtes et croisées. L'invention en est très-gracieuse, mais le dessin faible. Aucune de ces deux gravures, que l'on conserve au Musée Britannique, ne portent une marque qui puisse servir à nous faire connaître le maître.

Benedetto Montagna est un des peintres et graveurs les plus distingués de l'école lombardo-vénitienne. Nous savons qu'il était originaire de Vicence, mais nous ne possédons point de données certaines sur les circonstances de sa vie. Nous voyons, par les nombreuses gravures que nous connaissons de lui, qu'il se forma d'après les estampes d'Albert Durer tout en acquérant une manière qui lui est particulière. Dans ses premiers travaux on le dirait élève ou imitateur de Jean Bellin; ils sont, il est vrai, très-finement exécutés, mais un peu maigres de dessin, tandis que ses gravures plus récentes, d'une taille large et de formes pleines, sont harmonieuses dans les premières épreuves, mais paraissent même grossières dans les impressions postérieures.

Un autre maître original de cette école est celui qui s'est signé I. B. avec un oiseau et que Vedriani et Zani [155]) nomment Giovan Battista del Porto, peintre de Modène, dont on possède un tableau avec la date de 1502. Il se forma aussi dans la gravure au burin d'après les estampes d'Albert Durer, se rendit ensuite à Rome et conserva une manière de graver qui lui est particulière.

Le peintre lombard Altobello dei Meloni qui exécuta, en 1517, des fresques pour la cathédrale de Crémone, doit être rangé aussi parmi les graveurs. Nous ne connaissons cependant de lui que trois gravures dont deux, représentant des enfans qui dansent et qui font

155) Lodovico Vedriani, Raccolta de' Pittori, Scultori et Architetti Modenesi. Modena 1662. Et Zani, Materiali etc. p. 134.

de la musique, ont été décrites par Ottley qui donne le facsimile de l'une d'elles.

Il nous reste à mentionner ici la famille d'artistes des Campagnola de Padoue. Deux d'entr'eux, Giulio et Domenico, appartiennent à l'école vénitienne, tandis que les gravures d'un J. J. Ca(mpagnola?), et qu'on croit également de la famille, portent l'empreinte de l'école lombarde. On s'est trompé quand on a voulu prendre ce dernier pour Hieronymus, le père de Giulio, fondé sur ce que l'on a cru trouver la signature H. CA. avec une herbe à trois feuilles sur la gravure de la Nativité, tandis que le monogramme est composé des initiales I. I. CA , comme on le voit plus distinctement sur celle de Ste. Ottilie. Les estampes de Giulio Campagnola sont gravées d'une manière très-originale, d'un burin fin et délicat, et souvent travaillées au poinçon. La différence de style que l'on aperçoit dans ses gravures démontre qu'il a gravé principalement d'après divers maîtres vénitiens, surtout d'après Jean Bellin et le Giorgione. On peut en dire autant de Domenico qui tantôt grava avec beaucoup de soin et de finesse, tantôt avec une négligence assez libre. Une de ses plus belles gravures est celle qui représente une danse de douze enfans et dans laquelle on voit un tel mouvement de grace et de vie, une telle beauté de dessin, que nous n'hésitons point à en attribuer la composition au Titien. Cette gravure est, comme la plupart de celles que nous connaissons de lui, datée de 1517.

Les graveurs de Milan et de l'Italie centrale.

L'art de la gravure au burin ne trouva pas à Milan l'accueil qu'on lui avait fait dans la partie orientale de la Lombardie. Nous ne connaissons jusqu'à ce jour qu'un petit nombre de gravures détachées de cette école. Parmi celles-ci on remarque une grande estampe exécutée par Bramante, peintre et architecte célèbre d'Urbin, à Milan et dont la manière large et spirituelle, se rapprochant de celle du Mantègne, confirme la notice donnée par Lomazzo que les tableaux à la détrempe du Bramante étaient peints dans la manière de ce maître, ce qui pourrait faire conclure à des rapports directs entre les deux grands artistes.

On lui attribue encore deux autres estampes mais qui ne sont pas gravées par lui et qui représentent seulement des édifices de son invention. Dans notre catalogue des graveurs italiens nous reviendrons sur ce sujet.

On croit posséder de Léonard de Vinci trois petites gravures, l'une qui représente une tête de vieillard attribuée par Bartsch au Mantègne (No. 23), puis une tête de femme vue de profil, enfin quelques études de chevaux en petit, sur une même feuille, qui sont traitées de manière à confirmer cette attribution, mais qui ne peuvent néanmoins être considérées que comme des essais. On trouve plusieurs gravures de la Cène qui paraissent appartenir aux premières années du XVIe. siècle, mais toutes d'un travail inférieur et dont même la meilleure n'a qu'un mérite très-médiocre; l'exécution révèle la manière lombarde, mais l'on ne peut décider si le graveur appartenait réellement à l'école Milanaise. On voit encore gravé au burin certains entrelacements avec l'inscription: ACADEMIA LEONARDI VICI, qui sont d'autant plus remarquables qu'ils ont été imités des bois bien connus d'Albert Durer.

L'école Ombrienne est encore moins riche en gravures que la Milanaise, quoique le voisinage de Florence eut pu contribuer à en répandre l'usage. Nous ne connaissons qu'une seule gravure ancienne d'après le Pérugin et qui soit contemporaine de ce maître. Elle représente la sainte Cène et la composition ne diffère pas essentiellement de celle de la fresque qui a été découverte, en 1845, dans l'ancien couvent de St. Onofrio à Florence. On conserve à Gotha les deux feuilles composant l'estampe entière et, quoiqu'elle ne soit pas très-bien exécutée, elle reproduit assez exactement le style du maître.

La gravure représentant un jeune chevalier armé de toutes pièces avec l'inscription: GVERINO DIT MESCHĪ. ou Guerino il Meschino, le héros d'un roman célèbre du moyen-âge, est d'une meilleure exécution. Elle est traitée d'une manière si spirituelle que Mr. de Rumohr serait enclin à croire que ce fut un essai de la jeunesse de Raphaël; à tout événement nous croyons qu'elle provient de l'école du Pérugin.

La gravure prit un plus grand développement à Bologne par l'attention que Francesco Francia et son école donnèrent à cette branche de l'art. Ce grand maître n'était pas seulement un nielliste distingué, mais il exécuta même quelques gravures d'un beau dessin et traitées avec beaucoup de finesse, quoiqu'un peu maigres de taille. A ces gravures appartiennent le baptême du Christ (B. 22), les SS. Catherine et Lucie (B. 121) et le jugement de Paris (B. 339) que Bartsch attribue toutes trois à Marc Antoine quoique la manière de celui-ci ne ressemble à celle de notre maître qu'en quelques détails de ses premières gravures, et en diffère essentiellement pour tout le reste. Une estampe qui est restée inconnue à Bartsch représente une Ste. Vierge avec quelques Saints, d'une rare beauté, mais gravée d'une manière différente.

La seule gravure que nous connaissions de Lorenzo Costa de Ferrare est traitée d'une manière plus libre et plus pittoresque quoiqu'avec une grande finesse dans les contours. Cet artiste habita longtems Bologne, prit beaucoup de la manière du Francia son ami, et paraitrait avoir été induit par ce dernier à exécuter la gravure en question.

Nous sommes aussi d'opinion que Peregrino da Cesena (?) s'est formé à l'école du Francia. Son style de composition et de dessin rappellent entièrement celui de ce maître, d'après lequel il a même copié le nielle de l'Orphée. Nous manquons entièrement d'informations anciennes à son égard et son nom même est resté inconnu jusqu'à ce que Duchesne l'eut découvert sur une de ses petites gravures qui, pour la plupart, ne sont marquées que de son monogramme ₽. La petitesse de ses estampes et la circonstance que les figures se détachent, à la manière des nielles, sur un fond noir ont fait croire à cet écrivain qu'elles étaient réellement des épreuves de ce genre de travail. Mais le fait que les monogrammes et les inscriptions ne se lisent jamais à rebours, et qu'on trouve, de la plupart de ses estampes, plusieurs exemplaires et, de quelques-unes, jusqu'à six, nous donne la conviction que ce sont de véritables gravures destinées comme modèles pour les orfèvres, ce dont Martin Schongauer avait déjà introduit l'usage en Allemagne, usage qui plus tard prit un bien plus grand développement par les petits maîtres de ce pays.

Le fils du Francia, Giacomo Francia, appartient à une époque postérieure et semble pour la gravure s'être formé à l'école de Marc-Antoine.

Les graveurs de l'école Romaine.

L'artiste le plus célèbre qui soit sorti de l'école du Francia est sans contredit Marco Antonio Raimondi de Bologne, le fondateur de l'école de gravure à Rome. La plus ancienne gravure avec une date que nous connaissions de lui et représentant Pyrame et Thisbé, porte celle de 1505. Elle fut suivie de plusieurs autres en 1506. Elles révèlent la main d'un artiste jeune encore et peu expérimenté dans la partie mécanique de son art. Une circonstance assez remarquable est celle que la copie de la gravure sur bois d'Albert Durer, St. Jean et St. Jérôme, porte déjà la date d'Avril ou d'Août 1506, car cette date est antérieure à la visite que fit à Bologne le maître allemand [156]) et par conséquent avant que Marc Antoine pût faire sa connaissance personnelle. Le grand nombre de copies que celui-ci exécuta d'après les gravures au burin et sur bois de ce maître, nous prouve assez l'influence que ses œuvres eurent sur lui. Elles lui enseignèrent une meilleure manière de conduire le burin ainsi qu'une exécution avec des hachures regulières et simples, mais appropriées au modelé des formes. Il améliora bien vite d'après ces exemples sa manière de graver; il conserva également dans la suite le même système, toutefois en le développant librement et avec une plus ou moins grande finesse d'exécution. Après un voyage à Venise en 1508, il se rendit à Rome, en 1510, en passant par Florence. C'est alors qu'il exécuta ses excellentes gravures d'après les dessins de Raphaël en nous conservant ainsi beaucoup de compositions du maître d'Urbin, qui sans cela auraient été perdues.

Le nombre d'élèves ou d'imitateurs qu'il réunit autour de lui fut très-considérable. Parmi les italiens on compte surtout Agostino Veneziano, Marco da Ravenna, Jacopo Caraglio, le maître B au dé et plusieurs autres graveurs anonymes. Quoiqu'ils aient cherché à imiter le maître, bien qu'ils aient même copié ses gravures, aucun d'eux ne s'en approcha dans le maniement délié du burin. Mais la vraie différence entr'eux et le maître se trouve en ce que celui-ci était un excellent dessinateur et un véritable artiste dans toute la force du mot, tandis que ses élèves, ne copiant que d'après les dessins des autres, acquirent une manière servile et par celà même tombèrent plus ou moins dans une manière mécanique de graver.

Nous devons cependant en excepter le graveur de quelques estampes d'une beauté surprenante; ce sont surtout les têtes et les parties nues qui y sont exécutées avec un sentiment de beauté si ravissante et avec un esprit si vif, que ces parties, du moins, surpassent de beaucoup tout ce que Marc Antoine a jamais gravé de plus fin. Ce sont les estampes suivantes. La Vierge assise sur des nues, dont Bartsch décrit sous le No. 47 la gravure de Marc Antoine et plusieurs copies, mais dont il ne connaissait pas celle en question qui se trouve dans la collection

---

[156] Albert Durer écrit de Venise, en Octobre 1506, à Willibald Pirkheimer de Nuremberg qu'il allait faire un voyage à Bologne.

à Dusseldorf; puis la Vierge pleurant le Christ mort, dite la Vierge
au bras nu (Bartsch No. 34), et la Philosophie (B. No. 381). La
beauté de ces gravures a fait naître la supposition que Raphaël lui-
même aurait pu en être l'auteur. Ces observations n'ayant été faites
que très-récemment et comme nous n'avons pas devant nous les trois
estampes en question pour les comparer entr'elles et en faire un
examen scrupuleux, nous nous voyons obligé de suspendre notre jugement à ce sujet, mais pour y revenir plus tard.

Parmi les peintres allemands qui furent attirés à Rome par la
réputation de Marc Antoine, Sandrart nomme les élèves suivants d'Albert Durer : Barthelemy Beham, George Pencz et Jacob Binck,
et dit, à ce propos, que le maître romain se servit d'eux pour ses gravures. Cette opinion semble être confirmée par la manière dont quelques estampes que l'on attribue ordinairement à Marc Antoine sont
exécutées et dont nous traiterons plus amplement dans le catalogue de
l'œuvre de ce maître.

C'est ainsi que nous voyons d'abord Albert Durer exercer, par ses
ouvrages, une grande influence sur l'art de la gravure au burin en
Italie et Marc Antoine lui rendre la pareille en exerçant une influence
aussi grande sur les élèves du maître allemand, quoiqu'avec moins
d'avantage pour ces derniers. Car ils ne pouvaient apprendre en
Italie une meilleure manière en ce qui regarde la partie technique,
le maniement du burin, et ils perdirent beaucoup du style de composition particulier à l'Allemagne, sans pour cela acquérir, à l'exception de Barthelemy Beham cependant, le sentiment du beau si fami-
lier aux Italiens, et ils nuisirent en cela au développement de l'art
en Allemagne.

Si nous voyons que déjà les élèves immédiats de Marc Antoine
restèrent fort en arrière de leur grand maître, ce fut encore bien plus
le cas pour ses imitateurs postérieurs, qui se montrent faibles et
négligents dans le dessin et dans le maniement du burin. Nous n'a-
vons besoin que de citer comme preuve la plupart des gravures de
Giulio Bonasone, Enea Vico, Giulio Sanuti, Nicolas Beatrizetto, Marco Cartaro et tant d'autres qu'il serait trop long de
nommer ici. Une circonstance qui a contribué beaucoup à la décadence de l'art sous ce point de vue, est celle que, tandis que les anciens
maîtres ne gravaient, pour la plupart, que par amour de l'art et n'exécutaient leurs gravures, avec un sentiment profond artistique, que pour
un petit nombre de connaisseurs et d'amateurs, les graveurs qui vinrent

plus tard n'eurent en vue que le gain, et non seulement firent eux-
mêmes un grand nombre de mauvaises gravures, mais il se trouva
bien vite des entrepreneurs, la plupart graveurs médiocres qui, ne
considérant l'art que sous le point de vue du commerce, prirent à
leur solde tous les jeunes graveurs en les faisant travailler dans le même
but. A ces éditeurs de gravures appartiennent Antoine Lafreri de la
Franche-Comté, Jean Baptiste Cavallieri, Antoine Salamanca, Tommaso
Barlacchi, Nicolas Van Aelst de Bruxelles etc.

Cependant l'art qui avait pris à Mantoue un nouvel essor sous
Jules Romain produisit aussi dans cette ville quelques bons graveurs.
Parmi ceux qui se distinguèrent le plus par le sentiment artistique,
on doit compter le modeleur Jean Baptiste Scultori de Mantoue
et ses deux enfans Adam et Diane [157]) qui travaillèrent avec succès
à Rome et firent paraître en société avec un graveur d'un talent encore plus éminent, leur compatriote Giorgio Ghisi, un grand nombre
d'estampes d'après les grands maîtres. Parmi les graveurs de Mantoue on doit encore compter Pietro Facchetti, excellent peintre de
portraits, qui n'a exécuté cependant que deux gravures dont l'une est
une Sainte Famille attribuée a Raphaël, ainsi que le porte l'inscription,
mais qui est faite d'après le tableau de Jules Romain connu sous le
nom de Sainte Famille au bassin, actuellement dans la Galerie de
Dresde.

Tandis que ces graveurs de l'école de Mantoue répandirent leur
art en Italie, un autre élève de Jules Romain, Francesco Prima-
ticcio, alla s'établir, en 1531, à Fontainebleau, appelé par le roi
François I pour orner de ses peintures ce célèbre château. Il y fonda
une école d'artistes, connue sous le nom de l'école de Fontainebleau, dont plusieurs ont aussi pratiqué l'art de la gravure à l'eau
forte d'une manière large et originale. Mais leur dessin maniéré et
leur exécution sans finesse et peu étudiée ne donne à leurs estampes
qu'une valeur secondaire.

Dans la seconde moitié du XVIe. siècle un graveur hollandais, Cornelius Cort, exerça une grande influence sur le maniement du burin à
Rome en introduisant une taille plus brillante et plus large, à hachures

---

157) On a cru que ces artistes appartenaient à la famille Ghisi, mais des recherches récentes ont prouvées qu'ils se nommaient Scultori et que réellement
ils se sont signés ainsi. Nous renvoyons pour les preuves à notre catalogue de
leur œuvre.

croisées. Augustin Carrache et Philippe Thomassin suivirent cette méthode et contribuèrent à la répandre dans le reste de
l'Italie, mais comme cette nouvelle direction que prit la gravure dans
ce pays est en dehors du plan que nous nous sommes proposé, nous
terminerons ici ce que nous avons à dire à ce sujet.

Les graveurs français du XVe. et XVIe. siècle.

Nous n'avons que peu de chose à dire sur l'histoire des plus anciens graveurs français, non par la raison qu'ils sont peu nombreux, ou que leurs œuvres n'offrent point souvent un intérêt particulier, mais parceque les renseignemens en ce qui les concerne nous font défaut.

Les plus anciennes et peut-être les seules gravures qui aient paru en France pendant le XVe. siècle, sont les vues de villes qui se trouvent dans le récit d'un pèlerinage à la terre sainte publié à Lyon en 1488. L'auteur en est Nicolas le Huen de Lisieux en Normandie, religieux cloîtré qui a, en grande partie, basé son récit sur celui du voyage de Bernard de Breydenbach qui parut à Mayence en 1486. Dans la mention que nous avons faite de ce dernier ouvrage et de l'édition française qui en a été donnée à Lyon, nous avons déjà exprimé (à page 64) notre opinion que les reproductions librement gravées au burin d'après les bois du livre de Breydenbach ont dû être exécutées par un des éditeurs de la traduction française, l'italien Michelet Topie de Pymont (Piémont), comme l'indiquerait le style de ces gravures traitées dans l'ancienne manière italienne. [158])

---

158) Cet ouvrage in-folio porte sur l'avant-dernière feuille, verso, la souscription suivante qui n'est qu'une reproduction du titre:

Des saintes pérégrinations de iherusalem et des environs et des lieux prochains du Mont Synay et la glorieuse (chapelle érigée au sommet du mont Horeb) Katherine. Cet ouvraige et petit livre contenât du tout la description ainsi que Dieu a voulu le donner a cõgnoistre. Imprimé à Lyon par hoñestes hoñes Michelet topie de pymont et

C'est une chose remarquable que, depuis cette époque jusqu'à une période assez avancée dans le seizième siècle, l'on ne rencontre plus de graveurs en France ce qui confirmerait l'opinion que nous avons énoncée plus haut. Le plus ancien graveur du XVIe. siècle, dans ce pays, est un orfèvre bien connu, Jean Duvet de Langres, qui fut longtems au service de François I et de Henri II et dont les estampes portent les dates de 1520 à 1555. Il révèle dans le style de ses compositions l'influence décidée de l'école italienne de Fontainebleau, sans pourtant y appartenir, car il se forma plutôt d'après les ouvrages de Raphaël, de Léonard de Vinci etc. qu'il imita souvent dans ses compositions.

Les gravures de Noël Garnier sont au contraire exécutées dans un style parfois archaïque, mais toujours particulière à la nation qu'il représente. Ceci est surtout le cas avec un grand alphabet à figures, où il se montre sous l'aspect d'un maître du XVe. siècle; mais comme il a copié aussi quelques estampes d'Albert Durer, de Georges Pencz et de Hans Sebald Beham, il est certain qu'il a vécu dans le XVIe. siècle. Nous ne possédons aucun détail sur sa vie et nous ignorerions même son nom, si on ne le trouvait dans la signature de NOEL GARNIER sur une de ses estampes, représentant des animaux et des fleurs. Ses gravures sont assez rudes et son dessin est très-faible. Rob. Dumesnil lui attribue 55 pièces dans son „Peintre Graveur" vol. VIII. p. 1.

Quant au peintre Léonard Limousin [159]), connu surtout comme émailleur, il montre d'une manière plus décidée qu'il appartient à l'école de Fontainebleau et qu'il s'y est formé. Ses travaux comme émailleur tombent entre les années 1533 et 1574. Les quatre seules gravures que nous connaissions de lui portent la date de 1544 et sont décrites par Robert Dumesnil dans son Peintre Graveur etc. vol. V. p. 45.

Jean Cousin, sculpteur et peintre, mais surtout sur verre, était un des artistes les plus distingués de son époque qui suivirent les mêmes tendances. Il ne fit point seulement des dessins pour être

---

Jacques heremberck dalemaigne demourant au dit Lyon Là de nostre Seignr. Mille cccc quatrevingt et huictz et le xxviii de nouēbre.

159) Nous trouvons des détails circonstanciés sur cet artiste dans l'ouvrage du Comte DE LABORDE, intitulé: „Notice des émaux exposés dans la Galerie du Musée du Louvre," Paris 1852, pp. 165—169, et des renseignemens ultérieurs dans un autre ouvrage du même auteur: „La renaissance des arts à la cour de France etc." I. Paris 1850.

gravés au burin ou sur bois pour l'illustration de ses livres sur la
perspective, la portraiture ou mieux les proportions du corps humain,
mais il s'essaya lui-même à l'eau forte et nous avons de lui une estampe
en ce genre représentant la m i s e a u t o m b e a u. Il s'y montre dessinateur achevé et élégant. Nous savons également que son contemporain,
le célèbre architecte et sculpteur J e a n G o u j o n de Paris, a été aussi
graveur sur bois et, comme nous l'avons déjà observé, a lui-même
exécuté sur bois une partie des dessins pour le V i t r u v e, traduit par
Jean Martin.

Deux peintres français qui se formèrent à Fontainebleau sous la
direction du Primatice, de Nicolo dell' Abbate et du Rosso ont, à
l'exemple de leurs condisciples italiens et néerlandais, exécuté des eaux
fortes dans le style large de leur école. G e o f f r o i D u m o u s t i e r à
l'émulation d'Antonio Fantuzzi a gravé à l'eau forte plusieurs pièces dont
une porte la date de 1543, l'autre celle de 1547. Bartsch en décrit
quatre, sans pourtant connaître le maître qu'il plaça parmi les anonymes de l'école de Fontainebleau. Ce sont les Nos. 8. 9. 31 et 100
de son Catalogue et auxquels Robert Dumesnil, qui ignorait encore
l'existence d'une A d o r a t i o n d e s b e r g e r s et d'une D é p o s i t i o n d e
croix, en ajoute dix-huit.

Les gravures à l'eau forte de J o s e p h B o i l l o t, de Langres, pour
son ouvrage, publié en 1591, sur les H e r m è s et pour celui sur les
m a c h i n e s d e g u e r r e, qui parut en 1598, quoique de dates postérieures, révèlent encore les tendances de la même école. [160])

---

160) Avant et pendant la période où florissaient les artistes de l'école de Fontainebleau qui finirent par tomber dans le maniérisme le plus désagréable possible,
vivaient à Paris les peintres jusqu'ici fort peu connus, J e a n C l o u e t, de 1485 à
1545, et F r a n ç o i s C l o u e t, surnommé J a n e t, de 1510 à 1580. Ils exécutèrent
le plus souvent des portraits en petit, avec un vif sentiment de la nature et d'un
style simple et élégant. Ils furent suivis dans cette voie par les peintres et dessinateurs de portraits au crayon, si nombreux, des familles D u m o u s t i e r, Q u e s n e l
et autres qui tous, et nous devons le regretter, n'ont pas cru devoir eux-mêmes
nous laisser quelques essais dans la gravure au burin ou à l'eau forte qui eussent
pu servir à faire connaître leurs productions d'une manière plus avantageuse qu'elles
ne l'ont été par des graveurs médiocres. Une composition de J a n e t d'un beau
dessin et d'une composition mouvementée a été probablement gravée par Gaultier.
Cette estampe nous montre trois enfans nus qui s'agacent et dont celui du milieu
porte sur la tête une toque ornée de plumes. Dans le fond d'architecture on lit,
à gauche, sur une tablette: J e n e t i n v e n t o r et à droite: Le Blon e x c u d e b a t.
A la gauche du bas: a v e c p r i v i l è g e d u R o y. H. 8 p. 4 l. L. 11 p. 8 l.
Nous trouvons encore, dans le Catalogue de Sternberg, une pièce satyrique

Nous pouvons ranger les artistes nommés jusqu'ici sous la désignation commune de l'École parisienne, sur laquelle nous aurons
à donner plus tard des détails plus précis. Mais une autre division
d'artistes français contemporains appartient par leur éducation artistique à
l'École romaine puisqu'ils firent leurs premières études à Rome
et qu'ils suivirent la direction imprimée à l'art par Marc Antoine. Le
plus ancien de ces graveurs est Nicolas Beatrizetto ou plutôt
Beautrizet, né vers 1507 ou 1520 à Thionville en Lorraine, mais qui fit
de l'Italie sa seconde patrie de manière à devoir être compris parmi les
graveurs italiens. On peut en dire autant d'un autre graveur lorrain
moins renommé, Nicolo della Casa, dont le nom français était probablement celui de Desmaisons.

Le peintre Jacques Prevost, qu'on croit né à Gray dans les
premières années du XVIe. siècle, demeura longtems en Italie et ce fut
à Rome qu'il grava à l'eau forte ces morceaux d'architecture qui portent
les dates de 1535 à 1538. Il copia quelques estampes de Marc Antoine
et de son école, d'après lesquelles il forma sa manière de graver.
Bartsch, qui ignorait son nom, le place parmi les maîtres italiens à monogrammes inconnus, dans son vol. XVe. p. 496. Robert Dumesnil
décrit 19 de ses eaux-fortes.

On range souvent parmi ces maîtres italiens René Boyvin
d'Angres en Anjou qui, né en 1530, se rendit de bonne heure à Rome et
signa la plupart de ses gravures de son prénom Renatus ou simplement
du monogramme ℞ et il s'ensuit qu'il est généralement connu sous
son prénom seul. Les dates de ses gravures s'étendent de 1558 à
1580. On croit qu'il mourut en 1598. Cependant il n'a pas dû demeu-
rer constamment dans cette ville, mais parait avoir exercé son art encore
en France puisqu'il n'a pas seulement gravé au burin plusieurs portraits du roi Henri II, mais aussi ceux de quelques poètes français,
ainsi que des plus célèbres reformateurs en Allemagne de son époque,
ce qui n'aurait pu avoir lieu s'il avait vécu constamment en Italie.

Nous devons enfin faire mention du peintre Jacques Stella de
Lyon qui exécuta à Rome cinq gravures à l'eau forte et plusieurs clairs-
obscurs sur bois. Il mourut dans cette ville, en 1657, à l'âge de 61 ans.

---

d'après Janet décrite comme suit: „Un docteur, un paysan et une femme, demi-
figures, entourées de plusieurs autres. Inscription: La Farce des Gueux ......
la messe. Jenet inv. Honnenwoyt exc. gr. in-4°. Dans le genre de Breughel."
   Nous trouvons dans l'ouvrage déjà cité du Comte DE LABORDE des notices
exactes sur les anciens peintres français.

Plusieurs graveurs de l'école française, et notamment de celle de Lyon n'ont pour la plupart gravé que des petites pièces, mais d'un burin fin et délicat. En thèse générale ils se montrent néanmoins faibles de dessin et ne prennent comme artistes qu'un rang assez subordonné. Nous devons cependant reconnaître un certain talent à Jean Gourmont qui, élevé à la noblesse, s'établit ensuite avec son frère François à Paris ou ils se firent éditeurs d'estampes; il signait ordinairement ses propres ouvrages ℐℴ ou ℐℴ. Un maître encore plus délicat que Gourmont dans le maniement du burin est celui au monogramme ℰ que l'on croit avec beaucoup de vraisemblance être l'excellent peintre de portraits Claude Corneille de Lyon, si estimé de son tems et qui vivait vers le milieu du XVIᵉ. siècle. Après ceux-ci vint Pierre Woeriot de Lorraine qui dans sa trentième année prit le nom de De Bonzey et qui, après avoir visité Rome, s'établit à Lyon, où il exécuta plusieurs gravures au burin et quelques-unes sur bois.

Ensuite parait Étienne Delaune ou Delaulne qui signait ordinairement ses estampes de son prénom Stephan. On le croit natif d'Orléans, mais nous savons seulement, avec certitude, qu'il naquit en 1518, comme on le relève d'une inscription sur une de ses gravures, représentant Adam et Ève dans des niches, et qui est de la teneur suivante:

Joanni fil. inv. Stephanus pat. (pater) anno Do. aet. suæ 60 foeliciter sculpsit 1578.

Il a gravé, en 1569, plusieurs morceaux d'après les maîtres italiens de Fontainebleau, beaucoup d'estampes d'après Raphaël et encore plus d'après les dessins de son fils Jean en compagnie duquel il passa la plus grande partie de sa vie à Strasbourg, ville dans laquelle selon toute probabilité il mourut. Il forma sa manière principalement d'après celle des petits maîtres allemands sans pourtant atteindre l'excellence des meilleurs d'entre eux.

A ce groupe de graveurs appartient encore un artiste de peu d'importance, le maître aux initiales I T B accompagnées d'un rébus, comme il s'est signé sur une estampe représentant l'intérieur d'un temple avec des figures. Bartsch décrit cette pièce parmi celles des maîtres allemands dans le vol. IX. p. 150, de son ouvrage, et Robert Dumesnil ne semble pas en avoir connu la provenance, mais la composition et la manière de graver sont entièrement françaises.

Léonhard Galter de Mayence, nommé également Gaultier, appartient aussi à l'école française, puisqu'il vint à Paris encore très-jeune. Ses estampes, exécutées d'un burin très-fin, ne sont point sans mérite quand elles sont faites d'après de bons modèles, autrement elles montrent beaucoup de sécheresse et de raideur. Jacques Perisin semble également avoir été Allemand de naissance, mais établi en France et il a souvent exécuté ses gravures en société avec J. Tortorel. A celles-ci appartient la série qui représente les scènes d'émeutes qui eurent lieu en France après la mort de Henri II, pendant les années de 1559 à 1570, et par laquelle ils ont éternisé les épisodes de cruauté de la guerre des Huguenots pendant cette époque d'une triste célébrité.

Si nous passons sous silence quelques-uns des graveurs moins importans qui vécurent à Paris sous le règne de Henri III, comme Jean Chartier d'Orléans, Jacques Patin et autres, nous ferons cependant mention du peintre et dessinateur au crayon Marc Duval du Mans, surnommé aussi Bertin, dont l'estampe contenant les portraits des trois Coligny mérite une attention particulière. Étienne Pérac appartient aux peintres-architectes qui ont aussi gravé au burin. Il alla très-jeune à Rome, y étudia les monuments de l'antiquité dont il grava plusieurs [161]) en même tems qu'un plan de Rome, en 1574, d'après les données du savant Fulvio Orsini (Fulvius Ursinus).

Il ressort assez clairement de ces remarques que, durant le XVIe. siècle, l'art de la gravure au burin en France ne tient qu'un rang fort subordonné à celui où il était parvenu à la même époque en Allemagne et en Italie. La période la plus brillante de l'art ne commence pour ce pays que dans le XVIIe. siècle, surtout pendant le règne de Louis XIV, et la gravure a su s'y maintenir jusqu'à nos jours au plus haut point de perfection et d'éclat. Mais nous ne pouvons nous occuper spécialement de cette période qui est en dehors des limites de notre ouvrage.

---

161) La première édition de ces gravures est intitulée: I vestigi dell' antichità di Roma ritratti in perspectivá etc. (Roma) 1575. Parte prima (in-folio en largeur avec 40 planches). Des éditions postérieures parurent en 1621 et 1653.

III.

HISTOIRE DU NIELLE

ET

COMPLÉMENT DU CATALOGUE

DE

DUCHESNE AINÉ.

N i e l l e s.

Nous ne connaissons rien touchant l'origine du Nielle, quoique les travaux des anciens peuples, exécutés au moyen de la fusion des métaux, aient pu conduire à son invention. Il est néanmoins certain que ce genre d'ouvrage fut exercé, dès les tems les plus reculés du moyen-âge, dans les cloîtres et surtout en Italie, en France ,et en Allemagne. Nous trouvons des notices exactes sur le procédé que l'on employait pour cela dans un ouvrage précieux pour les informations qu'il contient sur la partie technique des arts au moyen-âge, le Diversarum artium Schedula [162] du prêtre Théophile, un Allemand [163] qui vivait dans le XIIe. ou au plus tard dans le XIIIe. siècle. Dans le chapitre XXVII, intitulé „de Nigello“, il donne le même procédé pour l'exécution du Nielle que nous retrouvons plus tard reproduit, dans ses

---

162) Ce fut Lessing qui d'abord prépara cet ouvrage pour l'impression, mais il ne fut publié qu'après sa mort, en 1781, par Christian Leiste. L'édition la plus complète qui ait récemment paru est celle qui porte le titre suivant: „Théophile, prêtre et moine: Essai sur divers arts, publié par le Comte CHARLES DE L'ESCALO-PIER. Paris 1843.“ In-4°.

163) Le passage suivant dans le „Prologus libri primi“ de son ouvrage montre la connaissance étendue qu'il avait de l'exercice de l'art dans les divers pays:

„Quam si diligentius perscruteris illic invenies quidquid diversorum colorum generibus et mixturis habet Grecia, quidquid in electorum operositate seu Nigelli varietate novit Ruscia, quidquid ductili vel fusili seu interrasili opere distinguit Arabia, quidquid in vasorum diversitate seu gemmarum ossuumve sculptura auro decolorat Italia, quidquid in fenestrarum pretiosa varietate diligit Francia, quidquid in auri, argenti, cupri et ferri, lignorum lapidumque subtilitate solers laudat Germania etc.“

parties les plus essentielles, par Benvenuto Cellini dans son „Traité d'Orfèvrerie". [164])

Sous la dénomination de Nielle (émail noir) on entend, comme on sait, des plaques de métal, ordinairement d'or ou d'argent, sur lesquelles est gravé au burin un dessin quelconque en fondant ensuite, dessus, un mélange composé d'argent, de cuivre, de plomb, de soufre noir et de borax. Quand cette composition est refroidie on use la surface de manière à n'en laisser des traces que dans les creux ou les tailles formées par le burin de sorte que la planche polie n'offre que le dessin et, assez souvent aussi le fond, en noir.

Le Glossaire de Ducange nous fournit le premier document relatif à un travail de ce genre. Dans la vie du roi Robert, de Helgaud, on lit que l'abbé de Saint Aignan d'Orléans, Léodebode, dans le VIIᵉ. siècle, lègue à ce cloître „deux petites coupes dorées de Marseille qui ont au milieu des croix niellées" (Scutellas II minores massilienses deauratas quæ habent in medio cruces niellatas).

Au commencement du IXᵉ. siècle, Nicéphore, patriarche de Constantinople, envoie à Léon III une croix pectorale d'or dont un côté est décoré de cristal enchassé et l'autre niellé. Sous Saint Odon de Cluny, les colonnes du sanctuaire de cette basilique sont revêtues d'argent et décorées d'un beau travail de nielle. [165])

On voyait encore un fragment d'un ouvrage niellé, de la fin du XIIᵉ. siècle, dans la collection Debruge-Dumenil à Paris. [166]) Ce travail semblait d'origine française et, pour l'époque, était traité avec assez d'élégance. Les compositions principales avaient trait au sacrifice du Christ et à son triomphe par la mort. Comme types, un compartiment représentait les figures d'Abel et de Melchisedech; l'autre, Jésus en croix avec la figure allégorique de l'Église qui reçoit dans un calice le sang qui jaillit des plaies du Sauveur, vis-à-vis la Synagogue qui détourne la tête et tient une bannière brisée. Aux deux côtés se voient la Vierge et St. Jean.

Un travail d'une grande étendue et très-riche en ce genre est

---

164) Due Trattati de Benvenuto Cellini, scultore fiorentino, uno dell' orificeria etc. Milano 1811. In-8ᵛᵒ.

165) Dictionnaire d'orfèvrerie etc. par l'abbé TEXIER. Paris 1857. p. 1222.

166) Description des objets d'art qui composent la Collection Debruge-Dumenil etc. Paris 1847. No. 952. On trouve aussi à pp. 531 et 540 des reproductions de ce travail.

celui de l'Antipendium niellé du cloître de Neubourg près de Vienne, exécuté par Nicolas de Verdun et donné, en 1181, par Werner, sixième prieur de ce cloître.[167]) Il se compose de 91 tablettes ou plaques d'or avec des sujets de l'ancien et du nouveau testament qui se rapportent à l'œuvre de la rédemption et qui, selon la déclaration du prieur lui-même qui se lit en vers léonins sur l'Antipendium, doivent former une concordance des livres saints.

Le dessin de ces compositions est encore dans le style byzantin, mais montre cependant quelque liberté dans le mouvement et un dessin assez plein pour l'époque. La composition qui sert ici à produire l'effet du nielle, n'est point noire, mais consiste plutôt en un émail d'un bleu foncé ou quelquefois d'un rouge brûlé amorti. Ce n'est donc point un nielle dans le sens restreint du mot, quoique le procédé de fusion et de travail de l'émail sur les planches gravées soit absolument le même que pour les nielles.

Nous trouvons encore en Allemagne des nielles proprement dits qui remontent à une époque bien antérieure et qui appartiennent au Xe. siècle. C'est ainsi que l'on voit au trésor (Citer) de l'église du château de Quedlinbourg, entre autres monumens précieux très-anciens, un reliquaire de l'empereur Othon I (936—973) qui est orné des figures des apôtres en ivoire, de petites compositions en émail, d'une tête antique de Bacchus en améthyste et où, sur plaques d'argent niellées, on voit le buste du Christ et ceux de dix-huit Saints.

De la même époque que cet ouvrage précieux on trouve dans le trésor de l'église du château à Hannover une patène d'argent exécutée par St. Bernwardus, évêque de Hildesheim et contemporain de Othon I.[168]) Ce nielle représente au milieu, assis sur l'arc-en-ciel et les bras étendus, le Sauveur du monde entouré des symboles des quatre évangélistes et des quatre vertus cardinales, la Justice, la Tempérance,

167) Voyez l'ouvrage intitulé: „L'antipendium du cloître de Neubourg etc., lithographié de la grandeur de l'original par ALBERT CAMESINA, décrit etc. par JOSEPH ARNETH (Antipendium zu Kloster Neuburg etc. in der Originalgrösse lithographirt von ALBERT CAMESINA, beschrieben etc. von JOSEPH ARNETH). Vienne 1844." In-8vo.

168) Consultez à ce sujet les ouvrages suivants:
Lipsanographia, sive Thesaurum reliquiarum Electoris Brunsvico-Luneburgensis etc. Hannover 1713. No. 37. 38, et
JOSEPHI HENRICI JUNGII, Disquisitio antiquaria de reliquiis et profanis et sacris, eorumque cultu. Hannover 1783. In-4°.
St. Bernward mourut en 1023 et est enterré dans le monastère de St. Michel des Bénédictins à Hildesheim, érigé par lui en 1001.

la Prudence et la Force. On lit tout autour l'inscription suivante:
„Est corpus in se panis qui frangitur, in me vivet in eternum qui
bene sumit eum." Et au revers de la patène sur un ancien parchemin: „Ista patena fecit sanctus Bernwardus." Le dessin du sujet
dans le style byzantin est assez fin, les proportions des figures exactes
et les formes bien comprises. Le nielle est très-beau.

Le trésor de la cathédrale de Hildesheim conserve d'autres nielles
de St. Bernward, entre autres une patène et un calice d'argent doré.
Nous apprenons ainsi par ces ouvrages et par d'autres travaux plus
considérables dans cette ville, comme les portes de bronze de la cathédrale et la colonne qui se trouve devant cet édifice, que cet ecclésiastique vénéré était un des artistes les plus distingués de son siècle.

Nous voyons encore que les ouvrages en nielle étaient exécutés
avec beaucoup d'adresse en Allemagne dans le cours du XIIIᵉ. siècle.
Nous en trouvons une preuve dans une plaque niellée sur acier qui
orne un reliquaire d'ivoire dans le trésor déjà cité de l'église du château de Quedlinbourg. Ce travail fut exécuté durant la vie de l'abbesse Agnès qui mourut en 1203 et le reliquaire porte l'inscription:
„Tempore Agnetis Abbē et Oderadis p̄p̄r̄ facta est hec capsa." ¹⁶⁹)

Des nielles, également du premier quart du XIIIᵉ. siècle, ornent
deux reliquaires en forme d'avant-bras dans le trésor de l'église St. Géron
à Cologne. Ils ont été exécutés pour „Arnoldus de Burne", Prévôt
de St. Géron, et, à ce qu'il parait, par un orfèvre de cette ville.

Dans XIVᵉ. siècle, à l'époque de l'empereur Charles IV, on employait assez souvent, au lieu de l'émail noir, des émaux coloriés et
transparents. Nous en pouvons citer un bel exemple qui se trouve
dans le trésor de la cathédrale à Cologne, consistant en une croix
émaillée avec le Christ en croix et les quatre symboles des Évangélistes
dans des rosettes. ¹⁷⁰)

Plus tard, et surtout dans XVᵉ. siècle, on parait s'être contenté
en Allemagne de remplir les plaques gravées avec un peu de noir,
comme on en trouve des exemples fréquens dans les différentes églises
de ce pays. Nous ne mentionnerons ici qu'une plaque de cuivre sur
laquelle on voit une image de la Vierge, gravée au-dessus d'une lettre

---

169) Voyez la publication périodique intitulée „Museum" du Dr. KUGLER. Berlin 1834, p. 143.

170) FR. BOCK dans son ouvrage: „Das heilige Köln etc. Leipzig 1858", donne
des reproductions de ces reliquaires dans les Pl. II, fig. 7 et 8, et Pl. IX fig. 37.

d'indulgences, de la première moitié du XIVe. siècle et qui se voyait anciennement à la porte de l'Ouest de l'église de Notre-Dame à Halberstadt, comme aussi la tablette votive de l'abbé Ludwig en 1477, exécutée par l'orfèvre Wolfgang, qui se trouvait à Augsbourg et dont on a tiré même des épreuves. Dans le XVIe. siècle au contraire, on se remit au nielle avec ardeur et nous rencontrons souvent, de cette époque, des petites plaques ou des vases d'argent niellés destinés à l'usage privé.

On a conservé encore en Italie des nielles très-anciens du XIIe. et du XIIIe. siècle et dont Cicognara parle dans son histoire de la gravure au burin où il en donne souvent des facsimile. [171]) Le nielle sur la pl. 1 de son ouvrage, représentant un autel portatif, est traité d'une manière très-singulière, les figures se montrent en relief sur un fond creusé et doré. D'autres nielles semblables se sont conservés en Italie et rappellent d'une manière frappante le genre de travail encore en usage en Russie, surtout pour les tabatières.

Le même écrivain cite encore, à p. 91 de son ouvrage, plusieurs orfèvres et nielleurs dont les travaux se sont en partie conservés jusqu'à nos jours. Nous empruntons à son livre les notices suivantes.

Dans l'église de Sta. Maria di Mercato à Sanseverino on conserve un reliquaire renfermant la main de St. Philippe apôtre, sur lequel, en même tems que deux nielles en forme de croix grecque, se trouvent huit petits médaillons. Sur le bouton au pied on lit le nom de l'artiste „Gerardus Jacobi Cavalca de Bononia Ῑ. ĈAM" qui exécuta ce travail en 1326. On trouve au même endroit une croix ornée de nielles de l'an 1379 et qui est un ouvrage de Pietro Vanini, Ascolano.

A Crémone on s'appliqua avec beaucoup de diligence à l'exercice de cet art. On conserve dans la cathédrale de cette ville une croix en relief, de l'an 1262, du beato Facio de Vérone, le seul ouvrage que l'on ait conservé de cet orfèvre distingué. Il avait fait dix-huit pèlerinages à St. Jacques de Galice. On en fait mention dans le nécrologue, sous l'an 1271, dans les termes suivans: „Frater Facius auri et argenti optimus fabbricator, natione Veronensis." Les autres orfèvres-nielleurs à Crémone furent en 1465 Tommaso Fodri; en 1478 Ambrogio Pozzi et Agostino Sacchi de Milan; en 1479 Inno-

---

171) Voyez „Memorie spettanti alla Storia della Calcografia del Commend. Conte Leopoldo Cicognara," Prato 1831, in-fol.

cenzio Bronzetti de Crémone; en 1500 Pietro di Campo et en 1550 Hieronymus de Prato.

Cicognara mentionne encore qu'à Cividale dans le Frioul, en 1374, Maestro Dondino qu^m. Brimorio exécuta, pour l'église de St. Donato, le portrait du Saint en buste orné de plusieurs nielles.

D'après Vasari, il faut compter, parmi les plus anciens orfèvres qui furent aussi nielleurs, Forzore Spinelli d'Arezzo qui florissait vers 1350 et qui exécuta plusieurs travaux très-admirés pour la cathédrale de sa patrie.

Mais l'époque où le nielle commença à fleurir d'une manière toute particulière est celle du milieu du XVe. siècle et plusieurs excellens ouvrages de cette période nous ont été conservés en nous transmettant assez souvent les noms de divers artistes distingués.

D'une beauté peu ordinaire sont deux couvertures de livres, ornées de nielles, qui ont servi à un livre d'évangiles du Pape Paul II. et qui ont été exécutées pendant son règne, de 1464 à 1471, ou peut-être même un peu auparavant. Le premier de ces livres se conserve dans la Collection Manfrin à Venise, le second est devenu la propriété du duc de Hamilton à Londres. [172])

Nous trouvons dans le passage d'une lettre de Pigiello Portinari de Milan, du 29 Novembre 1459, rapporté par Gaye [173]), la preuve qu'à Milan l'on exécutait avec beaucoup d'adresse ce genre de travail. Dans cette lettre, adressée à un des membres de la famille des Médicis, il dit avoir commandé aux artistes nielleurs de cette ville les 12 plaques d'argent d'après les dessins qu'on lui avait transmis, et conseille en même tems d'y employer plutôt de l'argent fin que celui d'un aloi inférieur. Il pourrait se faire cependant qu'il ne s'agisse pas ici de nielles, mais des travaux en relief dans lesquels Caradosso de Milan se distinguait à cette époque et dont Benvenuto Cellini lui-même parle avec admiration.

Aux artistes distingués de cette période qui exécutèrent aussi des nielles appartiennent Francesco Francia de Bologne et Peregrino da Cesena dont nous parlerons plus au long dans le catalogue de leur œuvre. Ensuite Jacopo Porta de Modène qui exécuta en 1486 une Paix [174]) pour la cathédrale de cette ville.

---

172) Cicognara, Memorie etc. p. 24.
173) Carteggio etc. II. p. 364.
174) Paix ou pax, en italien pace, est une petite plaque de métal ornée, ordinairement en vermeil, avec un sujet sacré gravé sur le métal ou figuré en re-

Mais de toutes les villes d'Italie Florence se distingua le plus dans cet art, surtout depuis le milieu du XVe siècle.   Parmi les artistes les plus célèbres en ce genre l'on doit compter **Matteo di Giovanni Dei** qui exécuta, en 1455, pour l'église de St. Jean de Florence une Paix qui, selon Gori [175]), représentait le crucifiement de N. S. (Duchesne No. 96). Une autre Paix exécutée par lui est celle qui représente la conversion de St. Paul (Duchesne No. 139), qui ne fut point terminée et qui par conséquent n'a pas été remplie de nielle.   Elle se trouve actuellement dans la Galerie de Florence et on en a tiré quelques impressions récentes.

Un artiste plus distingué encore est **Antonio del Pollajuolo** de Florence, orfèvre et peintre en même tems et dont Vasari dit qu'il exécuta quelques Paix pour l'église de St. Jean.   On en conserve encore une dans la Collection de Florence; elle représente une descente de croix. [176]) Probablement c'est celle que Benvenuto Cellini dit avoir été gravée et niellée par Maso Finiguerra d'après le dessin de ce maître. [177]) Il paraîtrait que Pollajuolo lui-même ne s'occupa que rarement, si même il s'occupa du tout, du travail des nielles, puisque Cellini dit à ce propos: „Pollajuolo était orfèvre et si grand dessinateur que tous les autres orfèvres se servaient de ses beaux dessins; ils étaient d'une telle excellence que plusieurs sculpteurs et peintres, je dis même des meilleurs dans leur art, se servirent de ses dessins et acquirent par ce moyen une grande réputation.   Cet homme ne fit guère d'autres ouvrages que des dessins merveilleux et s'occupa continuellement de ce grand art de dessiner." [178])

---

lief. Dans les grandes solennités, quand on est arrivé à la partie de la messe où l'on chante l'Agnus Dei, le célébrant baise d'abord la Paix et la présente ensuite à ceux qui l'assistent dans ses fonctions en leur disant: Pax tecum, d'où est venu le nom donné à cet objet. Voyez CICOGNARA, Memorie, p. 25.

175) A. L. GORI, Thesaurus veterum diptychorum etc. Florentia 1759. In-fol.

176) VASARI, édition florentine de 1849, V. p. 93, note 4 des éditeurs. Cette Paix et celle si célèbre du couronnement de la Vierge de Maso Finiguerra sont les seules qui soient parvenues jusqu'à nous, puisque dans les tems de détresse la plus grande partie des trésors de cette église fut envoyée à la monnaie.

177) Manuscrit Mariana, a, c, b. — C. F. DE RUMOHR, Recherches sur les raisons qui ont porté à attribuer à Maso Finiguerra l'invention du procédé de reproduire sur papier mouillé des gravures sur plaques de métal (Untersuchung der Gründe für die Annahme, dass Maso di Finiguerra Erfinder des Handgriffes sei, gestochene Metallplatten auf genetztes Papier abzudrucken). Leipsic 1841. p. 30.

178) CICOGNARA, Memorie etc. p. 48, et VASARI, édit. florentine, V. p. 91, note 3. CELLINI dit dans un autre passage: „On voit de la main de Maso Finiguerra une Paix avec le crucifié et les deux larrons, et plusieurs accessoires, chevaux et autres,

Mais celui qui surpassa tous ses devanciers et ses contemporains dans la beauté du dessin et dans la belle exécution des nielles fut le Florentin Maso Finiguerra qui, vers 1450, à l'âge de vingt-quatre ans, fut chargé par la corporation des marchands de Florence d'exécuter, pour l'église de St. Jean ou le Baptistère, la célèbre Paix du couronnement de la Vierge; ce doit être celle qui, selon l'opinion de Vasari, donna l'occasion de trouver en Italie l'art de graver sur cuivre. Comme nous avons déjà parlé de cette circonstance ainsi que de Maso Finiguerra et de son art dans nos préliminaires sur l'invention de la gravure sur cuivre, nous renvoyons à ce que nous avons dit à ce sujet (p. 193—197) et nous nous contenterons d'ajouter les notices suivantes:

Dans les livres d'administration de l'œuvre de St. Jacques de Pistoie des années 1446 à 1468 on lit: „1457. Deux chandeliers d'argent avec ornemens en métal fondu et -dorés ont été commandés à Tommaso di Antonio Finiguerra, Piero di Bartolomeo di Salis et compagnons, orfèvres à Florence, au prix de 522 florins et 15 soldi. Le compte fut payé en 1462."[179]) Nous ne savons rien de ce qu'est devenu ce travail artistique.

Comme Maso Finiguerra qui, avant qu'il eut découvert le moyen de tirer des épreuves sur papier mouillé de ses planches gravées et en particulier du couronnement de la Vierge [180]), avait coutume d'en prendre une empreinte sur du sable très-fin et d'en former une contre-

---

d'après le dessin d'Antonio del Pollajuolo et gravée par le dit Maso et niellée. Cette Paix est en argent et se trouve dans notre beau San Giovanni de Florence."

179) Voyez CIAMPI, Lettera sopra la interpretazione d' un verso di Dante nella Cantica XXIV dell' Inferno, e sopra l'autore di due candellieri d'argento fatti per l' opera di San Jacopo dal 1457 al 1462 con altre notizie relative all' arte dell' Orificeria, 1814, et

VASARI, édit. florentine, V. p. 93, note 3.

180) Mr. S. PAUQUET grava à l'eau forte, en 1802, pour l'ouvrage de ZANI: „Materiali etc." un facsimile de l'épreuve sur papier dans le Cabinet de Paris; on en trouve une copie par GERSTNER dans le vol. XIII du Peintre Graveur de BARTSCH, et une troisième dans l'ouvrage de OTTLEY; mais le meilleur facsimile est celui exécuté par C. GIRARDET pour l'ouvrage de DUCHESNE AÎNÉ: „Essai sur les nielles etc." DENON en fit faire, en 1820, une copie lithographiée par M. MURET pour son ouvrage sur l'histoire de l'art qui n'a point été publié. Le marquis DURAZZO a fait exécuter une gravure à l'eau forte par ANTONIO ROGGERONE d'après l'empreinte en soufre qu'il possédait, mais cette gravure n'a pas été mise dans le commerce.

L'empreinte en soufre, du sénateur SERATTI de Livourne, qui se trouve actuellement dans le Musée Britannique, a été l'objet de plusieurs accidens; prise d'abord, en même tems que son possesseur, par des corsaires barbaresques elle fut empreinte au moyen de souffre fondu, dont il remplissait ensuite les creux avec du noir pour juger de l'effet de son travail, plusieurs autres orfèvres-nielleurs florentins eurent aussi l'habitude de préparer de semblables empreintes en souffre dont plusieurs (22) se sont conservées jusqu'à nos jours. Elles sont toutes d'un petit format et se trouvaient jadis sur un tabernacle du cloître des Camaldules à Florence. Durant l'invasion française en Italie, elles furent acquises par M. Stork de Milan qui les vendit aux frères Woodburn de Londres, d'où elles parvinrent dans le Cabinet de Sir Mark Sykes. Après la mort de ce dernier elles passèrent en différentes mains; en 1850 le Musée Britannique en possédait déjà 15 et aura probablement acquis le reste depuis. Elles sont très-nettes d'empreinte et remplies d'un bon noir; l'exécution en appartient à divers maîtres de l'école florentine dont aucun, cependant, n'est parvenu à l'excellence de Finiguerra. Les Nos. 1 à 7 du catalogue de Duchesne ne sont point d'un bon dessin; ceux de 80 à 93 sont meilleurs, ainsi que le No. 193, mais le No. 91, représentant l'Ascension, est d'une grande beauté. On n'a point trouvé jusqu'à présent une seule planche originale de ces empreintes ni même une épreuve sur papier. Mr. Young Ottley dans son ouvrage: „A collection of 129 facsimiles of scarce and curious prints etc." Londres 1828, donne quelques reproductions de ces empreintes.

Il est à remarquer qu'il est très-rare de trouver plus d'une épreuve des anciens nielles et même de ceux d'une époque comparativement plus récente, comme de Marc Antoine, par exemple. De près de 400 épreuves décrites par Duchesne (parmi lesquelles se trouvent 81 gravures de Peregrini qui ne sont pas, à proprement parler, des nielles), on ne trouve, autant que nous sachions, que 39 reproduites deux fois, 11 trois fois et 8 quatre fois et on ne connait d'un grand nombre de nielles que les plaques originales. Il en faut conclure que les artistes nielleurs n'ont songé que fort peu à la reproduction de leurs œuvres en nombre, et que toutes les fois qu'ils en ont tiré des épreuves, ce ne fut que pour leur propre usage.

Comme Bartsch n'a décrit que 32 pièces d'après les facsimile des nielles du Cabinet Durazzo de Gênes, nous avons dû prendre, pour base de notre travail actuel complémentaire, la description la plus

---

portée à Alger; vendue ensuite à Malte, elle devint la propriété d'un capitaine de vaisseau marchand qui l'apporta à Londres. Voyez à ce sujet Duchesne „Essai etc."

étendue que nous possédions jusqu'ici de ces travaux d'art, l'ouvrage
de Duchesne intitulé: „Essai sur les Nielles, gravures des orfèvres
florentins du XVᵉ. siècle. Paris 1826." Dans cette dissertation et dans
le catalogue qui suit nous trouvons la même disposition que nous avons
suivie dans notre appendice et qui ne fait aucune distinction entre les
ouvrages des artistes italiens et allemands, entre les plaques originales,
les empreintes en souffre ou les épreuves sur papier. De ces dernières on en trouve de trois sortes; d'abord celles des anciens nielleurs tirées des planches originales avant de les remplir de la composition qui constitue le nielle, ensuite des épreuves plus récentes
tirées des planches qui ne furent jamais remplies de nielle ou dont
il a été enlevé, enfin des facsimile modernes. Tous ces différens
genres sont confondus dans le catalogue et disposés par ordre de
sujets. Nous avons donc suivi cet exemple dans notre appendice en
le faisant précéder de quelques remarques sur la description donnée
par Duchesne.

Cet écrivain s'était flatté d'avoir publié un catalogue presque complet des nielles existants et regrette seulement de n'avoir eu sur les
nielles de la Collection Durazzo (qui comprend en plaques d'argent niellées
et épreuves sur papier plus de 200 numéros) d'autres renseignemens que
les descriptions de 31 facsimile publiées par Bartsch. Duchesne ne
connaissait pas non plus la Collection du comte Léopold Cicognara de
Venise, composée de 128 numéros, ainsi qu'une quantité d'autres nielles
qui se trouvaient dans les églises ou en possession des particuliers et
qui passèrent ensuite, pour la plupart, dans les collections publiques.
Il parait cependant, d'après les notices manuscrites ajoutées à son
exemplaire de „l'Essai sur les nielles" qui nous a été gracieusement
communiqué par Mr. Rudolph Weigel, qu'il est parvenu, après la publication de cet ouvrage, à la connaissance de plusieurs nielles dans
les Cabinets Brisard de Gand, Langalière d'Orléans, Mancel de Caen,
Albrizzi de Venise, Santini etc. et nous nous sommes prévalu de ces
notices dans le cours de notre catalogue.

Malheureusement nous avons aussi à regretter de ne pouvoir donner un catalogue complet du Cabinet Durazzo. Quand nous fûmes
admis à voir ce Cabinet en 1835, le Marquis Joseph Durazzo avait
l'intention d'en faire publier un catalogue par les soins de l'abbé Mauro
Boni et de l'accompagner de facsimile dont il avait déjà fait graver 41
par Antonio dal Pian de Venise et Jean David de Gènes et dont Bartsch
décrit les 31 pièces déjà nommées. Ce fut donc comme faveur spéciale

que le Marquis nous permit d'avoir la notice suivante de sa collection de nielles. [181]) Elle contient d'abord:

Une empreinte en souffre; c'est l'empreinte bien connue, et dont nous avons déjà parlé dans nos préliminaires historiques, de la célèbre Paix de Maso Finiguerra représentant le couronnement de la Vierge et qui avait été auparavant en la possession de Gori à Florence. Malheureusement elle a souffert en quelques endroits.

19 plaques d'argent niellées. Elles sont attachées sur quatre cartons divisés comme suit.

I. Carton.

1. Huit listeaux niellés de différentes largeurs et diversement ornés; ils sont disposés de manière à former le mot NIELLI. Les deux premières lettres ainsi figurées ont 2 p. 7 l. de hauteur; les quatre autres 2 p. 3 l. Ils semblent être d'un travail moderne et ne sont pas d'une grande beauté. Voyez à ce sujet Zanetti p. 108. Nos. 153. 158.

2. Six ornemens. Quatre petits carrés et deux carrés oblongs en argent sur lesquels on lit les mots REX. VENIT. IN. — ON. COMIN. Parties isolées d'un plus grand travail.

3. Trois armoiries en médaillons, d'environ 9 l. de diamètre.

II. Carton.

4. Sept petites plaques d'argent; le portement de croix, l'homme de douleur. Duchesne No. 111. Deux médaillons.

5. Le Christ en croix avec la Vierge et St. Jean à ses côtés. Duchesne No. 103. St. George à cheval terrassant le dragon. Duchesne No. 178. Deux médaillons.

6. Deux petits médaillons représentant l'annonciation, l'ange dans l'un, dans l'autre la Vierge. Dans un écusson on voit un homme armé avec les bras croisés sur la poitrine.

7. Une petite plaque oblongue en hauteur sur laquelle on voit un empereur assis, la bordure de la draperie qui le recouvre est dorée. D'un très-beau dessin. Duchesne No. 336.

III. Carton.

8. Deux médaillons et une petite plaque d'argent. La Vierge à mi-corps tenant l'enfant Jésus, aux côtés des têtes de chérubins. Ste. Catherine, figure entière. Deux médaillons de 1 p. de diamètre.

---

181) Cette collection a été acquise depuis pour le Cabinet de Turin.

9. Le baptême du Christ. Dans le fond, à gauche, on voit deux anges qui tiennent les vêtemens du Sauveur. Sur le devant, à gauche, est agenouillé un diacre (St. Étienne ou St. Laurent), à droite un franciscain (St. François ou St. Antoine de Padoue), au-dessus Dieu le père dans une gloire d'anges. Pièce d'un très-beau dessin. H. 3 p. 26 l. L. 2 p. 7 l. Duchesne No. 94 dont on doit rectifier la description d'après celle que nous donnons ici.

IV. Carton.

10. Plaque d'argent. Marie est assise sur un trône avec l'enfant Jésus, auquel elle donne le sein. A gauche un évêque; à droite un cénobite. Beau de travail et de dessin. Ovale. H. 1 p. 11 l. L. 1 p. 5 l.

189 épreuves sur papier. Elles sont disposées sur 25 feuilles.

I. feuille. La Vierge assise avec l'enfant Jésus sur un trône et entourée d'anges et de saints, Paix cintrée par le haut.

II. f. Huit épreuves de plusieurs sujets différens dont un en hauteur et quatre médaillons.

III. f. Neuf épreuves semblables dont sept en hauteur et trois en largeur.

IV. f. Neuf autres épreuves dont cinq en hauteur et quatre petits médaillons.

V. f. La conversion de St. Paul. Grande feuille.

VI. f. Treize portraits.

VII. f. Onze petites figures.

VIII. f. Douze sujets mythologiques.

IX. f. Neuf petites épreuves avec des enfans dansants etc.

X. f. Onze épreuves avec des Saints.

XI. f. Neuf épreuves dont six avec des sujets mythologiques et trois avec des ornemens.

XII. f. Cinq épreuves, parmi lesquelles deux fois la résurrection de J. C. et deux fois Mars et Vénus, et formant, comme il semblerait, épreuve et contre-épreuve.

XIII. f. Le couronnement de la Vierge. Grande feuille.

XIV. f. Neuf petites épreuves.

XV. f. Dix autres, idem.

XVI. f. Dix petites épreuves avec des ornemens.

XVII. f. Neuf petites épreuves avec des sujets mythologiques.

XVIII. f. Neuf petites épreuves avec des sujets tirés de la vie usuelle.

XIX. f. Douze petites épreuves rondes avec des sujets semblables aux précédents.

XX. f. Huit petites épreuves rondes, la plupart d'après les estampes d'Albert Durer.

XXI. f. Huit petites épreuves rondes avec sujets divers.

XXII. f. Six petites épreuves, idem.

XXIII. f. L'adoration des bergers. Riche architecture dans le genre d'un arc de triomphe; grande feuille.

XXIV. f. Huit petites épreuves parmi lesquelles une Adoration des mages qu'on attribue à Maso Finiguerra.

XXV. f. Deux épreuves. La Victoire; elle est assise, tournée vers la gauche. Fond noir. H. 1 p. 6 l. L. 10 l. Figure de femme. Elle est assise, tournée vers la droite, à demi vêtue et verse quelque chose d'un vase dans un autre. Fond noir. H. 11 l. L. 1 p. 5 l.

Quant aux nielles du Cabinet Cicognara à Venise, leur ancien possesseur, le Comte Léopold Cicognara, en a fait connaître la plus grande partie, au moyen de facsimile au nombre de 124, dans son ouvrage intitulé: „Memorie spettanti alla storia della Calcografia. Prato 1831." In-fol. Alessandro Zanetti rend compte de plusieurs autres nielles appartenant à ce cabinet dans le catalogue qu'il en donne sous le nom de „Le premier siècle de la Calcographie. Venise 1837." Nous nous sommes servi dans notre appendice des notices contenues dans ces deux ouvrages.

Il faut mentionner ici qu'outre les facsimile que Cicognara fit exécuter pour son ouvrage, on en a gravé beaucoup de fausses à Venise et qui ont été vendues à Paris et à Londres par des négocians d'objets de beaux arts avec le dessein de tromper le public. Le collectionneur d'épreuves de nielles doit donc être sur ses gardes afin de n'être pas déçu par des imitations exécutées, pour la plupart, avec beaucoup d'adresse. Nous en mentionnerons quelques-unes qui nous sont tombées sous les yeux et qui proviennent d'un négociant de Venise. [182] Zanetti fait aussi mention d'une imposture de ce genre dans l'ouvrage cité, Appendice p. III, en défendant le comte Cicognara contre toute imputation à ce sujet.

Il est aussi à remarquer que le négociant Alvise Albrizzi de Venise

---

182) VALLARDI dit dans son Manuel p. 93 à l'article „Maso Finiguerra": „A défaut d'originaux celui qui désirerait avoir des copies ou même des plaques niellées gravées par les nommés Pirona, Zanetti, Comanirato, pourra s'adresser à la fabrique d'armes antiques à Venise, sous la raison des frères San Quirico, éditeurs.

a vendu à la bibliothèque de Vienne plusieurs impressions de nielles
dont les planches originales niellées se trouvaient en possession du
Comte Cicognara et qu'il a même décrites sans ajouter qu'il y eut des
épreuves sur papier. Le soupçon d'une supercherie devient d'autant
plus grand qu'il serait absolument en dehors de toute probabilité que
de ces nielles, appartenant à différentes époques et à des régions diverses de l'Italie, les plaques fussent toutes parvenues dans le Cabinet
Cicognara et les épreuves sur papier entre les mains du négociant
Albrizzi. On a trouvé aussi dans le Cabinet Santini plusieurs épreuves
d'un caractère analogue.

Cicognara fait encore mention dans ses „Memorie" p. 97, de 198
autres plaques d'argent niellées qui se trouvent dans plusieurs églises
de la haute Italie, entre les mains des particuliers ou dans le commerce
à Venise. Mais il en parle d'une manière trop superficielle pour que
nous puissions, en faisant usage de ses informations, les décrire d'une
manière spéciale à l'exception, toutefois, de ceux que possédait le
négociant Alvise Albrizzi de Venise. Nous nous contenterons donc de
renvoyer pour les autres à son ouvrage.

Comme les artistes nielleurs n'ont presque jamais signé leurs
ouvrages de leur nom ou d'un monogramme et que les anciens documens que nous possédons à ce sujet se rapportent à un petit nombre
de nielles qui ont, pour la plupart, disparu, les attributions modernes
reposent en grande partie sur des conjectures que l'on pourrait souvent
démontrer comme erronées. Le seule Peregrini da Cesena signait presque
toujours ses travaux en ce genre de son nom en entier, de ses initiales ou de son monogramme P, mais jamais à rebours. Il faut en
conclure, ainsi que nous l'avons déjà remarqué, qu'il n'exécuta point les
petites gravures que l'on connait de lui pour être niellées, mais seulement pour servir de modèles aux orfèvres, comme cela était d'un usage
fréquent en Allemagne. Nous les mentionnerons par conséquent dans
notre catalogue de gravures comme un ouvrage à part dans ce genre.

On trouve actuellement les épreuves de nielles sur papier presqu'exclusivement dans les collections publiques. Les plus riches en épreuves
sont celles de Vienne, de Berlin, de Dresde et de Paris, mais surtout celle
du Musée Britannique à Londres. En 1850, quand nous la visitâmes
pour la dernière fois, on y conservait 64 nielles originaux sur plaques
d'argent et près de cent épreuves de nielles sur papier. Outre cela,
comme nous en avons déjà fait mention, le Musée possède la plus grande
partie des empreintes en souffre qui se sont conservées jusqu'à nos jours,

et enfin trois objets décorés de nielles, une coupe, un boite en or et une montre que nous décrirons d'une manière spéciale à la fin de notre catalogue. Cependant on trouve également en Angleterre de nombreuses épreuves de nielles dans des collections particulières et surtout dans celles de M. R. S. Holford et du Rev. Dr. Wellesley d'Oxford. En 1850, quand nous faisions des recherches sur cette branche de l'art, il ne nous fut point donné d'examiner les nielles de ces collections et l'état de notre santé ne nous permit point de nous rendre en 1857 à l'exposition de Manchester, où ces pièces, dont le catalogue ne renferme qu'une description très-peu satisfaisante, se trouvaient alors exposées.

Une trouvaille heureuse faite par Mr. Alvin, conservateur en chef de la Bibliothèque royale de Bruxelles, dans un manuscrit du XVIIe. siècle, a augmenté la collection de nielles qui s'y trouve de 29 pièces. Une circonstance assez remarquable c'est que dans huit cas différens l'on ait trouvé de deux à quatre exemplaires des mêmes épreuves et que toutes, excepté la „Femme aux cinq génies" dont il y a trois épreuves, et le „Triomphe de l'amour", étaient déjà connues. Ces épreuves sont presque toutes des gravures de Peregrini que nous ne considérons pas comme des nielles. Mr. Alvin nous a donné sur ces pièces des renseignemens très-intéressans dans la Revue universelle des Arts, Vol. V. p. 222 et 318. De plus, il les a fait imprimer à part sous le titre: „Les nielles de la bibliothèque royale de Belgique par Mr. L. Alvin, Bruxelles 1857", en y ajoutant des photographies de toutes les pièces. Nous remarquerons cependant à ce sujet que le „Tireur d'épine" avait déjà été décrit par Duchesne, sous le No. 316 de son catalogue, comme „l'Homme assis".

Remarques sur le Catalogue de Duchesne aîné, Essai sur les Nielles, Paris 1826.

No. 1 à 7. Sujets tirés de l'ancien testament. Empreintes en souffre qui se trouvent actuellement dans le Musée Britannique. Les arrêtes en sont très-vives et le travail dans le style florentin du XVe. siècle, mais sans être d'une grande excellence; les creux sont remplis d'un bon noir.

9. Abraham. Il est de Peregrini, et l'exemplaire du Musée Britannique porte à la marge le monogramme ℗.

10. Abraham etc. Du même. Sur la marge d'en bas le P.

18. Samson terrassant le lion. Traité dans la manière de Peregrini. Dans le Musée Britannique on en voit une imitation. Samson est vu de face, comprimant du genou gauche le lion qui est tourné vers lui et lui déchirant la gueule. Un bouclier est suspendu à son épaule. A gauche un petit arbre. Diamètre 1 p. 2 l. Musée Britannique. On en trouve une seconde épreuve originale dans le Cabinet de Bruxelles.

20. Tobie et l'Ange. Dans la manière de Peregrini. Musée Britannique.

21. Judith. Idem. Musée Britannique.

23. Judith. Idem. Musée Britannique.

27. La Nativité. Ce nielle est traité d'une manière très-raide. On en voit un facsimile dans l'ouvrage de Ottley: „A Collection of 129 etc." Mus. Brit.

32. Adoration des Mages. Riche composition du plus beau travail, mais s'éloignant de la manière de Finiguerra auquel Lazzara l'a

attribué; il a néanmoins aperçu lui-même cette différence et a cru en conséquence que ce nielle a été exécuté dix ans avant le „Couronnement de la Vierge", mais Finiguerra n'avait alors que 14 ans. Il rappelle et par la composition et par la manière très-riche dont plusieurs des draperies sont ornées, le style de Gentile da Fabriano.

35. La Vierge et l'enfant Jésus vêtu. Pièce ronde. Ottley en donne un facsimile.

36. La Vierge et l'enfant Jésus. Travail vénitien. Facsimile dans l'ouvrage de Ottley. Mus. Brit.

53. La Vierge entourée d'Anges et de Saintes, de Finiguerra. Dans cette épreuve, très-bien conservée, les traits des hachures les plus fins n'ont pas été imprimés, comme il en est arrivé pour la Paix de Finiguerra dans l'exemplaire de Paris.

54. La Vierge entourée d'Anges et de Saintes. Ce nielle, comme celui sous le No. 55, n'est qu'une imitation du No. 53 de Finiguerra. Le travail en est un peu raide. On trouve des exemplaires de ces deux épreuves dans le Musée Britannique. Le No. 54 parvint de Valladolid dans le Cabinet Sykes.

57. La Ste. Vierge et l'enfant Jésus, accompagnés de deux Saints. Cette Paix en argent faisait déjà en 1801 partie de la Galerie de Florence et n'a pu, en conséquent, appartenir au Cabinet Poniatowsky. (Cicognara, Memorie, p. 98.)

63. La Vierge et l'enfant Jésus avec Daniel et Ste. Marguerite. Travail médiocre. Ottley en donne le facsimile.

80—93. Sujets de la Passion. Quatorze empreintes en souffre. Bon travail florentin et bien conservé. Le No. 91 surtout, représentant l'Ascension, a très-bien réussi. En 1850 le Musée Britannique en avait déjà neuf et probablement il sera venu depuis en possession des cinq autres.

94. Baptême de Jésus Christ. Il faut remarquer que Duchesne s'est trompé en plaçant sur le devant quatre Saints; il n'y en a que deux, à genoux; à gauche un saint diacre, à droite un saint franciscain, ainsi que nous l'avons déjà indiqué plus haut en parlant du Cabinet Durazzo. Planche d'argent.

95. Jésus Christ en croix, entouré d'anges et de saints. Cette Paix est en argent aussi bien que le No. 97.

97. Le Calvaire (J. C. en croix). Ces deux planches d'argent n'ont jamais fait partie du Cabinet Poniatowsky, mais furent acquises en 1794 et 1801 pour la Collection de Florence. Voyez à ce sujet Cicognara, Memorie etc. p. 98 et 99.

105. Le Christ mort. Travail très-soigné, mais d'un dessin fort médiocre. Facsimile dans l'ouvrage de Ottley. Mus. Brit.

109. L'homme de douleur. Le premier signe de l'inscription n'est pas semblable à celui du monogramme de Peregrini, mais se trouve sous la forme sP qui veut dire sans doute pro (Pro vita pópuli passus sum). Ottley en a un facsimile. Mus. Brit.

122. La résurrection de Jésus Christ. Il y a une bonne copie de cette épreuve au Musée Britannique.

129. Le Couronnement de la Vierge. Depuis que l'on a découvert cette épreuve dans la Collection de Paris, on en a trouvé une seconde, mieux conservée et d'une impression plus nette, dans la bibliothèque de l'Arsénal de la même ville, comme nous l'avons déjà dit dans l'introduction historique à notre catalogue et à laquelle nous renvoyons. La planche originale d'argent, qui passa de la sacristie de San Giovanni dans la collection florentine, mesure 4 p. 9 l. de hauteur sur 3 p. 3 l. de largeur.

131. St. Jacques le mineur. Nielle en argent d'un travail inférieur. Ottley en donne un facsimile. Mus. Brit.

139. La Conversion de St. Paul. La planche, sans l'émail du nielle, qu'on dit non terminée et qui se conserve depuis 1801 dans la Collection de Florence, a été exécutée par Matteo di Giovanni Dei pour la confrérie de l'apôtre St. Paul à Florence; elle ne fut jamais niellée, comme l'assure Zanetti dans son Catalogue du Cabinet Cicognara p. 91 et cet écrivain prend de là occasion de traiter de la manière dont le nielle peut être enlevée de la planche. Gori, à ce qu'on dit, en a fait tirer 50 épreuves qu'on rencontre à présent dans différentes collections. H. 4 p. 6 l. L. 3 p. Duchesne parle encore d'une copie qui se trouvait dans le Cabinet Sykes, probablement la même que l'on voit actuellement dans le Musée Britannique et qui est une impression moderne. St. Paul est renversé par terre, son cheval court vers la gauche; devant lui un cavalier avec un guidon sur lequel sont tracées les lettres S. P. Q. R. s'élance vers la droite. Sur le devant à gauche trois soldats qui s'enfuient, à droite un quatrième qui se tient les oreilles. Dans le haut apparait le Christ entouré d'anges, et dans le fond on voit un paysage où le saint apôtre, près d'un bois, prêche devant le peuple. H. 4 p. 1 l. L. 2 p. 9 l.

150. St. Jérôme. Épreuve insignifiante. Mus. Brit.

170. St. Jean Baptiste. Ce nielle n'est point de Peregrini, car les draperies sont d'un trop mauvais style. On en voit encore une copie moderne au Musée Britannique.

184. St. François. L'épreuve du Cabinet de Paris est d'un ton bleuâtre; celle du Musée Britannique tire sur le brun.

195—198. 202. 202 bis. Ces numéros ainsi qu'un St. Jérôme, demi-figure, qui se frappe la poitrine devant un crucifix, forment une suite de sept médaillons en argent, d'un travail inférieur et de 8 lignes de diamètre. Mus. Brit.

208. St. Marguerite. C'est une figure allégorique de la Providence.

211. Une sainte martyre. A ses pieds est une scie. Ottley en donne le facsimile.

214. Le triomphe de Neptune. Le Cabinet de Bruxelles possède quatre épreuves de ce travail de Peregrini, dans lesquelles, cependant, la marque O. P. D. C. a été coupée.

218. Mercure et Bacchus enfant. Le Cabinet de Bruxelles possède également une épreuve de ce nielle.

219. Bacchanale. On trouve trois épreuves de ce travail, dans la manière de Peregrini, dans le Cabinet de Bruxelles.

220. Triomphe de Mars. On en trouve des épreuves sur papier moderne. H. 2 p. 2 l. L. 3 p. 5 l. Voyez Duchesne, Voyage d'un Iconophile, p. 224.

221. Le Sacrifice à Mars. Le dessin montre les formes pleines de l'école vénitienne de la fin du XVe. siècle. A Berlin. Épreuve sur papier moderne.

226. L'Amour debout sur un vase avec des enfans. Traité dans le style de Peregrini. Mus. Brit.

227. Deux amours près d'un tombeau. Ottley a entièrement raison en ne croyant pas ce nielle de Marc Antoine: le dessin en est trop faible. Musée Britannique.

236. Triomphe de Galathée. D'après la gravure de Marc Antoine, en sens contraire, mais le nielle n'a pas été exécuté par lui comme on l'a cru souvent. Zanetti compte quatre exemplaires de cette pièce.

243. Une femme avec trois hommes et un satyre. Copie du No. 242 de Peregrini, mais beaucoup plus faible de dessin et qui, par conséquent, ne peut être de F. Francia, comme le croit Ottley.

248. Hercule tuant l'Hydre. Cette épreuve d'une grande finesse a été tirée sur un nielle original de F. Francia.

254. Hercule vaincu. Il y a de ce nielle une imitation dans un ovale dont le plus long diamètre est horizontal. H. 9 l. L. 11 l.

255. **O r p h é e.** Cette épreuve est une copie en sens contraire faite par Peregrini d'après le nielle original de F. Francia qui se trouve sous le No. 256. Cette copie est intéressante sous le point de vue historique, car elle prouverait l'opinion, fondée d'ailleurs, que Peregrini a été élève de l'orfèvre Bolonais. Mus. Brit.

256. **O r p h é e.** Nielle original de Francesco Francia. Le dessin en est d'une beauté surprenante; la tête, surtout, d'un style tout-à-fait idéal. Le nielle antécedent ne peut y être comparé sous aucun rapport. Mus. Brit.

259. **P y r a m e e t T h i s b é.** Dans la porte voutée de la tour on aperçoit la tête d'un chien. H. 1 p. 8 l. L. 10 ½ l.

266. **A p o t h é o s e.** Copie dans le sens de l'original d'une planche de cuivre non niellée, qui se trouve dans le Musée Britannique.

268. **S a c r i f i c e d e v a n t u n t e m p l e.** Le dessin en est très-médiocre et peu digne de Giovan Antonio da Brescia. Duchesne semble avoir été induit en erreur par les deux nielles suivants représentant des sujets analogues et qui sont exécutés réellement dans la manière de ce maître. Musée Britannique.

269. 270. **D e u x s a c r i f i c e s** dans le style de Giovanni Antonio da Brescia. Mus. Brit.

272. **U n g u e r r i e r.** L'inscription DIVO MARTI, se lisant de gauche à droite, démontre que cette pièce ne peut être l'épreuve d'un nielle. Bartsch la place au nombre des gravures douteuses de Nicoletto da Modena. No. 66.

274. **U n p o r t e - e n s e i g n e.** Cette épreuve, avec le monogramme de Peregrini, est imitée de la gravure d'Albert Durer No. 87. A moins d'être une imposture elle serait intéressante en ce qu'elle pourrait servir à déterminer l'époque où vivait Peregrini; elle prouverait qu'il florissait encore dans le XVIe. siècle. On en trouve des épreuves sur papier moderne.

276. **T r o i s g u e r r i e r s à c h e v a l.** Beau nielle italien. On en trouve un facsimile dans l'ouvrage de Ottley: „A Collection of 129 etc.“

277. **T r o i s g u e r r i e r s.** Une gravure allemande, d'après laquelle ce nielle a été exécuté, confirme l'opinion émise par Duchesne à ce sujet. Berlin. Épreuve sur papier moderne.

278. **D e u x c a v a l i e r s c o m b a t t a n t.** D'un dessin un peu raide, quoique dans le style de Peregrini. Musées Britannique et de Berlin. L'épreuve dans cette dernière collection est en noir sur papier moderne.

281. **Deux hommes se battant.** Le dessin en est faible et les têtes trop mauvaises pour être de Peregrini.

287. **Trois femmes dansant.** On conserve dans le Cabinet de Bruxelles deux épreuves de ce nielle de Peregrini.

291. **Trois enfants dansant ensemble.** On voit également dans le même Cabinet trois épreuves de cet ouvrage de Peregrini.

294. **Enfants jouant avec un chien.** On trouve aussi dans le Cabinet de Bruxelles trois épreuves de cette pièce.

303. **Allégorie sur la navigation.** Outre l'épreuve de ce nielle de Peregrini mentionnée par Duchesne on en conserve une autre dans le Cabinet de Bruxelles.

304. **Allégorie sur la navigation.** La même composition se retrouve sur le manche de couteau No. 402 et non 355, comme le dit Duchesne par erreur.

316. **Homme assis.** Cette figure est le Tireur d'épine, bronze antique du Capitole à Rome. Bartsch attribue cette gravure à Nicoletto da Modena (Cat. No. 67), mais elle paraît d'un travail trop beau pour ce maître. Aussi n'est ce pas un nielle: l'inscription TENPVS NOSE n'étant pas écrite à rebours. Le Cabinet de Bruxelles en a une épreuve. Voyez Cat. Alvin No. 14.

324. **Allégorie sur le martyre (?).** Une Sainte se tient debout entre St. Laurent et St. Antoine de Padoue. L'inscription se lit comme suit: FIDES. TVA. TE. SALVAM. FECIT. Nielle d'un très-beau travail. Planche d'argent. Mus. Brit.

325. **Figure allégorique.** La Tempérance. Beau travail dans le genre de Finiguerra, mais avec moins de finesse dans le dessin que les autres ouvrages du maître. Facsimile dans Ottley. Mus. Brit.

327. **L'abondance.** Très-beau travail dans la manière de Francesco Francia. Mus. Brit.

347. **Portrait d'une Dame.** Le Cabinet de Bruxelles possède deux épreuves de ce nielle.

354. **Arabesque.** Petite gravure d'une grande finesse, dans laquelle Peregrini se serait surpassé lui-même si elle est réellement de lui.

361. **Arabesque.** D'un travail absolument semblable au précédent. Mus. Brit.

370. **Arabesques avec deux trophées.** On trouve encore des épreuves de cette gravure de Peregrini dans le Cabinet de Munich, dans la Bibliothèque de Bruxelles provenant de la Collection Brisard de Gand, dans les Collections Langalerie d'Orléans et de Santini.

385—389. Cinq rosaces. Ottley donne un facsimile de deux d'entre elles dans son ouvrage „A collection of 129 etc.“

Page 312. F. Le Christ dans une gloire. Épreuve moderne d'un médaillon en bronze avec le portrait du pape Paul II. sur le revers. Musée Britannique.

Page 322. A B. Quatre plaques. C'est un travail russe. Musée Britannique.

N i e l l e s.

Supplément au Catalogue de Duchesne aîné.

(NB. Les numéros qui précèdent chaque sujet font suite à ceux de Duchesne.)

Ancien Testament.

429. **Création d'Ève.** Adam est couché endormi, appuyé contre un arbre. Vis-à-vis, à gauche, le Père éternel donne sa bénédiction, tandis que de la gauche il tient le bras d'Ève que l'on voit sortir du côté d'Adam.

430. **Adam et Ève chassés du Paradis terrestre.** A droite l'ange, tenant une épée flamboyante, les chasse. Adam se cache le visage dans les mains.

Les figures sur ces deux planches niellées ressortent sur un fond doré et sont traitées à guise de relief. Elles sont d'un beau dessin. Ces deux petites planches, qui ont dû servir d'ornement à une cassette, mesurent 2 p. 3 l. en carré. Duchesne les vit, en 1833, entre les mains d'un marchand italien d'objets d'art nommé Antonio Zen, ce qui en rend l'authenticité très-douteuse.

431. **Samson terrassant le lion.** Il est vu de face, appuyant son genou gauche sur le corps du lion tourné vers la droite et auquel il déchire la gueule. Un bouclier est suspendu à ses épaules. A gauche un petit arbre sur fond noir. Bon travail italien que Ottley attribue à Francia, ce dont nous ne pouvons convenir. C'est plutôt une imitation du nielle No. 18 de Duchesne. Pièce ronde de 1 p. 2 l. de diamètre. Collection Santini et Musée Britannique.

432. **Judith.** Elle est debout, tournée vers la gauche, tenant de la main gauche une épée, la pointe élevée, et porte de la droite la tête d'Holopherne. Dans le fond à droite un rocher, derrière lequel se cache à demi la lune. En haut deux petits médaillons. H. 1 p. 1 l. L. 8 l. Cabinet Santini où l'on trouve principalement des ouvrages modernes.

433. **David vainqueur de Goliath.** David est entièrement nu, la tête seule couverte d'un casque à guise du dieu Mars, et il tient une fronde de la main droite; Goliath est étendu à droite, à ses pieds un jeune homme est occupé avec le corps du géant. Fond noir. Planche d'argent de la fin du XVe. siècle. H. 1 p. 3 l. L. 1 p. 1 l. Mus. Brit.

434. **Esther devant Assuérus.** Elle s'agenouille devant lui en priant pour son peuple; la reine est accompagnée de trois suivantes. Dans le fond Aman et un autre courtisan. Sur le baldaquin du trône on voit deux tablettes avec les lettres $\mathbb{C}$. D. et la date 1526.

435. **Esther à table avec Assuérus.** Un échanson présente une coupe. Dans le fond la pendaison d'Aman; sur le devant deux chiens qui jouent. Pendant du numéro précédent. Travail néerlandais dans le style de Lucas de Leyde. Ce médaillon en argent, gravé des deux côtés et niellé, se voyait dans le Cabinet du Comte Cicognara (voyez Zanetti, le premier siècle de la Calcographie etc. p. XXII. No. 127. 128) et doit se trouver à présent en possession d'un certain M. de Hoven. Pièce ronde de 2 p. 3 l. de diamètre. On en trouve des épreuves modernes dans le Cabinet de Paris et dans la Bibliothèque de Vienne. Cat. de F. de Bartsch No. 71. 72. [183])

Nouveau Testament.

436. **L'annonciation.** La Vierge, les mains croisées, est agenouillée à gauche; à droite s'avance l'Ange Gabriel et au-dessus on aperçoit le Saint Esprit entouré de rayons. Médaillon circulaire. Diamètre 1 p. 10 l. Ottley en donne un facsimile dans son ouvrage: „A collection of 129" etc.

437. **Même sujet.** La Vierge est agenouillée à gauche devant un prie-Dieu, tenant un livre, et se tourne vers l'ange qui est à droite. Le St. Esprit entre par la fenêtre. Fond noir. Dans la bor-

---

183) Tobie et l'ange. Voyez l'Appendice No. 810.
  La grappe du pays de Canaan. Voyez No. 811.

dure on lit à rebours: O . MATER . DEI . MEMENTO . MEI . +. Pièce ronde, diamètre 2 p. - Nielle allemand du XVIᵉ. siècle. Collection privée du Roi de Saxe à Dresde.

438. 439. L'annonciation et la nativité. Deux petits médaillons de 9 l. de diamètre. Cicognara No. 25. 27. Ils ont été enlevés d'un calice auquel appartenait un troisième médaillon de la même grandeur avec les armes du Pape Paül II. Cicognara No. 26.

440—444. Cinq sujets de la vie de Jésus Christ. Très-beau travail allemand du XVᵉ. siècle. Fond noir. H. 2 p. 6 l. L. 1 p. 7 l. Dresde.

440. L'annonciation.

441. La visitation.

442. Le crucifiement.

443. Noli me tangere.

444. Le couronnement de la Vierge.

445—456. Douze sujets de la vie de Jésus. Beau travail italien de la fin du XVᵉ. siècle, sur fond noir. Médaillons d'argent de 1 p. 6 l. de diamètre. Cicognara Nos. 39 à 50.

445. L'annonciation. La Vierge est agenouillée devant un prie-Dieu, à droite. Au-dessus le Saint Esprit; dans le fond une balustrade et à droite une porte.

446. La nativité. L'enfant Jésus est couché dans une corbeille d'osier. Dans le fond le bœuf et l'âne. St. Joseph est à gauche et la Vierge, à genoux, à droite. Dans le haut, des Anges avec une banderole où l'on voit écrit: GLORIA . IN . EXCELSIS . DEO.

447. L'adoration des Mages. Le plus âgé des trois rois est agenouillé à gauche et présente à l'enfant Jésus une cassette sur laquelle celui-ci étend les mains. La Vierge, vue de profil, est assise à gauche et tient l'enfant sur ses genoux.

448. La présentation au temple. L'enfant Jésus est assis, les bras étendus, sur une table, derrière laquelle se tient le grand prêtre; sur le devant, à gauche, la Vierge est agenouillée en adoration; de chaque côté deux hommes.

449. La fuite en Égypte. La Vierge est assise sur l'âne et tient l'enfant Jésus emmailloté dans ses bras. Derrière la monture on voit St. Joseph.

450. Jésus parmi les docteurs. Il est assis au milieu, élevé sur trois gradins; derrière lui, à gauche, la Vierge et St. Joseph. De chaque côté, trois docteurs.

451. Le baptême de Jésus. Au centre se tient le Christ

debout, à droite St. Jean Baptiste lui verse sur la tête de l'eau avec une écuelle. Au-dessus le Saint Esprit, à gauche deux anges.

452. Le Christ au jardin des oliviers. Il est agenouillé à gauche et tourné vers la droite; vis-à-vis de lui, et au-dessus, l'ange lui présente le calice. A droite deux des disciples endormis.

453. La flagellation. Jésus est attaché à une colonne; de chaque côté deux bourreaux dont un le frappe avec des verges; à gauche une autre colonne.

454. Le couronnement d'épines. Jésus Christ est assis au centre. Un bourreau à gauche lui presse avec un bâton la couronne d'épines sur la tête. A droite trois hommes dont un à genoux le honnit.

455. Le portement de croix. Le Christ succombe sous le poids de la croix qui est soulevée par le Cyrenéen à gauche. A droite Ste. Véronique, à genoux, tient le voile. Au milieu du fond deux soldats en conversation.

456. La déposition. Le corps du Sauveur est étendu, vers la droite, à demi soulevé par St. Jean, tandis que la Madeleine, agenouillée à gauche, tient la main droite du Christ. La Ste. Vierge est agenouillée vers le centre ayant près d'elle une des saintes femmes.

La bibliothèque de Vienne conserve des épreuves modernes des mêmes sujets avec quelques différences; elles proviennent des Cabinets Albrizzi et Celotti de Venise. Diamètre 1 p. 6 l. Catalogue de F. de Bartsch No. 20—30.

457. La nativité. Sous un toit couvert de chaume, et entre deux murailles, sont agenouillés, à gauche, St. Joseph, à droite, la Vierge en adoration devant l'enfant Jésus posé à terre. Au-dessus de St. Joseph planent trois anges; par la porte de droite entrent trois bergers et dans le fond, à droite, un ange annonce la naissance du Christ à un pasteur. En haut trois autres anges dont deux sonnent du cor tandis que le troisième, au milieu, tient une tablette. Fond noir. Beau travail de la haute Italie dans le XVe. siècle. H. 3 p. 4 l. L. 2 p. 3 l. Cat. Weigel No. 18022. Coll. privée du Roi de Saxe à Dresde.

458. La nativité. L'enfant Jésus, entouré d'une auréole rayonnante, est couché sur le plancher dallé devant une étable couverte de chaume. A gauche, St. Joseph à genoux en adoration; à droite, la Vierge vue de profil. En haut brille une étoile à six rayons. Diamètre 1 p. 6 l. Plaque niellée. Cicognara. La composition ressemble beaucoup à celle du No. 28 de Duchesne, mais d'une exécution inférieure.

459. **La nativité.** Sur le devant on voit la Vierge agenouillée sous le pérystile d'un grand édifice et l'enfant Jésus couché devant elle; aux côtés deux anges à genoux. A gauche St. Joseph près d'une fontaine et dans le fond l'annonciation aux bergers. Fond noir. Épreuve d'un nielle du commencement du XVIe. siècle. Pièce ronde de 1 p. 1 l. de diamètre. R. Weigel, Kunstcatalog No. 17163. — Collection de Mr. T. O. Weigel à Leipsic.

460. **La nativité.** La Vierge et St. Joseph, l'une à droite, l'autre à gauche, sont agenouillés devant l'enfant Jésus qui tend les bras. Au devant, à gauche, est couché le bœuf vu à moitié. Vers la droite s'approchent deux bergers. Dans le fond deux anges. Le toit en chaume repose sur un échafaudage de poutres. On aperçoit, à l'extrémité supérieure et inférieure de la planche, une coupure pour les pilastres auxquels se trouvait attaché le nielle. H. 3 p. 2 l. L. 2 p. 4 l. Chez Colnaghi à Londres.

461. **La nativité.** A droite la Vierge à genoux adore l'enfant Jésus couché devant elle et qui tient un doigt dans la bouche. Derrière la Vierge se voit un ange en prières. A gauche St. Joseph, pareillement à genoux, élève la main droite. Près de l'étable, du même côté, s'élève une colline sur laquelle on voit un lièvre poursuivi par un chien. Au-dessus de la colline plane un petit ange tenant une banderole sur laquelle on lit à rebours: AVE . MA. Fond noir. Épreuve d'un très beau nielle italien dans la manière de F. Francia. Pièce cintrée. H. 3 p. 9 l. L. 2 p. 5 l. Coll. à Wolfegg.

462. **La nativité.** Paix en argent, entourée d'une riche bordure d'architecture. En haut, dans la lunette, le corps du Christ vu à demi dans son tombeau est soutenu par deux anges. Les pilastres sur les côtés sont ornés d'arabesques. La nativité occupe le milieu de la plaque cintrée par le haut. Travail italien médiocre. Cicognara No. 97—100. H. 2 p. 8 l. L. 2 p. 3 l.

463. **La nativité.** Paix en argent avec une riche bordure d'architecture et deux poignées en forme de feuillages. Dans la lunette au-dessus, le buste du Sauveur en relief. Dans le nielle: à gauche St. Joseph à genoux contemple l'enfant Jésus couché devant lui dans une corbeille; à droite la Vierge en adoration et, dans le milieu du fond, un petit ange dans la même position. Au fond à gauche, au-dessus d'une grotte, est assis un berger auquel un ange, tenant une banderole vide, annonce la naissance du Christ. H. 2 p. 9 l. L. 2 p. 1 l. Cicognara No. 101.

464. La nativité. Paix en argent exécutée pour Lodovico Sforza. Dans un édifice en ruine et sous un toit de chaume, on aperçoit l'enfant Jésus, les bras élevés et couché dans un petit panier, adoré par la Sainte Vierge qui est agenouillée à gauche; à droite St. Joseph assis le contemple, au-dessus d'eux planent trois anges. Trois bergers entrent par une porte à gauche, tandis qu'un quatrième s'aperçoit au loin dans la même direction et au-dessus de lui la demi-figure d'un ange qui lui annonce la naissance du Christ. Au-dessus du toit on voit deux branches d'un arbre peu chargé de feuilles et tout-à-fait en haut trois anges dont deux sonnent de la trompette, tandis que le troisième au milieu tient une tablette avec l'inscription: GLORIA IN EXCELSIS. H. 3 p. 6 l. L. 2 p. 4 l. Au milieu de la frise on voit les armes de Milan avec les deux lettres L D (Ludovicus Dux) de chaque côté et sur les bords, dans une banderole enroulée, les mots: PARVVLVS FILIVS NATVS EST etc. Le tout est surmonté d'une lunette avec le couronnement de la Vierge. Le Christ qui pose la couronne sur la tête de la Vierge, qui se tient dans une attitude humble et modeste, est entouré de dix têtes de chérubins. Deux anges sont agenouillés de chaque côté. H. 1 p. 1 l. L. 2 p. 6 l. Cicognara 116—118.

Des épreuves sur papier de ces trois sujets sont entrées dans la bibliothèque de Vienne par l'entremise du négociant d'objets d'art, Alvise Albrizzi de Venise. Cat. de F. de Bartsch Nos. 17—19. Duchesne vit dans le commerce, en 1833, une épreuve de la naissance de H. 3 p. 4 l. L. 2 p. 4 l. qu'on lui assura avoir été en possession de la famille Bembo.

La composition du couronnement de la Vierge, H. 1 p. 1 l. L. 2 p. 6 l., sur une épreuve en sens inverse, se voyait chez Colnaghi de Londres, en 1850, et fut reconnue comme une contrefaçon moderne mise dans le commerce par le marchand d'objets d'art, San Quirico de Venise.

465. La nativité. Marie est agenouillée à droite adorant l'enfant Jésus couché à terre et entouré de rayons. Médaillon en argent. Diamètre 1 p. 1 l. Cicognara No. 17.

466. La nativité. St. Joseph à gauche, la Vierge à droite, adorent à genoux l'enfant Jésus couché à terre. Derrière Marie plane un ange. Dans le fond, derrière la cabane, on aperçoit deux bergers. Fond noir. Travail allemand un peu grossier du XVᵉ. siècle. Diamètre 1 p. 4 l. Ce médaillon avec trois autres, représentant le Christ

en croix, la résurrection et la descente du St. Esprit, se trouvaient enchassées dans le pied d'un calice et vinrent en possession de Mr. C. Becker à Wurzbourg qui en fit tirer quelques épreuves.

467. La nativité. L'enfant Jésus est couché au milieu dans la crèche. Sur le devant la Vierge est assise, les jambes allongées, et à gauche on voit St. Joseph posant une main sur son genou. Le médaillon en argent porte autour cette inscription: PARVVLVS · FILIVS · HODIE · NATVS · EST · NOBIS · ET · VOABITVR · DEVS · FORTIS. Diamètre 2 p., avec l'inscription 2 p. 3 l. Cabinet Albrizzi (Duchesne 25 Louis).

468. La nativité. Au milieu l'enfant Jésus est couché dans une corbeille d'osier. A gauche la Vierge, à droite St. Joseph. Dans le fond on aperçoit les têtes du bœuf et de l'âne. En haut un ange tient une banderole avec l'inscription à rebours: GLORIA · IN · EXCELSIS · DEO. Diamètre 1 p. 7 l. La composition ressemble beaucoup à celle du No. 29. Duchesne vit cette épreuve, en 1833, entre les mains du négociant Zen.

469. La nativité, dans un ovale. Au milieu la Vierge à genoux, tournée vers la droite, adore l'enfant Jésus couché dans une corbeille. A gauche St. Joseph agenouillé; derrière lui un berger qui porte un agneau, et deux femmes dont une tient une corbeille sur la tête. A droite trois autres bergers et au-dessus deux anges qui ont une banderole avec l'inscription à rebours: GLORIA · IN · EXCELSIS · DEO. Les figures sont dessinées dans le style du Parmesan, l'épreuve est sur papier fort, teinté. H. 2 p. 9 l. L. 2 p. 3 l. La même composition se trouvait sur une plaque d'argent niellée qui, avec neuf médaillons représentant des saints, ornait la couverture d'un Pontifical. Duchesne vit, en 1833, le nielle original et l'épreuve entre les mains du négociant d'objets d'art italien, Antonio Zen. Nous reviendrons sur cette pièce en parlant des couvertures de livre.

470. Adoration des bergers. Dans un grand édifice dont le mur antérieur est détruit, on voit l'enfant Jésus couché et appuyé sur sa main droite. A droite la Ste. Vierge, à genoux, tient les mains croisées, et vis-à-vis d'elle est St. Joseph. Dans le fond, entre les deux, les têtes du bœuf et de l'âne. Un des bergers est debout près de St. Joseph, un second est dans l'acte d'entrer par une porte cintrée, dans le fond à droite. Dans le paysage, du même côté, on voit deux autres bergers avec leurs troupeaux. Au-dessus du toit brille une

grosse étoile et, à gauche, trois anges tiennent une tablette avec l'inscription: GLORIA IN EXCELSIS. Diamètre 2 p. 10 l. Médaillon d'argent. Cabinet Albrizzi. (Duchesne 80 Louis.)

471. **Adoration des bergers.** Paix en argent. Sur le devant et au milieu l'enfant Jésus est couché à terre. A gauche la Ste. Vierge à genoux, les mains croisées sur le sein; à droite St. Joseph. Dans le fond deux bergers en adoration dont l'un à genoux, et deux anges. Plaque d'argent. H. 3 p. 1 l. L. 2 p. 4 l. Cabinet Albrizzi. Cette plaque appartient à une Paix, enchassée dans un ornement d'architecture avec des pilastres et mesurant H. 7 p. $^1/_2$ l. L. 4 p. 5 l. Sur la frise supérieure se lit l'inscription: GLORIA IN EXCELSIS DEO ET IN TERRA PAX. La lunette renferme un nielle représentant Dieu le père, les bras ouverts, et deux anges qui soutiennent les extrémités de son manteau; le reste de l'espace est occupé par une gloire d'anges et de chérubins. Duchesne vit, en 1832, cette Paix entre les mains du négociant d'objets d'arts Albrizzi de Venise, qui en demandait 180 louis d'or. On trouve une copie du Père éternel, H. 1 p. 6 l. L. 2 p. 5 l., que le négociant d'objets d'art, San Quirico, a mise dans le commerce.

472. **Adoration des mages.** Sur le devant l'enfant Jésus est couché, les pieds tournés vers la gauche où St. Joseph se tient à genoux; la Vierge est à droite dans la même position. Dans le fond, du même côté, se trouvent deux bergers dont l'un porte la main à son chapeau. H. 1 p. 1 l. L. 10 l. Cette petite plaque d'argent est placée dans une bordure carrée, munie d'un couvercle à charnière, pour être portée au cou. Duchesne la vit, en 1833, entre les mains du négociant Antoine Zen qui en demandait douze louis d'or.

473. **Adoration des mages.** La Vierge est assise à droite et tient sur ses genoux l'enfant Jésus qui donne son pied à baiser au roi agenouillé devant lui. Celui-ci a posé à terre sa barrette entourée d'une couronne et tient les bras croisés sur la poitrine. Derrière lui les deux autres rois portent chacun leur couronne et un vase. Dans le fond et vers le centre on voit St. Joseph debout appuyé sur son bâton. A droite on aperçoit deux servantes en conversation, la gauche est occupée par la suite des rois mages. Plus en arrière et vers le haut s'avance la caravane avec des chameaux et des chevaux. A droite trois anges tiennent une banderole avec l'inscription à rebours: XPS · REX · VENIT · IN · PACE · ET · HOMO · FACTVS · EST. Tout-à-fait en haut un nuage blanchâtre et au-dessus l'étoile. Pièce cintrée.

H. 3 p. 5 l. L. 2 p. 5 l. Le travail, dans le style vénitien, n'est pas d'une grande finesse et l'épreuve est tirée sur papier grisâtre fort. (Duchesne.)

La composition est la même que celle du nielle suivant sur une Paix du Comte Cicognara dont le travail est d'une grande beauté. Dans la bibliothèque de Vienne, provenant de la Collection Celotti. (Cat. F. de B. No. 34.)

474. Adoration des mages. Paix en argent, dans un riche encadrement architectonique qui renferme treize autres nielles. La composition du sujet principal est la même que celle du numéro précédent, mais en sens inverse. Dans les trois cartouches du socle, d'abord, au milieu, le monogramme du Christ I H S avec deux têtes de chérubins et entouré d'une guirlande de fruits; dans chacun des latéraux, trois anges tenant le calice et la couronne d'épines. Les pilastres de chaque côté sont ornés d'arabesques niellées où, dans deux médaillons, se voit représentée la salutation angélique en demi-figures. Dans les angles laissés par le cintre et de chaque côté un ange tenant une palme. Dans les trois cartouches de la frise on voit, entourés de couronnes, le Saint Esprit et les symboles des quatre évangélistes. Enfin au milieu de la lunette, qui couronne le tout, un médaillon circulaire avec l'homme de douleur soutenu dans le tombeau par deux anges. Dans les angles deux anges agenouillés avec les instrumens de la passion; celui de gauche tient la colonne, celui de droite une échelle. L'ouvrage entier mesure en hauteur 8 p. 6 l., en largeur 4 p. 6 l., sans compter les moulures en relief. Cicognara No. 101—115.

475. Adoration des mages. La Vierge est assise, tournée vers la droite, et tient l'enfant Jésus sur les genoux. Celui-ci porte les mains vers la cassette qui lui est présentée par le plus vieux des trois rois à genoux, derrière lequel on voit les deux autres portant des vases et accompagnés de serviteurs. Dans le fond un cavalier tenant un cheval de main. Sur le devant, à gauche, on aperçoit St. Joseph appuyé sur un bâton et derrière lui, dans l'étable, le bœuf et l'âne; dans le fond trois chameaux. Au-dessus du toit l'étoile. Médaillon d'argent, diamètre 2 p. 2 l. Cicognara No. 76.

476. Adoration des mages. La Vierge est assise, tournée à gauche et vue de profil, tenant l'enfant Jésus sur ses genoux. Devant lui s'agenouille le vieux roi qui lui présente un vase vers lequel il étend ses petits bras. A gauche se voient le plus jeune des mages

et le roi nègre; derrière eux on aperçoit deux chevaux et dans le
lointain deux hommes avec quatre chameaux. Derrière la Ste. Vierge,
St. Joseph debout contemple la scène et derrière lui, dans l'étable, se
trouvent le bœuf et l'âne. En haut l'étoile avec un rayon vers la
terre. Médaillon en argent. Diamètre 2 p. 2 l. Cicognara No. 77.

La bibliothèque de Vienne en possède une épreuve provenant de
la Coll. Celotti. F. de B. Cat. No. 35.

477. **Adoration des mages.** C'est le No. 32 de Duchesne,
enchassé dans un ornement d'or avec 30 petits médaillons niellés,
contenant des représentations de divers animaux. Chaque médaillon a
5 l. de diamètre.

Chez Colnaghi à Londres, en 1850, provenant de la Collection
Albrizzi à Venise; à présent dans la Coll. R. S. Holford.

478. **Adoration des mages.** A droite Ste. Catherine, à gauche
St. Christophe. Épreuve d'un nielle à trois compartimens. En bas, à
gauche, la date de 1517 à rebours. Travail allemand. H. 1 p. 7 l. L. 2 p. 5 l.
A Dresde.

479. **Adoration des mages.** La Vierge, tenant l'enfant Jésus,
est assise devant une draperie soutenue par deux anges. St. Joseph et
un des rois se voient à gauche. A droite les deux autres dont l'un
à genoux. Cintré par le haut avec ornement gothique. Fond noir.
Travail allemand du milieu du XVIᵉ. siècle. H. 1 p. 1 l. L. 11 l. A
Paris.

480. **Baptème de J. C.** Le Christ est debout dans le Jour-
dain et élève les deux mains jointes. A droite, St. Jean Baptiste tient
de la gauche une croix et de la droite une coquille de laquelle il verse
l'eau sur la tête de Jésus; de chaque côté du fond quelques arbres.
En haut le Père éternel entouré de chérubins. Médaillon ovale d'argent d'un très-beau travail. H. 2 p. 6 l. L. 2 p. Duchesne vit ce
nielle entre les mains du négociant Ant. Zen.

481—483. **Ecce homo, Pilate se lavant les mains** et un
long rinceau avec des rosettes et quatre animaux qui s'élancent.
Les deux premiers nielles ont un fond noir bleuâtre et sont entourés
d'un chapelet de perles. Ovale. H. 1 p. 7 l. L. 1 p. 4 l. Ces nielles
se trouvent sur une cassette ovale et on les croit d'origine française.
Cicognara No. 72—74.

484. **Jésus Christ en croix.** A ses côtés les deux larrons
crucifiés entourés de plusieurs soldats. Sur le devant, à gauche, un
groupe formé par St. Jean et trois saintes femmes qui soutiennent la

Vierge évanouie; plus en arrière Joseph d'Arimathie et la Madeleine embrassant le pied de la croix. A droite, un soldat porte une enseigne sur laquelle on lit à rebours les lettres S. P. Q. R.; sur le haut de la croix une tablette avec l'inscription, aussi en sens inverse, I N R I. Dans les airs on voit planer quelques anges, et tout en haut le soleil et la lune. H. 3 p. 8 l. L. 2 p. 7 l. (Duchesne.)

Probablement on doit considérer comme d'autres épreuves de ce nielle celles qui se trouvent dans la bibliothèque de Vienne, provenant du Cabinet Albrizzi (F. de Bartsch No. 3), et dans le Cabinet du baron Charles de Liphart. Voyez aussi le Catalogue de R. Weigel No. 18022.

485. Jésus Christ en croix. Dans le fond, la croix de J. C. et celle du bon larron sont entourées de trois petits anges, à côté de celle du mauvais larron dont on brise les jambes, se voit un démon; derrière, une grande multitude avec des gens à cheval. A gauche, trois hommes causent entre eux. A droite, la Madeleine soutient la Vierge évanouie auprès de laquelle se voient deux autres saintes femmes. et St. Jean. Fond noir et pièce cintrée. Belle épreuve d'un nielle exécuté dans la haute Italie. H. 2 p. 10 l. L. 2 p. 2 l. Cobourg.

486. Jésus Christ en croix. Riche composition avec une inscription autour en sens inverse: Quos alii moerore fero, patiorque labores + Épreuve d'un médaillon exécuté dans le style de l'école de Nuremberg vers la moitié du XVIᵉ. siècle. Diamètre 2 p. 7 l. Berlin.

487. Le Christ en croix. Jésus en croix entre les deux larrons, au-dessus de lui la figure du pélican; aux côtés le soleil et la lune et dans les airs six petits anges. Au bas la Ste. Vierge évanouie est soutenue par trois saintes femmes et, à droite, St. Jean est agenouillé à côté de Joseph d'Arimathie, tandis que la Madeleine embrasse le pied de la croix. Dans le fond une foule de peuple et de cavaliers. A gauche on brise les jambes aux deux larrons et un capitaine à cheval se voit sur le devant. Fond noir. Beau nielle italien du XVᵉ. siècle. H. 3 p. 9 l. L. 2 p. 6 l. Collection privée du Roi de Saxe à Dresde.

488. Le Christ en croix. Au-dessus du Christ est la tablette avec l'inscription I N R I à rebours. A gauche un soldat avec le roseau et l'éponge à côté de deux autres assis. Dans le fond blanc du ciel on voit onze étoiles. Nielle allemand du XVᵉ. siècle; pièce ronde de 1 p. 11 l. de diamètre. (Heinecken No. 80.) Dresde.

489. Le Christ en croix. Sur la tablette l'inscription I N R I

à rebours. A gauche St. Jean, à droite la Ste. Vierge les mains élevées et jointes; les deux têtes sont entourées de rayons. Travail médiocre allemand du XVIe. siècle. Pièce ronde; diamètre 1 p. 7 l. (Heinecken No. 78.) Dresde.

490. Jésus Christ en croix. A gauche St. Jean, à droite la Vierge; au sommet de la croix, sur un cartouche, l'inscription I N R I. à rebours, le bras gauche de la croix dépasse la bordure linéaire du nielle. Travail allemand médiocre du XVIe. siècle. Diamètre 1 p. 6 l. Berlin.

491. Jésus Christ en croix. L'inscription I N R I sur la tablette est en sens inverse. A gauche St. Jean vu par le dos; à droite la Vierge de profil, tous deux les mains élevées. Le tout entouré de bordures, la partie supérieure étant cintrée: aux deux côtés des pilastres deux enfans qui lèvent chacun une jambe. Travail allemand du commencement du XVIe. siècle. H. 1 p. 8 l. L. 1 p. 4 l. Musée Britannique.

492. Jésus Christ en croix. A droite St. Jean tenant un livre, à gauche la Vierge les mains jointes. Le terrain est parsemé de points. Fond noir. Médaillon du calice indiqué sous le No. 466. Diamètre 1 p. 4 l.

493. Le crucifiement. Le Christ en croix au milieu de la gravure est accompagné de deux petits anges, un troisième se trouve près du bon larron et un petit démon près du mauvais. A droite, sur le devant, on voit la Vierge évanouie entourée de trois saintes femmes et soutenue par St. Jean. A gauche se tiennent des guerriers chaussés de grandes bottes avec des éperons. Un bourreau monté sur une échelle brise les jambes du larron qui est à la droite du Christ. Dans le fond se dessine la ville de Jérusalem avec un cortège de soldats sortant d'une des portes. Pièce cintrée par le haut. H. 3 p. environ sur 2 p. de largeur. Beau nielle du Cabinet de E. Chency et attribué à Maso Finiguerra dans l'exposition de Manchester en 1857.

494. Le crucifiement. Aux côtés du Sauveur les deux larrons en croix entourés d'une foule nombreuse. A droite la Vierge, St. Jean et les saintes femmes. On voit des inscriptions autour de leurs auréoles et sur des banderoles, toutes à rebours. H. 4 p. 10 l. L. 3 p. 5 l.

495. Résurrection de Jésus Christ. Il s'élève, en bénissant de la main gauche, hors du tombeau gardé par cinq soldats. Dans l'auréole qui l'entoure se trouve une inscription à rebours. En haut des nuages sur fond noir.

Ce nielle ainsi que le précédent sont des épreuves d'un travail allemand du commencement de la seconde moitié du XVe. siècle et se trouvent dans la bibliothèque de Vienne, rangés parmi les gravures en manière criblée sous les Nos. 762 et 763.

496. Résurrection de Jésus Christ. Il s'élève du tombeau en bénissant et tient de la main droite l'étendart de la croix. Sur le devant deux soldats couchés tandis que l'on en voit deux autres derrière le tombeau. Fond noir; médaillon du calice No. 466. Diamètre 1 p. 4 l.

497. Résurrection de Jésus Christ. Le Sauveur, porté sur un nuage, donne sa bénédiction de la main droite et tient de la gauche sa bannière; on voit de chaque côté du tombeau un soldat endormi. Ovale. H. 2 p. L. 1 p. 6 l. Cicognara.

498. Descente aux limbes. Jésus Christ s'avance vers la droite en foulant aux pieds les portes arrachées de leurs gonds et tend la main à Adam. Près de celui-ci Ève avec trois autres figures dont on ne voit cependant que la partie supérieure du corps ou la tête. Au-dessus un petit diable sonnant de la trompette. [184]) Cicognara.

499. Le Christ mort soutenu par deux anges.

Les trois plaques niellées que nous venons d'indiquer se trouvaient sur une croix de métal avec l'inscription: 1589. S. C. M. $\overline{ABBA}$. Probablement un présent de l'Abbesse de St. Cyprien de Murano. C'est un bon travail d'une époque comparativement récente. Ovale. H. 2 p. L. 1 p. 6 l. Cicognara Nos. 78—80.

500. Descente de croix. Le corps du Sauveur, dont la partie supérieure repose sur les genoux de la Vierge désolée, est entouré de trois autres saintes femmes à genoux. Sur le devant, placée entre St. Jean et un autre disciple assis, la Madeleine soutient les pieds du Sauveur. Dans le fond à droite le calvaire avec les trois croix. Ovale en largeur, en argent. H. 2 p 3 l. L. 2 p. 9 l. Cicognara No. 51.

501. Le Christ mort. Il est soutenu par quatre anges debout sur les bords du tombeau; derrière lui la croix, au-dessous l'on aperçoit trois clous. Ovale en largeur, en argent. H. 2 p. 3 l. L. 2 p. 9 l. Cicognara No. 52.

Le Cabinet de Vienne possède des épreuves sur papier de ces deux derniers nielles qui sont marquées sur le revers des deux lettres A. S. entrelacées. (Cat. F. de Bartsch p. 7. 8. Nos. II. III.)

---

184) Le Christ aux limbes. Voyez Appendice No. 827.

502. **La descente du St. Esprit.** La Vierge entourée des apôtres est assise au milieu. Au-dessus d'eux plane le St. Esprit et la figure du Christ tenant le globe. Médaillon pour le calice No. 466. Diamètre 1 p. 4 l.

503. **Conversion de St. Paul.** Paix en argent. St. Paul renversé à terre cherche à se garantir avec la main de la lumière céleste. Son cheval s'enfuit vers la gauche. Des cavaliers se sauvent des deux côtés. En haut Jésus Christ entouré de huit chérubins et de quatre petits anges. Dans le fond à gauche St. Paul, tenant une épée, prêche au peuple assemblé. La foule est composée de quinze personnes debout et quatre assises, la bordure est formée par des doubles traits échancrés aux angles. H. 4 p. 2 l. Largeur, dans la partie supérieure 2 p. 9 l., dans la partie inférieure 2 p. 8 l. La plaque niellée est enchassée dans un ornement d'architecture formant un espèce de portique avec des pilastres; au-dessus dans un cartouche ovale l'inscription: PAX VOBIS. Duchesne vit ce nielle dans le commerce, en 1833, avec une épreuve sur papier sur laquelle il remarqua cette circonstance singulière que le S P Q R sur un étendart n'était point inscrit à rebours. On en voit à la bibliothèque de Vienne une épreuve sur papier venant de la Coll. Albrizzi (F. de B. No. 4), et une autre dans le Musée Britannique. Beau travail moderne mis dans le commerce par San Quirico de Venise.

504. **Conversion de St. Paul.** Il est étendu sur le devant ébloui par la lumière céleste. Son cheval s'enfuit vers le fond à gauche. En haut on voit le Christ dans une gloire dont un rayon descend vers la terre. Fond noir. Épreuve d'une planche niellée en forme d'éventail. H. 1 p. 9 l. L. 1 p. 6 l. Dans la bibliothèque de Vienne provenant de la Collection Albrizzi. (F. de B. No. 5.)

505. **Une des œuvres de miséricorde.** (Vêtir ceux qui sont nus.) A droite on voit le Christ assis presque nu, un homme et une femme lui offrent des vêtemens. Copie en sens inverse d'après George Pencz. Bartsch No. 59. Diamètre 2 p. 1 l. Duchesne.

Images du Christ, de la Vierge et de Saints. [185]

506. **L'enfant Jésus assis.** D'une main il tient une croix et de l'autre le globe. A rebours et sur fond blanc le mot IE—SVS. Travail allemand du XVe siècle. Diamètre 1 p. 3 l. (Heinecken No. 159.) Dresde.

185) La Sainte Trinité. Voyez Appendice No. 828.

507. Buste du Christ. Il est vu de profil, tourné vers la gauche, d'après un dessin attribué à Léonard de Vinci; sur une banderole, tout autour, l'inscription: XPS. REX. VENIT. IN. PACE. ET. DEVS. HOMO. FACTVS. EST. Le médaillon en argent est entouré d'une bordure avec des rosaces. Diamètre 2 p. 5 l. Cicognara No. 75.

508. Buste du Christ. Il est vu presque de face, un peu tourné vers la gauche; il élève la main droite pour bénir et tient de la gauche, qui cependant n'est pas visible, un livre. Dans le fond noir pend à une croix une banderole avec les lettres IC—XC. Traité d'une manière très-archaïque dans le style byzantin. Médaillon en argent. Diamètre 1 p. 9 l. Cicognara No. 14.

509. Buste du Christ. Il est vu de trois quarts tourné vers la droite. Son auréole renferme une croix ornée. Fond noir. Médaillon dans le style du XVIe. siècle. Diamètre 10 l. Cicognara No. 32.

510. Le Christ dans l'action de bénir. Il est vu de face, debout sur un terrain couvert de plantes, bénissant de la main droite et tenant de la gauche une banderole vide. La figure est un peu courte sur fond noir. Nielle allemand du XVe. siècle. Pièce ronde. Diamètre 1 p. 1 l. Dresde.

511. Le Christ avec des Saints. Il est vu à demi dans un sarcophage les bras croisés l'un sur l'autre. A gauche St. Dominique les mains jointes, à droite St. Jean Baptiste. Médaillon en argent et travail italien de 1 p. 9 l. de diamètre. Dresde.

512. L'homme de douleur. Demi-figure debout dans un sarcophage. Autour de lui on voit quatre têtes à gauche, une autre à droite; sur la bordure trois coupes. Fond noir. Nielle allemand du XVIe. siècle. Pièce ronde, 1 p. de diamètre. Dresde.

513. L'homme de douleur. Paix en argent. Le Christ est debout dans le tombeau; au-dessus la croix et les instrumens de la passion. H. 2 p. L. 1 p. 9 l. En haut dans la lunette un autre nielle représentant Dieu le père donnant sa bénédiction, demi-figure. Travail italien assez grossier. Musée Britannique.

514. L'homme de douleur. J. C. est vu à mi-corps dans un tombeau sur les bords duquel sont placés quatre anges qui le soutiennent au-dessous des bras. C'est la même composition que celle du nielle en argent de Cicognara No. 52, et que nous avons donnée sous le No. 501. Ovale en largeur. H. 2 p. 3 l. L. 2 p. 9 l. Bibliothèque de Vienne provenant de la Collection Celotti. F. de B. p. 8. No. III.

515. **L'homme de douleur.** Il est vu à mi-corps entre la Vierge et St. Jean. Fond blanc. Autour du médaillon on lit à rebours: „Hoc opus fecit fieri Johannes Stainer, Presbyter Capesanus Obernstadian. A. D. 1504." Diamètre 3 p. 3 l. Cette épreuve de nielle révèle déjà le style d'Albert Durer. Elle se trouve dans la bibliothèque de Vienne où elle est classée parmi les gravures des anciens maitres allemands.

516. **L'homme de douleur.** Il est vu à mi-corps dans le tombeau placé un peu de biais et dont on aperçoit les trois encoignures. La Vierge et St. Jean, demi-figures, soutiennent le corps du Christ. Derrière s'élève la croix avec l'inscription à rebours I N R I. Fond blanc. Plaque d'argent niellée d'un bon travail italien. H. 1 p. 9½ l. L. 1 p. 4½ l. Bibliothèque de Vienne provenant du Cabinet Albrizzi. F. de B. No. 37. [186])

517. **L'homme de douleur.** Le corps du Christ assis est soutenu par deux anges. Figures entières sur fond noir; sur le devant trois clous. Plaque ovale d'argent. H. 2 p. L. 1 p. 6 l. Cicognara No. 80.

518. **Ecce homo.** Paix en argent. Le Christ, demi-figure, la couronne d'épines en tête et un roseau entre les mains liées, est debout devant un rideau tendu. Au-dessus sur fond noir les lettres IE-RO et sur le pilastre en bas la fin du mot, SO-LI-M. Enfin on lit dans un médaillon orné au milieu du socle: PACIS FVNDAMENTVM+ Aux côtés du socle se trouvent deux armoiries et sur les pilastres des arabesques. En haut dans un fronton triangulaire le buste du Père éternel les bras étendus. Le sujet du milieu mesure en hauteur 2 p. 3 l., en largeur 1 p. 6 l. Cicognara Nos. 119. 123.

519. **L'homme de douleur.** Il est vu à mi-corps dans le tombeau soutenu sous les bras par deux anges. Dans le fond deux autres anges en adoration. Derrière, la croix avec l'inscription I N R I. La partie antérieure du sarcophage est divisée en trois compartimens; dans celui du milieu un pélican qui nourrit ses petits de son sang, dans les deux latéraux des arabesques. Nielle en argent. Collection Albrizzi. (Duchesne 75 louis d'or.)

520. **L'homme de douleur.** Il est vu, demi-figure, dans le

---

186) Voyez pour les sujets analogues, mais réunis à d'autres compositions, les Nos. 471 (Dieu le père), 462, 474, 499, 501 (l'homme de douleur), les Nos. 464 (le couronnement de la Vierge) et 474 (les quatres symboles des évangélistes), et qui appartiennent tous à cette division.

tombeau soutenu par Nicodème: on voit la tête de celui-ci vers la droite et ses deux mains de chaque côté du Christ dont deux anges, à genoux, soutiennent les bras. Sur le tombeau on lit l'inscription: MORS. MEA. VITA. TVA. et dans le fond, la croix avec les initiales I N R I. A gauche une échelle, un vase avec du feu, le coq et la main de Judas avec les 30 déniers; à droite l'éponge au bout d'un roseau, une bannière et les mains de Pilate avec un bassin dans lequel l'eau coule d'un vase. Médaillon en argent. Diamètre de 2 p. 7 l. Encadré dans une bordure volante de 2 pouces de largeur composé de 12 têtes de chérubins alternant avec autant d'étoiles. Duchesne vit ce nielle, en 1833, en possession d'Antoine Zen.

521. L'homme de douleur et la Vierge. Deux médaillons sur une seule feuille; demi-figures. La Vierge est assise sur un trône et tient vers la droite l'enfant Jésus nu. Le Christ est assis les mains croisées l'une sur l'autre, ayant de chaque côté une tête de chérubin. Le travail n'en est pas très-bon, quoiqu'il forme le pendant du No. 127 de Duchesne. H. 10 p. L. 2 p. Musée Britannique.

522. L'homme de douleur. Il se trouve devant la croix et dans un sarcophage. Pièce ronde. 1 p. 2 l. de diamètre. Cicognara No. 18.

523. Le Christ mort. Il est vu debout dans son tombeau; sur le revers du médaillon la Ste. Vierge, demi-figure; elle tient l'enfant Jésus emmailloté dans ses bras. Travail inférieur italien. Diamètre 9 l. Médaillon d'argent monté en or. Musée Britannique.

524. Agnus dei. L'agneau est couché vers la gauche, la tête tournée à droite et entourée d'une auréole à trois rayons. Au milieu un étendart marqué d'une croix. Fond noir. Vieux travail italien sur une petite plaque d'argent. Médaillon de 1 p. 2 l. de diamètre. Cicognara No. 15.

525. Buste de la Vierge. Elle est vue de trois quarts et tournée vers la gauche. Sa tête, couverte d'un voile, a une auréole à guise de plateau solide vu en raccourci et orné d'une inscription; elle tient les mains croisées sur la poitrine. Pendant du buste du Christ No. 509. Médaillon du diamètre de 10 l. Cicognara No. 31.

526. La Vierge et l'enfant Jésus. Elle est debout tournée vers la droite et tient, sur le bras gauche, l'enfant Jésus qui lui passe les bras autour du cou. Une banderole vide à enroulemens l'entoure. Fond blanc. Travail allemand d'une pointe très-fine du XVIe siècle.

L'épreuve est tirée d'une planche d'argent avec deux courbures à gauche et trois échancrures à droite. Dresde.

527. La Vierge et l'enfant Jésus, demi-figures. Ils sont vus tous deux presque de face. La tête de la Vierge est couverte d'un voile et surmontée d'une auréole à guise de plateau avec des ornemens. Elle tient la main droite vers la poitrine. L'enfant Jésus porte de la main gauche une banderole. Sur une autre banderole, dans le fond noir, les monogrammes $\overline{MP} \cdot \overline{\Theta V}$. D'un style archaïque et traité dans le goût byzantin, formant pendant au No. 508. Médaillon d'argent de 1 p. 9 l. de diamètre. Cicognara No. 13.

528. La Vierge et l'enfant Jésus. Elle est assise, vue de face, dans un paysage entre deux arbres, tenant l'enfant Jésus sur son genou gauche. A droite un petit lapin. Médaillon d'argent de 1 p. 2 l. de diamètre. Cicognara No. 28.

529. La Vierge et l'enfant Jésus. Elle est assise, vue jusqu'aux genoux et tournée vers la gauche, tenant debout devant elle l'enfant Jésus nu. Travail italien très-médiocre dans un médaillon taillée en pointe vers le haut et dans une double bordure. Diamètre 9 p. Sur le revers la demi-figure de St. Étienne tournée vers la gauche. Cicognara Nos. 33 et 34.

530. La Vierge allaitant l'enfant Jésus. A mi-corps derrière un appui marqué d'un V (Virgo). On lit autour du médaillon: DVLCISIMO. LACTE. EDVCAVI. TE. Diamètre 1 p. 4 l. Sur le revers de cette petite plaque se voit un St. Jean Baptiste que nous indiquerons plus loin sous le No. 554 (Cicognara, Memorie p. 109). La bibliothèque de Vienne possède des épreuves de ces deux sujets, d'une impression bleuâtre, provenant de la Collection Alvise Albrizzi à Venise. F. de Bartsch, Cat. No. 39.

531. La Vierge et l'enfant Jésus. Elle est assise sous un baldaquin et tient de la main droite, moyennant une espèce d'écharpe, l'enfant Jésus nu assis sur le genou gauche. Sur le fond noir on voit quelques cyprès et des petits nuages détachés dans le fond. Joli nielle florentin du XVᵉ siècle. Médaillon en argent monté en or pour être porté au cou. Diamètre 1 p. 5 l. Francfort.

532. La Vierge immaculée. Elle est couronnée, debout sur le croissant, tenant de la droite un sceptre et de la gauche l'enfant Jésus. Une gloire de rayons l'entoure. Empreinte d'une planche chantournée et d'un travail allemand du XVIᵉ siècle. H. 1 p. 9 l. L. 1 p. 6 l. (Heinecken No. 126.) Dresde.

533. **La Vierge immaculée et le Donataire.** La Vierge est vue de face, debout sur le croissant, tenant sur le bras droit l'enfant Jésus et de la main gauche un sceptre. Elle est entourée d'une forte auréole de rayons. A droite est agenouillé en adoration un ecclésiastique de petites proportions. Tout autour, dans une large bordure, se trouve une inscription latine à rebours et qui termine par le millésime 1497. Fond blanc. Bon travail allemand d'une exécution un peu rude. Pièce ronde de 2 p. 7 l. de diamètre. Dresde.

534. **La Vierge et l'enfant Jésus au milieu d'une croix.** La Vierge tenant l'enfant Jésus est placée au milieu d'une croix dont les quatre extrémités se terminent par des disques entaillés contenant les symboles des quatre évangélistes. Travail médiocre allemand de la fin du XVe. siècle. La croix qui a fourni l'épreuve mesure H. 2 p. 9 l. L. 2 p. 2 l. Dresde. [187])

535. **La Vierge, l'enfant Jésus et deux anges.** La Vierge est assise avec l'enfant Jésus dans une niche centrale, les deux niches latérales contenant chacune un ange avec des tiges de lys. Deux gradins conduisent à son trône; sur le cintre se voit une galerie. Très-belle épreuve d'un nielle dans le style de Francesco Francia, auquel on peut attribuer la plaque originale. Ovale. H. 2 p. 3 l. L. 1 p. 9 l. Collection Albertine à Vienne. On en trouve une ancienne copie. H. 2 p. 3 l. L. 1 p. 7 l. (Duchesne.)

536. **La Vierge, demi-figure, l'enfant Jésus et deux anges.** Marie porte l'enfant Jésus vêtu sur le bras droit et de la main gauche une rose. Derrière elle deux anges tiennent un rideau. Fond noir avec ornemens. Épreuve récente d'un travail italien dans le style byzantin. Pièce ronde de 2 p. 8 l. de diamètre de la Collection G. Storck de Milan. Catalogue de l'année 1800, No. 11602. Berlin.

537. **La Vierge, l'enfant et deux anges.** La Vierge à mi-

---

187) Voyez pour plusieurs sujets de Vierge, surtout à Dresde, dans l'Appendice:

La Vierge avec l'enfant Jésus, Nos. 829. 830. 831.
La Vierge immaculée, No. 832.
La Vierge pleurant sur le corps de son fils, No. 833.
La Vierge et deux anges, No. 834.
La Vierge entre Ste. Barbe et Ste Catherine, Nos. 835 et 836.
La Vierge entourée de 10 petits compartimens, No. 837.
La mort de la Vierge, No. 838.

corps porte l'enfant Jésus vêtu sur le bras droit. Deux petits anges de chaque côté d'elle tiennent un rideau étendu derrière. Épreuve moderne d'un nielle italien du XVe. siècle. Diamètre 2 p. 6 l. Dans le Musée de Berlin provenant de la Collection Lepell.

538. La Vierge, l'enfant et deux anges. Elle est assise sur un trône richement orné et soutient du bras droit l'enfant Jésus debout sur son genou, de la main gauche elle tient un livre. De chaque côté un ange en adoration. Nielle cintré en argent. H. 2 p. 10 l. L. 1 p. 11 l. Cabinet Albrizzi. (Duchesne 30 louis d'or.)

Duchesne vit encore une épreuve sur papier de cette même composition et qui est probablement la même qui se trouve dans la bibliothèque de Vienne provenant de la Collection Celotti. (Cat. F. de B. No. 36.) H. 3 p. L. 2. p. 1 l.

539. La Vierge, l'enfant, un ange et un moine. Elle est assise avec l'enfant Jésus sur un trône et devant celui-ci un ange qui tient un livre sur lequel l'enfant porte la main. Dans le fond à gauche un moine agenouillé. Épreuve d'un nielle italien de la fin du XVe. siècle. Diamètre 1 p. 3 l. A Paris.

540. La Vierge, l'enfant, trois anges et deux Saints. Elle est assise sur un trône richement orné, tenant l'enfant Jésus sur les genoux. On voit debout, à droite, l'apôtre St. Jacques; à gauche, St. Jean Baptiste. Au-dessous du trône est assis un ange, deux autres planent dans les airs. Pièce cintrée. H. 2 p. 6 l. L. 1 p. 5 l. Collection Albrizzi. (Duchesne 70 louis d'or.)

541. La Vierge, l'enfant, des anges et quatre Saints. Elle est assise sur un trône et donne le sein à l'enfant Jésus. Deux colonnes corinthiennes s'élèvent de chaque côté du trône et soutiennent une frise sur laquelle on lit l'inscription: MARIA. GRATIA. PLENA. Deux anges se tiennent de chaque côté; les deux supérieurs ont les mains jointes dans l'attitude de l'adoration, tandis que, des deux inférieurs, celui placé à gauche joue du violon et celui de droite, de la guitarre. En bas et sur le devant se tiennent, à gauche, St. Jean Baptiste et un autre Saint tandis qu'à droite se voient Ste. Catherine et la Madeleine. Pièce cintrée. Plaque d'argent montée dans un encadrement d'or. H. 3 p. L. 1 p. 6 l. Duchesne vit cette Paix, en 1833, dans la possession d'Antoine Zen.

542. La Vierge avec six Saints. Elle est assise sur un trône élevé de trois degrés et contemple, les mains jointes, l'enfant Jésus étendu sur ses genoux. A droite St. Dominique, St. Pierre le

martyr et St. Jérôme; à gauche St. Jean Baptiste, St. Antoine de Padoue et St. Thomas d'Aquin. Au-dessus du trône on lit: AVE·REGINA· CELI. Plaque d'argent et épreuve sur papier. Albrizzi en demandait 120 louis d'or. Duchesne ajoute que l'on trouve une copie de ce nielle exécutée à Naples (?).

543. La Vierge avec deux moines. Elle ouvre son manteau sous lequel on voit deux moines agenouillés. Au-dessus deux têtes de chérubin. En bas, aux côtés, deux petits arbres. Fond noir. Médaillon dans une bordure d'argent. Diamètre 1 p. 1 l. Musée Britannique.

544. La Vierge avec Ste. Marie Madeleine et Ste. Marie Égyptienne. La Vierge est placée au milieu tenant l'enfant Jésus sur les bras. On lit au-dessous d'elle: VIRGO. VIRGINV̄. A droite se tient St. Marie Égyptienne couverte seulement de ses longs cheveux et tenant trois pains. Au-dessous d'elle, S. MARIA EGIPTIACA. A gauche se voit Ste. Marie Madeleine les cheveux épars et tenant le vase de parfums avec l'inscription: S. MAGDALENA. Le fond est noir. Épreuve d'un très-beau nielle de Marc Antoine Raimondi, de son époque romaine. Chez le Dr. Wellesley à Oxford. La Collection Albertine à Vienne possède deux parties de cette épreuve, la Ste. Vierge et la Madeleine. Un pendant de ce nielle représente Ste. Lucie, Ste. Catherine et Ste. Barbe et se trouve décrit par Bartsch dans l'œuvre de Marc Antoine sous le No. 120. H. 2 p. 10 l. L. 4 p. 3 l.

545. La Vierge, l'enfant Jésus et Ste. Barbe. Elles se trouvent toutes deux dans un médaillon, et les initiales B I M de leurs noms se trouvent au-dessus des trois figures. Bordure entaillée. Travail allemand assez rude de la fin du XVᵉ. siècle. Pièce ronde de 2 p. 6 l. de diamètre. Dresde.

546. La Vierge et Ste. Anne. Ste. Anne tient sur son genou droit la Ste. Vierge encore enfant et le petit Jésus sur le genou gauche. Ste. Anne a la tête couverte d'un voile, la Vierge porte une couronne et l'enfant a une auréole avec trois rayons. Bon ouvrage allemand du XVIᵉ. siècle. Diamètre 3 p. 3 l. A Berlin.

547. La Vierge et Ste. Anne. L'enfant Jésus se trouve entre celle-ci placée à droite et sa mère à gauche. En haut, au-dessus d'un mur, on voit deux bergers qui regardent étonnés. Chantourné par le haut. Épreuve d'un nielle allemand du XVIᵉ. siècle. H. 1 p. 6 l. L. 1 p. 2 l. Musée Britannique.

548. La Vierge pleurant sur le corps de son fils et

entourée de Saints. Sous un petit édifice, construit en lattes au
pied de la croix, est assise la Vierge tenant le corps de son fils sur
ses genoux. A gauche la Vierge immaculée sur le croissant. A droite
Ste. Anne avec la Vierge enfant. Aux quatre encoignures de l'édifice
on voit des demi-figures de Saints entre lesquels on distingue St. Erasme
et Ste. Catherine. Pièce ronde avec bordure entaillée; 1 p. 8 l. de
diamètre. Travail allemand du XVIe. siècle. Dresde.

549. La Vierge de douleurs (Mater dolorosa ou Piété). Elle
se voit, accablée de chagrin, tenant sur les genoux le corps de son fils.
Derrière elle on aperçoit les trois croix. En bas les lettres B E.
Plaque ronde de 2 p. 3 l. de diamètre. Ottley en donne un facsimile
dans son ouvrage: A Collection of 129 etc.

550. Mater dolorosa ou les sept douleurs de la Vierge. Marie
environnée de rayons se voit au milieu, le sein percé d'un glaive. Elle
est entourée de sept médaillons où sont représentés les sujets suivants:
la circoncision, la fuite en Égypte, le Christ au jardin des oliviers,
le portement de croix, le crucifiement, la descente de croix et le Christ
au tombeau. Épreuve d'un nielle en médaillon de la fin du XVe. siècle.
1 p. de diamètre. Collection Albertine à Vienne.

551. Les sept allégresses de Marie. Les sujets sont renfer-
més dans six médaillons qui entourent un septième placé au milieu, le tout
entouré d'un cercle. Ce sont les suivants: l'annonciation, la visitation,
l'adoration des mages, Jésus parmi les docteurs, l'apparition du Christ
à la Vierge après la résurrection, la descente du St. Esprit. Au milieu, dans une gloire, la Vierge accompagnée de deux figures agenouillées.
Épreuve en noir pale d'un nielle néerlandais du XVe. siècle. Diamètre 1 p. 6 l. Musée Britannique.

552. Le couronnement de la Vierge. Paix composée de
quatre nielles montés dans une bordure de vermeil. Assis sur un
trône grandiose dont la voûte est ornée de caissons, le Christ couronne la Vierge. Dix anges, disposés symétriquement, l'entourent. Les
quatre, dans la partie inférieure, avec de longues ailes tiennent des
instrumens de musique; deux autres viennent ensuite dont l'un joue
de l'orgue, l'autre d'un tambourin. Les deux qui se voient à la partie
supérieure tiennent des vases avec des lys; enfin deux autres au-dessus
de la partie cintrée du trône deploient une banderole avec l'inscription:
ASSVMPTA EST MARIA IN CELVM. AVE. EXERCI. ANGE. Ce
nielle principal mesure H. 2 p. 7 l. L. 1 p. 8 l. Dans le socle
se voit un petit médaillon avec le monogramme du Christ: IHS

et dans la frise une banderole avec l'inscription: PAX VOBIS FVNDA-MENTM. H. 3 l. L. 2 p. 3 l. Enfin l'ornement qui couronne le tout contient un médaillon avec les armoiries d'Alexandre VI.

Duchesne vit cette Paix, en 1833, en possession de Antonio Zen. Celui-ci lui avait fait voir auparavant une épreuve de la composition principale, le Couronnement de la Vierge; elle parvint plus tard dans la Collection Debruge-Dumesnil à Paris. Voyez le Catalogue de cette collection 1847 No. 909.

553. La sainte Case de Lorette. Deux anges, de grandes proportions, soutiennent le saint édifice. Au-dessus plane, dans une gloire, la Vierge tenant l'enfant Jésus sur son bras gauche. Au-dessous de la sainte Case on voit à genoux un prince et un évêque; ce dernier tient de la main droite un livre ouvert. Dans le fond la mer. Fond blanc. Épreuve de ton bleuâtre d'un nielle florentin du premier quart du XVIe. siècle. Diamètre 2 p. 4 l. Dans la bibliothèque de Vienne, F. de B. No. 40, provenant de la Collection Revil à Paris, No. 9 du Catalogue.

554. St. Jean Baptiste. Il est debout entre deux petits anges nus dont l'un, avec la banderole (ECCE DEI); aide à soutenir la croix l'autre joue du tambourin. Aux pieds du saint, la lettre B (Baptista). On lit autour l'inscription: · NVNQVAM · OBLIVISCAR · TVI · Médaillon en argent de 1 p. 4 l. de diamètre.

Ce nielle se voit au revers d'une Vierge allaitant l'enfant (No. 531) qui se trouvait dans le magasin d'Alvise Albrizzi à Venise. La bibliothèque de Vienne conserve deux épreuves d'un ton bleuâtre de ces compositions. F. de Bartsch No. 39.

555. La tête de St. Jean Baptiste. Elle est vue de trois quarts tournée vers la droite et couverte d'une partie de draperie. Vers la circonférence on lit à rebours: S. IOFES WAPTISTA. 1 p. 5 l. de diamètre. Nielle de l'école de Martin Schongauer. A Paris.

556. Les quatre évangélistes. Vus en buste avec leurs symboles au-dessous. Dans des écussons formant un carré, avec des demi-cercles ressortant aux quatre faces. Nielles en argent d'un ancien travail italien probablement de l'école de Padoue. Hauteur et largeur 1 p. 10 l. Cicognara Nos. 21—24.

557. St. Jean l'évangéliste. Il est vu de face, tenant de la main droite le calice et bénissant de la gauche. Au-dessus, entourées d'un rinceau, des armoiries écartelées des trois fleurs de lys et d'un lion rampant et, brochant sur le tout, une bande chargée de deux

lions. H. 2 p. 1 l. L. 9 l. Pièce arrondie par le bas. Ouvrage allemand du premier tiers du XVIe. siècle. Musée Britannique.

558. Martyre de St. Jean l'évangéliste. Il est debout, les mains croisées et tourné vers la gauche, dans la chaudière d'huile bouillante. A gauche deux bourreaux attisent le feu et derrière eux se voit un homme debout. A droite est assis le juge, ou le prince, tenant un sceptre. Fond noir. Travail allemand grossier du XVe. siècle. 1 p. 7 l. de diamètre. Collection de feu Mr. Detmold à Hanovre.

559. Les symboles des quatre évangélistes. Dans un losange à quatre angles droits se trouvent quatre médaillons dont celui du haut contient l'ange, celui du bas le lion ailé; à gauche l'aigle, à droite le bœuf ailé. Au milieu un écusson. Fond noir. Travail allemand du XVe. siècle. H. 8 l. L. 3 p. 10 l. A Dresde. (Heinecken No. 183.)

560. Les symboles des évangélistes St. Jean et St. Marc. L'aigle et le lion ailé. En haut, sur des banderoles repliées aux extrémités, on lit les noms des évangélistes à rebours. Fond blanc. Deux épreuves de nielles en forme de rosette. Ancien travail allemand de la moitié environ du XVe. siècle. A Dresde.

561. Symbole de l'évangéliste St. Marc. Le lion ailé est tourné vers la gauche. Une banderole qui s'étend au-dessous de lui ne porte point d'inscription. Sur fond noir. Diamètre 1 p. 7 l. Traité dans la manière du maître 𝕰. 𝕾. 1466. Musée Britannique.

562. Douze médaillons sur une feuille avec des sujets de la passion. Ils sont disposés trois à trois, sur quatre rangées. Les dix intervalles contiennent d'autres sujets de la vie du Christ et la Vierge couronnée par deux anges. Les petites parties aux côtés sont remplies par des figures monstrueuses. Fond noir. Ancien travail allemand très-fin dans la manière de la première moitié du XVe. siècle. H. 3 p. 6 l. L. 2 p. 7 l. Dresde. (Heinecken No. 50.)

563. Petite feuille en 47 parties. Quatre médaillons contiennent les symboles des Evangélistes, puis 38 compartiments avec des Saints isolés et enfin 5 autres, de double largeur, représentant l'annonciation, la visitation, le crucifiement, Jésus qui apparaît à la Madeleine et le couronnement de la Vierge. Fond noir. Belle épreuve d'un nielle allemand de la seconde moitié du XVe. siècle. H. 2 p. 6 l. L. 1 p. 7 l. Dresde. (Heinecken No. 184.)

564. Dix petites plaques niellées réunies dans une bordure gothique et dont six contiennent des Saints isolés, entre autres

et dans la frise une banderole avec l'inscription: PAX VOBIS FVNDA-MENTM. H. 3 l. L. 2 p. 3 l. Enfin l'ornement qui couronne le tout contient un médaillon avec les armoiries d'Alexandre VI.

Duchesne vit cette Paix, en 1833, en possession de Antonio Zen. Celui-ci lui avait fait voir auparavant une épreuve de la composition principale, le Couronnement de la Vierge; elle parvint plus tard dans la Collection Debruge-Dumesnil à Paris. Voyez le Catalogue de cette collection 1847 No. 909.

553. La sainte Case de Lorette. Deux anges, de grandes proportions, soutiennent le saint édifice. Au-dessus plane, dans une gloire, la Vierge tenant l'enfant Jésus sur son bras gauche. Au-dessous de la sainte Case on voit à genoux un prince et un évêque; ce dernier tient de la main droite un livre ouvert. Dans le fond la mer. Fond blanc. Épreuve de ton bleuâtre d'un nielle florentin du premier quart du XVIe. siècle. Diamètre 2 p. 4 l. Dans la bibliothèque de Vienne, (F. de B. No. 40,) provenant de la Collection Révil à Paris, No. 9 du Catalogue.

554. St. Jean Baptiste. Il est debout entre deux petits anges nus dont l'un aide à soutenir la croix, avec la banderole (ECCE DEI), l'autre joue du tambourin. Aux pieds du saint la lettre B (Baptista). On lit autour l'inscription: · NVNQVAM · OBLIVISCAR · TVI · Médaillon en argent de 1 p. 4 l. de diamètre.

Ce nielle se trouve au revers d'une Vierge allaitant l'enfant (No. 531) qui se trouvait dans le magasin d'Alvise Albrizzi à Venise. La bibliothèque de Vienne conserve deux épreuves d'un ton bleuâtre de ces compositions. (F. de Bartsch No. 39.)

555. La tête de St. Jean Baptiste. Elle est vue de trois quarts tournée vers la droite et couverte d'une partie de draperie. Vers la circonférence on lit à rebours: S. IOHES WAPTISTA. 1 p. 5 l. de diamètre. Nielle de l'école de Martin Schongauer. A Paris.

556. Les quatre évangélistes, vus en buste avec leurs symboles au-dessous, dans des écussons formant un carré avec des demi-cercles ressortant aux quatre faces. Nielles en argent d'un ancien travail italien probablement de l'école de Padoue. Hauteur et largeur 1 p. 10 l. Cicognara Nos. 21—24.

557. St. Jean l'évangéliste. Il est vu de face tenant de la main droite le calice et bénissant de la gauche. Au-dessus, entourées d'un rinceau, des armoiries écartelées des trois fleurs de lys et d'un lion rampant et, brochant sur le tout, une bande chargée de deux

lions. H. 2 p. 1 l. L. 9 l. Pièce arrondie par le bas. Ouvrage allemand du premier tiers du XVIᵉ. siècle. Musée Britannique.

558. Martyre de St. Jean l'évangéliste. Il est debout, les
mains croisées et tourné vers la gauche, dans la chaudière d'huile bouillante. A gauche deux bourreaux attisent le feu et derrière eux se voit
un homme debout. A droite est assis le juge, ou le prince, tenant un
sceptre. Fond noir. Travail allemand grossier du XVᵉ. siècle. 1 p. 7 l.
de diamètre. Collection de feu Mr. Detmold à Hanovre.

559. Les symboles des quatre évangélistes. Dans un
losange à quatre angles droits se trouvent quatre médaillons dont celui
du haut contient l'ange, celui du bas le lion ailé; à gauche l'aigle, à
droite le bœuf ailé. Au milieu un écusson. Fond noir. Travail allemand du XVᵉ. siècle. H. 8 l. L. 3 p. 10 l. A Dresde. (Heinecken
No. 183.)

560. Les symboles des évangélistes St. Jean et St.
Marc. L'aigle et le lion ailé. En haut, sur des banderoles repliées
aux extrémités, on lit les noms des évangélistes à rebours. Fond blanc.
Deux épreuves de nielles en forme de rosette. Ancien travail allemand
de la moitié environ du XVᵉ. siècle. A Dresde.

561. Symbole de l'évangéliste St. Marc. Le lion ailé est
tourné vers la gauche. Une banderole qui s'étend au-dessous de lui
ne porte point d'inscription. Sur fond noir. Diamètre 1 p. 7 l. Traité
dans la manière du maître ℰ. ℌ. 1466. Musée Britannique.

562. Les symboles des quatre évangélistes avec 10 sujets de la vie de Jésus Christ y compris l'incrédulité de St. Thomas. Ancien travail allemand exécuté avec beaucoup de finesse dans
la manière de la première moitié du XVᵉ. siècle. Les figures sont
fluettes, les draperies ne montrent point encore de plis angulaires. Les
nuages sont traités dans le style conventionnel ancien. Chaque épreuve
mesure 3 p. 6 l. en hauteur sur 2 p. 6 l. en largeur. A Dresde.

563. Petite feuille en 50 parties, probablement l'épreuve
d'une Paix contenant les symboles des quatre évangélistes dans quatre
médaillons, 38 compartimens avec des Saints isolés et cinq autres formant deux rangées et représentant l'Annonciation, la Visitation, le Crucifiement, un Noli me tangere et le Couronnement de la Vierge. Fond
noir. Très-belle impression d'un nielle de la seconde moitié du XVᵉ.
siècle. H. 2 p. 6 l. L. 1 p. 6 l. A Dresde.

564. Dix petites plaques niellées réunies dans une bordure gothique et dont six contiennent des Saints isolés entre autres

un St. George (H. 42 millimètre, L. 13 m.). Trois autres, en forme de losange, représentent à mi-corps les apôtres St. Pierre et St. Paul et un évêque (H. 40 millim.). Enfin dans un médaillon circulaire les armoiries de la famille della Scala de Vérone. Nielles italiens de la fin du XVe. ou du commencement du XVIe. siècle. Voyez la description des objets d'art de la Collection Debruge-Dumenil, Paris 1847, No. 910.

565. Trois Saints. Dans le milieu une sainte femme ayant au-dessus de la tête une banderole avec l'inscription: FIDES. TVA. TE. SALVA. FECIT. A gauche se voit un saint diacre (St. Léonard) et, vis-à-vis, un saint dominicain tenant une fleur; près du premier un L. et du second un I. Diamètre 1 p. 9 l. Ottley en donne un facsimile.

566. St. George. Il pousse son cheval vers la gauche et enfonce sa lance dans la gueule du dragon étendu sous lui. Dans le fond à gauche une montagne; la princesse est à droite. Épreuve d'un nielle en forme d'éventail. H. 1 p. 6 l. L. 1 p. 7 l. Pendant de la Conversion de St. Paul (No. 51). Bibliothèque de Vienne provenant de la Collection Albrizzi. (F. de Bartsch No. 6.)

567. St. George. Il s'élance à cheval vers la gauche et lève son épée contre le dragon placé sur le devant. Dans le fond à gauche la princesse agenouillée. Le roi et la reine contemplent le combat du château. St. George est revêtu d'une riche armure, ornée dans le style de Mabuse, et ce nielle est probablement un travail néerlandais. Diamètre 1 p. 10 l. Musée Britannique.

568. St. George. Il est debout, vu de face et porte une cotte d'armes au-dessus de son armure. Il tient de la main gauche un guidon orné d'une croix; derrière lui et à ses pieds est étendu le dragon. Épreuve d'un nielle ayant servi pour un petit étui qui était arrondi par le haut. Travail allemand du XVIe. siècle. H. 1 p. 7 l. Largeur à la partie supérieure 9 l., à la partie inférieure 6 l. Cabinet Detmold à Hanovre.

569. St. George. Son cheval se cabre et il combat le dragon dans les airs. Sur le terrain à gauche, près d'un fleuve, on voit la princesse agenouillée tenant un agneau attaché à un ruban. A droite, le roi et la reine regardent le combat du château. Dans le lointain on aperçoit la mer. Nielle allemand qui rappelle le maître de 1466, mais qui est cependant d'un travail médiocre. Imprimé d'un noir pâle. Diamètre 2 p. 2 l. A Dresde.

570. St. George. Il galoppe vers la gauche et enfonce la lance

20 *

qu'il porte de la main gauche, dans la gueule du dragon étendu sur le
dos. A gauche la princesse agenouillée à côté de l'agneau. Sur les
montagnes, aux deux côtés, on voit des édifices et huit oiseaux dans
les airs, quatre de chaque côté. Travail assez maigre du XVe. siècle.
H. 2 p. 5 l. L. 3 p. 3 l. A Dresde.

571. St. George. Il s'élance vers la gauche et lève son épée
pour frapper le dragon qui se trouve du même côté. A droite dans
le fond et sur une élévation est agenouillée la princesse ayant à ses
côtés un agneau. A gauche une grande plante repliée sur elle-même.
Fond noir. Travail allemand du XVIe. siècle. Pièce ronde de 1 p. 3 l.
de diamètre. Cat. Meyer de R. Weigel No. 121. On en trouve un facsimile dans l'ouvrage périodique de J. Bechstein, intitulé: „Kunstdenk-
mäler in Franken und Thüringen" (Monumens des arts dans la Franconie et la Thuringe).

572. St. George. Il dirige son coursier vers la droite et porte
une barrette avec une touffe de plumes. Il lève sa longue épée sur
le dragon qui rampe à ses pieds et qui est déjà blessé au cou. Fond
noir. De la bordure circulaire sortent, vers le haut à droite et à
gauche, des baguettes repliées qui se croisent. Ancien nielle allemand à l'eau forte du commencement du XVIe. siècle. Pièce ronde de
1 p. 6 l. de diamètre. R. Weigel No. 119.

573. St. George. Il s'élance, très-courbé sur son cheval, vers
la droite où le dragon, déjà blessé au cou, est étendu sur le dos. A
gauche on voit la princesse agenouillée avec l'agneau derrière elle;
dans le lointain un château. Copie en petit et en contrepartie d'après
M. Schongauer. Bartsch No. 51. Pièce ronde, 1 p. 6 l. de diamètre.
R. Weigel No. 124.

574. St. George. Il court à cheval vers la droite, armé de
toutes pièces, et brandit son épée de la gauche en regardant en dehors
de la gravure. Devant lui est étendu le dragon tourné à gauche et
qui est déjà blessé au cou. A gauche est agenouillée la princesse avec
l'agneau; à droite s'élève un tronc d'arbre avec une branche brisée.
Fond blanc. La bordure est formée d'une double ligne. Travail allemand du commencement du XVIe. siècle. Pièce ronde, 1 p. 7 l. de
diamètre. R. Weigel No. 120.

575. St. George. Il galoppe, en armure complète, vers la droite
dans l'acte de tirer son épée du fourreau. Sur le devant on voit le dragon dont
la queue enroulée paraît à droite de l'autre côté du cheval. Fond noir. Travail
allemand médiocre. Pièce ronde, 1 p. 2 l. de diamètre. R. Weigel No. 123.

576. St. Simon. Il s'avance vers la droite, tenant de la main droite un livre et de la gauche une scie. Au-dessus, dans une banderole, on lit à rebours: S. SIMON. Fond blanc. Travail allemand du commencement du XVIe. siècle. Pièce ronde, 1 p. 4 l. de diamètre. Berlin.

577. St. Laurent et St. Sébald. Le premier est debout à gauche, tenant de la droite le gril, de la gauche un livre. St. Sébald muni du bourdon de pèlerin, tient sur le bras gauche le modèle de son église à Nuremberg. Joli travail allemand gravé sur une planche, en forme d'écusson, échancrée par le haut et les côtés et semi-circulaire par le bas. H. 1 p. 11 l. L. 1 p. 9 l. Dresde. [188]) (Heinecken No. 206.)

578. St. Étienne. Il est debout, entouré d'une banderole sur laquelle on lit les mots à rebours: HILF. H. STE..... NOT. L'écusson sur lequel se trouve le nielle a la forme d'une bourse. H. 1 p. 9 l. L. 1 p. 10 l. Travail allemand du XVe. siècle. A Dresde.

579. St. Étienne. Demi-figure tournée vers la gauche. Revers de la Vierge No. 529. Pièce ronde terminée en pointe par le haut. Diamètre 8½ l. Cicognara No. 34. [189])

580. St. Sébastien. Demi-figure; il est vu de face, le bras attaché à un arbre derrière lui et le corps percé de cinq flèches. Au-dessus, à gauche, le soleil lance ses rayons. A droite une petite planche destinée à recevoir un second clou pour y suspendre une inscription. Diamètre 2 l. Cabinet Santini (Duchesne).

581. St. Sébastien. Il a les bras et les jambes attachées à un arbre au haut duquel est enfoncée une flèche. La draperie qui lui entoure les flancs flotte vers la droite. Traité dans la manière de Martin Schongauer. Pièce ovale avec deux traits de bordure. H. 1 p. 8 l. L. 1 p. 6 l. Dresde. [190])

582. St. Christophe. Il s'avance vers la gauche portant l'enfant Jésus qui tient le globe du monde et bénit de la main gauche. Les draperies des deux figures flottent vers la droite. Du même côté on voit, dans le fond, une montagne surmontée d'un château. Fond blanc. Bon travail allemand du XVe. siècle. H. 1 p. 11 l. L. 1 p. 9 l. Dresde.

583. St. Christophe. Il marche vers la gauche portant l'en-

---

188) Voyez le St. Laurent à l'Appendice No. 841.
189) Voyez aussi St. Étienne à l'Appendice No. 840.
190) Voyez aussi le St. Sébastien à l'Appendice No. 842.

fant Jésus. Au bas un gradin orné; la planche a été rognée aux côtés. Nielle allemand du XVIe. siècle. H. 1 p. 4 l. L. 1 p. Dresde. [191])

584. St. Christophe et St. Sébastien. Ils sont placés l'un à côté de l'autre. Diamètre 1 p. Épreuve moderne d'un nielle du Cabinet Cicognara No. 29.

585. St. Jérôme. Il est agenouillé devant sa grotte et se frappe la poitrine avec une pierre. A gauche un lion, à droite une lionne. Dans le fond on trouve encore le Saint assis et lisant dans un livre devant une croix fixée sur un rocher; il est vu de profil, tourné vers la droite. En haut, à droite, un château et une chapelle au-dessus desquels le soleil darde ses rayons. Plaque d'argent niellée, avec quelques dorures, très-bien exécutée dans le style de Francesco Francia auquel on l'attribue et, selon toute apparence, avec raison. H. 3 p. L. 2 p. 1 l. Musée Britannique.

586. St. Jérôme. Il est agenouillé, tourné vers la gauche, près d'une caverne et devant un crucifix où l'on voit à rebours l'inscription I N R I; il se frappe la poitrine d'une pierre. Sur le devant à gauche un lion attaquant une lionne, un autre de ces animaux est couché à droite devant le Saint. Dans le fond à gauche on voit paître un cerf. Deux gros navires font voile entre deux tours dont le pont levis est ouvert. Il y a lieu de croire que ce nielle a été exécuté, quoique d'une façon médiocre, d'après un bon dessin original. Travail italien du XVe. siècle. H. 8 p. 2 l. L. 10 p. 4 l. A Paris.

587. St. Jérôme. On le voit à genoux, tourné vers la droite et tenant une pierre de la main gauche. Devant le Saint une croix de roseaux est appuyée contre un rocher, et derrière lui se trouve un lion couché près d'un arbre, sur lequel on aperçoit un oiseau et un écureuil. Diamètre 1 p. 9 l. On en trouve un facsimile dans „Ottley, a Collection of 129" etc.

588. St. Jérôme. Il est agenouillé, tourné vers la droite et tient une pierre de la main droite. A côté de lui on voit la partie antérieure du corps d'un lion vu de profil. Dans le paysage cinq petits arbres et une croix. Pièce ronde; diamètre 1 p. 1 ½ l. Cicognara No. 16.

589. St. Jérôme. Il est à genoux, tourné vers la droite et se frappe la poitrine avec la pierre qu'il tient de la main gauche. Der-

---

191) Voyez St. Christophe dans l'Appendice No. 843, et St. Christophe et un évêque No. 847.

rière lui à gauche le lion. Diamètre 1 p. 2 l. Travail italien du commencement du XVIe. siècle. A Paris.

590. St. Théodore. Il est agenouillé, couvert de son armure et tourné vers la droite, un dragon étendu près de lui, avec l'inscription: SANCTVS TEODORVS. Plaque ronde d'argent. Collection Cicognara No. 124. On en conserve une épreuve dans la bibliothèque de Vienne provenant de la Collection Albrizzi. (F. de Bartsch No. 38.)

591. St. Martin. Le saint évêque, à cheval et tourné vers la droite, partage son manteau avec le mendiant agenouillé devant lui. A gauche, sur une banderole enroulée, on lit à rebours: SANCTVS HARTIN. Diamètre 2 p. 7½ l. y compris un ruban de 1½ l. Épreuve d'un ancien nielle allemand du second tiers du XVe. siècle. R. Weigel, Kunstcatalog, No. 18934.

592. St. François. Il est agenouillé, tourné vers la gauche et lève les yeux vers une croix qui plane au-dessus de lui et dont les rayons lui impriment les stigmates. Paysage rocailleux. Pièce ronde, 1 p. 1½ l. de diamètre. Cicognara No. 19.

593. St. Antoine de Padoue, pénitent(?). Couvert d'un capuchon de moine, il prie à genoux devant un crucifix: le Saint est tourné vers la gauche avec une discipline suspendue devant lui. Une auréole à plusieurs rayons entoure sa tête. A droite, dans le paysage, s'élève un petit arbre. Pièce ronde. Diamètre 1 p. 1½ l. Cicognara No. 20.

594. St. Léonard (?). Il est debout, tourné vers la droite, et tient une chaîne de la main gauche. Travail allemand de la fin du XVe. siècle. L'épreuve a été tirée sur une planche chantournée à gauche. H. 1 p. 8 l. L. 1 p. 1 l. Dresde. Heinecken No. 230.

595. La messe de St. Grégoire. Le Saint est agenouillé tourné vers la droite, et devant lui se tient un jeune homme. Derrière le Saint un évêque et un cardinal debout qui porte la tiare. Fond noir. On lit à rebours, dans la bordure blanche, l'inscription: SALVA. NOS. IHES. PRO. QVIBVS. VIRGO. HATER EY. ŌA +. Épreuve d'un nielle allemand du XVe. siècle. Pièce ronde, 1 p. 6 l. de diamètre. Berlin.

596. St. Hubert. Il est agenouillé, tourné vers la gauche, devant le cerf qui se tient sur la lisière d'un bois. Derrière lui, un chasseur à cheval donne du cor et tient le cheval du Saint. Sur le devant deux chiens qui sont empruntés à la gravure d'Albert Durer du même sujet. Épreuve d'un médaillon entouré d'un double trait avec coins noirs. Diamètre 1 p. 2 l. Cabinet Detmold à Hanovre.

597. St. Hubert. Il est à genoux, tourné vers la gauche, devant le cerf dans la forêt. A côté du Saint on voit son cheval et derrière lui deux chiens. Belle épreuve d'un nielle allemand du XVIe. siècle en forme d'un bouclier d'amazone. H. 1 p. 2 l. L. 1 p. 11 l. Musée Britannique.

598. S. N... Un jeune Saint, en costume du XVe. siècle, est debout tourné vers la gauche et tient dans la main droite une épée la pointe à terre, de la gauche une palme. En haut les initiales S. N. Travail italien. Petite plaque ronde d'argent de 1 p. 2 l. de diamètre. Dresde.

599. St. Wunebaldus. Le saint abbé se voit debout, lisant dans un livre et entouré d'une banderole sur laquelle son nom est écrit à rebours. Ce nielle se trouve sur la partie inférieure d'une croix terminée en forme de trèfle et qui appartient à la fin du XVe. siècle. On en conserve une épreuve dans le cabinet de Dresde. [192])

600. St. Érasme et trois saintes femmes. On voit en bas, debout sur des gradins, St. Érasme et Ste. Marguerite. En haut, dans deux tabernacles, Ste. Barbe et Ste. Catherine; le tout est renfermé par une ligne qui se termine, dans le haut, par deux arcs gothiques. Impression pâle d'un joli nielle allemand de la fin du XVe. siècle. H. 4 p. 2 l. L. 2 p.? Dresde.

601. Ste. Anne avec la Ste. Vierge et l'enfant Jésus. Elles sont assises, tenant au milieu d'elles l'enfant Jésus debout. La Vierge est entourée de rayons avec le croissant à ses pieds. La planche, arrondie par le bas, a des ornemens gothiques dans les deux coins supérieurs. Fond blanc. Travail fin allemand du XVe. siècle. H. 1 p. 2 l. L. en haut 1 p. 7 l. Dresde. (Heinecken No. 139.) [193])

602. Ste. Anne avec la Ste. Vierge, l'enfant Jésus et deux anges. Ste. Anne, assise sous un dais à draperies relevées,

---

192) Voyez l'Appendice où sont décrites les pièces suivantes de la Collection de Dresde, représentant des Saints, savoir:
St. Jacques le majeur, No. 839.
St. Martin, No. 844. 845.
St. Antoine, No. 846.
St. Jacques le majeur avec la Madeleine et une religieuse, No. 848.
Ste. Véronique entre St. Pierre et St. Paul, No. 853.
Ste. Catherine, demi-figure, No. 854.
Ste. Catherine et Ste. Barbe, No. 855.
Ste. Barbe, No. 856.
193) Voyez aussi le même sujet à l'Appendice, No. 849. 850. 851 et 852.

tient l'enfant Jésus qui, du giron de sa mère assise à terre à droite, veut monter sur les genoux de son aïeule; de chaque côté un ange debout s'appuie sur les supports du dais. Dans la bordure du médaillon on lit: SANCTA · ANNA · ORA · PRO · NOBIS · + · Diamètre 1 p. 6 l.

Ce nielle néerlandais sur argent est gravé, mais avec peu de finesse, dans la manière du maître S. Entouré d'un cercle orné du même métal, large de 2 l., il se trouve joint dos-à-dos avec une autre plaque d'argent niellée, représentant la messe de St. Grégoire. Cet intéressant joyau attaché à une chaine appartient au prince-duc d'Arenberg à Bruxelles. Mr. de Brou en a donné une description, accompagnée d'un facsimile de la Ste. Anne, dans la „Revue universelle des Arts." Bruxelles 1859. Vol. VIII. p. 517.

603. Ste. Barbe. Elle est debout vue de face, tenant de la droite un livre, de la gauche une palme. Derrière elle une tour dans laquelle on voit un calice avec l'hostie. Fond blanc; la bordure est entaillée. Travail allemand de la fin du XVIe. siècle; pièce ronde de 1 p. 3 l. de diamètre. Dresde. (Heinecken No. 293.)

604. Ste. Barbe. Elle est vue à mi-corps tenant de la main droite un calice et de la main gauche une palme. Au simple contour et sur fond noir. Diamètre 9 l. Coll. Cicognara No. 30.

605. Martyre de Ste. Barbe. Le bourreau, tourné vers la droite, élève son cimeterre et devant la Sainte, tournée vers la gauche, se voit le calice. Paysage montueux. La composition en est empruntée au maître de Munich M 3 (Zasinger?). Diamètre 1 p. 9 l. A Berlin.

606. Ste. Lucie, Ste. Catherine et Ste. Barbe. Elles sont placées, l'une à côté de l'autre, dans trois compartimens séparés. Pendant du No. 544 de notre Catalogue. Bartsch décrit, sous le No. 120 de l'œuvre de Marc Antoine, ce nielle exécuté par le célèbre graveur. H. 2 p. 10 l. L. 4 p. 3 l. Coll. Wellesley à Oxford.

607. Une Sainte. Elle est debout tournée vers la gauche et tient, de la droite, un oiseau sur le poing. Pendant du St. George No. 568, de la même grandeur, arrondi également par le haut et probablement destiné au même étui. H. 1 p. 7 l. L. dans la partie supérieure 7 l., dans la partie inférieure 6 l. Cabinet du feu Mr. Detmold à Hanovre.

608. La Sibylle. Elle montre à l'empereur Auguste la Vierge et l'enfant Jésus qui apparaissent à droite sur les nuages. L'empereur est agenouillé à droite, à gauche on voit la Sibylle accompagnée de quatre femmes qui ont la tête ornée de la haute coiffure néerlan-

daise ancienne, et d'un fou avec un singe; près d'elle un chien. Dans
le fond à droite une ville et quatre figures d'hommes qui s'émerveillent
de l'apparition. Fond noir. Diamètre 1 p. 1 ½ l. Belle épreuve d'un
nielle allemand ou néerlandais du XVI°. siècle. Rud. Weigel, Kunstcatalog, No. 17162. Collection de Mr. T. O. Weigel à Leipsic.

609. Une des vierges sages. Elle tient de la main droite
une lampe et regarde vers la gauche. Une baguette forme un arc
d'où pendent deux rangées de perles. Fond noir. Épreuve d'un nielle
de la fin du XV°. siècle; travail allemand. H. 1 p. 7 l. L. 1 p. 1 l. Collection Albertine à Vienne.

610. Un ange. Figure debout, vue à mi-corps et tenant de la
gauche une palme, de la droite un livre. La tête est tournée vers la
gauche et surmontée d'un nimbe à guise de plateau solide. Pièce
ronde. H. 8 l. L. 7 l. Cabinet Cicognara. Zanetti No. 117.

NB. On pourrait croire que ce nielle est celui qui a été décrit
dans le même ouvrage comme un St. Laurent No. 74.

Mythologie et sujets allégoriques.

611. **Vénus et Mars**. On voit la déesse debout à gauche, embrassant du bras gauche le dieu assis qui tient une lance et étend la main droite, comme pour parler. Un petit Amour pousse Vénus vers Mars. Fond noir. Épreuve d'un nielle italien du XVIᵉ. siècle.. H. 1 p. 3¹/₂ l. L. 1 p. Berlin.

612. **Enlèvement d'Europe**. La nymphe est assise sur le dos d'un taureau marin qu'un jeune triton conduit par la bride. Europe et le triton tiennent tous deux des conques. Deux petits Amours, dans les airs, conduisent une couple de dauphins qui accompagnent le taureau. La marche se dirige vers la gauche. Fond noir. H. 1 p. 3¹/₂ l. L. 4 p. Dans la bibliothèque de Vienne provenant de la Collection Abrizzi de Venise. (F. de Bartsch No. 42.)

613. **Vertumne et Pomone**. Le dieu est assis à droite, vu presque de dos, embrassant du bras gauche Pomone vue de face. Celle-ci tient avec le bras droit étendu une corne d'abondance remplie de fruits et appuyée sur le terrain. Fond noir. Cette composition se trouve sur une plaque octogone oblongue renfermée dans un carré orné. Plaque d'argent, Cicognara No. 37. H. 1 p. 11 l. L. 1 p. 8 l. Duchesne vit, en 1833, une épreuve très-mal réussie de cette composition, en sens inverse, chez le négociant Antonio Zen.

614. **Minerve**. Elle est vue presque de face, élevant la main gauche et tenant de la droite sa lance et son bouclier; on voit sur ce dernier une partie d'un soleil rayonnant. De chaque côté de la tête de la déesse se trouvent deux petits ronds noirs à bordure blanche;

en bas une bande blanche. Cette composition est imitée de celle de Peregrini (Duchesne No. 215), mais en contrepartie. Plaque d'argent. H. 1 p. 5 l. L. 8 l. Une épreuve sur papier mesure H. 1 p. 3 l. L. 7½ l. Cabinet Santini. (Duchesne.) C'est probablement un ouvrage moderne.

615. Minerve. Elle est vue de face; la partie supérieure du corps est nue et elle tient sa lance de la main droite en s'appuyant de la gauche sur son bouclier. H. 1 p. 1 l. L. 5 l. On voyait, en 1850, cette épreuve chez Colnaghi à Londres, mais on la tenait, à bon droit, pour un travail récent. Elle avait été vendue, à Londres, par San Quirico de Venise.

616. Mercure. Il est debout, vu de face, tenant de la droite le caducée et de la gauche une corne d'abondance. Sur le bras gauche est suspendue une draperie qui traine à terre. On voit en haut quelques rayons vers le milieu et de chaque côté un petit rond blanc. H. 1 p. 7 l. L. 7 l. Cabinet Santini (Duchesne).

617. Mercure. Il est vu de profil, assis à droite et tourné vers la gauche. Sa tête est ailée et il porte les cheveux tombant sur les épaules; sa main gauche est appuyée sur le caducée. Dans le fond à droite, on voit un if à quatre étages; à gauche, un oranger avec ses fruits. Plaque d'argent. H. 1 p. L. 1 p. 2 l. Une épreuve de cette planche porte H. 11 l. L. 1 p. ½ l. Cabinet Santini (Duchesne).

618. Vulcain. Il est assis et bat sur l'enclume qu'il tient entre les genoux une des ailes de Cupidon. Sur le terrain à gauche on voit une armure, et un bouclier avec un brassard pendent à un arbre. En haut, au milieu des branches de l'arbre, on aperçoit deux petits ronds dont l'un est entièrement blanc. Duchesne. Il a oublié d'en donner la mesure ainsi que le nom du possesseur.

619. Triton et Néréide. Traité dans le style antique à guise de frise. Dans le centre on voit un cheval marin dont un triton, à gauche, tient la bride; à droite une Néréide. Devant, un petit Amour, sur l'aile, guide un dauphin. La marche est fermée par un autre Amour conduisant deux dauphins. Plaque d'argent. H. 1 p. 2 l. L. 3 p. 11 l. Cabinet Albrizzi (Duchesne 70 louis d'or).

620. Dieu marin et Néréide. Il a une double queue de poisson et la Néréide, qui se tient à sa gauche, l'embrasse; il tient de la droite le bout d'une grande voile qui, en haut, dépasse la bordure et couvre, en bas, les jambes de la Néréide. Au fond quelques roseaux. Au milieu du bas le monogramme de Peregrini P. Plaque d'argent. H. 11 l. L. 1 p. 4 l. Épreuve H. 10 l. L. 1 p. 4 l. (Duchesne.)

621—626. **Six sujets mythologiques** sur des écussons chantournés.

621. Une Néréide assise sur les épaules d'un jeune triton; la marche se dirige à droite.

622. Le même sujet, la marche se dirige vers la gauche.

623. Néréide sur une panthère marine. Elle est assise sur la croupe de l'animal et tient une lyre des deux mains; la marche est vers la droite.

624. Néréide sur un centaure. Il lance une flèche avec l'arc et se dirige vers la droite.

625. Triton et cheval marin. Il est vu à gauche et combat le monstre avec un bident.

626. Triton et lion marin. Il se tient à droite et combat l'animal avec un aviron.

La forme de ces épreuves de nielles, très-bien exécutées, est celle d'un bouclier arrondi par le bas, tandis que la partie supérieure, également arrondie par les coins, montre deux pointes vers le milieu. H. 1 p. 4 l. L. 2 p. 10 l. Dans la bibliothèque de Vienne provenant de la Collection Albrizzi de Venise. (F. de B. Nos. 43 à 48.) Des épreuves de ces deux derniers sujets se trouvent dans le Musée Britannique et proviennent du négociant San Quirico de Venise. On les considère à présent, comme plusieurs autres épreuves de nielles venant de la même source, comme des impostures d'origine récente.

627—638. **Les douze travaux d'Hercule.** Plaques d'argent et épreuves sur papier de la plus grande partie d'entre elles. Cabinet Santini (Duchesne).

627. **Hercule terrasse le lion de Némée.** Il est tourné vers la gauche et embrasse la tête du lion. Sa massue est étendue près de sa jambe gauche. A gauche un arbre, à droite un rocher. H. 1 p. 9 l. L. 1 p. 2 l.

628. **Hercule tuant l'hydre.** Le héros est vu de profil et lève sa massue contre le monstre. La composition est la même que celle du nielle de Peregrini mentionné par Duchesne No. 247. H. 1 p. 9 l. L. 1 p. 2 l. Sans épreuve sur papier.

629. **Hercule prend la biche à cornes d'or.** Le demi-dieu appuie le genou gauche sur l'animal abbattu à gauche dont il saisit le bois. Dans le fond à gauche, quelques arbres. H. 1 p. 9 l. L. 1 p. 2 l.

630. **Hercule combattant le Centaure.** Le héros, à

droite, lève sa massue et saisit à la gorge, de la main gauche, le centaure. Dans le fond quelques arbres. H. 1 p. 9 l. L. 1 p. 2 l.

631. Hercule dompte le sanglier d'Eurymanthe. L'animal tourne la tête vers le héros placé à droite. Celui-ci place le pied sur le corps du sanglier et lève sa massue pour l'assommer. A gauche deux petits arbres, un troisième à droite. H. 1 p. 9 l. L. 1 p. 2 l.

632. Hercule détruit les oiseaux du lac Stymphale. Il est vu de dos et vient de percer d'une flèche le cou d'un des oiseaux qui tombe à gauche. En bas, du même côté, se voit un des mêmes oiseaux tué. Dans le fond des roseaux. H. 1 p. 9 l. L. 1 p. 2 l.

633. Hercule dompte le taureau de Marathon. Il le porte renversé sur son épaule droite. Sur le devant à gauche un grand roseau. Dans le fond quelques arbres. H. 1 p. 9 l. L. 1 p. 2 l.

634. Hercule vainqueur de Diomède. Le demi-dieu saisit de la main gauche la tête de son ennemi agenouillé et lève, pour le frapper, sa massue de la droite. Dans le fond à gauche un rocher. H. 1 p. 9 l. L. 1 p. 2 l.

635. Hercule étouffant Anthée. Hercule, tourné vers la gauche, tient Anthée entre ses bras. Dans le fond, à droite, quelques gros arbres, un rocher à gauche. H. 1 p. 9 l. L. 1 p. 2 l.

636. Hercule cueille les pommes du jardin des Hespérides. Il est tourné vers la droite et pose le pied gauche sur la tête du dragon qu'il vient d'abattre. Il cueille de la main gauche les pommes qui se trouvent à droite. H. 1 p. 9 l. L. 1 p. 2 l.

637. Hercule vainqueur de Cerbère. Il marche vers la gauche conduisant Cerbère attaché à une longe qu'il tient de la main gauche. A droite un rocher avec deux gros arbres. H. 1 p. 9 l. L. 1 p. 2 l. Sans épreuve sur papier.

638. Hercule enlève Alceste. Le héros tient déjà le pied droit dans la barque à gauche et conduit Alceste, entièrement voilée, dont un pied est encore aux enfers. A gauche un arbre. H. 1 p. 9 l. L. 1 p. 2 l.

Duchesne vit, en 1833, cette suite entre les mains de M. Antoine Zen et considérait ces pièces comme des imitations, du XVIe. siècle, de nielles plus anciens. Le No. 628 est une imitation de la gravure de Peregrini (Duchesne No. 247). Mais toutes ces pièces sont d'une date récente. Sept de ces épreuves, H. 1 p. 11 l. L. 1 p. 2 l., furent vendues par le négociant San Quirico, Vénitien, à Londres pour des impressions d'anciens nielles originaux.

639. Deux des travaux d'Hercule.

1. Hercule vainqueur des Centaures. En haut dans une bande-role on lit: ÆRVMNÆ HERCVLIS.

2. Hercule punit la perfidie de Laomédon. En haut dans une banderole: HERCVLES MVLTIS BELLIS LACESSIT TROIAM.

Imitations en sens contraire des compositions de Hans Sébald Beham, mais traitées avec moins de finesse. (Bartsch No. 96 et 101.) H. 3 p. 2 l. L. 2 p. 2½ l., y comprise la bordure de 2 l. Bibliothèque de Vienne (F. de B. Nos. 52 et 53), provenant de la Coll. Albrizzi.

640. Hercule et Cacus. Le héros à gauche tire une vache par la queue. Cacus est étendu, endormi, vers la gauche ayant une peau de lion sur la tête et un bâton de la main droite. Beau travail italien de la fin du XVᵉ. siècle et faisant le pendant du David et Goliath No. 2. Plaque d'argent. H. 1 p. 2 l. L. 1 p. 4 l. Musée Britannique.

641. Hercule vainqueur du Centaure. Il est couvert de la peau du lion de Némée. Aux côtés, des édifices et, sur ceux de droite, les lettres I O M. Travail allemand. Épreuve d'un nielle en forme de bouclier. H. 1 p. L. 7 l. Musée Britannique.

642. Hercule abat l'hydre. Il est tourné vers la gauche et tient d'une main l'une des têtes du monstre, tandis qu'une autre le saisit au bras. Il lève de la main gauche la massue pour l'écraser; le pied gauche du héros n'est vu qu'à moitié. Épreuve d'un nielle ovale italien. H. 11½ l. L. 9 l. Anciennement dans le Cabinet Santini, actuellement dans le Musée Britannique.

643. Triomphe de l'Amour. Une base en forme de tré-pied supporte un large vase d'où sort, au milieu, un fleuron de feuille d'acanthe. L'Amour les yeux bandés, les ailes déployées, tenant son arc de la main gauche et une flèche de la droite, est debout au milieu du fleuron qui sort de la vasque. Sur les bords de celle-ci sont assis deux petits Amours tenant entre leurs mains l'enroule-ment du fleuron et regardent en dehors. Sur le pied du vase sont placés à cheval, sur les feuilles d'acanthe qui forment les anses, deux autres Amours regardant vers le milieu. Dans le haut on voit cinq langues de feu se dirigeant vers les cinq têtes. H. 53 mill. L. 24 mill. ou H. 2 p. L. 11 l. Bruxelles. Voyez „Revue universelle des Arts." Paris 1857. V. p. 236. No. 13 et „Les Nielles de la bibliothèque royale de Belgique" par M. L. Alvin. Bruxelles 1857. p. 31, où il s'en trouve aussi une photographie.

644. Bacchanale. Vers le centre, une femme légèrement vêtue

s'avance en posant le pied sur un casque; derrière elle, à gauche, se voient deux jeunes gens dont l'un porte à la main droite un flambeau et soutient, au-dessus de sa tête, un petit Amour debout sur une espèce de bouclier. Plus loin, à gauche, un autre jeune homme, vu de dos et couvert d'une peau de chèvre, tient en l'air une flûte des deux mains. Au milieu, et devant la femme à droite, un jeune homme porte une perche sur laquelle sont fixées trois têtes d'animaux, c'est-à-dire de taureau, de lion et de sanglier. Tout-à-fait vers la droite, un satyre enlève sur ses épaules une femme qui étend la main vers le jeune homme. Fond noir. Beau travail italien qui semble de l'école du Francia. Épreuve sur papier. Diamètre 2 p. 2 l. A Berlin.

645. **Bacchanale.** Empruntée à la gravure du Mantègne où se voit Silène dans le milieu; en sens inverse. Fond noir et beau travail. H. 1 p. 7 l. L. 3 p. 3 l. A Berlin.

646. **Fête de Priape.** Autour du terme du dieu, dansent six Faunes et quatre Bacchantes. A gauche un Satyre souffle dans une flûte de Pan. On voit suspendues dans le fond noir des guirlandes de pampres. Travail italien en ovale. H. 2 p. 2 l. L. 2 p. 8½ l. Bibliothèque de Vienne, provenant de la Collection Albrizzi. (F. de Bartsch No. 50.)

647. **Triomphe de Silène.** Deux Faunes l'entrainent vers un âne placé à droite. Sept figures entre Bacchantes et Faunes sont occupées à danser; une Nymphe couchée à gauche tient sur la tête un panier de fleurs. Pendant du numéro précédent en ovale de la même grandeur, de la même provenance et dans la même collection.

648. **Satyre enlevant une Nymphe.** Il s'avance vers la gauche et tient une Nymphe nue élevée dans ses bras. Celle-ci baisse les yeux vers lui et tient un long voile. Aux côtés on voit des petites fleurs. Fond noir. Travail italien du XVe. siècle. H. 1 p. 10 l. L. 1 p. 2 l. Collection privée du roi de Saxe à Dresde.

649. **Le jugement de Pâris.** Les trois déesses se voient à gauche l'une près de l'autre. Vénus tend la main gauche vers Pâris qui lui offre la pomme. A côté du berger un lévrier assis. Épreuve d'un beau travail italien pour un fermoir, un peu chantourné et plus large vers la droite. H. 11 l. et 1 p. 2 l. L. 1 p. 2 l. A Berlin.

650. **Le jugement de Pâris.** A droite, près d'une fontaine jaillissante, se tiennent les trois déesses. Pâris couvert d'une armure est endormi vis-à-vis. Mercure sous les traits d'un vieillard s'avance avec la pomme. Dans le fond du paysage on voit deux chevaliers

combattant. Plus loin on aperçoit la ville de Troie et devant, le cheval; sur la mer trois vaisseaux à la voile. Dans le lointain et sur le rivage deux châteaux et un moulin à vent. Fond noir. Nielle allemand du XVIe. siècle pour lequel on s'est servi de la composition d'Albert Durer. Diamètre 1 p. 8 l. Il est décrit par Bartsch X. p. 134. No. 4 et se conserve dans la Collection Albertine à Vienne.

651. Le jugement de Pâris. Il est assis à droite, ayant près de lui son chien, et présente la pomme à Vénus debout dans le milieu. Travail italien de peu de valeur. Épreuve sur papier, ovale en largeur. H. 1 p. 1 l. L. 2 p. 11 l. Dans la bibliothèque de Vienne, provenant de la Collection Albrizzi. (F. de Bartsch No. 49.)

Une composition différente dans quelques détails se voyait dans le Cabinet Durazzo à Gènes. Duchesne en décrit une copie sous le No. 233.

652. Le jugement de Pâris. A gauche on voit, debout, les trois déesses nues, tenant seulement devant elles une écharpe de draperie et la tête couverte de riches coiffes, celle du milieu vue de trois quarts par le dos, les deux autres de face. Pâris, en armure complète, est couché endormi à droite et près de lui, à gauche, un vieillard debout (Mercure) tient à la main une boule. Dans le riche paysage, où se voit un château, se trouve à droite une fontaine avec les statues de deux enfans qui pissent. Cette composition pourrait encore représenter la légende du roi Arthus qui amène ses trois filles au roi Alfred pourqu'il en choisisse une pour femme. Beau travail néerlandais du XVIe. siècle. Pièce ronde de 1 p. 7 l. de diamètre. En possession du marchand d'estampes Evans, à Londres, qui en a fait exécuter une photographie d'après laquelle nous en donnons la description.

653. Le chevalier (le roi Alfred) et les trois beautés. Le chevalier, en armure antique, est couché appuyé sur une massue, à côté de lui se trouvent son casque et son bouclier; derrière lui une fontaine jaillissante à côté de laquelle se tient Arthus en armure. Ses trois filles, à gauche, s'approchent du héros; elles sont nues et la première joue du violon tandis que la seconde tient un vase; dans les coins du carré qui entoure le médaillon se voient des petits Amours. Ce beau nielle qui appartient à une boîte en or est attribué à Marc Antoine, mais il est traité plutôt dans la manière de B. Beham. La composition, comme nous l'avons indiqué plus haut, appartient aussi à une légende allemande. H. 2 p. 2 l. L. 2 p. 1 l. Musée Britannique.

654. **La femme aux cinq génies.** Une femme nue est assise sur un tertre sous un oranger; un bout de la draperie qui recouvre le siége passe sur son bras droit. Elle tient de la main droite une corne d'abondance et de la gauche le chapeau ailé de Mercure qu'un Amour s'efforce de saisir. Un autre est monté sur son dos. Deux sont debout à gauche dont l'un sonne la trompe, et le quatrième est à genoux sur le devant vu par le dos et posant la main gauche sur le genou de la femme. Beau travail de Peregrini à ce qu'il semble. H. 44 millm. L. 27 millm. (H. 1 p. 8 l. L. 1 p.) Trois épreuves dans la Collection de Bruxelles. Voyez: „Revue universelle des Arts." Paris 1857. V. p. 235. No. 12, et: „Les Nielles de la bibliothèque royale de Belgique," par M. L. Alvin. Bruxelles 1857. p. 30, où se trouve aussi une photographie de ce nielle.

655. **Des femmes avec l'Amour et un couple de Satyres.** On voit, au milieu, une femme nue et couronnée à côté d'un globe et un Amour se tenant près d'elle. A droite, deux femmes dont l'une, vue de dos, porte une grande corbeille de pommes, tandis que la seconde se présente de profil. A gauche un Satyre avec sa femme porte une peau de chevreau remplie de pommes. En bas un génie avec des guirlandes de fleurs; de semblables guirlandes se voient en haut sur fond noir. Beau nielle allemand ovale. H. 1 p 9 l. L. 1 p. 6 l. Musée Britannique.

656. **Un homme couronné de laurier et une femme.** Ils sont tous deux nus et vus de face, cependant la femme est couverte d'une draperie par derrière. L'homme tient de la main droite une dépouille de lion et de la gauche une corne d'abondance renversée. Dans le haut une guirlande de feuilles. H. 3 p. 2 l. L. 1 p. 1 l. Cabinet Langalerie à Orléans (Duchesne).

657. **La prévoyance.** Elle est assise, vêtue à l'antique, sur un dragon et tient de la droite une corne d'abondance et de la gauche un miroir rond. Sur le fond noir on voit quatre arbres. Marqué en bas et dans le milieu du monogramme de Peregrini (P). H. 2 p. L. 1 p. 1 l. Bartsch No. 3, et donné par Duchesne, No. 208, comme une Ste. Marguerite.

658. **La prévoyance.** Demi-figure de femme vue de profil et tournée vers la gauche. Ses longs cheveux sont ornés de perles. Elle tient de la main gauche un miroir et de la droite un serpent. La tête à l'apparence d'être un portrait. Ovale. H. 11 l. L. 9 l. Cabinet Santini (Duchesne).

659. Le législateur de la paix. Il est assis sur un siége dont les côtés sont formés par deux Sphinx barbus à ailes déployées. Une branche d'olivier le couronne, il étend la main gauche et tient une autre branche d'olivier de la droite. Fond blanc et travail à simple contour. Nielle italien du XVe. siècle. H. 1 p. 7 l. L. 1 p. Berlin.

660. La fragilité des choses terrestres. Un petit enfant nu, assis à gauche, souffle des bulles de savon; un autre, couché vis-à-vis, appuie son bras gauche sur une tête de mort; derrière lui un sablier. Au milieu du riche paysage, dans la manière allemande, on voit la résurrection de Jésus Christ. En haut, dans une bande noire, on lit à rebours l'inscription: NASCENTES MORIMVR. Travail néerlandais de la seconde moitié du XVIe. siècle. Le dessin du nu est très-arrondi. H. 2 p. 3 l. L. 1 p. 10 l. Collection Weber à Bonn.

661. Allégorie. On voit un enfant nu assis, tenant de la main droite une coupe et de la gauche le globe impérial. En haut dans une banderole l'inscription à rebours: TRANS VN' OÑPOTES. Épreuve d'un nielle allemand dans le style d'Albert Durer. H. 10 l. L. 7 l. Musée Britannique.

662. La puissance de l'Amour. Il est à cheval et foule aux pieds deux hommes couchés à terre, tandis qu'il lance une flèche contre un guerrier qui s'enfuit vers la droite. A gauche dans le paysage on voit des figures battant du tambour et jouant du fifre. Diamètre 1 p. 9 l. Paris.

663. Les chaînes de l'Amour. Dans le haut on voit un Amour assis dans une conque d'où s'élèvent deux torches allumées; au-dessous de lui se trouvent quatre figures enchaînées tandis qu'un autre Amour dirige le chariot qui les porte, vu à moitié et attelé de deux chevaux, sur la mer. Fond noir. Épreuve d'un nielle de la fin du XVe. siècle. H. 1 p. 7 l. L. 1 p. 1 l. Collection Albertine à Vienne.

664. Triomphe de l'Amour. Disposé en frise. A gauche, sur un grand bassin, on aperçoit un Amour debout et deux autres assis, à côté d'eux un jeune homme et deux enfans. Un autre enfant court auprès d'un quatrième à cheval. Vient ensuite un char de triomphe, attelé de deux chevaux, sur lequel se trouvent quatre figures d'Amours et d'enfans faisant de la musique et qui est guidé par un autre qui se tient à côté de la roue. Tout-à-fait à droite, dans la direction de la marche, se tient Vénus armée d'une lance et d'un bouclier. Fond presque noir. La marge inférieure de l'épreuve, plus petite que les

autres, est blanche et porte l'impression de trois clous. H. 1 p. 3 l. L. 3 p. Collection Albertine à Vienne.

665. **Triomphe de la chasteté.** Pendant du triomphe précédent. La marche est de droite à gauche. L'Amour lié se voit à genoux sur un char triomphal trainé par deux licornes, à côté de lui un autre Amour tient l'arc et les flèches. Huit vierges et jeunes filles le suivent tenant un drapeau et accompagnées par un enfant, un égal nombre de jeunes filles se tiennent aux côtés du char. A gauche se voit Minerve armée d'une lance et à côté d'elle deux enfans. Au bas un espace blanc probablement pour une inscription. Comme le nielle précédent, d'un beau travail italien. H. 1 p. 3 l. L. 3 p. Collection Albertine à Vienne.

666. **Trois femmes sur des tortues.** Celle du milieu, ressemblant à une Vénus, est nue, les deux autres de chaque côté sont vêtues et tiennent une voile gonflée; elles sont portées toutes trois sur la mer. Dans la marge du bas on lit à rebours: AL NOME DE DIO. La partie supérieure a quatre courbures et une pointe. Travail italien médiocre du XVIᵉ. siècle; l'épreuve est sur papier moderne. H. 2 p. 1 l. L. 1 p. 4 l. A Berlin.

Trois compositions analogues sont rapportées par Duchesne qui les considère comme une allégorie sur la navigation, aux numéros 303 et 304 ainsi que 402. Une autre se trouve, dans une gravure au burin de 1507, comme bas relief sur un autel, sur lequel se trouve encore une Ménade. Bartsch XIII. p. 351.

667. **La force domptée.** Un homme barbu, tourné vers la gauche, est assis sur un lion et se trouve attaché à un arbre. A droite est suspendu un carquois, à gauche un petit arbre avec trois grosses feuilles à guise de palmes. Fond noir. Épreuve d'un nielle italien du XVᵉ. siècle. H. 1 p. 3 l. L. 8 l. A Paris.

668. **L'heure de la mort.** Deux guerriers magnifiquement habillés s'avancent à gauche. A droite est assise une femme richement ornée qui tient un petit chien sur ses genoux et se tourne vers la gauche. Dans le milieu la mort est assise sur un arbre et montre un sablier. Dans le lointain, à droite, l'on aperçoit une ville; fond noir. Bon travail allemand, quoiqu'il ne soit pas d'une grande finesse, appartenant au XVIᵉ. siècle. Diamètre 3 p. 3 l. A Paris.

669. **La marche vers la victoire.** La victoire personnifiée s'avance vers la droite avec un jeune guerrier qui porte un trophée sur un bâton appuyé à son épaule et saisit la déesse par les bras;

fond noir. Beau travail italien de la fin du XVe. siècle. Plaque d'argent. H. 1 p. 3 l. L. 1 p. 1 l. Musée Britannique.

670. La Fortune. La déesse ailée est tournée vers la droite. Elle est vêtue et tient de la droite un globe ailé tandis qu'elle saisit une voile de la gauche. Travail allemand du XVIe. siècle. Diamètre 1 p. 3 l. A Berlin.

671. Dix Amours et enfans avec une chasse au cerf. A gauche, près d'un échafaudage en forme de fontaine, est assis un Amour et quatre enfans debout sont occupés à tresser des guirlandes. Vers le milieu est un vase élevé sur lequel deux petits Amours assis tiennent des arcs; deux autres enfans s'y appuient. A droite se voit une chasse; un enfant suit le cerf avec deux chiens, tandis qu'un chasseur s'avance à sa rencontre avec deux animaux ressemblant à des panthères. Derrière le chasseur un cheval. Sur le fond noir, quatre petits arbres et un oiseau. Très-beau nielle florentin du XVe. siècle, anciennement dans la Collection Baldovinetti qui fut vendue à Florence en 1829. H. 11 l. L. 3 p. 1 l. Collection Steinla à Dresde, à présent dans celle de T. O. Weigel à Leipsic.

672. Deux Amours. Celui de droite est vu de face, debout sur un lapin et lève les bras vers une guirlande sur laquelle repose une tête ailée. Travail italien de la fin du XVe. siècle. Diamètre 1 p. 6 l. A Dresde.

673. La Fortune. Elle est debout, tournée vers la gauche, sur un globe ailé, ayant les ailes déployées et tenant une voile. Au-dessous du globe, on aperçoit une guirlande de laurier; fond blanc. Travail italien de la fin du XVe. siècle. Diamètre 1 p. 7 l. Pendant du numéro 672. A Dresde.

674. Le génie de Jupiter. Il est assis sur l'aigle et tient la foudre dans la main droite. Le fond est orné de guirlandes de fleurs et de feuilles. Diamètre 1 p. 3 l. Munich.

675. Cinq Amours jouant. Celui du milieu chevauche un bouc conduit par un second au moyen d'une longe, tandis qu'un troisième, à gauche, le pousse en avant. Sur le devant est agenouillé le quatrième, s'appuyant sur un globe marqué des lettres ₓ᯲ₓ, et lançant de la gauche une flèche contre le cinquième assis devant lui. Fond noir. H. 2 p. 10 l. L. 3 p. 10 l. Catalogue Sternberg I. No. 1788.

676. Deux Amours dansant. Ils sont vus de face, les ailes déployées et lèvent chacun le pied et la main droite en l'air. Le bandeau sur leur tête ressemble à un bourrelet. A gauche dans le

fond deux petits ronds blancs.　H. 9 l. L. 1 p. 4 l.　Cabinet Santini (Duchesne).

677.　**Un Amour avec un panier de fruits.** Il est vu de face, la tête tournée de profil vers la gauche, les reins entourés d'une guirlande de pampres et un ruban, attaché par derrière, pend sur sa poitrine.　Il appuie la main gauche sur la hanche et indique de la droite le panier de fruits qu'il porte.　Le terrain est couvert de fleurs.　Plaque niellée du Cabinet Durazzo de Gènes.　Zanetti en donne un facsimile dans son ouvrage: „Le premier siècle de la Calcographie" p. 107. No. 152.

678.　**Un enfant avec un plat.** Il se tient très-courbé sur le pied droit, regardant vers la gauche, et soulève de la main droite un plat chargé de fruits, tandis qu'il appuie la main gauche sur la hanche.　Contour simple avec des points.　Épreuve d'un nielle du XVIIe. siècle.　H. 1 p. 11 l. L. 1 p. [194])

---

194) Voyez: **Le génie avec le sablier**, Appendice No. 857.

Histoire et scènes de la vie commune.

679. Mutius Scevola. Ce nielle est une copie de celui de Peregrini (Duchesne No. 263), avec cette différence que le guerrier à droite, tué par Scevola, est soutenu par un soldat à genoux. H. 2 p. 11 l. L. 1 p. 10 l. Voyez le No. suivant dont il forme le pendant.

680. Horatius Coclès. Il lève son épée pour combattre, tandis que derrière lui quelques soldats sont occupés à détruire le pont. Sur le devant on voit un cheval abattu et deux guerriers morts, à gauche un groupe de quatre soldats dont l'un élève son bouclier pour se garantir du coup dont il est menacé par Coclès; un guerrier s'appuie sur une espèce de trident, tandis qu'un autre à cheval tient un drapeau. H. 2 p. 11 l. L. 1 p. 10 l. Duchesne vit, en 1833, cette pièce ainsi que la précédente, d'un travail médiocre, entre les mains du négociant Ant. Zen.

681. Sacrifice antique. Deux médaillons accollés, avec un enroulement de rubans pour bordure.

1. Deux hommes nus, à gauche, sont occupés à tuer un porc. Dans le fond des figures d'hommes et de femmes accompagnées d'un musicien. Fond noir.

2. Un prêtre, à droite, offre un sacrifice sur un autel à gauche; à côté de lui trois enfans. Fond noir.

Chaque médaillon a 1 p. 3 l. de diamètre et l'épreuve entière 2 p. 2 l. de hauteur sur 4 p. 8 l. de largeur. Beau travail de l'Italie supérieure de la fin du XVe. siècle. A Paris.

682. **Un combat romain.** Du côté gauche s'avancent deux guerriers à cheval; le cheval du second se cabre violemment auprès d'un soldat renversé qui se défend; à gauche un troisième, portant une lance, se tient à côté d'un prisonnier dont les mains sont liées derrière le dos. A droite un quatrième cavalier, contre lequel s'avancent les combattants, indique un autre renversé; derrière celui-ci est un porte-enseigne romain. Fond noir à hachures. Bon travail, mais il est douteux que ce soit un nielle et l'épreuve parait même être moderne. Épreuve sur papier. H. 2 p. 7 l. L. 4 p. 9 l. Musée Britannique.

683. **Une mêlée.** Un cavalier s'élançant de la gauche donne de sa lance sur la croupe d'un cheval vers la droite; entre les deux, un jeune cavalier couvert d'un manteau volant. Deux hommes blessés sont étendus à terre. Dans le milieu un étendart entre deux fleurs sur fond noir. Travail italien du XVIe. siècle. Diamètre 1 p. 7 l. Collection Albertine à Vienne.

684. **Quatorze soldats romains.** Ils se tiennent très-près les uns des autres sur quatre de front. En bas quelques petits arbres. H. 1 p. 6 l. L. 1 p., un peu plus étroit vers le bas. Collection Albertine à Vienne.

685. **Un guerrier en armure antique de fantaisie.** Il est debout, regardant vers la droite, et tient devant lui le côté intérieur de son bouclier ovale. Fond noir. Épreuve d'un nielle italien du XVIe. siècle. Ovale. H. 2 p. 4 l. L. 1 p. Collection Albertine à Vienne.

686—689. **Quatre sujets romains antiques.**

686. **Une allocution.** Le général romain est debout à droite, un peu élevé; devant lui quatre soldats. Fond noir. H. 1 p. 3 l. L. 1 p. 1 l., un peu plus étroit vers la base.

687. **Un sacrifice.** On amène de la droite un taureau. A gauche un prêtre verse une tasse sur le feu allumé au-dessus d'un autel. H. 1 p. 3 l. L. 1 p. 4 l., en bas 1 p. 3 l.

688. **Une marche de plusieurs soldats.** Le porte-enseigne de la légion marche devant. H. 1 p. 6 l. L. 1 p. 1 l., plus étroit vers le bas.

689. **Un général romain adresse deux de ses subordonnés.** Derrière lui plusieurs soldats. H. 1 p. 9 l. L. 1 p. 4 l.

Ces quatre épreuves sont traitées dans le style des nielles italiens du XVe. siècle, mais avec des contours très-lourds. Elles furent tirées récemment sur des planches d'argent non niellées possédées par le négociant Colnaghi de Londres. On en trouve plusieurs épreuves dans le Musée Britannique, dans le Cabinet Mancel de Caen et dans le commerce. Ce sont probablement aussi des épreuves des mêmes planches qui se trouvent dans le Cabinet de la bibliothèque de Vienne, Cat. F. de Bartsch Nos. 13 à 16, mais il faut remarquer, à propos de ceux-ci, que l'épreuve avec le Sacrifice porte la date de 1459 et celle du Général a le millésime de 1460 et le P, monogramme de Peregrini, tandis qu'on ne les trouve pas dans les exemplaires de Londres et qu'ils ne sont point indiqués dans ceux du Kunstcatalog de Weigel Nos. 5186—89. Du reste, la manière un peu grossière du travail est très-éloignée de la finesse ordinaire de Peregrini et ces plaques en argent ont toute l'apparence d'une imitation moderne. Une composition analogue à celle de l'allocution se trouve sur une plaque d'argent du Cabinet Durazzo à Gênes dont Bartsch a décrit une imitation sous le No. 24 et Duchesne sous le No. 265 de son Catalogue de nielles.

690—694. Cinq Paladins debout en armure, isolés, dans le style de Peregrini. Ovales de 1 p. de hauteur et 7 l. de largeur. Dans le Musée Britannique.

690. ORLANDO. Il est debout à droite, la tête couverte du heaume, tourné vers la gauche et tient de la main gauche son épée, la pointe tournée en bas. Il s'appuie de la droite sur son bouclier où l'on voit son nom écrit à rebours. Fond noir.

691. RICARDO. Il a la tête découverte et tient son épée la pointe appuyée à terre, le poing droit sur la hanche. Son casque est posé sur une pierre quadrangulaire sur laquelle on lit son nom écrit à rebours.

692. DVDON. Il tient de la main gauche une masse d'armes renversée et s'appuie de l'autre sur son bouclier ovale. Son nom s'y lit à rebours.

693. DANESE. Il est debout, les jambes écartées, et tient son épée en travers. Il s'appuie de la main droite sur le bouclier qui porte, vers le milieu, son nom à rebours.

694. DVCHNAIMO. Il est debout, appuyé sur sa lance, et tient de la gauche son bouclier chantourné, sur lequel son nom se voit à rebours.

695. L'exaltation du pape Paul II en 1464. Médaillon. Le conclave assemblé est assis sur des bancs qui forment les trois côtés d'un carré dont le quatrième côté, plus élevé, montre le pape assis sur son trône; au milieu, sur le devant, deux hérauts d'armes sou-

tiennent l'écusson avec les armoiries du pape surmontées de la tiare. On lit autour l'inscription suivante: ₒ⁰ₒ SACRVM. PVBLICVM. APO-STOLICVM. CŌSISTORIVṀ. PAVLVS. VENETVS. PP. II. Médaillon en argent. Diamètre 2 p. 8 l. et avec l'inscription 3 p. 4 l. Cabinet Albrizzi.

On trouve une médaille avec la même composition et d'égale grandeur que l'on attribue au Pollajuolo.

696. Une jeune femme. Elle est assise et tient une banderole qui l'entoure et sur laquelle on lit ∷ Я З О МЗ. Fond blanc. La planche est en forme d'écusson semi-circulaire par le bas et un peu pointue du haut. H. 11 l. L. 11 l. Bonne pièce dans le style des petits maîtres allemands. Dresde. (Heinecken No. 278.)

697. Une jeune fille et un jeune homme mort. Elle s'avance vers le jeune homme étendu au pied d'un arbre et porte la main vers la poitrine de celui-ci pour reconnaître s'il vit encore. Sur une banderole, entre un arbre sec et un second qui porte des fruits, on lit l'inscription: CRVDA. FERVM. PECTVS. SACIA. Fond noir. H. 2 p. 3 l. L. 1 p. 2 l. Collection Albertine à Vienne. A Berlin.

Dans son „Voyage d'un Iconophile" p. 115, Duchesne mentionne cette estampe comme un nielle quoique l'inscription ne soit pas à rebours; nous croyons pourtant que c'est une gravure au burin, et nous l'avons insérée également dans le Catalogue des estampes italiennes sous le No. 96.

698. Un homme lié et une femme. A droite on voit un homme renversé, les mains liées et la tête appuyée par terre; une femme s'avance de la gauche et, avec des marques de désespoir, se jette sur lui en cherchant à le délivrer de ses liens. Dans le fond à droite de gros arbres, des rochers à gauche. H. 11 p. L. 1 p. 8 l. (Duchesne.)

699. Une femme avec un cerf. Elle est debout au milieu, tournée vers la droite, et tient de la main droite une fleur. Derrière elle est couché un cerf. Un rinceau de fleurs couvre le fond blanc. Travail allemand de la fin du XVe. siècle. L'épreuve a sur le côté gauche l'empreinte du bord, à double échancrure, de la planche. H. 1 p. 7 l. L. 1 p. 5 l. Dresde. (Heinecken No. 296.)

700. Un homme et une femme assis. Ils sont nus et assis, l'un près de l'autre, sur un siége arrondi qui a la forme d'un panier. Celui-ci la saisit énergiquement par un bras et par les cheveux, tandis qu'elle ne semble pas résister, se contentant d'élever la main gauche

pour se défendre. Sur deux cartouches dans le fond on lit, sur celui de gauche: TV STARA, sur celui de droite: NONE TE NPO (Non è tempo) à rebours. En haut se voit un ornement. H. 1. 2 l. L. 1 p. 4 l. (Duchesne.)

701. Trois femmes dansant. Elles se tiennent par la main et dansent d'une manière fougueuse, les cheveux épars, celles de chaque côté tiennent en l'air des couronnes de laurier. Fond noir. Quoique les figures soient de proportions un peu courtes, le travail italien du XVe. siècle est beau. Diamètre 1 p. 2 l. Collection Albertine à Vienne. La composition est une copie diminuée de l'original de Peregrini. Duchesne No. 287.

702—705. Quatre nielles qui paraissent avoir orné une petite cassette. H. 1 p. 6 l. L. 8 ½ l. Cabinet Santini.

702. Deux hommes debout. Ils sont nus et portent à eux deux un plat sur la tête. Celui de droite, vu de face, s'appuie sur un bouclier, celui de gauche se voit de profil. En haut deux petits trous avec un ornement.

703. Une femme et un enfant. Elle est vêtue à l'antique et s'avance vers la gauche en soulevant sa robe de la main. A côté d'elle marche un enfant tenant une corne d'abondance. En haut un ornement de feuilles d'acanthe avec deux petits trous.

704. Un homme et une femme assis. Ils portent le costume du XVe. siècle et se voient assis l'un à côté de l'autre; le jeune homme appuie la main droite sur le genou de sa compagne et celle-ci met sa main dans la sienne. Deux branches d'arbre s'unissent dans le haut en s'entrelaçant dans le style gothique et deux feuilles symétriques ont chacune un petit trou.

705. Un jeune homme tirant son épée. Il est tourné à droite, en habit de ville et la tête couverte d'un petit chapeau. Il porte à son bras droit un grand bouclier et se voit dans l'acte de tirer son épée avec la main gauche. En haut deux petits ornemens avec un trou rond.

706. Un couple amoureux. Demi-figures. Un jeune homme et une jeune fille, dans le costume du XVe. siècle, sont vus près d'une table. Il est à gauche et porte la main sur le sein de la jeune fille qui paraît vouloir se défendre. Ovale. H. 1 p. 10 l. Cabinet Santini.

707. Le verre de Champagne. Un homme assis à gauche près d'une femme lui offre un verre de Champagne. Traité dans le

style des petits maîtres. H. 9 ½ p. Largeur dans la partie supérieure 8 p., dans l'inférieure 6 p. Cabinet Detmold à Hanovre.

708. **Une femme et deux jeunes gens.** Une femme, le buste découvert, est assise, tournée vers la droite et tient devant elle un petit miroir, tandis qu'elle prend de la main droite ses longs cheveux. A droite un jeune homme nu, qui met de côté le vêtement de la femme. Derrière elle se voit un autre jeune homme qui paraît dormir, mais qui la regarde à travers ses doigts. Fond de paysage. Épreuve d'une planche traitée avec finesse qui parait avoir servi de couvercle à une boite. Ovale. H. 2 p. 4 l. L. 3 p. 1 l. A Berlin.

709. **Trois hommes dans le costume du XVIIe. siècle.** Ils se voient debout dans trois compartimens contigus. Celui du milieu est sous une tente avec des trophées suspendus à une tête de lion. Les compartimens latéraux, un peu abaissés, contiennent chacun deux fleurs. Fond noir. H. 3 p. 5 l. L. 1 p. 1 l. Collection Albertine à Vienne.

710. **Une autre petite feuille traitée dans le même style**, formée de trois compartimens, se trouve dans la même collection et parait avoir été destinée au même usage que la composition antécédente. Le compartiment central contient une tête d'animal surmontée de trois fleurs; les latéraux, des trophées et des feuillages. Fond noir. H. 2 p. L. 1 p.

711. **Scène champêtre.** Dans un riche paysage avec une ville sur une montagne, on voit au bas de celle-ci un moulin et le meunier qui pousse devant lui un âne. A droite un berger avec des brebis; à gauche une chasse au cerf. Plus à droite un pêcheur qui vend un poisson à un autre individu. Fond blanc. Épreuve récente d'un nielle allemand du XVIe. siècle. Pièce ronde, 2 p. 5 l. de diamètre. Collection Sotzmann à Berlin. [195])

712. **Un chat.** Il est assis, tourné à droite, sur une table et dévore un poisson qu'il tient devant lui dans ses pattes. Fond noir. Diamètre 5 l. Médaillon d'argent dans le Cabinet Durazzo à Gênes. Zanetti en donne un facsimile dans „Le premier siècle etc." No. 148.

---

195) Voyez dans l'Appendice:
Le paysan avec le râteau, No. 858.
Un jeune homme avec deux écussons, No. 859.

Portraits, Têtes et Armoiries.

713. Le pape Pie II. Portrait en buste, de profil, tourné vers la gauche et la tête couverte de la tiare. En haut dans une légende: PIVS. II. PONT. MAX. Fond noir. Médaillon ovale dans une bordure chantournée. H. 2 p. 3 l. L. 1 p. 9 l. En argent. Cicognara No. 57.

714. Armoiries du même pape. Elles forment le revers du médaillon ci-dessus. Cicognara No. 59. Des épreuves des deux côtés se conservent dans la bibliothèque de Vienne provenant de la Collection Albrizzi. (F. de Bartsch Nos. 63. 64.)

715. Le pape Pie V. Buste vu de profil, tourné vers la droite; la tête nue est entourée d'une auréole. Dans la légende au-dessus: PIVS PONT. MAX. Même grandeur et même bordure que le portrait antécédent dont il forme le pendant. Cicognara No. 59.

716. Armoiries du même pape. Revers du médaillon ci-dessus. Cicognara No. 60. On en conserve également des épreuves dans la bibliothèque de Vienne venant de la Collection Albrizzi. (F. de Bartsch Nos. 65. 66.)

717. Le pape Léon X. Buste vu de trois quarts et tourné à gauche, la tête couverte d'une barrette. Copié du tableau de Raphaël. Fond noir. En haut dans une banderole on lit: LEO X. PONT. MAX. Médaillon ovale, avec bordure ornée, en argent. Cicognara No. 53.

Duchesne vit, en 1833, un médaillon semblable entre les mains du négociant Antonio Zen que celui-ci disait avoir appartenu à la famille Bembo.

718. **Armoiries du même pape,** formant le revers du médaillon antécédent. Cicognara No. 54.

719. **Le cardinal Pierre Bembo.** Portrait en buste, tourné vers la gauche et portant la barbe longue, d'après le portrait du Titien. Fond noir. Au-dessus dans une banderole: PETRI BEMBI CAR. Ce médaillon ovale en argent a la même bordure que celui avec le portrait de Léon X, auquel il sert de pendant. Cicognara No. 55.

720. **Armoiries du même cardinal.** Elles forment le revers du médaillon antécédent. Cicognara No. 56. On trouve des épreuves des deux côtés dans la bibliothèque de Vienne, provenant de la Collection Albrizzi. (F. de Bartsch Nos. 61. 62.)

721. **Philippe II. roi d'Espagne.** Buste dans un médaillon; sur une légende: PHILIPPVS HISPANIARVM ET ANGLIÆ REX. Plaque d'argent niellée du Cabinet Albrizzi dont Cicognara fait mention dans ses „Memorie" p. 42. On en conserve une épreuve sur papier dans la bibliothèque de Vienne. Diamètre 2 p. 6 l. (F. de Bartsch No. 59.)

722. **Henri II. roi de France.** Buste dans un médaillon; on lit sur la légende: HENRICVS II. FRANCOR. REX INVICTVS. O. P. P. Médaillon d'argent niellé au Cabinet Albrizzi, mentionné par Cicognara. On en trouve une épreuve sur papier avec l'inscription à rebours dans la bibliothèque de Vienne. Diamètre 2 p. 6 l. (F. de Bartsch No. 60.) Comme Philippe II conclut, en 1559, une alliance matrimoniale avec Isabelle de Valois, fille de Henri II., on peut présumer que les médaillons, avec les portraits de ces deux souverains, ont été exécutés cette même année.

723. **Dante et Pétrarque.** Deux médaillons sur une boîte octangulaire dont les côtés portent une bordure niellée avec des dauphins. H. 1 p. 2 l. L. 1 p. 9 l. Cicognara No. 61—63.

724. **Pétrarque et Laure.** Deux bustes vus de profil. Ils servent d'ornement à une boîte de montre octangulaire. H. 37 mill. L. 30 m. Voyez „Description des objets d'art qui composent la Collection Debruge-Dumenil," Paris 1847, No. 1025.

725. **Boccace et Fiametta.** Deux médaillons avec bustes. Boccace est vu de profil, tourné à droite, la tête couverte d'une draperie entourée d'une couronne de laurier; sur deux banderoles on lit: GIO. BOCACIO. Diamètre 1 p. 4 l. Fiametta est tournée vers la gauche et sur deux banderoles on voit son nom écrit d'une manière peu lisible. Diamètre 1 p. 4 l. Ces deux épreuves d'un travail

récent ont été vendues à Londres par le négociant San Quirico de Venise.

726—728. Deux doges et le lion de St. Marc sur une boîte de montre.

726. Le doge Leonardo Loredano. Buste, tourné à droite, dans le costume et avec le bonnet ducal. Médaillon en argent avec la légende: LEONARDVS. LOREDANVS. DVX. VE. Diamètre 1 p. Duchesne vit, en 1834, ce nielle entre les mains du négociant Ant. Zen. San Quirico de Venise en a vendu une épreuve à Londres.

727. Le doge Agostino Barbarigo. Buste vu de profil, tourné vers la gauche, dans le costume de doge et avec le bonnet ducal. Médaillon en argent avec la légende: AVGVSTINUS. BARBARICVS. DVX. VE. Diamètre 1 p. Vu par Duchesne en même tems que le nielle précédent.

728. Le lion de St. Marc. Ce médaillon ainsi que les deux précédens avec les portraits des deux doges, ornait une montre carrée de six pouces de hauteur. Le lion ailé est tourné vers la gauche et pose la patte sur un livre ouvert où l'on voit écrit: PAX TIBI MA. EV. MEVS. Médaillon d'argent, diamètre 1 p.

729. Jean Galeazzo de Galeazzo (Visconti). Buste en profil, la tête nue, tourné vers la gauche. Fond noir. Médaillon ovale avec l'inscription suivante à rebours: IO. GALEATIVS. GALEATII. VICECOM. FIL. MED. DVX. PRIMVS. Épreuve d'un beau nielle italien du XVe. siècle. Pièce ovale. H. 1 p. 6 l. L. 1 p. 1 l. Collection du roi de Saxe à Dresde.

730. Catherine Bernabò (Visconti). Elle est vue presque de trois quarts, tournée vers la droite; ses cheveux sont légèrement liés par un ruban; une chaîne lui orne la poitrine. Fond noir. Médaillon ovale avec l'inscription à rebours: CATHERINA. BERNABOIVS. VICECOM. F. IO. GALEATII. VICECOM. VX. Pendant de la pièce précédente, de la même forme et dimension. Collection du roi de Saxe à Dresde.

731. Niccolo Machiavelli. Buste vu de profil, tourné vers la droite. Fond noir; aux deux côtés se lit le nom. Plaque octangulaire. H. 1 p. 1 l. L. 1 p. Cicognara No. 71.

Une épreuve en sens inverse se trouve dans la bibliothèque de Vienne, provenant de la Collection Celotti. Cette épreuve est marquée de l'estampille A. S. (A. Storck?) (F. de Bartsch No. 54.)

732. Tête d'un empereur romain. Elle est tournée vers la
gauche et couronnée de laurier. Médaillon d'un ton chargé, exécuté
dans le style de Peregrini. Diamètre 1 p. 4 l. Cabinet Mancel à
Caen (Duchesne).

733. Buste viril avec casque. Le personnage est vu de profil,
tourné vers la droite et porte une barbe pointue; le casque sur sa tête
est orné sur le devant d'une chimère. Le cou est nu et sous le vêtement supérieur ouvert on aperçoit une tunique. En haut on voit
deux petits trous entourés d'un cercle blanc. H. 1 p. 4 l. L. 8½ l.
Cabinet Santini (Duchesne).

734. Buste d'un jeune homme. Il est vu de profil, tourné
vers la droite, avec de longs cheveux couverts d'un bonnet avec revers
dans la partie postérieure. Il porte une cotte et par dessus un manteau d'où sort sa main gauche. Joli travail italien. H. 1 p. 2 l. L. 7½ l.
Cabinet Santini (Duchesne).

735. Trois têtes en médaillons. Dans le médaillon d'en
haut on voit une tête de mort; celui du bas, à gauche, offre une jolie
tête de femme vue de trois quarts; celui du bas, à droite, représente
une tête d'homme couronnée, vue de profil. Les fonds sont en tailles
croisées. Travail italien. H. 1 p. 5 l. L. 2 p. 1 l. Bruxelles. Catalogue Alvin No. 6.

736. Deux bustes en médaillons. Celui d'un homme vêtu
à l'antique, couronné de laurier et tourné vers la droite; l'autre d'une
femme nue, tourné vers la gauche. Diamètre de chaque médaillon 6 l.
Épreuve d'un nielle de travail italien. Musée Britannique.

737. Buste de jeune femme. Elle est vue de trois quarts
tournée vers la droite, la tête entourée d'un cordon. Sur le fond noir
de chaque côté se voit un léger ornement de feuillage. Pièce cintrée
et dans les coins les lettres A. N. Travail italien du XVᵉ. siècle.
H. 1 p. 4 l. L. 1 p. Collection du feu roi de Saxe à Dresde.

738. Buste de femme. Elle est tournée vers la gauche, avec
une longue chevelure et un collier de perles, les deux bras appuyés sur
une balustrade. Aux deux côtés se voient des guirlandes d'arabesques
et, au-dessus de la tête, des branches avec des fruits; tout-à-fait dans
le haut un ruban avec un bouton et dans la marge le monogramme
de Peregrini. H. 1 p. 2 l. L. 9 l. Cabinet Sotheby (?). Duchesne.

739. Buste d'une jeune femme. Elle est vue de profil,
tournée vers la droite. Ses cheveux sont noués par derrière et elle porte
au cou un collier de perles. Une draperie lui couvre à moitié le sein.

Dans le fond des ornemens de feuilles, à gauche un petit trou. H. 7 l. L. 1 p. 3 l. Cabinet Santini (Duchesne).

740. Buste de jeune femme. Elle est vue de profil, tournée vers la gauche, la tête ornée d'une résille et le cou d'un rang de perles. Sa robe ne porte aucun pli. Aux côtés, des ornemens de feuillage et vers la marge de gauche, deux petits trous entourés d'un ornement. H. 7 l. L. 1 p. 2 l. Cabinet Santini (Duchesne).

741. Deux écussons armoriés ovales. Tous deux sont partis en pal et l'un porte dans le champ un pèlerin debout. Plaques d'argent ovales. H. 11 l. L. 9 l. Cicognara Nos. 35. 36.

742. Armoiries sable et argent. Ce sont les mêmes qui ont été décrites par Duchesne sous le No. 390. L'écusson est soutenu par deux petits Amours; en bas et en haut se voient deux têtes de chérubins. Diamètre 1 p. 3 l. Cabinet Santini (Duchesne).

Arabesques.

743. Disque avec quatre petits anges qui tiennent les instrumens de la passion. Au milieu on voit la trace d'un enfoncement ou d'un trou; le disque est rempli d'un ornement de fleurs sur fond blanc et les quatre petits anges tiennent plusieurs des instrumens de la passion, comme la colonne, le fouet et les verges. L'exemplaire, que nous décrivons, n'est imprimé qu'aux trois quarts. Travail médiocre italien; pièce ronde, 3 p. 11 l. de diamètre. Dresde.

744. Buste de jeune femme. Elle est richement vêtue, tournée vers la gauche et tient de la droite une petite boule; à gauche un listel avec ornemens de feuillage. H. 10 l. et dans la partie supérieure 11 l., un peu plus étroit vers le bas. Épreuve d'un nielle allemand. Musée Britannique.

745. Buste de jeune femme, tournée à gauche. Elle tient de la main droite un verre à forme alongée et de la gauche un pot; du côté gauche un listel avec ornemens de feuillages. Pendant du nielle précédent et de la même dimension. Musée Britannique.

746. L'Amour tenant un arc. Il est debout, dans le haut, sur un appui à guise de candelabre, avec un char de triomphe. Sur la division inférieure se voient assis quatre jeunes gens liés. Un enfant conduit les deux chevaux attelés à un char. Dans le fond, la mer et fond noir vers le haut. H. 1 p. 7 l. L. 1 p. Épreuve d'un nielle italien dans la Collection Albertine à Vienne et qui forme le pendant du No. 367 de Duchesne, qui se conserve aussi à présent dans la même collection.

747. Deux petits Amours au mascaron. Ils sont assis de chaque côté d'un mascaron surmonté d'un vase. Celui de gauche est vu de dos. A gauche un N., à droite un O., ce qui parait indiquer Nicoletto da Modena. Ces lettres n'étant pas à rebours et comme il n'existe que trois épreuves de cette gravure, on doit conclure qu'elle n'est pas un nielle. H. 11 p. L. 2 p. 2 l. Cabinet Brisard (Duchesne, „Voyage d'un Iconophile" p. 327) et à présent au Cabinet de Bruxelles où il y en a encore deux autres épreuves. (Catalogue Alvin No. 4.)

748. Un enfant tenant un vase sur la tête. On le voit dans le milieu. Au-dessous un autre vase d'où sortent des feuillages avec deux mascarons. H. 3 p. 5 l. L. 6 l. Belle épreuve d'un nielle dans le style de Peregrini. Musée Britannique.

749. Deux enfans qui se caressent. Ils sont nus et assis l'un près de l'autre. A côté, dans un ornement de feuillages, deux oiseaux. Fond noir. H. 11 l. L. 9 l., un peu plus large dans la partie supérieure. Épreuve d'un nielle allemand. Musée Britannique.

750. 751. Deux ornemens avec des Amours qui se battent. H. 5 l. L. 2 p. 1 l. Pièces un peu cintrées. Berlin. [196])

750. Joûte de deux Amours. Celui de gauche est monté sur un chien, celui de droite sur un bouc et ils courent l'un contre l'autre armés de guidons. *) Le fond noir est rempli par un ornement très-fin.

751. Deux Amours montés sur des dadas. Ils joûtent l'un contre l'autre avec des volants. Pendant de la pièce précédente. Travail fin allemand du XVIe. siècle.

752. Femme avec un dragon. Un bel ornement de feuillages terminé en jeune femme nue qui s'appuie sur une espèce de candelabre au bord duquel est agenouillé un petit Amour. Elle tient un bâton avec un bouclier qui est mordu par un petit dragon. Fond noir. H. 9 l. L. 11 l. Beau travail allemand. Musée Britannique.

753. Une femme et un jeune homme. Ils sont debout

---

196) Le Cabinet de Berlin conserve en outre les épreuves de 31 nielles allemands avec des ornemens pour de petites gaînes de poignards ou de couteaux et encore un bien plus grand nombre d'épreuves de petites gravures à guise de nielles représentant, pour la plupart, des sujets de la Bible. Elles appartiennent à la seconde moitié du XVIe. siècle et sont trop peu importantes pour en donner ici une description détaillée.

*) ⚑ guidon, ⚑ flamme, ⚑ volant.

l'un à côté de l'autre et se tiennent par l'épaule et par un bras. Au-dessus d'eux, et dans les listeaux de chaque côté, des enroulemens de feuillages: dans celui de gauche, un chien, un lapin et un oiseau; dans celui de droite, un hibou. H. 1 p. L. 10 l., un peu plus étroit par le bas. Joli travail allemand. Musée Britannique.

754. **Têtes de chérubin et de lions.** Deux têtes de lion, dans les coins, se terminent en enroulemens qui s'entrelacent vers le milieu. Dans le haut une petite tête de chérubin. Travail allemand du XVIe. siècle. H. 7 l. L. 1 p. Musée Britannique.

755. **Têtes de chérubin et de griffons.** Deux rinceaux se terminent, dans les coins, par des têtes de griffon. Au milieu, en haut, une petite tête de chérubin. Travail allemand du XVIe. siècle. H. 7 l. L. 4 ½ l. Musée Britannique.

756. **Un jeune homme embrassant une jeune fille.** Elle est assise sur le genou gauche du jeune homme et tient une coupe de la main gauche. Fond noir. Travail allemand du XVIe. siècle. H. 10 l. L. 9 l., un peu plus étroit par le bas. Musée Britannique.

757. **Un couple sous un arbre.** Un jeune homme, la tête couverte d'une barrette, est assis sous un arbre à côté d'une femme, à droite, et lui passe la main sous la robe. Dans le fond à gauche un petit arbre. Travail allemand du XVIe. siècle et dans le goût des petits maîtres, comme les trois numéros précédens. H. 8 l. L. 7 l. Musée Britannique.

758. **Deux femmes ailées.** Elles se terminent par des enroulemens de feuillages et tiennent des instrumens de musique dont elles paraissent jouer. Dans le milieu une tête de chérubin. Traité dans le style de H. Sebald Beham. H. 1 p. L. en haut 1 p. 3 l., en bas 1 p. 2 l. Collection Weber à Bonn.

759. **Une femme à mi-corps.** Elle sort d'un enroulement de feuillages, tournée à gauche et de profil, donnant du cor. A droite, une autre femme; fond noir. Travail italien du XVIe. siècle. H. 1 p. 4 l. L. 1 p. 2 l. Chantourné par le haut. A Berlin.

760. **Deux petits Amours et un enfant.** La queue d'une chimère, à tête de chameau, se termine par un ornement en spirale. Un Amour saisit une touffe des cheveux de la tête du monstre, un autre se soulève en se berçant dans les rinceaux; au-dessous, à droite, on voit un enfant par le dos, à genoux; fond noir. Épreuve d'un fermoir niellé de forme presque carrée, dans le style de H. Sebald Beham. H. 1 p. 10 l. L. en bas 2 p. 1 l. Cabinet Detmold à Hanovre.

761. Un enfant sur une base de colonne. Il est assis au bas et tient, des deux mains élevées, un ornement au milieu duquel se trouve un vase. En haut, sur une tablette blanche, le monogramme A. Travail allemand du XVe. siècle. H. 1 p. 6 l. L. 5 l. Voyez Brulliot Dictionnaire etc. App. No. 4.

762. Un enfant chevauchant un oiseau. Ce dernier vole vers la droite. Le fond noir est orné de feuillages. Travail allemand du XVIe. siècle. Diamètre 1 p. 3 l. A Munich.

763. Deux singes. Ils sont assis aux côtés dans des guirlandes de feuillages. En haut un oiseau et au milieu un homme sauvage dans l'attitude de combattre. Fond noir. Au-dessous et dans le milieu la marque ci-contre qui appartient au maître dit Albert Glockenton. Fragment d'une épreuve de nielle du XVe. siècle. H. 4 p. 8 l. L. 2 p. 9 l. A Bâle.

764. Une chasse. Dans une bordure, en forme de cercle, se voient deux chasseurs à cheval accompagnés de plusieurs chiens qui poursuivent un sanglier. En l'air un héron. Fond noir. Le milieu du cercle est vide. Diamètre 2 p. 6 l. Nielle allemand. A Munich.

765. Un dragon et trois oiseaux. Une rose à six feuilles forme le centre d'un cercle. En bas, dans les rinceaux du fond noir, un dragon; aux côtés et en haut, les trois oiseaux. Travail allemand du XVIe. siècle. 1 p. 3 l. de diamètre. A Munich.

766. Un enfant avec deux dauphins. Un enfant, vu de face, est assis au bas et soutient, de ses deux bras élevés, deux dauphins terminant en volutes et en rosaces qui portent un vase. Travail allemand dans le goût italien. H. 1 p. 6½ l. L. 5½ l. A Munich.

767. Un berger soufflant dans une corne. Il est tourné vers la droite, portant du bras gauche sa houlette et se tient debout sur une console avec enroulement de feuillages, auquel pend un bouclier rond. Épreuve d'un travail moderne vendu à Londres par San Quirico de Venise.

768. Enfant et mascaron. En bas on voit un vase avec deux anses d'où se dégagent des arabesques et dans l'intérieur un mascaron, ou tête sans barbe, et un enfant debout, tourné vers la gauche, et qui tient un vase sur la tête; il est surmonté d'un autre mascaron barbu; tout-à-fait en haut deux petits ronds blancs. Très-bien traité dans le style de Peregrini. H. 3 p. 4 l. L. 6 l. Cabinet Santini (Duchesne).

769. Deux palmes. En bas une base d'acanthes; plus haut s'élèvent deux palmes au milieu desquelles se trouve une palmette. En haut un vase d'où s'échappent des rinceaux. H. 1 p. 9 l. L. 2½ l. On a

une répétition de cet ornement avec quelques variantes à peine sensibles. (Duchesne.)

770. **Arabesque en forme d'éventail.** Dans le centre des
feuilles d'acanthe d'où partent des enroulemens. A chacun des quatre
coins, un petit trou entouré d'un cercle blanc. Plaque d'argent carrée.
H. 1 p. L. 1 p. 5 l. Cabinet Santini (Duchesne).

Arabesque avec le monogramme | 丹 S. Voyez No. 474.
Banderole avec inscription, au No. 473.

771. **Ornemens divers.** Deux listeaux avec enroulemens, la
plupart sur fond noir. Ensuite 19 petits ornemens dont huit à gauche
et sept à droite de la feuille, et quatre autres à côté du listel de
gauche. Tous gravés sur la même plaque. H. 2 p. 1 l. L. 1 p. 7 l.
A Berlin.

772. **Onze divisions de petits listeaux.** La plupart contiennent des ornemens; au-dessous du listel supérieur on voit une petite
tablette carrée. Chaque division est marquée d'un vase ressemblant à
une tasse, le tout est circonscrit par un trait très-fort. Noir sur
fond blanc. H. 4 p. 4 l. L. 4 p. A Berlin.

773. **Trois parties d'ornement.** Celle du milieu est plus
haute et renferme une tête de chien d'où s'échappent des enroulemens
terminés en haut par trois fleurs; les deux parties latérales contiennent chacune une fleur et des enroulemens. H. 2 p. dans le milieu. L. 1 p. Collection Albertine à Vienne.

774. **Ornement du même genre.** Dans chacun des trois
compartimens on voit un jeune homme dans le costume du XVIIe. siècle;
celui du milieu, dans une tente surmontée d'un trophée soutenu par
un mascaron et un autre mascaron semblable avec un faisceau de fruits.
Les compartimens latéraux contiennent chacun trois fleurs sur fond
noir. H. 3 p. 3 l. L. 1 p. Collection Albertine à Vienne.

775. **Montant d'ornement.** Sur un trépied est posé un
vase d'où s'élève un enroulement qui passe à travers une petite couronne. Travail florentin du XVe. siècle. H. 4 p. 4 l. L. 6 l. Voyez
Ottley p. 333. No. 3.

776. **Pendant de l'ornement ci-dessus.** Les enroulemens
procèdent d'un candelabre composé de trois divisions. Ottley No. 4.
De grandeur égale au précédent.

777. **Ornement à guise de frise.** Au milieu se trouve
une grande feuille sur laquelle on voit une pomme de pin; les
rinceaux passent à travers quatre anneaux dont deux sont al-

tachés à l'extrémité de la feuille. H. 11 l. L. 3 p. 10 l. Ottley No. 5.

778. **Pendant de l'ornement précédent.** Un enfant nu est couché sur des enroulemens chargés de fleurs. Il est tourné vers la droite et tient des deux mains un des rinceaux qui se dirigent vers la droite. Nielle florentin du XV°. siècle. H. 11 p. L. 3 p. 10 l. Ottley No. 6. Il en donne un facsimile à page 334 et l'attribue avec les trois numéros qui précèdent à Baccio Baldini.

779. **Une tablette avec une inscription italienne.** On y lit à rebours: LA MORTE EL FIN: EL DI LODA LA SERA. Cette inscription occupe sept lignes chacune de quatre lettres, à l'exception de la dernière qui en a deux. Elle est traitée dans un style analogue à celui du No. 363 (Duchesne). H. 2 p. 3 l. L. 1 p. 8 l. Cabinet Santini (Duchesne).

Épreuves de Nielles sur des gaines de poignards et de couteaux.

780. La Fortune, l'Amour et la Vérité. La première est placée vers le haut, tournée à droite, et posant sur un globe où se lit à rebours: FORTVNA. Le petit Amour se tient sur une roue; en bas, la Vérité les mains élevées, avec l'inscription à rebours: VERITAS. Travail allemand médiocre. H. 4 p. 9 l. L. 1 p. 4 l. Arrondi du bas. A Berlin.

781. L'Espérance. Elle est debout et vêtue, tournée vers la gauche et les mains élevées. On lit, à rebours, en haut: HOFNVNG. Au-dessous, des ornemens de feuillages sur le bord et au-dessous de l'Espérance la date 1523. H. 5 p. 11 l. L. 11 l.

782. La Force. Elle est debout, la droite appuyée à une colonne et tournée vers la droite. On lit au-dessus en sens inverse: STERCKE. Travail médiocre; fragment. H. 3 p. 6 l. A Berlin.

783. Un Hallebardier. Il est tourné vers la droite et ôte, de la main droite, sa barrette empanachée. On voit en haut, dans un écusson, le monogramme ci-contre qui paraît indiquer un g traversé par un t ou un l. La manière de la taille et la forme fuselée des cuisses rappellent le maître allemand au monogramme P. W. L'épreuve paraît avoir été obtenue de la pointe d'un fourreau de sabre. H. 4 p. 5 l. L. 1 p. 3 l. à la partie supérieure. A Dresde.

784. Trois gaines de poignard sur une seule feuille.
   1. Vers le haut un jeune hallebardier.
   2. L'Amour tenant un vase.
   3. L'Amour assis sur un casque.

Au-dessous: ꟼ Ɔ ꟽ Ƨ\C Ɐ. Ce travail néerlandais rappelle le style de

Lucas de Leyde et pourrait appartenir au maître E C. de 1522.
H. 6 p. 5 l. L. 2 p. 1 l. A Paris.

785. Hercule étouffant Anthée. Cette composition se trouve
dans la partie supérieure. Dans le milieu on voit un médaillon représentant l'Amour tenant un dauphin par la bride. Au-dessous, des ornemens de feuillages. Dans une tablette vers la partie supérieure:
ƨO⅃VƆЯƎH (Herculos). Travail allemand. H. 7 p. 9 l. L. p. 11 l.
et au-dessous 1 p. A Berlin.

786. Huit manches dont sept de couteaux et un de fourchette. Les plaques niellées incrustées contiennent d'un côté des
trophées et les armes des Médicis, de l'autre des enroulemens
d'arabesques et sur une tablette au-dessus les lettres C. M. D. E.
(Cosimus Médicis, Dux Etruriæ). H. 2 p. 2 à 3 l. Haut L. 6 l. Bas 5 l.
Cicognara Nos. 81—96. Trois épreuves sur papier de ces nielles parvinrent de la Collection Celotti dans la bibliothèque de Vienne. (F. de
Bartsch Nos. 55—57.) Cicognara croit que ces nielles furent exécutés vers 1560 puisque Côme I mourut en 1574. Mais ce prince régna
comme duc depuis 1537 et comme grand-duc depuis 1569. L'exécution
tion de ces manches a donc pu dater de 1537 à 1569.

787. Sept manches dont six de couteaux et un de fourchette.
Les plaques niellées, qui s'y trouvent enchassées, sont d'un travail médiocre et contiennent, d'un côté, la figure d'un enfant et de l'autre, des
trophées avec les armes des Médicis. H. 9 l. à 1 p., largeur en haut
6 l., en bas 5½ l. Duchesne ne mentionne point le possesseur de
ces nielles, mais les décrit en détail comme suit:

1. Un enfant, vu de face, joue de la guitarre et danse en même
tems, levant le pied droit. H. 10 l.

2. Un enfant, vu de face, tenant devant lui un tambour de
basque. H. 10 l.

3. Un enfant, marchant vers la gauche, tient de la gauche un
grand bouclier et de l'autre main une petite torche appuyée à son épaule.

4. Un enfant, vu de face, se tourne vers la droite et joue sur
une flûte double. H. 11 l.

5. Un enfant, vu de profil et tourné vers la droite, sonne d'une
trompette et tient un tambour. H. 11 l.

6. Un enfant, vu de profil et tourné vers la gauche, lance une
flèche de son arc et porte un carquois. H. 1 p.

7. Un enfant, vu de profil et tourné vers la gauche, joue sur
un tambourin qu'il tient dans ses mains élevées. H. 9 l.

Épreuves de nielles sur des étuis et des fermoirs.

788. Trois nielles d'étui. Épreuves. H. 2 p. 3 l. L. 7 l.

1. **Maria de Arcanzoli.** Elle est tournée vers la gauche et file. Au-dessus d'elle une banderole avec son nom. L'étui a un couvercle sur lequel on voit un soleil.

2 et 3. **Rinceaux** finement exécutés et dans chacun d'eux une figure d'enfant.

Voyez en les facsimile dans l'ouvrage de Ottley „A Collection" etc.

789. Deux arabesques sur un étui. H. 3 p. 2 l.

1. Trophées d'armes; dans le milieu un bouclier avec l'inscription: VIVE DIV.

2. Ornemens exécutés avec finesse; avec un grand bouclier au-dessous.

Ottley en donne les facsimile dans l'ouvrage cité.

790. Batterie et chien de pistolet. La première partie représente un chevalier armé, dans un ornement de feuillage, la seconde, un enroulement qui en suit le contour. Travail italien du XVIe. siècle. Sigismond Bermann à Vienne en a fait tirer des épreuves. Voyez F. de Bartsch Nos. 67 et 68.

791. Batterie de pistolet. L'Amour, à cheval, tire après lui un chariot chargé de trophées avec une palme. Le fond est formé par un enroulement. Travail allemand du XVIe. siècle, de forme irrégulière, ayant 4 p. 5 l. de longueur. Collection Albertine à Vienne.

792. Une vieille femme qui file. Elle s'avance vers la gauche, devant elle un enroulement de feuillage. Au-dessus, à gauche, un V. H. 2 p. 1 l. Largeur en haut 1 p. 2 l., en bas 10 l. A Berlin.

793. Le Temps. Un vieillard nu s'avance vers la droite, tenant de la main droite un sablier, de la gauche une bèche. H. 2 p. 2 l. Largeur en haut 10 l, en bas 7 l. A Berlin.

Ces deux dernières épreuves sont exécutées d'un burin très-ferme et appartiennent à un bon maître allemand qui était probablement un orfèvre du premier quart du XVIe. siècle.

794. Deux mineurs. L'un d'eux est agenouillé à gauche devant un crucifix, l'autre, de proportions un peu moindres, frappe de son marteau un coin enfoncé dans un rocher. Le dessin, au simple contour, est très-grossier. Ce fermoir irrégulier a été trouvé enfoui près de Brunswick et on en a tiré des épreuves. H. 1 p. 6 l. L. 2 p.

Nielles sur des cadrans de montre [197]), sur des couvertures de livres et sur des vases.

795. Deux femmes nues assises. Elles tiennent, dans le milieu, les extrémités d'un baldaquin qui se voit dans la partie supérieure de l'épreuve. Fond noir et bordure blanche avec des chiffres romains. Probablement un travail d'Augsbourg du XVIe. siècle. Diamètre 1 p. 8 l. Épreuve sur papier. Collection Albertine à Vienne.

796. Un écusson d'armoiries soutenu par deux lions. L'écu porte une bande chargée de trois tourteaux et pour cimier une tête de lion sur le heaume. Fond noir. Travail allemand du XVIe. siècle. Diamètre 1 p. 2 l. Épreuve sur papier. Collection Albertine à Vienne.

797. Nymphes et Amours. Elles sont couchées dans une frise formée de feuillages de 5 l. de hauteur. Ce travail n'est point niellé et se trouve sur une boîte de montre sans autre ornement. La montre elle-même est un travail d'Émile Avellot de Lyon. Zanetti, Premier siècle etc. Appendice p. XXII. No. 126.

798. Couverture d'un livre d'évangiles. Au milieu on trouve la figure du Christ en ivoire. La bordure, travaillée en or, est ornée de 33 pierres précieuses et de huit médaillons niellés dont les quatre, aux coins, représentent les évangélistes avec leur symboles, et les quatre aux côtés, les pères de l'église latine. A gauche se trouvent St. Jean l'évangéliste, le pape St. Grégoire, St. Augustin et St. Luc. A droite St. Marc, St. Jérôme, St. Ambroise, dont le bras est soutenu par un

---

197) Voyez No. 726 à 728. Deux Doges et le lion de St. Marc sur une boîte de montre.

ange, et St. Mathieu. Chaque médaillon est entouré d'un double trait. Diamètre 9 l. Cabinet Albrizzi (Duchesne 120 louis).

799. Couverture d'un pontifical. Le manuscrit moderne est celui d'une messe solennelle selon le rit romain. Il est couvert en velours cramoisi avec des ornemens en vermeil. On voit de chaque côté quatre médaillons ronds dans les coins de 1 p. 6 l. de diamètre, et un autre ovale dans le milieu de 2 p. 9 l. sur 2 p. 3 l. Au-dessous de ce dernier, des armoiries.

Duchesne vit ce pontifical, en 1834, entre les mains du négociant Zen qui l'estimait 160 louis. Voici quels sont les sujets des médaillons.

1. La naissance de Jésus Christ. Au milieu la Vierge, agenouillée et tournée vers la gauche, adore Jésus enfant couché dans une corbeille. A gauche, St. Joseph pareillement à genoux et, derrière lui, un berger qui porte un agneau, accompagné de deux femmes dont l'une a sur la tête une corbeille. A droite deux autres bergers. En haut deux anges tiennent une banderole avec l'inscription: GLORIA IN EXCELSIS DEO. Au-dessus d'eux plane le St. Esprit. H. 2 p. 9 l. L. 2 p. 3 l. Voyez aussi l'épreuve sur papier No. 469.

2. St. Mathieu, demi-figure, tournée vers la droite, écrivant dans un gros livre. A gauche la petite figure de l'ange en pied, qui pose sa main gauche sur l'épaule de l'évangéliste.

3. St. Marc. Demi-figure, vue de face; il tient un livre ouvert sur les genoux et de la main droite une plume. A droite le lion ailé.

4. St. Luc. Demi-figure, tournée vers la gauche, mais la tête de face; il soutient un livre de la gauche et élève de la main droite une plume. A droite la tête du bœuf.

5. St. Jean. Il est tourné vers la gauche, porte une longue barbe et écrit dans un gros livre. Dans le fond on aperçoit l'aigle.

6. La résurrection. On voit, au milieu, un tombeau creusé dans le roc et dont le couvercle est enlevé; au-dessus le Christ ressuscité et tenant de la main gauche l'étendart de la croix; six petits anges l'entourent dans l'attitude de l'adoration et des têtes de chérubins sont disposés symétriquement de chaque côté. Sur le devant, on voit quatre gardes renversés et un cinquième, vu de dos, qui s'enfuit tenant en l'air un bouclier. Ovale. H. 2 p. 9 l. L. 2 p. 3 l.

7. St. Grégoire. Demi-figure, vue de face; il appuie la main droite sur un livre ouvert; à gauche le St. Esprit.

8. St. Jérôme. Demi-figure, vue de profil, tournée vers la droite; il écrit sur un papier posé sur une table. Dans le fond le chapeau de cardinal.

9. St. Ambroise. Demi-figure, vue de face; il tient de la main gauche un livre ouvert et pose la droite sur sa poitrine. A gauche on aperçoit partie d'un ange.

10. St. Augustin. Demi-figure, vue de face; il tient de la main gauche un livre ouvert et de la droite une épée.

800. Couverture d'un manuscrit hébraïque. Elle est en velours rouge et ornée de deux médaillons ovales en argent avec les sujets niellés qui suivent:

1. David. Il est agenouillé, tourné vers la droite et joue de la harpe. H. 1 p. 3 l. L. 10 l.

2. Un écusson armorié. Il porte une bande, chargée d'un croissant entre deux étoiles, accompagnée en chef de deux têtes affrontées d'animal et d'une troisième en pointe.

Duchesne vit, en 1834, ce livre entre les mains du négociant Antoine Zen.

801. Une coupe avec son couvercle. Elle est en argent, avec le pied et le bord en vermeil. Le couvercle est surmonté d'une statuette de l'Amour qui tient de la gauche un caducée et de la droite un bouclier. Le pied de la coupe, avec une bordure richement ornée, pose sur trois Amours qui s'y appuient en tenant un écriteau avec les mots: FINIS CORONAT OPUS. Sur le ventre de la coupe, des rinceaux forment douze compartimens circulaires contenant des sujets niellés représentant des Amours et des enfans qui jouent. Dans les intervalles se voient différentes espèces d'animaux. Le couvercle est aussi orné d'Amours jouants. Le dessin de ces nielles est beau et fin dans le style néerlandais du commencement du XVI°. siècle. Cette coupe semble avoir été destinée à un présent de noces. La hauteur en est de 9 p. 6 l. Musée Britannique.

802. Une montre. Sur le cadran des heures on voit à droite, appuyés sur un tertre, Acis et Galathée qui s'embrassent. Dans le fond Polyphème jouant sur une flûte de Pan, ayant à gauche un chien et derrière deux brebis. Tout autour les douze heures sont indiquées en chiffres romains. Dans le milieu un trou pour les aiguilles. Le nielle est traité dans le style italien du commencement du XVIe. siècle. Diamètre entier 1 p. 6 l. Musée Britannique.

Empreintes de nielles en souffre.

803. Un reliquaire d'argent doré, avec des empreintes de nielles en souffre. Il a la forme d'un petit tableau d'autel avec deux volets, ou d'une Paix cintrée par le haut et reposant sur un socle orné de trois petits médaillons émaillés. Le sujet principal représente:

1. La Vierge debout. Demi-figure. Elle tient l'enfant Jésus debout sur un mur d'appui sur lequel on voit un livre ouvert. Cette empreinte en souffre a été prise sur un nielle d'un beau travail; les têtes ont beaucoup d'expression et le travail en est assez fin. Le fond est composé de tailles croisées un peu grossièrement. Ce travail est du XVIe. siècle. H. 3 p. 1 l. L. 2 p. 1 l.

2. Les deux volets contiennent chacun la figure d'un ange debout avec un fond semblable à celui du sujet principal. Chacun d'eux a en hauteur 3 p. 1 l. et en largeur 9 l.

Ces trois empreintes ont un peu souffert. Duchesne vit, en 1833, ce reliquaire entre les mains d'Antonio Zen. La provenance de cette pièce remarquable laisse quelques doutes sur son authenticité.

Épreuves modernes de très-anciennes gravures sur métal, par ordre chronologique.

Nous croyons devoir faire mention ici de quelques épreuves modernes d'anciennes gravures sur métal d'un plus grand format et qui ont été, en partie, données jusqu'ici pour des nielles. Elles viennent néanmoins de planches dont les tailles ont été dans l'origine remplies d'une composition noirâtre ou même de nielle et qui n'étaient pas destinées à être reproduites par l'impression, mais servaient à orner des vases d'église ou qui étaient destinées à des usages sacrés. Quelques-unes de ces épreuves ont été décrites, par Bartsch et autres, parmi les gravures au burin et pour cette raison nous ne les donnerons pas ici. A ces dernières appartiennent: 1° les deux sujets de la Passion, impressions tirées d'un médaillon à deux plaques de l'école de Martin Schongauer. 2° Une tablette votive exécutée, en 1477, par l'orfèvre Wolfgang pour l'abbé Ludwig (Bartsch IX. p. 16) et 3° le Christ en croix entouré de Saints, feuille signée des initiales C B. 1562. (Bartsch IX. p. 487.)

804—819. Seize épreuves de plaques gravées au burin ornant le lustre ou la couronne que l'Empereur Frédéric I et son épouse Béatrice donnèrent, vers 1165, à la cathédrale d'Aix-la-Chapelle. [198]) Huit de ces médaillons renferment des

---

[198) On trouve une description, ainsi que des illustrations, de ce lustre dans les „Mélanges d'Archéologie" de CAHIER et MARTIN. Paris 1853. Vol. III. p. 40. Tables III—XI. SCHNAASE, dans son Histoire de l'art au moyen-âge (Geschichte der bildenden Künste im Mittelalter), Vol. V. p. 787, parle au long de cette intéressant ouvrage d'art qui représente d'une manière symbolique la nouvelle Jérusalem et au sujet duquel nous renvoyons à son ouvrage. Quand on résolut, il y a quelques années,

sujets de la vie de Jésus Christ et le Sauveur comme maître du monde. Les huit autres plaques, de forme carrée ou en rosettes, contiennent chacune la figure d'un messager divin (ange ou adolescent sans ailes), tenant un écriteau oblong sur lequel se trouve gravée une des huit béatitudes du Sermon sur la montagne. Les bordures sont diversement ornées, mais l'intervalle ou le fond est évidé, ce qui forme une élévation dans l'impression.

804. **L'Annonciation.** La Vierge, les mains élevées, est à gauche; l'ange est à droite levant la main gauche (par le renversement de la planche) pour bénir; de l'autre main il tient une banderole avec l'inscription: AVE MARIA. Rond avec bordure ornée. Diamètre 6 p. 10 l.

805. **La Nativité.** La composition, conforme aux modèles de l'ancienne église, représente la Vierge couchée devant la crèche où se voit l'enfant Jésus nu. St. Joseph est assis à gauche et derrière la crèche on aperçoit le bœuf et l'âne. Le fond représente un mur avec trois tours pour indiquer le palais de Bethléem. Diamètre 7 p. 2 l.

806. **L'Adoration des mages.** La Vierge est assise à gauche et tient, debout sur ses genoux, l'enfant Jésus vêtu qui bénit les trois rois agenouillés à droite. En haut se trouve indiquée l'étoile. Diamètre 7 p. 5 l.

807. **Le Christ en croix.** A côté de la croix et près d'un arbre à droite, se tient la Vierge, les mains jointes; à gauche et à côté d'un autre arbre, St. Jean. En haut, de chaque côté de la croix, le soleil et la lune en deuil. Diamètre 7 p. 1 l.

808. **Les saintes femmes au tombeau.** Elles s'avancent de la droite. Sur le tombeau se voit assise une grande figure, celle de l'ange, qui tient un sceptre. Diamètre 7 p. 2 l.

809. **L'Ascension du Christ.** Il est debout sur une montagne de la forme conventionnelle de l'époque, tenant l'étendart de la croix et regardant vers la gauche, où la main bénissante de Dieu sort des nuages. En bas, à gauche, trois apôtres debout; à droite la Vierge avec un autre apôtre. Des flammes descendent du ciel. Diamètre 7 p. 2 l.

---

de faire nettoyer ce lustre et que l'on dut, en conséquence, détacher les plaques de métal gravées qui se trouvaient fixées à la partie inférieure, on fit tirer quelques épreuves de ces plaques. Le libraire Tross à Paris en a publié une édition.

810. **La descente du St. Esprit.** Les douze apôtres sont assis, serrés les uns contre les autres, et regardent, pour la plupart, en haut vers le Saint Esprit qui, sous la forme d'une colombe, fait descendre sur eux douze rayons. Diamètre 7 p. 1 l.

811. **Le Christ comme maître du monde.** Il est assis sur l'arc-en-ciel, tenant de la main droite un livre ouvert et de la gauche le globe du monde. A côté de sa tête, l'Alpha et l'Omega et de chaque côté une figure d'adolescent en adoration qui, selon le style antique byzantin, a l'avant-bras couvert d'une draperie. Cette composition est entourée d'une bordure formée de rosettes, autour de laquelle se voit encore un cercle orné de feuillages. Dans les encoignures laissées par la bordure et le cercle se trouvent les symboles des quatre évangélistes; ils sont tous ailés. Diamètre 7 p.

812. **Un messager divin.** On le voit, dans un carré orné d'une espèce de grillage, tenant une bande de parchemin sur laquelle on lit le commencement de la première béatitude: BEATI. PAVPERES. SPIRITV. H. 8 p. 11 l. L. 7 p. 7 l.

813. **Un messager divin.** Il se tient, un peu mouvementé, sur un champ orné de rosettes qui est entouré d'un carré orné; dans les encoignures formées par ces divisions on voit plusieurs auditeurs à genoux ou assis et qui paraissent profondément touchés des paroles de la seconde béatitude: BEATI. QVI. LVGENT $\overline{\text{QM}}$. IPSI. $\overline{\text{CS}}$OLAB$\overline{\text{VT}}$. H. 9 l. L. 7 p. 9 l.

814. **Un messager divin.** Il est placé dans une losange arrondie (mandorla) entourée de quatre demi-cercles qui contiennent, dans les espaces laissés vides par cette disposition, des figures du peuple qui prennent part à la prédication. La troisième béatitude est exprimée en ces termes: BEATI. MITES. $\overline{\text{QM}}$. IPSI. POSSIDE$\overline{\text{BT}}$ TERRAM.

815. **Un messager divin.** Il est entouré de chaque côté d'une quantité de petites figures du peuple et tient une bande de parchemin avec l'inscription: BEATI QVI ESVRIVNT. 7 SICIVNT IVSTITIÆ. Q. I. S. Ce sujet est entouré d'une bordure carrée à laquelle s'attache de chaque côté un demi-cercle; celui d'en haut contient un oiseau de proie; les autres divers ornemens. H. 10 p. L. 9 p. 5 l.

816. **Un messager divin.** Il se tient près d'une source, dans un carré orné à guise de grillage, et tient la bande de parchemin sur laquelle se voit inscrite la cinquième béatitude:

BEATI. MISERICORDES. QVO. IPSI. MIS̄C̄DIAM CONSQ̄N̄T̄.
H. 8 p. 9 l. L. 7 p. 7 l.

817. Un messager divin. On le voit, dans une rosette à grillage, tenant l'inscription suivante: BEATI. MVNDO. CORDE. QVONIAM. IPSI. D̄M̄. VIDEBVNT. H. 9 p. 8 l. L. 9 p. 2 l.

818. Un messager divin. Dans un carré orné, à grillage, et tenant la banderole avec la septième béatitude: BEATI. PACIFICI. QVONIAM. FILII DEI. VOCABV̄TVR. H. 8 p. 7 l. L. 7 p. 7 l.

819. Un messager divin. Sur un fond disposé à grillage, entouré d'une bordure ornée composée de quatre demi-cercles avec quatre encoignures. L'inscription est celle de la huitième béatitude: BEATI QVI PERSECVTIONĒ. PACIVNTUR. PPT. IVSTITIAM Q. I. C. R. C. H. 9 p. 4 l. L. 9 p.

820. Un crucifix du XIIᵉ. siècle. Cette épreuve montre, dans la partie antérieure et au milieu, la figure du Christ donnant la bénédiction selon le rit grec et, à côté de sa tête, les deux lettres ω. A. (l'Alpha et l'Omega en sens inverse). A l'extrémité des quatre bras de la croix se trouvent les symboles des quatre évangélistes, chacun avec un livre. La partie inférieure, ou pied de la croix, montre une croix de St. André fleurdelisée, avec la date écrite à rebours: MC.-XX-VIIII. MS°-APRL, et sur un cylindre l'inscription: VOS Q ME VEDET ROGATE D̄M̄ PE Oq ME FECIT. Sur l'épreuve de la partie postérieure de la croix, on voit, en haut, un ange qui tient une croix et balance un encensoir. Au bas est assis un homme barbu et nu, en prières, et que les lettres A ⒶA nous indique comme devant figurer Adam. Aux deux extrémités de la croisière se trouvent les figures, en buste, de la Vierge et de St. Jean. L'espace qui reste est orné d'étoiles et de petits anneaux. Les trous pour fixer la plaque de métal lorsqu'elle fut gravée sont partout visibles. Le crucifix est terminé par une pointe destinée à le fixer en l'enfonçant dans une base quelconque. H. (sans la pointe) 13 p. L. 8 p. 6 l. Musée Britannique.

821. Le Sauveur dans l'acte de bénir. Le Christ, assis sur un trône, élève la main gauche pour bénir tandis qu'il appuie, de la main droite, le livre des évangiles sur sa cuisse. Ses mains, ainsi que ses pieds qui reposent sur un escabeau, ne montrent point les cicatrices des plaies. En haut et à côté des appuis du trône, on voit à rebours les lettres A et ω. H. 4 p. 5 l. L. 2 p. 4 l. La plaque métallique originale, à en juger d'après le style artistique, paraît appartenir au XIIIᵉ. siècle et se trouvait, ou se trouve encore, dans la

collection de l'Université d'Erlangen. Le baron de Bibra en a fait tirer des épreuves et on doit même l'avoir fait modeler au moyen de la galvanoplastie. Le fond est un peu corrodé, ce qui donne à l'impression un ton chargé. On en voit une épreuve sur velin dans la bibliothèque de Vienne. (F. de Bartsch No. 1.)

822. Une image de la Vierge avec une lettre d'indulgence du XIVe. siècle. La Vierge est assise sur un fauteuil et tient, sur le bras gauche, l'enfant Jésus vêtu qui donne sa bénédiction et, de la droite, un lys de formes conventionnelles. Le fond est pointillé. Dans un cartouche, au-dessus de cette composition, on lit, en sens inverse, l'inscription suivante en caractères gothiques disposés sur neuf lignes:

„Cardinales, Archiepiscopi et epi. contulerūt iste Ecclesiæ VII annos et XLV dies Indulgencie et X Karrenas. Insuq̄ Dñs Nicolaus Papa IIII'. Dedit annum et XL dies Dñs. innocencius Papa IIII'. XL dies. Hec indulgencia durat in omnibus festivitatibus sancte Marie et in die dedicacionis et per octavas earum. Summa indulgencie sunt VIII anni et LXXXV dies et X Karrene."

Le tout est circonscrit par un ornement de feuillage. H. 14 p. 6 l. L. 8 p. 6 l. A Francfort s. M. et ailleurs.

Cette épreuve a été tirée d'une plaque en laiton qui se trouvait anciennement à l'entrée orientale de l'église de N. D. de Halberstadt et que le conseiller intime Sotzmann de Berlin a fait connaître pour la première fois. Le pape Nicolas IV, mentionné dans la lettre d'indulgence, fut intronisé en 1288 et régna six ans. L'indulgence aurait donc été accordée dans le XIIIe. siècle. Mais la tablette qui la contient indique, et par le style artistique et par les détails de costume qui appartiennent à la première moitié du XIVe. siècle, une époque postérieure d'exécution.

823. Ste. Marie Madeleine. Elle est tournée vers la gauche, tenant un vase de parfums allongé en hauteur, et se trouve dans un jardin avec deux arbres sur les côtés et entouré d'une muraille dans le fond. La manière dont cette planche est traitée, est très-singulière, toutes les parties en ayant été couvertes de hachures très-profondes, ce qui donne à l'épreuve un ton très-chargé. C'est un travail allemand de la fin du XVe. siècle. H. 5 p. 7 l. L. 3 p. 10 l. Cabinet de Reider à Bamberg.

824. L'Annonciation. A droite est agenouillé l'ange avec une banderole où on lit: AVE. GRATIA. PLENA. — DOMINVS. TECVM.

La Vierge est agenouillée à gauche entourée de rayons. En haut la figure à mi-corps de Dieu le père, entourée de dix chérubins, et au-dessous de lui le St. Esprit sous la forme d'une colombe. Le fond est parsemé d'étoiles. Aux côtés, sur des pilastres, se voient deux anges qui tiennent ouverts les deux pans d'un rideau. Dans le haut on lit en sens inverse: BONIMCOMTRVS — DE REGIO — FECIT. Cette plaque est, par conséquent, un travail de Buonincontro da Reggio, orfèvre de la seconde moitié du XVe. siècle, sur lequel nous ne possédons cependant aucun autre renseignement. H. 12 p. 7 l. L. 11 p 10 l. Le travail en est d'un genre particulier, puisque les lumières (au lieu des ombres comme il est d'ordinaire) sont pointillées comme dans les estampes au maillet, ce qui tout en produisant sur la plaque de laiton un certain éclat, a donné, dans les épreuves que Bianconi en fit tirer, un ton noir. Pour assurer à ces épreuves l'effet de l'original, on aurait dû les tirer avec une teinte d'impression blanche sur papier de couleur. Cette plaque a dû anciennement servir d'ornement à une lampe dans l'église d'un cloître. Voyez Cicognara „Memorie" etc. p. 37, et Zanetti „le premier siècle" etc. No. 189.

Dans l'impossibilité où nous nous trouvons, pour les pièces suivantes, de décider si elles sont des épreuves de véritables nielles ou de gravures proprement dites, du même genre de travail, comme nous en verrons plusieurs exemples dans le catalogue des estampes du XVe. et XVIe. siècle, nous avons cru devoir, surtout afin de faciliter les recherches des amateurs, les mentionner d'abord dans les notes du catalogue supplémentaire ci-dessus, mais de n'en donner la description détaillée que dans un appendice à part, comme suit.

Appendice.

I. Sujets de l'ancien et du nouveau testament.

825. Tobie et l'ange. Le premier est assis à gauche et, derrière, l'ange indique le poisson qui nage devant lui. Dans le fond une maison sur le toit de laquelle veille un ange avec une épée nue. Fond blanc; pièce ronde de 1 p. 2 l. de diamètre. Travail allemand dans le genre du nielle, XVIe. siècle. Berlin.

826. La grappe du pays de Canaan. Elle est portée par deux hommes marchant à gauche. Le dernier tourne la tête pour regarder autour de lui. Fond blanc. Pièce ronde de 1 p. 4 l. de diamètre. Travail allemand, genre nielle, du XVIe. siècle. Dresde. (Heinecken, Neue Nachrichten p. 297. No. 5.)

827. Le Christ aux limbes. Il s'avance vers la droite, fou-

lant aux pieds Satan qu'il repousse avec l'étendart de la croix, tandis qu'il tend la main gauche à Adam qui la saisit; derrière celui-ci Ève et trois autres figures que l'on ne voit qu'en partie; au-dessus de la porte renversée, on voit encore quatre têtes de patriarches et un petit démon planant vers Jésus. Fond clair; travail allemand à guise de nielle du XVIe. siècle; pièce ronde, 1 p. 1 l. de diamètre. Dresde. (Heinecken No. 94.)

828. La Sainte Trinité avec plusieurs Saints. Dieu le Père tient devant lui Jésus crucifié; entre les deux le St. Esprit. Aux côtés deux anges en adoration. Au-dessous, sur trois rangées, des demi-figures de Saints. Le tout est renfermé dans un double rosaire. Fond blanc. Travail médiocre allemand du XVIe. siècle. Pièce ronde, 1 p. 7 l. de diamètre. Dresde. (Heinecken No. 79.)

II. Images de la Vierge et de Saints.

829. La Vierge. Elle est couronnée, vue de face et entourée de rayons flamboyants, tenant sur le bras droit l'enfant Jésus qui tourne la tête vers la gauche où sa mère tient une pomme. Fond blanc. Travail allemand du XVIe. siècle. Pièce ovale. H. 1 p. 8 l. L. 1 p. 2 l. Dresde. (Heinecken No. 138.)

830. La Vierge. Elle est debout sur le terrain et tient sur le bras gauche l'enfant Jésus; celui-ci est entouré de rayons très-fins. Fond blanc. Travail allemand; pièce ronde de 1 p. 2 l. de diamètre. Dresde. (Heinecken No. 136.)

831. La Vierge. Elle est debout, porte une couronne et se trouve de face, tenant sur le bras gauche l'enfant Jésus qui se tourne vers la droite. Elle est entourée d'une auréole flamboyante. Fond blanc. Travail allemand dans le genre du nielle, du XVIe. siècle. H. 1 p. 9 l. L. 1 p. 5 l. Dresde.

832. La Vierge immaculée. Elle est debout sur le croissant, tournée un peu vers la gauche et tient sur le bras droit l'enfant Jésus, auquel elle présente de la gauche une pomme vers laquelle il tend la main. Une auréole de rayons de flammes l'entoure. D'après Albert Durer No. 51. La bordure est dentelée. Pièce ronde, 2 p. 5 l. de diamètre. Dresde.

833. La Vierge pleurant sur le corps de son fils. Elle est assise près d'un tronc d'arbre, tenant sur les genoux le corps du Christ et prenant dans sa main droite la main gauche de celui-ci; des

plantes se trouvent de chaque côté. Fond blanc. Vigoureux travail allemand du XVIe. siècle, sans être d'une bonté extraordinaire. Pièce ronde avec deux traits de bordure de 2 p. 6 l. de diamètre. Dresde. (Heinecken No. 89.)

834. La Vierge et deux anges. Elle est assise et tient l'enfant Jésus sur le genou droit. Derrière elle deux anges nus étendent une draperie. Contours accusés. Fond blanc. Travail allemand du XVIe. siècle dans le genre du nielle. H. 1 p. 4 l. L. 1 p. Dresde.

835. La Vierge entre Ste. Barbe et Ste. Catherine. Elles se trouvent sous un arc qui repose sur deux colonnes aux côtés. Fond blanc. Travail allemand du XVIe. siècle, genre nielle. Pièce ronde, 1 p. 9 l. de diamètre. Dresde. (Heinecken No. 256.)

836. Même sujet. La Vierge immaculée, debout sur le croissant, se trouve au milieu entre Ste. Catherine à gauche et Ste. Barbe à droite. Fond noir renfermé entre trois arcs dont celui du milieu est orné de dauphins sur fond blanc. Travail allemand assez rude du XVIe. siècle; pièce ronde, 1 p. 1 l. de diamètre. Dresde.

837. La Vierge entourée de 10 petits compartimens. Dans le plus grand compartiment, au milieu, la Vierge est debout tenant l'enfant Jésus qui tend une fleur vers la gauche, où un pape est agenouillé entouré de plusieurs ecclésiastiques. Vis-à-vis se voient également agenouillés un roi, une reine et deux princes. Les petits compartimens, dont il y a cinq de chaque côté, contiennent des sujets de la vie de la Vierge. Dans la marge inférieure on voit cinq saints dominicains. Épreuve récente d'un travail italien au simple contour et d'une exécution inférieure. Cette gravure ne parait pas être un nielle proprement dit, et nous y reviendrons dans le catalogue des estampes italiennes de la première époque. H. 8 p. 2 l. L. 6 p. 9 l. Berlin.

838. La mort de la Vierge. Elle est étendue, en prières, sur son lit. St. Pierre tient de la main gauche un goupillon. Trois des apôtres sont assis sur le premier plan, les autres se tiennent derrière le lit. Dans le fond une voûte. Travail allemand du commencement du XVIe. siècle dans le genre du nielle. H. 1 p. 8 l. L. 1 p. 2 l. Dresde.

839. St. Jacques le majeur. Il est debout, vu de face et tient un bourdon. Travail allemand du XVIe. siècle. Pièce ronde de 1 p. de diamètre. Dresde. (Heinecken No. 211?).

840. St. Étienne. Il est debout, tourné vers la gauche, tenant

de la main gauche une palme et, dans le pan de sa draperie, une quantité de pierres; en haut un ornement de deux cercles brisés. Travail
allemand du XVIᵉ. siècle. H. 2 p. 4 l. L. 11 l. Dresde. (Heinecken
No. 100.)

841. St. Laurent. Il est debout, tenant le gril et posant la
main gauche sur la poitrine. Paysage sur fond blanc. Travail allemand inférieur du XVIᵉ. siècle; pièce ronde de 1 p. 3 l. de diamètre.
Dresde. (Heinecken No. 208.)

842. St. Sébastien. Il est attaché à un arbre et percé de
cinq flèches. Fond blanc. Travail allemand inférieur. Pièce ronde,
1 p. 2 l. de diamètre. Dresde. (Heinecken No. 206.)

843. St. Christophe. Il s'avance vers la droite, à travers
l'eau, tenant sur l'épaule l'enfant Jésus qui bénit, et de la gauche un
arbre sec. Aux deux côtés, des rochers escarpés. Fond blanc; travail
allemand de la fin du XVᵉ. siècle. Pièce ronde, 1 p. 2 l. de diamètre.
(Heinecken 199.)

844. St. Martin. Il chevauche vers la droite et partage son
manteau avec l'épée. Au-dessous de lui, de très-petites proportions,
est assis un perclus la main gauche tendue. Fond blanc. Travail
allemand finement exécuté. Pièce ovale. H. 11 l. L. 16 l. Dresde.

845. Même sujet. Il est à cheval, revêtu des ornemens épisco-
paux et s'élance vers la droite, tandis que de la main droite il partage
de son épée son manteau avec un perclus. A gauche un château.
Pièce ronde. Cat. R. Weigel, No. 18974. Collection de T. O. Weigel,
Leipsic.

846. St. Antoine. Il est debout, vu de face, tenant de la
main gauche un bâton surmonté d'une double croix. Derrière lui, à
gauche, le pourceau. Bon travail allemand du XVᵉ. siècle. Pièce ronde,
2 p. de diamètre. Dresde.

847. St. Christophe et un Évêque. Ce dernier est debout,
à gauche, tenant une petite église et la crosse. St. Christophe est à
droite avec un arbre sec. Fond blanc. Travail allemand du XVᵉ. siècle.
Pièce ronde, 1 p. 3 l. de diamètre. Dresde. (Heinecken No. 201.)

848. Ste. Marie Madeleine, St. Jacques le majeur et une
religieuse. La Madeleine est au milieu entre St. Jacques le majeur
à gauche et une nonne à droite avec le bourdon. Ils sont placés sous
trois arcs soutenus par des colonnes. A droite et à gauche une grande
plante. Fond blanc. Travail allemand de la fin du XVᵉ. siècle. Pièce
ronde de 1 p. 8 l. de diamètre. Dresde. (Heinecken No. 249.)

849. **Ste. Anne avec la Vierge et l'enfant Jésus.** Ste. Anne est assise sur un banc, tenant sur le genou droit la Vierge enfant et sur le genou gauche le petit Jésus. Derrière le banc, une plante. Travail allemand de l'époque d'Albert Durer. Pièce ovale. H. 1 p. 3 l. L. 1 p. 11. Dresde. (Heinecken No. 113.)

850. **Même sujet.** Ste. Anne est assise sur un banc garni d'un coussin, portant sur le genou droit la Vierge enfant couronnée et sur le genou gauche le petit Jésus nu; celui-ci tient des deux mains une pomme. Fond blanc. Travail allemand du XVIᵉ. siècle. Pièce ronde, 3 p. 2 l. de diamètre. Dresde. (Heinecken No. 110.)

851. **Même sujet.** Ste. Anne est assise sur un tertre, vue de face, tenant sur le bras droit la Vierge enfant et de la main gauche le petit Jésus. Ces deux derniers ont chacun un fruit (une poire?). Travail léger, mais bon, de l'école de la haute Allemagne du XVIᵉ. siècle. H. 3 p. 6 l. L. 2 p. 5 l. Dresde. (Heinecken No. 106.)

852. **Même sujet.** St. Anne est debout à gauche, tenant une pomme; à côté d'elle, à droite, marche la petite Marie tenant l'enfant Jésus dans les bras. Fond blanc. La planche est chantournée à droite. Travail allemand. H. 1 p. 10 l. L. 1 p. 2 l. Dresde. (Heinecken No. 112.)

853. **La Véronique entre St. Pierre et St. Paul.** Elle est debout, tenant le voile devant elle, entre St. Paul à gauche et St. Pierre à droite, de plus petites proportions que la Sainte. Fond blanc. Travail allemand de la fin du XVᵉ. siècle. H. 1 p. 2 l. L. 1 p. Dresde.

854. **Ste. Catherine, demi-figure.** Elle est tournée vers la gauche, derrière un socle de bois, tenant de la droite l'épée et posant la gauche sur une roue brisée. Travail inférieur allemand du XVIᵉ. siècle. Pièce ronde, 1 p. 1 l. de diamètre. Dresde. (Heinecken No. 155.)

855. **Ste. Catherine et Ste. Barbe.** Celle-ci est à gauche, tenant de la main droite un calice et étendant la gauche vers une tour. A droite, St. Catherine appuyant la droite sur une épée et tenant de la gauche une palme. Le tout entouré d'une guirlande de fruits et de feuilles. Travail rude allemand du XVIᵉ. siècle dans le genre du nielle. Pièce ronde, 2 p. 10 l. de diamètre. Dresde.

856. **Ste. Barbe.** Elle est vue debout, tournée vers la droite et lisant dans un livre qu'elle tient devant elle. A gauche un rocher, à droite une tour avec un calice et une hostie. Fond blanc. Travail

allemand du commencement du XVIe. siècle. Pièce ronde, 1 p. 3 l. de diamètre. Dresde. (Heinecken No. 243.)

III. Sujets profanes.

857. Le génie avec le sablier. Un enfant ailé est à genoux, tourné vers la gauche, et tient une boule surmontée d'un sablier. Fond blanc. Travail inférieur allemand. Pièce ronde, 1 p. 5 l. de diamètre. Dresde. (Heinecken No. 260.)

858. Le paysan avec un râteau. Il est assis à terre tenant un râteau. Au-dessus de lui une banderole avec la lettre B. A droite des rayons avec de la pluie sortant d'un nuage. Travail allemand du XVIe. siècle; la planche est en forme d'écusson pointu par le haut, arrondi du bas. H. 11 l. L. 11 l. Dresde.

859. Un jeune homme avec deux écussons. Il a la tête couverte d'une barrette avec grandes plumes volantes. Sur les deux écussons qu'il tient on voit, sur celui de gauche la marque ⚒, sur celui de droite une tige avec trois feuilles de lierre. Fond blanc. Travail allemand de la fin du XVe. siècle. Pièce ronde, 1 p. 4 l. de diamètre. Dresde. (Heinecken No. 329.)

Supplément.

Après que l'article sur le manuscrit du Spirituale pomerium à Bruxelles (p. 112) eut été imprimé nous avons reçu, par l'obligeance de Mr. Alvin, quelques renseignemens ultérieurs au sujet de ce document qui offre un si haut intérêt pour l'histoire de l'art et que nous croyons devoir communiquer à nos lecteurs.

La rubrique qui se trouve au-dessous de la préface est ainsi conçue:

> Editū est hoc spūale pomeriū. p. h. frēm henricū ex pomerio canōicū regularē in mōstiō marie viridis vallis.

Les gravures en bois, collées en tête de chaque chapitre, ont 4 pouces en carré et, avec la légende, 8 lignes de plus en hauteur. Voici quels sont les titres écrits et les sujets des gravures sur bois:

I. Dei sapientia. — La création de l'âme (représentée à l'état d'enfance).

II. Dei bonitas. — Dieu donne l'anneau à l'âme.

III. Dei providentia. — Adam et Ève chassés du paradis.

IV. Dei misericordia. — L'âme agenouillée devant les prophètes.

V. Dei pietas. — La nativité.

VI. Dei humilitas. — Le baptême de Jésus.

VII. Dei caritas. — La sainte Cène.

VIII. Dei patientia. — Jésus en croix et les saintes femmes.

IX. Dei pax. — La résurrection.

X. Dei liberalitas. — La descente du Saint Esprit.

XI. Dei justitia. — Le jugement dernier.
XII. Dei amicitia. — L'âme couronnée.

Mr. Alvin nous a communiqué, de plus, quelques notices très-intéressantes qui se trouvent dans certains manuscrits de la bibliothèque royale de Bruxelles et qui nous apprennent que le célèbre peintre Dirck Steuerbout venait souvent faire la retraite spirituelle dans le monastère de Groenendael. Il devait alors nécessairement se trouver en rapport avec le prieur de l'abbaye, Henri Pomérius, et la supposition qu'il ait pris part aux travaux des frères de la vie commune, en faisant des dessins pour les gravures sur bois ou les livres xylographiques qui sortaient de cet établissement, acquiert assez de vraisemblance. Nous avons déjà fait remarquer que les gravures sur bois du Speculum humanæ salvationis rappellent beaucoup, dans le dessin, le faire de Dirck Steuerbout et que nous étions convaincu que cet ouvrage devait être un travail de ce maître distingué. A présent que nous savons qu'il a séjourné de temps à autre à Groenendael, notre opinion se trouve non seulement confirmée, mais il est également vraisemblable que l'œuvre xylographique en question est réellement sortie du même cloître. [199])

A page 251 il faut ajouter la notice suivante sur le Parmesan et sur l'invention de la gravure à l'eau forte:

Dans la Lombardie florissait encore sous l'influence d'un peintre très-original, François Mazzuoli dit le Parmesan, une école de gravure bien diverse dans ses tendances de celle de Mantoue. Le Parmesan cherchait, dans le dessin de ses figures fluettes et légèrement esquissées, bien plus la grâce que la force ou le caractère qui distinguaient ses prédécesseurs et dans ses compositions, par dessus tout, un effet agréable et pittoresque. Il tomba, par conséquent, très-souvent dans le maniéré, mais en révélant toujours un goût exquis pour tout ce qui était gracieux et léger. Pour reproduire ces compositions il se

---

[199] Mr. JULES RENOUVIER dans son intéressante publication qui a pour titre: „Des types et des manières des maîtres graveurs pour servir à l'histoire de la gravure" etc. Montpellier 1853. p. 14, donne une description du Spirituale pomerium dont les détails sont assez justes, mais il se trompe quand il dit que les gravures sur bois sont imprimées à l'encre brune (comme le sont d'ordinaire les livres xylographiques néerlandais) et que les ombres consistent en hachures horizontales, tandis que réellement l'impression est en encre noire et que les hachures des ombres sont obliques et allongées ainsi que nous l'avons déjà fait remarquer.

servit du moyen qui était le plus approprié à son style, la pointe pour
l'eau forte, qu'il conduisit avec une grande finesse et presque en se
jouant.   Il eut en ce genre des imitateurs de beaucoup de talent, parmi
lesquels on compte A n d r e a S c h i a v o n e (né en 1522 et mort à
Venise en 1582) et qui fut le plus distingué de cette école.   D'après
un document découvert à Venise, portant la date de 1563 [200]) et dans
lequel cet artiste est nommé arbitre, avec plusieurs autres, sous le nom
de „D. Andreas Sclabonus dictus Medola", il résulte qu'une ancienne
opinion qui faisait de Schiavone et de Meldola une seule et même
personne se trouve confirmée.   Dans son œuvre gravée il y a cette
différence que les pièces qui chez un éditeur portent la désignation
de A. S c h i a v o n e sont toutes des gravures à l'eau forte, tandis que
ses travaux à la pointe sèche et au burin portent le monogramme Al.

On avait admis jusqu'ici l'opinion que le Parmesan a été le premier qui ait introduit en Italie l'art de la gravure à l'eau forte.   Mais
déjà Marc Antoine s'en était servi pour plusieurs de ses petites pièces
(au nombre de 30), comme Bartsch l'avait déjà remarqué à propos de
la gravure de „l' h o m m e a u v i o l o n e t l e v i e u x p â t r e" (No. 435)
et comme nous avons eu occasion de l'observer nous-même dans plu-
sieurs autres.   Mr. Ernest Harzen, dans sa dissertation récente: „Sur
l'invention de la gravure à l'eau forte" [201]), a attiré de nouveau l'attention sur ce fait, en remarquant que Marc Antoine a pu être conduit
à ce procédé après avoir vu les gravures à l'eau forte sur fer d'Albert
Durer, qui portent toutes les dates de 1515 ou de 1516, et ajoute à
ce sujet que le maître de Nuremberg était connu pour avoir envoyé
à cette époque quelques-unes de ses œuvres à Raphaël.   C'est une
chose remarquable toutefois que plusieurs de ces pièces de Marc Antoine reflètent absolument la manière des petits maîtres allemands,
comme, par exemple, la f e m m e d u S a t y r e (No. 284) d'après la gravure du maître même (No. 248), et la f e m m e a u x d e u x é p o n g e s
(No. 373), tandis que celles du v i e i l l a r d e t l' h o m m e à l' a n c r e
(No. 367) et du j e u n e b e r g e r e t l e v i e u x (No. 431), ne sont pas
seulement de l'invention et dans la manière de Marc Antoine, mais
portent même son monogramme.   Serait-il à présumer que Marc Antoine eut été instruit par quelque maître allemand dans les détails de

---

200) Deutsches Kunstblatt, 1853. p. 327, où Mr. Harzen rapport en entier le
texte de ce document.
201) Voyez „Archives de Naumann" V. p. 119.

l'art de graver à l'eau forte, déjà employé par Wenceslaus d'Olmutz, en 1496, dans sa pièce satyrique de Roma caput mundi?

Pour ce qui a trait au Parmesan, Mr. Harzen cherche à établir la probabilité que ce maître, qui se trouvait en 1530 à Bologne, ait pu être instruit par Marc Antoine dans l'art de graver à l'eau forte et qu'il y ait commencé alors à reproduire, par ce moyen, plusieurs de ses compositions. Du reste, nous verrons que bien avant déjà, dans le quinzième siècle, ce procédé était connu en Italie et appliqué par les armuriers à la gravure sur fer.

Nous n'avons aucun renseignement précis sur l'invention de la gravure à l'eau forte; cependant nous sommes redevable à Mr. Harzen de plusieurs données intéressantes à ce sujet, d'après lesquelles cet art serait fort ancien. C'est ainsi que nous voyons Roger, premier roi de Sicile, lorsqu'il fut parvenu au trône (en 1150) après des victoires répétées en Europe et en Afrique, faire graver sur son épée l'inscription suivante: „Apulus et Calaber, Siculus mihi servit et Afer." Mais, comme la dureté ou la trempe de la lame s'opposait à ce que cette inscription y fut gravée au moyen du burin, il est à présumer qu'elle a dû l'être au moyen de l'eau forte, comme cela est principalement le cas sur les lames d'une époque postérieure.

Les plus anciens documens écrits que nous connaissions sur la gravure à l'eau forte appartiennent au XVe. siècle, et le premier que nous rencontrons se trouve dans un manuscrit de la bibliothèque de Paris dont l'auteur, maître Jehan le Bègue, fut nommé, en 1431, licencié et greffier de la monnaie royale à Paris. [202]) Dans un autre manuscrit, d'un frère mineur de Venise, que l'on conserve dans le Musée Britannique, on trouve une recette pour graver à l'eau forte sur le fer, que Sir Charles Eastlake, dans son histoire de la peinture à l'huile, croit être du milieu du XIVe. siècle; cependant les dates que l'on trouve dans le manuscrit appartiennent au XVe. siècle et le texte est interrompu par une complainte sur la mort de Charles le Hardi (en

---

202) Mrs. Merrifield, Original Treatises on the arts of painting. London 1849. p. 63: „Ad faciendum aquam que cavat ferrum. Accipe onciam j salis ammoniaci, et onciam j aluminis roche, et onciam j de argento sublimato, et onciam j vitrioli romani, et pista omnia bene, et accipe unum vas terre vitriatum, et pone in ipso aquam et acetum, de utroque equaliter, et inmitte que dicta sunt, et fac bullire, donec devenerit ad quantitatem medii ziathi, vel unius; et his factis, de ipsa linias ferrum, modo quo vis ipsum cavare seu radere, et radebit ipsum dicta aqua."

1477). [203]) Un recueil de secrets qu'un moine du même ordre, Luc Pacioli, nous a légué, contient également la manière de graver à l'eau forte sur le fer et dont il puisa probablement la recette à la même source que son prédécesseur, puisqu'il passa les dernières années de sa vie dans le cloître de San Francesco delle Vigne à Venise et qu'il y mourut en 1509. [204])

Mr. Harzen, auquel nous empruntons ces détails, nous donne encore des renseignemens sur plusieurs travaux à l'eau forte du XVe. siècle qui se sont conservés jusqu'à ce jour. Il mentionne, entre autres, un certain nombre de poignards, d'une forme ancienne et identique, qui se conservent dans le musée d'armoiries de l'arsenal de Bologne et dont les larges lames sont ornées de figures, d'arabesques et de devises gravées à l'eau forte et portent en outre les armoiries de Giovanni Bentivoglio, tyran de Bologne, c'est-à-dire l'écusson tranché denché d'or et de gueules. Ces poignards étaient probablement destinés à armer a garde du corps que Bentivoglio forma pour sa défense, après que la conjuration des Malazzi eut échoué en 1488. Comme il fut chassé de Bologne, en 1506, par le pape Jules II. et qu'il mourut peu de temps après à Milan, ces armes ont pu être travaillées en 1488, mais certainement pas plus tard qu'en 1506.

---

203) „A fare polvere da chavare fero. — R. vedriolo romano ōz. una; ariento sulima, ōz. una; salnitrio ōz. ·÷· verd ramo ōz. ː e potera (?) pista ogni chossa sotilmente e poi to el to fero, e mitige suzo vernice liq̄da e poi sechalo al fogo, et quando sara secho desegniage sovra q̄lo che te piace da chavare e quando araj designiato toraj de la cera, e farage dintorno le spond a quelo designiaūto, e poi abi de lacedo ben forte e mitigene suso, e possa sopra lacedo mitige le dite polvere e lassala stare tanto che el te vegniera fato.“

204) „Se tu vorrai scrivere lettere in sul ferro che sienno cavate come in su un coltello, prima copri tutto di cera piana grossa a tuo modo e poi con lo tuo stilo caverai insu ditta cera le lettere che vorrai con quanto più fondo potrai fin al fondo del ferro bene nettandolo perche altramente non faria; poi habbi aceto con arseneco stemperato et porralo in ditte lettere cavate de cera et a fare che li stiano bene in infusione, cioè che per longo spazio habbino l'aceto cosi disposto, farai un labro, over sponda atorno acio stia piena et per alquanti di lasceralo stare et rodera nel ferro ditte lettere o altri segni che volessi; poi ogni doi di refrescarai ditta infusione perche la virtu sua exhale et quella che serbi tienla in limpolla ben turata. — et lo medesimo farà salgeme et armoniaco con aceto forte destemperato et ancho col verderame etc.“

L. Pacioli, de viribus quantitatis etc. Cap. XI. Scrivere in ferro, con aqua cavato. Mss. de la bibliothèque de l'institut de Bologne. (Voyez Archives de Naumann, 1856. p. 242.)

Une pendule à cadre, d'acier, de Maximilien I., qui se conserve dans la Collection Ambrasienne de Vienne [205]) et qui est ornée de jolies arabesques et d'une prière à la reine du ciel, gravée à l'eau forte autour du cadre, parait être d'une date encore plus ancienne. A en juger d'après l'ordre de la Toison et par l'écusson à l'aigle simple, Mr. Harzen est d'opinion que ce travail a dû être exécuté de 1486 à 1493.

Nous avons considéré jusqu'ici les rapports que pouvait avoir la gravure à l'eau forte avec les travaux d'armurier, il nous reste à chercher l'époque vers laquelle cet art a été employé à la reproduction sur papier des dessins d'artistes. Nous croyons devoir considérer comme les plus anciens échantillons que nous ayons en ce genre les 8 pièces du vieux maître néerlandais au monogramme suivant, représentant divers sujets militaires, qui sont gravées à l'eau forte et souvent d'une manière gracieuse et légère. Bartsch les décrit sous les Nos. 24—31, mais sans avoir remarqué que c'étaient des pièces à l'eau forte. Nous avons déjà fait mention de l'estampe satyrique de Wenceslas d'Olmuetz qui porte pour titre: ROMA CAPUT MUNDI, et qui est datée de 1496. [206]) Nous ne connaissons point d'autres gravures en ce genre qui datent du XVe siècle, mais il ressort de ce que nous avons dit que cet art était pratiqué dans les Pays-Bas et en Allemagne avant la fin de ce siècle.

Cependant Mr. Harzen mentionne encore deux portraits à l'eau forte, de l'école italienne, et qui représentent, en demi-figure, le célèbre capitaine Gonzalve de Cordoue. Il les attribue à Giovan Antonio da Brescia dont les travaux tombent entre les années 1490 et 1530. Ces pièces, dans le Musée Britannique, ne portent pas la signature de ce maître et comme la manière ne nous parait pas être celle de Giovan Antonio da Brescia, nous ne pouvons nous ranger à l'opinion qui les lui attribue. Mr. Harzen admet lui-même qu'elles ne représentent point le portrait de Gonzalve de Cordoue, mais bien celui du joyeux conseiller de Maximilien I., Conz von der Rosen, comme le remarque Bartsch à propos du même portrait gravé à l'eau forte par D. Hopfer et qui pourrait être l'original des gravures italiennes ou une copie d'après celles-ci. Il est donc très-douteux que l'on puisse donner à ces tra-

---

205) E. v. Sacken, „Die k. k. Ambraser Sammlung." Wien 1855. I. p. 103.
206) On connait trois exemplaires de cette pièce; au Musée Britannique, à Dresde et dans la bibliothèque de la ville de Francfort s. M.

vaux italiens à l'eau forte une date très-ancienne, comme celle du XVᵉ. siècle, par exemple, surtout si le portrait a une grande ressemblance avec un autre dessiné à la pointe d'argent par Holbein (né en 1498) et qui se trouve dans le Cabinet de Berlin, comme nous le dit Mr. Harzen lui-même.

Nous terminerons ces remarques en observant que bien que l'art de graver à l'eau forte sur les armures et objets analogues paraît avoir été en usage dès le XIIᵉ. siècle en Italie, en France et en Allemagne, son application à la reproduction des estampes sur papier ne se rencontre pour la première fois, dans les Pays-Bas et en Allemagne, que vers la fin du XVᵉ. siècle.

TABLE ALPHABÉTIQUE

DES MAÎTRES MENTIONNÉS DANS CE PREMIER VOLUME.

24*

Maitre i a 138. 140. 142.

» I A 144.

» I B 227.

» I B V, i b v 138.

» I C 211. 214.

» ◊ I D ◊ 116.

» I F. 100.

» ◦I◦◦G◦ 143.

» I M 132.

» I. M. 143.

» I M. 77.

» I M S 222.

» I O. G 142.

» $ 81.

» I T B 257.

» L. 142. 143.

» L C 1492. 219.

» L H 221.

» LN. F 142.

» L. VN. F. LVNF 142.

» ◦L◦3◦ |·&·9·∧· 211.

» M 140. 143.

» ·M· 148.

» M 230.

» M 3 99.

» M 3 212.

» N 140. 143.

» N H. 1522 229.

» ·vN·Hv 1523 221.

» P 1451 192. 201.

» P C 168.

Maitre P M 214.

» PP 244.

» P P W 212.

» P R 158.

» Pᵛ L 221.

» Pw. PW 211.

» R ° 177.

» R 172.

» S 222.

» S E 241.

» S H 211.

» T K 101.

» V G 98. 211.

» W ⚥ 219. 369.

» W 77.

» ⚥ 209.

» 209.

» 76.

» F, 93.

» 160.

» 165. 168.

» 363.

» 93.

» 93.

ERRATA.

Page 12, ligne 14, au lieu de : Spade, lisez : Spada.

» 54, » 15, » » » sur cuivre, lisez : au burin.

» 60, » 11, » » » 1870, lisez : 1850.

» 64, » 19, » » » N. de Huen, lisez : Nicole le Huen.

» 110, » 7, » » » MCCCↃXᵒVIII, lisez : MᵒCCCCↃXᵒVIII.

» 112, » 17, » » » pomerarium, lisez : pomerium et ainsi dans tous les autres cas.

» 122, » 9, » » » Coornelisz, lisez : Cornelisz.

» 132, » 17, » » » même, lisez : cependant.

» 171, » 21, » » » Michel, lisez : Meynhard.

» 231, » 38, » » » Jamnitzer, lisez : Jamitzer.

» 231, » 38, » » » Jenischen, lisez : Jenichen.

» 259, » 4, » » » DU, lisez : AU.

» 284, » 35, » » » No. 810, lisez : No. 825.

» 284, » 36, » » » No. 811, lisez : No. 826.

» 307, » 17, » » » (51), lisez : (504).

» 309, » 5, » » » St. Sebald, lisez : St. Sébalde.

Leipsic, imprimerie de J. B. Hirschfeld.

ADDITIONS ET ERRATA

DU PREMIÉR VOLUME.

Page 35, ligne. 7, au lieu de : La date à l'encre, lisez : La date imprimée. (Voyez Naumann-Weigel, Archives Année V. p. 295.)

» 48, » 18, ajoutez : Sur quelques feuilles de l'Ars memorandi se trouve le monogramme (Voyez : Nagler, die Monogrammisten. Vol. II. No. 1642,

» 57, » 8, ajoutez : Un facsimile en a paru sous le titre Confessionale ou Beichtspiegel nach den zehn Geboten, reproduit en Fac-simile d'après l'unique exemplaire, conservé au Museum Meermanno-Westreenianum, par E. Spanier, Lithographe de S. M. le Roi, avec une Introduction par J. W. Holtrop, Bibliothécaire en chef de la Bibliothéque Royale etc. La Haye 1861. 8.

» 104, » 22, ajoutez : Pour les empreintes en pâte à Vienne, provenant pour la plupart des manuscrits du couvent Mondsee, voyez Naumann-Weigel, Archives V. 294.

» 165, » 4 : Lisez : Dans la Collection de la Bibliothèque Imperiale publique à St. Petersbourg, sous la Direction de S. Ex. le Baron Modestine de Korff, Secrétaire d'Etat et Membre du Conseil de l'Empire, Directeur de la dite Bibliotheque.

» 117, » 28, ajoutez : Un facsimile en a paru sous le titre: Biblia pauperum. Reproduite en fac-simile sur un des exemplaires du British Museum, avec une introduction historique et bibliographique par J. Ph. Berjeau. London, J. R. Smith 1859. gr. 4. 40 gravures in fol. B. rectifie les erreurs de Heineke Ottley et Sotheby: il reduit à deux éditions les cinq mentionnées par ceux-ci. Il indique Jean v. Eyck comme l'auteur de la plupart des dessins et Laurent Coster très-probablement comme le graveur. — Il nomme Wohlgemuth comme l'auteur des dessins de la 2me Edition de la Biblia Pauperum, dont on ne connait qu'un seul exemplaire apporté de Wolfenbüttel à la Bibliothéque nationale de Paris, et qui comprend 50 planches au lieu de 40.

Voyez en outre les notices dans la Gazette des Beaux Arts. 1860. Vol. V. p. 123, d'après laquelle Mr. Berjeau a découvert au British Museum un livre hollandais de 1489, dans lequel se doivent trouver 77 (?) des gravures en bois de l'original.

117, ajoutez : Un fac-simile en a paru sous le titre; Speculum humanae Salvationis. Le plus ancien Monument de la Xylographie et de la Typographie réunies, avec Introduction historique et bibliographique, par J. Ph. Berjeau. 63 Planches. London, 1861. gr. 4.

Page 118, ligne 30, ajoutez: Voyez sur la même oeuvre xylographique les renseignemens donnés par Mr. E. Harzen dans „l'Archiv" de MM. Naumann et Weigel. Année 1855 p. 3 et 1856 p. 1. Un fac-simile en a paru sous le titre: J. Ph. Berjeau Canticum Canticorum. Fac-simile de l'exemplaire de Scriverius (1er Ed.) conservée au British Museum, avec une introduction historique et bibliographique par J. Ph. Berjeau, London, Trübner & Co, 1859. in-fol. Cet exemplaire a une inscription flamande sur la première page, ce qui prouve assez l'origine néerlandaise de ce livre. Les armoiries disséminées dans quelquesuns des dessins montrent, que sur 22 armoiries, 17 au moins appartiennent au duc de Bourgogne, qui regnait sur la Flandre au temps de Coster. Les bibliographes hollandais n'hésitent pas à attribuer la gravure du livre Canticum Canticorum à L. Coster. (Voyez aussi Gazette des beaux-arts. 1860. Vol. VI. p. 254.

= 170, = 33, ajoutez: aux ouvrages parus à Lyon au XVIe. siècle: Triumphe de très haulte et puissante Dame . . ., royne de Puy d'Amour, nouvellement composé par l'inventeur de menus plaisirs honnestes. Lyon, François Juste 1539. in-8. 1er Edition de ce petit poëme, assez insignifiant et très plat, mais rendu très curieux par une suite de gravures en bois, dans lesquelles on voit défiler, comme dans une danse des morts, des personnages de tout les états de la société, vêtus de peau d'âne et montés sur des ânes. — Ouvrage attribué à Jean Lemaire de Belges. (Voyez Gazette des Beaux-Arts. 1860. Vol. II. p. 119.)

= 258, = 16   Lisez: Etienne du Perac.

= 273, = 35   A propos des Nielles de la bibliothèque Imp. de Vienne il est à remarquer que celle-ci n'a été jamais en relation directe avec Alvin Albrizzi. (Voyez Naumann Weigel, Archives V. p. 295.)

= 256, = 7,   Reatrizette n'est pas né à Thionville, ce qu'on avait cru, parcequ'il a gravé le plan de cette ville. Thionville n'appartenait pas à la Lorraine au XVI. siècle, et B. se nomme toujours Lotharingus. Vraisemblablement il était de Luneville où vivait une famille Beautrizet (Lettre de Mr. L. Meaume).

= 257, = 13,   Pierre Woeiriot ne paraît pas être né à Bar-le-Duc. mais dans les environs de Neufchateau où vivaient plusieurs membres de la famille noble de Bouzey (non Bonzey, comme écrit faussement Robert-Dumesnil). Une fille de cette famille s'était mariée à Woeiriot, qui a adopté son nom (Lettre de Mr. L. Meaume.)

www.ingramcontent.com/pod-product-compliance
Lightning Source LLC
Chambersburg PA
CBHW072004270326
41928CB00009B/1537